PRACTICE OF DUE DILIGENCE

法律尽职调查实操详解

——以光伏项目为例

主 编◎杨 蕤

副主编◎陆 野 毕 娜

中国政法大学出版社

2023·北京

声　明　　1. 版权所有，侵权必究。

　　　　　　2. 如有缺页、倒装问题，由出版社负责退换。

图书在版编目（ＣＩＰ）数据

法律尽职调查实操详解:以光伏项目为例/杨蕤主编.—北京:中国政法大学出版社,2023.1
ISBN 978-7-5764-0801-0

Ⅰ.①法… Ⅱ.①杨… Ⅲ.①新能源－电力法－律师业务－中国 Ⅳ.①D922.292

中国版本图书馆 CIP 数据核字(2022)第 257972 号

出　版　者　　中国政法大学出版社

地　　　址　　北京市海淀区西土城路 25 号

邮寄地址　　北京 100088 信箱 8034 分箱　　邮编 100088

网　　　址　　http://www.cuplpress.com (网络实名：中国政法大学出版社)

电　　　话　　010-58908586(编辑部) 58908334(邮购部)

编辑邮箱　　zhengfadch@126.com

承　　　印　　北京鑫海金澳胶印有限公司

开　　　本　　720mm×960mm　　1/16

印　　　张　　23.75

字　　　数　　400 千字

版　　　次　　2023 年 1 月第 1 版

印　　　次　　2023 年 1 月第 1 次印刷

定　　　价　　88.00 元

本书出品单位

北京德恒（重庆）律师事务所

本书出版支持单位

重庆市律师协会投资并购专业委员会
重庆大学法学院

本书编写成员

主　　编：杨　蕤

副 主 编：陆　野　毕　娜

编写成员：朱川徽　马进洲　赵雪吟　田雨珠
　　　　　钟小蝶　田欣月　陈闻音　钱　伟

序 言
PREFACE

笔者2001年起执业至今，已整整21年。职业生涯中，有幸一直专注于投融资并购、改制重组、商业交易领域。上述工作中，前期最重要的环节就是法律尽职调查（简称"尽调"）。在资讯非常发达的今天，即使没有足够实操经验的律师，根据网络上大量可免费检索到的尽调清单、尽调报告模板，按图索骥，依葫芦画瓢，也能够完成一次尽职调查，提供一份法律尽职调查报告。因此，从需求端的企业来看，律师的尽职调查工作，似乎是一个相对简单，套用模板的工作，这就使得企业对尽调成果的预期值相应下降。在预算费用有限且对成果预期相对较低的情况下，企业对尽职调查的重视程度、成本预算，对律师价值的认可也在不断下降。但从供应端的律师来看，尽职调查工作繁杂、风险点多，尽管模板容易获取，但工作过程中所花费的人力、物力相对较大，具体实操过程中很多工作并不容易开展。同时，尽调工作中，企业的经办人员和律师，都存在很多风险点。这些特点决定了律师针对尽职调查的服务，需要花费大量的时间、精力、人力、物力。在企业期许下降、律师费用持续走低的情况下，部分律师选择了"什么价格匹配什么服务内容"的方式，寻求自身的平衡。这样的方式，也较难充分展现律师在尽职调查中的工作过程和工作价值。这又反过来夯实了企业进一步降低期许的心理，这就使得双方陷入了彼此负向印证的怪圈。

在长期从事尽职调查的工作中，笔者发现，在律师尽职调查业务已经"常态化""白菜价"的今天，如何在工作中体现律师的专业性及律师的职业化素养，仅仅通过尽调清单和尽调报告，已经难以向市场及社会进行展示。各种商业信息的网络化程度越来越高，在企业通过网络都可以获得很多关于目标公司资讯的今天，律师可提供的工作成果，已经被时代取缔了一部分。

同时，企业内部法务逐步壮大和强大，律师、企业法务（通常可以获取公司律师牌照）之间的相互工作流动性越来越大，企业对律师的工作越来越了解，这也使得律师要在尽职调查的法律服务市场上持续保持价值稀缺性的难度越来越大。为此，部分律师已经从法律专业的专业化，逐步跨界延伸到了一定的行业，实现了行业专业化。

正是在这样的背景下，笔者结合从 2002 年开始进入能源行业、电力行业，长达 20 年的工作经验、资历和背景，以及结合"3060 碳达峰、碳中和"的国家战略，笔者从 2017 年起，专业在新能源项目中展开了大量的尽职调查、投资并购工作。笔者在 2018 年前期研发，2019 年以讲座、沙龙、文章推广，2020 年项目大量启动，2021 年可以同时启动多个项目、多地项目、高标的额项目、涉及大型央企集团总部和上市公司项目，笔者在法律尽职调查工作中，积累了大量的实操案例、经验和教训。主要包括：如何与企业展开工作对接，对企业有效引导，管理好企业和律师的工作预期；如何在工作过程中让企业感受到律师的工作价值；如何消除企业在工作中对律师的抱怨不满甚至投诉；如何在律所内部建立知识管理体系，完成完善内部培训，统一思维、思路、认知标准，如何在尽职调查中植入证据意识和诉讼抗辩思维；如何与尽调目标对象打交道；如何在尽调中与各方中介机构沟通协同提升效率，等等。

笔者对上述在工作中遇到的问题，有针对地进行分析和整理，有了深度的研究。除了自己在工作中不断践行、推广和影响外，笔者也希望通过系统性的总结，向社会、企业、律师同行、协同的其他中介机构，进行工作展示。

告诉社会，律师的尽职调查工作卓有成效，确有价值。

告诉企业，律师的工作，并非仅根据清单和报告模板依葫芦画瓢，而是前期有研发、有引导，过程中有实操、有组织、有管理、有研讨、有发现，结果上对项目有推动、有呈现、有融合的系统工作的过程。

告诉律师，笔者工作尝试、演练、磨合的由来和过程，笔者在上述过程中的经验和教训，问题和困惑、心得和体会，笔者的操作流程、执业标准、工作思路、工作方法、项目管理以及各种问题解决思路。

笔者坦诚披露我们的整体工作情况，希望能抛砖引玉。为企业成长出力，这就是"竞"；与同行共同研讨，共同提升法律服务行业的整体水平，这就是"竞"。与时间赛跑，与问题比先，这就是"争"；与已经隐然开始在与法律人抢夺生存空间的"法律人工智能"比价值，比效率，比效果，这就是"争"。相信经过这样的"竞""争"，经过我们的共同努力，就能将工作推向新的极致。

本书将以新能源项目中的"光伏发电项目"为切入口，从"新能源行业"入"法律服务"及"法律尽调"专业，系统展示尽调中，如前所述的律师法律服务中的方方面面。

本书能与您见面，首先需要感谢这个时代。唯有在这个负有历史使命的时代，我们才会有机会去参与关注人类的生存环境、生态环保，才有机会参与大量的新能源项目。这个开放的时代，同时赋予了我们努力工作追求极致的工作条件。其次要感谢我们众多的客户：国家电网、国家电投、华电集团、华能集团、三峡集团、中节能集团等央企，三峡水利、远达环保等上市公司，四联集团、千信集团等重庆市地方国企，以及给予我们服务机会的其他全国各地的企业客户。正是这些创新创先的企业，偕同着我们一起融入了这个为人类生死存亡而战的舰队。再次要感谢一直致力于不断推动社会进步的北京德恒律师事务所，从"三峡工程"到"长江大保护"，从"生态环保"到"碳中和"，持续不断地承担着推动中国法律融入中国发展的使命。最后感谢您，您能够购买本书、翻阅本书，阅读到此，已是对我们的巨大鼓励。再次感谢！

笔者希望本书不仅能分享我们的做法，更能激发您的想法、提出您的意见、分享您的方法和经验。如果您愿意和我们一起研究精讲，请发邮件至 zhangkan@dehenglaw.com，或扫描下方二维码，与我们取得联系后建立社群，让您与其他读者、与我们一起探讨。期待您的来信！

前 言
PREFACE

  2023年，北京德恒律师事务所将成立三十周年。在总所的带领和支持下，2021年，北京德恒（重庆）律师事务所成立十周年。十年时间，德恒（重庆）长足发展，跻身重庆市律师事务所前列。为贺总所三十周年，德恒（重庆）十周年，本书得以立项。本书既是对德恒三十周年，德恒（重庆）十周年的贺礼，也是笔者团队近五年来深耕新能源行业知识和经验的沉淀。

  德恒（重庆）进入重庆的十年，得到了重庆市司法局、重庆市律师协会的大力扶持和帮助。在司法局和协会的指引和安排下，展开了形式多样的研发工作。本书，正是德恒（重庆）与重庆市律师协会投融资及并购专业委员会合作完成的成果之一。

  法律尽职调查（简称"尽调"）早已是法律服务中的普及型产品，哪怕是没有任何尽调经验的人员，拿个模板就可以上项目。此前也有关于光伏发电项目法律尽调的书籍出版过，为什么笔者还要以此作为选题？而且，如果仅仅以尽职调查为内容写作，是否切入口过于狭窄，可能导致字数不够显得内容不够充实？

  对此，笔者认为，此前已有书籍，大部分属于知识要点式的"物理反应"，以知识问答作为书稿的组织逻辑。本书立足于"新能源"中"光伏发电"的法律知识要点，以法律尽职调查过程中的工作经验、教训和感悟为第二重点，不仅整合"行业+专业"，而且，力求在知识体系上形成"化学反应"，让"知识点"和"操作技能"相互融会贯通，相互交融，形成新的系统性的工作"心法"。笔者不仅要考虑知识点，更要考虑知识和实操的结合，经验与教训的展现，同时，附赠笔者20年从事投融资并购项目的感悟。笔者力求选题面"小而精"，奉行商业上"一米宽，一千米深"的逻辑，把尽职调查这个问题讲到极致。

可见，本书的主要内容有两个：其一，光伏发电项目的知识要点。知识要点使本书更言之有物，有具体的靶心所指。同时借势"新能源"，增加本书流量。其二，更重要的是，本书加入法律尽职调查的知识积淀，希望本书整合并呈现法律尽职调查中实操案例的"阶段性"工作成果。

谁是本书的目标读者？

野心大一点，"新能源行业+法律专业"的从业者以及法学学生，都是本书的标准目标读者。

第一类读者，新能源企业中非法律专业的人员，关心光伏发电项目开发要点的，建议详看第一章。

第二类读者，企业中的法律专业人员，建议详看第一章至第三章，第四章的第二节至第四节。

第三类读者，律师，建议详看全书，尤其关注第二章至第四章、前言及花絮。

第四类读者，法学学生。本书提供了大量真实的一手案例，立足项目实操，技能总结。有别于现有的法律文献。建议学生们通篇深读。详细阅读后，学生们对真实的律师生活才会有正确的了解，才会据此判断自己未来的职业规划和执业方向。

第五类读者，对律师如何开展工作感兴趣的朋友，建议阅读第二章第二节、第三章，第四章第二节至第四节、前言及花絮。其中有很多在项目上真实发生的故事，其娱乐性，不亚于一部现代都市精英（伪精英）剧。看完后掩书而笑，原来律师是这样干尽调的。

本书力求"术"与"道"的融合。在新能源政策法规不断更新的背景下，本书选择以2022年3月31日作为基准日。现代科技进步，倒逼各个行业技能迭代。一个新的知识要点，或许仅有1年至3年的保鲜期。掌握任何新技能的能力，是应对任何"技术"变化的根本能力，谓之"道"。所谓"术"有限，而"道"无涯。"道"是人类智慧的沉淀，是不会过时的精髓。这是笔者希望通过本书送给所有读者的礼物，贡献给所有人的价值。

愿我们在"术"与"道"的孜孜以求中，共同成长！

目　录

第一章

光伏发电项目法律尽职调查知识要点

概　述

　　法律尽职调查是指投资主体在准备进行投资行为之前，对被投资主体、被投资项目进行法律风险识别的行为。投资者在实施投资之前，会根据法律尽职调查结果，设置相应的谈判条件和风险防范措施。因此，法律尽职调查的完整、准确，是成功完成投资行为的重要保障。

　　提供有价值的法律尽职调查结果，不但要求尽调律师具备丰富的法律专业知识、能够娴熟而灵活地运用各种法律尽职调查方法，而且要求尽调律师对目标公司所处行业有深入了解，对行业的产业链、经营模式、盈利来源、融资模式以及同类项目的交易模式等有足够的理解。只有具备上述综合能力的尽调律师，才具备在尽职调查前制定符合尽职调查目的的工作方案、在尽职调查过程中发现和识别法律风险并对重点法律问题进行全面深入核查的素养和能力。

　　本书以光伏发电项目为例，分享法律尽职调查的实务经验。因此，在本部分笔者将对光伏发电项目涉及的主要法律知识点进行介绍。

　　光伏发电项目的投资模式通常为一个项目对应一个项目公司作为主体。在尽职调查时，我们除对项目公司进行常规的核查外，还会对光伏电站进行单独的深入核查，核查要点是光伏电站建设、运营的合法性、合规性。光伏电站通常是在投运后才具备收购条件，但已经投运的光伏电站，在电站建设过程中存在的违法违规行为容易被忽略，但该等违法违规行为轻则让项目公司遭受罚款，重则导致项目公司失去补贴资格。因此，快速准确地发现电站建设期存在的问题，能够帮助收购方判断项目是否具备收购条件，并在交易谈判过程中合理设置交易条件和风险防范措施。

光伏电站建设仍可归属于建设工程类项目，需遵守建设工程类项目立项、建设、验收等相关规定。同时，光伏电站建设又与普通的建设工程项目存在差异，在遵守建设工程法律法规的同时，国家及地方在不同时期针对光伏发电项目的建设出台了较多规范性文件。因此，在对光伏电站进行尽调时，通常会发现不同地域、不同时期的光伏电站存在不同的建设合规性问题。

基于此，本章第一节到第十节均是针对光伏电站的尽职调查知识要点，鉴于光伏电站的知识点较为新颖且政策法规更新较快，所以这是本章的重点内容。而第十一节是针对光伏发电项目公司的尽职调查知识要点。项目公司的知识点，如公司主体资格、治理结构、重大资产、重大合同、税收、劳动人事、涉诉情况等，已经形成了共识，且有很多同行或专家学者在不同的场合和渠道进行过详细的介绍，本书不再赘述。因此，我们在第十一节中分析对项目公司的尽职调查时，仅围绕与光伏发电项目相关的法律问题进行分析。

第一节　光伏发电项目简介

一、光伏产业概况

光伏发电是光伏产业的下游，即应用端。为更好地阐释光伏发电的相关概念，笔者先对光伏产业作一个简要介绍。在光伏产业中，上游指硅料、硅片生产环节，中游指电池片、电池组件环节，下游指光伏发电应用环节。全产业链情况如下：

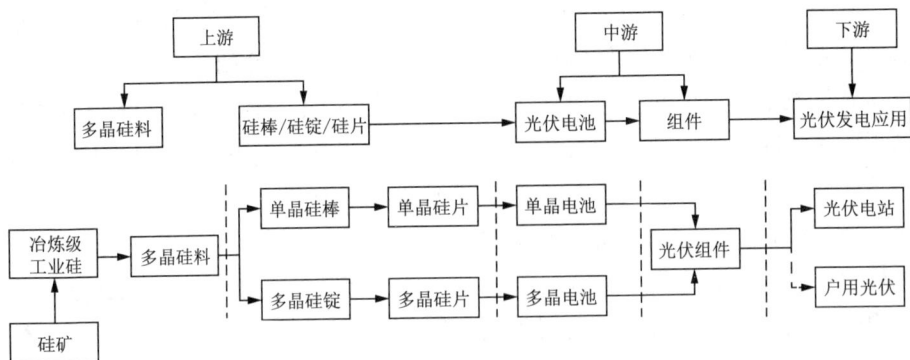

光伏全产业链图

（一）上游——硅料、硅片

硅元素在自然界分布很广，在地壳中该元素占比约为27.6%，是地壳中仅次于氧的第二丰富元素，属于类金属元素。硅的用途很广，近年来，大家尤为关注的半导体行业中，硅元素也是半导体原件的重要原材料。作为集成电路核心的电子元器件，95%以上是用半导体硅制成的。我国硅资源较丰富，大部分地区都有含硅矿石分布，其中规模较大的有青藏高原东北部（储量全国第一）、河南偃师（硅石产量占全国硅市场的1/6）、宁夏石嘴山（40亿吨）、云南昭通（20.33亿吨）、山西平顺（26亿吨）等[1]。

硅作为光伏产业链上游的基础原料，光伏行业早就有"拥硅为王"的说法，硅料的重要性，使其价格曾一度跌宕起伏，直接影响光伏行业的命运走向。

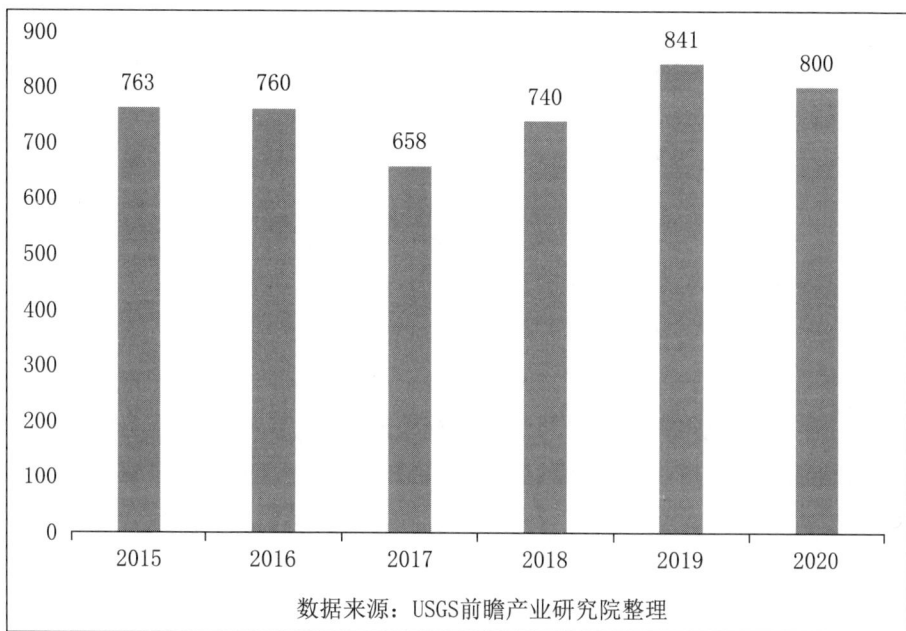

数据来源：USGS前瞻产业研究院整理

2015-2020年全球硅料产量走势（单位：万公吨）

根据2022年1月29日工业和信息化部发布的《2021年工业硅运行情

---

[1] 刘汉元、刘建生：《能源革命：改变21世纪》，中国言实出版社2010年版。

况》，2021 年行业供需两旺，价格大幅上涨。供需方面，据中国有色金属工业协会统计，2021 年，我国工业硅产量 261 万吨，同比增长 24.3%；受光伏产业需求拉动，国内消费量 186 万吨，同比增长 12.7%。价格方面，553 冶金级工业硅、421 化学级工业硅均价分别为 22 590 元/吨、26 470 元/吨，同比上涨 108%、123%。

（二）中游——电池和组件

目前，太阳能光伏电池主要为晶体硅电池，另外占比比较小的还有薄膜电池和聚光电池，其中晶体硅电池又包括单晶硅电池和多晶硅电池。薄膜电池和聚光电池发展历程相对较短，尚处于探索阶段。

单晶硅电池和多晶硅电池的差别主要在原材料的制备方面，单晶是直拉提升法，多晶是铸锭方法，后端制造工艺只有一些细微差别。单晶硅电池片与其他种类的太阳能电池片相比，其晶格缺陷更低、机械强度更高、转换效率更高。

光伏产业发展初期，我国的光伏电池组件以出口为主，但自 2011 年起美国、欧盟对我国光伏产业实施了"双反"，[1] 给我国光伏产业带来了严峻挑战。为应对"双反"给我国造成的产能过剩，我国开始引导扩大国内光伏市场。

2012 年 12 月 19 日，国务院时任总理温家宝主持召开了国务院常务会议，研究确定促进光伏产业健康发展的政策措施。会议确定了以下五大政策措施：一是加快产业结构调整和技术进步。增加利用市场"倒逼机制"，鼓励企业兼并重组，淘汰落后产能，提高技术和装备水平。严格控制新上单纯扩大产能的多晶硅、光伏电池及组件项目。二是规范产业发展秩序。加强光伏发电规划与配套电网规划的协调，建立简捷高效的并网服务体系。建立健全技术标准体系，加强市场监管，对关键设备实行强制检测认证制度。三是积极开拓国内光伏应用市场。着力推进分布式光伏发电，鼓励单位、社区和家庭安装、使用光伏发电系统，有序推进光伏电站建设。加强国际合作，巩固和拓展国际市场。四是完善支持政策。根据资源条件制定光伏电站分区域上网标杆电价，对分布式光伏发电实行按照电量补贴的政策，根据成本变化合理调减上网电价和补贴标准。完善中央财政资金支持光伏发展的机制，对光伏电站项

---

〔1〕 双反：反倾销、反补贴。

目执行与风电相同的增值税优惠政策。五是充分发挥市场机制作用，减少政府干预，禁止地方保护。完善电价定价机制和补贴效果考核机制，提高政策效应。发挥行业组织作用，加强行业自律，引导产业健康发展。会议要求各有关部门抓紧制定完善配套政策，确保落实到位。

十年时间，我国光伏电池制造技术也有了飞跃发展，为光伏电站的平价上网打下了基础。根据工业和信息化部 2022 年 2 月 15 日发布的信息，全国光伏产业供应链总体保持安全稳定，全年多晶硅、硅片、电池、组件产量分别达到 50.5 万吨、227 吉瓦[1]、198 吉瓦、182 吉瓦，分别同比增长 27.5%、40.6%、46.9%、46.1%。[2]

（三）下游——光伏电站

2022 年 2 月 23 日，中国光伏行业协会发布了《中国光伏产业发展路线图》，2021 年国内光伏新增装机 54.88 吉瓦，同比增加 13.9%，其中，集中式光伏电站 25.6 吉瓦、分布式光伏电站 29.27 吉瓦。此外，光伏电站在收购并购市场火爆。据北极星太阳能光伏网数据库显示，2021 年可统计的光伏电站总交易规模超过 9 吉瓦，交易总额 287 亿元以上。可见，光伏领域的新建与投资并购市场均呈现了前所未有的活力。下面我们一起揭开光伏电站的"面纱"，了解其发展历程和类型模式。

二、光伏发电项目概况

（一）光伏电站的概念

光伏电站是指利用光伏组件将太阳能转为电能，并按电网调度部门指令向公共电网送电的电站，由光伏组件、逆变器、线路、开关、变压器、无功补偿设备等一次设备和继电保护、站内监控、调度自动化、通信等二次设备组成。[3]光伏电站简要生产流程图如下：

---

〔1〕　吉瓦（GW），装机容量的单位，1 吉瓦 = 100 万千瓦。

〔2〕　工信部发布 2022 年 2 月 15 日发布的《2021 年中国光伏产业瞄准高质量发展实现"十四五"良好开局》。

〔3〕　《光伏发电工程验收规范》（编号 GB/T50796-2012）。

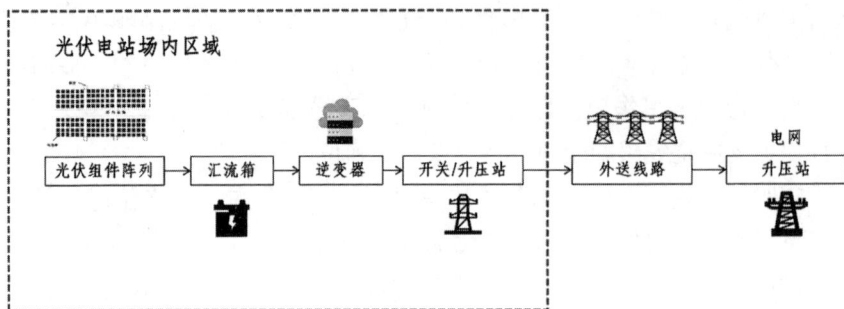

光伏电站简要生产流程图

（二）光伏电站的分类

光伏电站根据建设规模、消纳方式不同可以分为两大类：一种是集中式，如大型西北地面光伏电站；另一种是分布式（单个并网点总装机容量不超过6兆瓦，具体定义见第一章第十节），如工商企业厂房屋顶光伏发电系统、居民屋顶光伏发电系统。在集中式与分布式两种大的分类下，存在几种特殊类型的光伏发电项目，主要包括金太阳光伏发电项目、领跑者光伏发电项目、复合光伏发电项目、扶贫光伏发电项目。

1. 金太阳光伏发电项目

2009年7月16日，财政部、科学技术部、国家能源局联合发布了《关于实施金太阳示范工程的通知》（财建〔2009〕397号，已失效），以"金太阳工程"和"光电建筑应用示范项目"的方式，正式开启我国光伏应用市场的发展。

金太阳项目执行的是"事前补贴"政策，只要项目满足已纳入本地区金太阳示范工程实施方案，单个项目装机容量不低于300kWp（太阳能光伏电池的峰值总功率），建设周期原则上不超过一年、运行期不少于20年，并网光伏发电项目的业主单位总资产不少于一亿元、项目资本金不低于总投资的30%的要求，即可取得获得补贴的资格。

但是，因金太阳项目补贴获取方式门槛低，不少发电企业出现钻政策空子、取得备案后无故拖延工期或以次充好的情形以骗取补贴。在这样的背景下，金太阳示范工程项目最终实际并网发电的不到50%。

金太阳示范工程项目实施不久后，财政部意识到项目存在漏洞，随即于2013年5月发布了《关于清算金太阳示范工程财政补助资金的通知》（财建〔2013〕117号），明确规定：

（1）2009 年至 2011 年示范项目按规定期限完工并办理竣工验收、决算且并网发电的，按相应补助予以清算；

（2）2009 年至 2011 年示范项目未在规定期限内完工的，取消示范、收回预拨资金；

（3）2009 年至 2011 年示范项目在规定期限内完工，但未及时办理竣工验收、决算或未并网发电的，收回项目预拨资金。

自此，金太阳示范工程项目宣告结束。

2. 领跑者光伏发电项目

为引导光伏技术进行和产业升级，2015 年 6 月 1 日，国家能源局、工业和信息化部、国家认证认可监督管理委员会共同发布了《关于促进先进光伏技术产品应用和产业升级的意见》（国能新能〔2015〕194 号），明确提出国家能源局每年安排专门的市场规模实施领跑者计划。

2016 年 3 月 22 日，国家能源局印发了《2016 年能源工作指导意见》（国能规划〔2016〕89 号），明确要大力发展太阳能，扩大光伏发电"领跑者"基地的建设规模。继续推进太阳能热发电示范项目建设，探索太阳能热发电新技术和新模式。统筹做好太阳能发电项目与配套电网建设衔接。

除上述意见外，部分省市也纷纷出台了相应政策，具体如下（非完全列举）：

地域	文件名称	主要内容
山西省大同市	《大同采煤沉陷区国家先进技术光伏示范基地项目管理办法》	明确为了促进我国光伏产业技术进步和产业省级，将大同采煤沉陷区国家先进技术光伏示范基地建成光伏新技术示范地、领跑技术实践地、先进技术聚集地，有效解决土地资源利用、搬迁农民生活和能源结构调整问题。
内蒙古自治区	《内蒙古自治区能效"领跑者"制度实施方案》	明确了建立能效"领跑者"制度，通过树立标杆、政策激励、提高标准，形成推动全区高耗能行业、公共机构、终端用能产品能效水平不断提升的长效机制，促进节能降耗。定期发布自治区单位产品能耗最低的高耗能产品生产企业名单，能源利用效率最高的公共机构名单和终端用能产品目录，以及能效指标，树立能效标杆。对能效领跑者给予政策扶持，引导企业、公共机构追逐能效"领跑者"。适时将能效领跑者指标纳入自治区强制性能效、能耗限额标准，完善标准动态更新机制，不断提高能效准入门槛。

续表

地域	文件名称	主要内容
云南省玉溪市	《玉溪市能效"领跑者"制度实施方案》	明确认真贯彻落实国家发展改革委等部门《关于印发能效"领跑者"制度实施方案的通知》(发改环资〔2014〕3001号)要求,在全面执行国家、省政策基础上,突出玉溪特点,通过定期遴选发布高耗能行业、终端用能产品、公共机构中能源资源管理最优化、能源资源利用最高校的"领跑者"名单及其能效指标,并积极推荐符合条件产品和机构进入国家、省能效领跑者目录。通过树立标杆,政策支持,标准引领,加强宣传,鼓励相关用能单位学习、赶超能效"领跑者",促进节能降耗,带动全市能源资源利用效率提升。

为使领跑基地成为光伏发电行业真正的"领跑者",领跑基地建设实行规模总量控制,同时发挥规模效应、强化监测监管。根据国家能源局《关于可再生能源发展"十三五"规划实施的指导意见》(国能发新能〔2017〕31号),每期领跑基地控制规模为800万千瓦,其中应用领跑基地和技术领跑基地规模分别不超过650万千瓦和150万千瓦。每个基地每期建设规模50万千瓦,应用领跑基地每个项目规模不小于10万千瓦,技术领跑基地每个项目规模为25万千瓦,每个基地均明确其中一个项目承担所在基地综合技术监测平台建设;为保持各地区光伏发电平稳有序发展,每个省每期最多可申报两个应用领跑基地和一个技术领跑基地。

自从国家能源局建设光伏领跑者示范基地以来,陆续建成了山西大同一期1吉瓦(2016年)、山西芮城500兆瓦(2017年)、山东新泰500兆瓦(2017年)、内蒙古达拉特500兆瓦(2018年)、江西泗洪500兆瓦(2018年)等光伏领跑者示范基地。

2017年9月22日,国家能源局发布了《关于推进光伏发电"领跑者"计划实施和2017年领跑基地建设有关要求的通知》(国能发新能〔2017〕54号),明确要加强基地建设和运行监测监管,长期监测评价基地情况,实时发布相关数据和报告,建立激励惩戒机制。各基地所在地市(县)能源主管部门负责选择具备能力的机构(或企业)建立基地项目集中监测评价技术系统,相关监测信息报送国家可再生能源信息管理中心。国家可再生能源信息管理中心负责定期发布各地的监测评价报告。

3. 复合光伏发电项目

复合光伏发电项目系光伏发电项目与其他项目的结合，即"光伏+"模式，例如"农光互补""渔光互补""林光互补"等，部分省份对复合光伏发电项目制定了明确的建设标准，具体如下：

地域	建设标准
云南	电池组件阵列区在设计方面应当尽可能节约集约使用林地，光伏板最低沿与地面距离不得低于 2.5 米，电池组件阵列各排、列的布置间距应当符合《光伏电站设计规范》(GB 50797-2012) 或《光伏发电站设计规范》(GB 50797-20XX) 相关规定；场内检修道路设计应当符合《光伏发电站设计规范》(GB 50797-2012) 以及《光伏发电工程施工组织设计规范》(GB/T 50795-2012) 的相关要求。光伏复合项目电池组件阵列用地涉及林地以外农用地的，建设标准应严格按照《云南省自然资源厅云南省能源局关于进一步支持光伏扶贫和规范光伏发电产业用地的通知》(云自然资〔2019〕196 号) 要求执行。
陕西	1. 固定安装方式：组件最低点距地不小于 2.5 米，建议基础采用单排桩形式，桩基础东西向间距不小于 4.5 米，桩基础南北向间距不小于 8 米； 2. 固定可调安装方式：除最大调节角度外（非耕种季节），其余调节角度下组件最低点距地不小于 2.5 米，桩基础东西向间距不小于 4.5 米，桩基础南北向间距不小于 8 米； 3. 平单轴安装方式（联动和单排驱动）：组件及连动杆最低点距地不小于 2.5 米，桩基础南北向间距不小于 6 米，桩基础东西向间距不小于 6 米； 4. 林光互补：林光互补项目光伏支架最低点不得低于所种植树木最高点 1 米，桩基础的要求同地面电站； 5. 渔光互补：光伏阵列安装在水面上的，组件最低点应高于最高水位 0.6 米，桩基础的要求同地面电站； 6. 农业种植标准：鼓励各类光伏复合项目种植经济作物，建设设施农业，开展农业产品深加工，延伸农业产业链，提高产品附加值，提升土地综合利用效益。不得种植牧草等经济价值相对较低的作物。光伏复合项目农业年收益不得低于当地同类土地最低收益。
西藏	支架高度应根据地表植被的生长成熟高度和光伏项目建设方案科学合理确定。牧光互补项目太阳能板底端不低于 1.5 米；农光互补项目太阳能板底端不低于 2.1 米；林光互补项目光伏支架不得低于所种植树木最高点 1 米以上，且不得影响树木生长；渔光互补项目只能在水面上建设，组件底端不低于水面 0.6 米。受地形限制的，高度非达标支架不得超过全部支架总量的 10%。
天津	对光伏复合项目，光伏方阵架设在一般耕地或其他农用地上的，光伏组件最低沿应高于地面 2.5 米、应高于最高水位 0.6 米；桩基间列间距应大于 4 米，行间距应大于 6.5 米。

续表

地域	建设标准
山东	原则上，光伏方阵布设在农用地上的，组件最低沿应高于地面 2.5 米，桩基列间距应大于 4 米、行间距应大于 10 米，除桩基用地外，严禁硬化地面、破坏耕作层，严禁抛荒、撂荒。场内道路用地可按农村道路管理，宽度不得超过 4 米；光伏方阵布设在水面上的，组件最低沿应高于最高水位 0.6 米。
浙江	新建复合地面光伏电站光伏组件安装高度最低处不低于 2 米，方阵前后阵列中心间距原则上不少于 7 米，光伏方阵下方可进行机械化农作物耕作。光伏组件覆盖密度满足农林作物透光要求，不破坏耕作层，确保地面正常开展农（林）业种植。渔光互补光伏电站光伏组件覆盖密度需不影响水质，适合渔业养殖。在水产养殖场所设置光伏组件不得影响水质、水产养殖和产品捕捞。
广西	农光或林光互补项目：鼓励在既有农林业设施、或养殖大棚上敷设光伏组件，在大棚下面开展农业、苗圃或养殖。农光互补项目的光伏组件最低沿高于地面 2.5 米，桩基间距大于 4 米，行间距大于 6 米。 渔光互补项目：渔光互补项目应在已有的水库水面、河流水面、湖泊水面或坑塘水面上建设或者通过改造后建设光伏发电项目，严禁在农用地上挖塘建设光伏发电项目。渔光互补项目（不含漂浮式光伏发电项目）的光伏组件最低沿应高于最高水位。
宁夏	项目建设要求及用地管理：地面光伏复合项目电池板组件最低沿须高于地面 1.5 米。企业须编制土地复合利用方案，在项目所在地发改、国土部门报备。此类项目，以发改部门备案文件为依据，办理用地预审、报批。
河北	项目建设要求：组件最低沿应高于地面 2.5 米，桩基列间距应大于 4 米、行间距应大于 6.5 米。在水面建设的光伏复合项目，在满足光伏发电规程规范要求的前提下，由各地自行制定建设标准。
海南	项目建设要求：新建农光互补项目的光伏方阵组件最低沿应高于地面 2 米，桩基列间距应不小于 3.5 米，行间距应不小于 2.5 米；场内道路用地应合理布局，可按农村道路管理，宽度不得超过 4 米；对使用旱地和水浇地布设光伏方阵的，光伏支架应采用螺旋钢管桩等新工艺做基础，避免破坏耕作层，严禁硬化地面，严禁抛荒、撂荒。新建渔光互补项目应在已有的坑塘水面上建设，严禁在农用地上挖塘建设光伏发电项目；新建渔光互补项目（不含漂浮式光伏发电项目）的光伏组件最低沿应高于最高水位 0.6 米。

  2022 年 1 月，国家发改委、国家能源局发布《"十四五"现代能源体系规划》，规划明确了"因地制宜发展'光伏+'综合利用模式，推动光伏治沙、林光互补、农光互补、牧光互补、渔光互补，实现太阳能发电与生态修复、农林牧渔业等协同发展"。从各省市发布的 2022 年光伏发电项目申报要

求来看，项目采用复合模式进行建设，例如海南省发展和改革委员会《关于开展 2022 年度海南省集中式光伏发电平价上网项目工作的通知》（琼发改能源〔2022〕12 号）明确项目组织范围为"集中式光伏发电平价上网项目应采取农光互补、渔光互补等模式进行建设"，即单一型光伏发电项目已经不在申报范围。

从现有政策可以看出，复合光伏发电项目是未来光伏发电项目开发建设的主要模式。

4. 扶贫光伏发电项目

根据国家能源局、原国务院扶贫办发布的《光伏扶贫电站管理办法》指出，光伏扶贫电站是以扶贫为目的，在具备光伏扶贫实施条件的地区，利用政府性资金投资建设的光伏电站。光伏扶贫是原国务院扶贫办提出的十项精准扶贫工程之一。

自 2015 年起，国家能源局下发了多次光伏扶贫计划，主要如下：

（1）2015 年 3 月，国家能源局印发《关于下达 2015 年光伏发电建设实施方案的通知》（国能新能〔2015〕73 号），安排 150 万千瓦规模专门用于光伏扶贫试点县的配套光伏电站项目，下达的光伏扶贫电站分布在河北、山西、安徽、甘肃、宁夏、青海六个省（区）。

（2）2016 年 3 月，国家发改委、原国务院扶贫办、国家能源局、国家开发银行和中国农业发展银行印发《关于实施光伏发电扶贫工作的意见》（发改能源〔2016〕621 号），提出重点在条件较好的 16 个省的 471 个县开展光伏扶贫工作，"其他光照条件好的贫困地区可按照精准扶贫的要求，因地制宜推进实施"。

（3）2016 年 10 月，国家能源局、原国务院扶贫办印发《关于下达第一批光伏扶贫项目的通知》（国能新能〔2016〕280 号），下达 516 万千瓦光伏扶贫项目，分布在河北、河南等 14 个省，其中村级电站（含户用）共计 218 万千瓦，集中式地面电站共计 298 万千瓦。

（4）2016 年 12 月，国家能源局印发《关于调整 2016 年光伏发电建设规模有关问题的通知》（国能新能〔2016〕383 号），提出 2016 年 12 月 31 日前在建档立卡贫困村建成并网或者已经备案在建的 300 千瓦及以下的村级光伏扶贫电站纳入 2016 年光伏年度建设规模。

（6）2017 年，国家能源局印发《关于同意将 2015 年调增甘肃省 8 万千瓦光伏电站指标明确为光伏扶贫规模的复函》（国能综函新能〔2017〕245

号）以及《关于同意将深能福塔喀什塔什库尔干 20 兆瓦光伏并网发电项目明确为光伏扶贫项目的复函》（国能综函新能〔2017〕284 号），明确了共计 10 万千瓦的光伏规模为光伏扶贫规模。

（7）2017 年 7 月，国家能源局《关于可再生能源发展"十三五"规划实施的指导意见》（国能发新能〔2017〕31 号）中明确各省（区、市）2017 年度新增建设规模优先建设光伏扶贫电站，河北、河南、江西、湖南、湖北、云南、广东等提前使用 2017 年建设规模超过 50 万千瓦的省份新增建设规模全部用于建设光伏扶贫电站，总规模 450 万千瓦。

（8）2017 年 12 月，国家能源局、原国务院扶贫办印发《关于下达"十三五"第一批光伏扶贫项目计划的通知》（国能发新能〔2017〕91 号），下达 14 个省（区）、236 个县的 8689 个村级光伏扶贫电站，总规模 419 万千瓦。

（9）2019 年 4 月，国家能源局、原国务院扶贫办印发《关于下达"十三五"第二批光伏扶贫项目计划的通知》（国能发新能〔2019〕37 号），下达 15 个省（区）、165 个县的 3961 个村级光伏扶贫电站，总规模 167 万千瓦。

其间，各省市分别出台了相关政策，具体如下（未完全列举）：

地域	规定
内蒙古自治区	《关于实施光伏发电扶贫工作的意见》 工作目标：到 2020 年，我区国贫和区贫旗县（市、区）建设约 140 万千瓦光伏扶贫工程，保障 5.6 万户建档立卡的无劳动能力贫困户（包括残疾人）每年每户可通过光伏扶贫工程稳定收入 3000 元以上，持续扶贫 20 年。
海南省三亚市	《关于印发三亚市光伏扶贫实施方案的通知》 工作目标：为实现国务院、省委、省政府要求的到 2018 年底实现所有建档立卡贫困户实现脱贫，并以解决建档立卡无劳动能力贫困户为工作目标，确定将光伏扶贫作为产业扶贫的重要抓手来谋划和推进。2017 年底，计划完成 42 户贫困户、16 个整体推进的巩固贫困村村委会大楼和文化活动室等公共建筑屋顶和需要继续帮扶的巩固户（具体户数由市扶贫办核实确定）光伏扶贫项目工程。
湖北省	《关于有序推进全省光伏扶贫工作的指导意见》 工作目标：2017 年至 2019 年，用 3 年时间在深度贫困县和全省符合条件的 3000 个贫困村或贫困户所在村建设光伏扶贫项目，重点建设 50 千瓦至 300 千瓦的村级光伏电站，适度建设 5 千瓦至 7 千瓦的户用光伏发电项目和在国家规模指标内的多村联建集中式光伏扶贫电站项目。

续表

地域	规定
湖北省襄阳市	《关于实施光伏扶贫工作的意见》 工作目标：2017 年至 2020 年，以光照条件好的 346 个建档立卡的贫困村和 12.3 万个建档立卡的贫困户为重点，采取贫困村未利用地建设村级电站、农户住宅屋顶建设户用电站、荒山荒坡建设企业地面集中电站、养殖园区和设施蔬菜大棚等建设农光互补电站等多种形式，有计划分年度稳步推进光伏扶贫工程，做到光伏扶贫惠及的贫困村，在保障建档立卡无劳动能力贫困户每年每户增收 3000 元的同时，适当增加村集体经济收入。
山西省	《关于开展光伏扶贫工作的指导意见》 工作目标：2016 年至 2020 年，以光照条件好的 35 个国家扶贫开发工作重点县为重点，采取贫困村闲置土地建设村级电站，农户住宅屋顶建设户用电站、荒山荒坡建设企业地面集中电站，养殖园区和设施蔬菜大棚等建设农光互补电站等多种形式，有计划分年度稳步推进光伏扶贫工程，做到光伏扶贫惠及的贫困村，在保障建档立卡无劳动能力贫困户每年每户增收 3000 元的同时，适当增加村集体经济收入。2016 年全省光伏扶贫工程要惠及 1000 个以上建档立卡贫困村、7 万个建档立卡贫困户。其他光照条件好的贫困地区可按照精准扶贫要求，因地制宜推进实施。
河北省衡水市	《关于实施光伏扶贫工作的指导意见》 工作目标：抓住光伏政策重要"窗口期"，全力推进光伏扶贫攻坚大会战，有效增加贫困村集体和贫困户经济收入，确保每个贫困村每年不低于 2 万元集体收入、每个贫困户每年不低于 3000 元、后续 20 年的光伏扶贫收益，为贫困村退出、贫困户及贫困人口脱贫提供有力保障。

根据 2020 年 2 月国家能源局新能源司和原国务院扶贫办开发指导司组织水电水利规划设计总院、国网电商公司和有关专家等编制的《光伏扶贫工作百问百答》（试行第二版），目前光伏扶贫项目建设已经收口，国家不再下达新的光伏扶贫计划。

三、光伏发电投资展望

光伏发电作为应对全球气候变化的主要方式之一，全球的光伏市场需求持续增加，2021 年中国光伏产品出口超过 284 亿美元。我国在"3060'双碳'目标"[1]的推动下，加快光伏发电大型基地建设步伐，整县推进分布式

---

〔1〕 3060"双碳"目标：中国力争 2030 年前实现碳达峰，2060 年前实现碳中和。

光伏、智能光伏创新发展行动计划等政策持续实施。我们相信，未来一段时间，光伏产业仍会保持较快发展，而光伏电站投资仍会成为新能源投资的重点领域。

第二节　集中式光伏发电项目的立项

一、企业投资项目立项方式

我国企业投资项目的立项，一般分为核准和备案两种方式。对于关系国家安全、涉及全国重大生产力布局、战略性资源开发和重大公共利益等项目，实行核准管理。其他项目实行备案管理。

具体操作中，对需要核准的项目实施目录管理，核准目录由国务院投资主管部门会同国务院有关部门提出，报国务院批准后实施，并适时调整。现行目录是《政府核准的投资项目目录（2016 年本）》（国发〔2016〕72 号），其中核准制能源项目类型如下：

国务院关于发布政府核准的投资项目目录（2016 年本）的通知

时效性：现行有效
发文机关：国务院
文号：国发〔2016〕72 号
发文日期：2016 年 12 月 12 日
施行日期：2016 年 12 月 12 日

各省、自治区、直辖市人民政府，国务院各部委、各直属机构：

为贯彻落实《中共中央国务院关于深化投融资体制改革的意见》，进一步加大简政放权、放管结合、优化服务改革力度，使市场在资源配置中起决定性作用，更好发挥政府作用，切实转变政府投资管理职能，加强和改进宏观调控，确立企业投资主体地位，激发市场主体扩大合理有效投资和创新创业的活力，现发布《政府核准的投资项目目录（2016 年本）》，并就有关事项通知如下：

一、企业投资建设本目录内的固定资产投资项目，须按照规定报送有关项目核准机关核准。企业投资建设本目录外的项目，实行备案管理。事业单位、社会团体等投资建设的项目，按照本目录执行。

原油、天然气（含煤层气）开发项目由具有开采权的企业自行决定，并报国务院行业管理部门备案。具有开采权的相关企业应依据相关法律法规，坚持统筹规划，合理开发利用资源，避免资源无序开采。

二、法律、行政法规和国家制定的发展规划、产业政策、总量控制目标、技术政策、准入标准、用地政策、环保政策、用海用岛政策、信贷政策等是企业开展项目前期工作的重要依据，是项目核准机关和国土资源、环境保护、城乡规划、海洋管理、行业管理等部门以及金融机构对项目进行审查的依据。

发展改革部门要会同有关部门抓紧编制完善相关领域专项规划，为各地区做好项目核准工作提供依据。

环境保护部门应根据项目对环境的影响程度实行分级分类管理，对环境影响大、环境风险高的项目严格环评审批，并强化事中事后监管。

三、要充分发挥发展规划、产业政策和准入标准对投资活动的规范引导作用。把发展规划作为引导投资方向，稳定投资运行，规范项目准入，优化项目布局，合理配置资金、土地、能源、人力等资源的重要手段。完善产业结构调整指导目录、外商投资产业指导目录等，为企业投资活动提供依据和指导。构建更加科学、更加完善、更具可操作性的行业准入标准体系，强化节地节能节水、环境、技术、安全等市场准入标准。完善行业宏观调控政策措施和部门间协调机制，形成工作合力，促进相关行业有序发展。

四、对于钢铁、电解铝、水泥、平板玻璃、船舶等产能严重过剩行业的项目，要严格执行《国务院关于化解产能严重过剩矛盾的指导意见》（国发〔2013〕41号），各地方、各部门不得以其他任何名义、任何方式备案新增产能项目，各相关部门和机构不得办理土地（海域、无居民海岛）供应、能评、环评审批和新增授信支持等相关业务，并合力推进化解产能严重过剩矛盾各项工作。

对于煤矿项目，要严格执行《国务院关于煤炭行业化解过剩产能实现脱困发展的意见》（国发〔2016〕7号）要求，从2016年起3年内原则上停止审批新建煤矿项目、新增产能的技术改造项目和产能核增项目；确需新建煤矿的，一律实行减量置换。

严格控制新增传统燃油汽车产能，原则上不再核准新建传统燃油汽车生产企业。积极引导新能源汽车健康有序发展，新建新能源汽车生产企业须具有动力系统等关键技术和整车研发能力，符合《新建纯电动乘用车企业管理规定》等相关要求。

五、项目核准机关要改进完善管理办法，切实提高行政效能，认真履行核准职责，严格按照规定权限、程序和时限等要求进行审查。有关部门要密切配合，按照职责分工，相应改进管理办法，依法加强对投资活动的管理。

六、按照谁审批谁监管、谁主管谁监管的原则，落实监管责任，注重发挥地方政府就近就便监管作用，行业管理部门和环境保护、质量监督、安全监管等部门专业优势，以及投资主管部门综合监管职能，实现协同监管。投资项目核准、备案权限下放后，监管责任要同步下移。地方各级政府及其有关部门要积极探索创新监管方式方法，强化事中事后监管，切实承担起监管职责。

七、按照规定由国务院核准的项目，由国家发展改革委审核后报国务院核准。核报国务院及国务院投资主管部门核准的项目，事前须征求国务院行业管理部门的意见。

八、由地方政府核准的项目，各省级政府可以根据本地实际情况，按照下放层级与承接能力相匹配的原则，具体划分地方各级政府管理权限，制定本行政区域内统一的政府核准投资项目目录。基层政府承接能力要作为政府管理权限划分的重要因素，不宜简单地"一放到底"。对于涉及本地区重大规划布局、重要资源开发配置的项目，应充分发挥省级部门在政策把握、技术力量等方面的优势，由省级政府核准，原则上不下放到地市级政府、一律不得下放到县级及以下政府。

九、对取消核准改为备案管理的项目，项目备案机关要加强发展规划、产业政策和准入标准把关，行业管理部门与城乡规划、土地管理、环境保护、安全监管等部门要按职责分工加强对项目的指导和约束。

十、法律、行政法规和国家有专门规定的，按照有关规定执行。商务主管部门按国家有关规定对外商投资企业的设立和变更、国内企业在境外投资开办企业（金融企业除外）进行审核或备案管理。

十一、本目录自发布之日起执行，《政府核准的投资项目目录（2014年本）》即行废止。

政府核准的投资项目目录（2016 年本）

一、农业水利

农业：涉及开荒的项目由省级政府核准。

水利工程：涉及跨界河流、跨省（区、市）水资源配置调整的重大水利项目由国务院投资主管部门核准，其中库容 10 亿立方米及以上或者涉及移民 1 万人及以上的水库项目由国务院核准。其余项目由地方政府核准。

二、能源

水电站：在跨界河流、跨省（区、市）河流上建设的单站总装机容量 50 万千瓦及以上项目由国务院投资主管部门核准，其中单站总装机容量 300 万千瓦及以上或者涉及移民 1 万人及以上的项目由国务院核准。其余项目由地方政府核准。

抽水蓄能电站：由省级政府按照国家制定的相关规划核准。

火电站（含自备电站）：由省级政府核准，其中燃煤燃气火电项目应在国家依据总量控制制定的建设规划内核准。

热电站（含自备电站）：由地方政府核准，其中抽凝式燃煤热电项目由省级政府在国家依据总量控制制定的建设规划内核准。

风电站：由地方政府在国家依据总量控制制定的建设规划及年度开发指导规模内核准。

核电站：由国务院核准。

电网工程：涉及跨境、跨省（区、市）输电的 ±500 千伏及以上直流项目，涉及跨境、跨省（区、市）输电的 500 千伏、750 千伏、1000 千伏交流项目，由国务院投资主管部门核准，其中 ±800 千伏及以上直流项目和 1000 千伏交流项目报国务院备案；不涉及跨境、跨省（区、市）输电的 ±500 千伏及以上直流项目和 500 千伏、750 千伏、1000 千伏交流项目由省级政府按照国家制定的相关规划核准，其余项目由地方政府按照国家制定的相关规划核准。

煤矿：国家规划矿区内新增年生产能力 120 万吨及以上煤炭开发项目由国务院行业管理部门核准，其中新增年生产能力 500 万吨及以上的项目由国务院投资主管部门核准并报国务院备案；国家规划矿区内的其余煤炭开发项目和一般煤炭开发项目由省级政府核准。国家规定禁止建设或列入淘汰退出范围的项目，不得核准。

煤制燃料：年产超过20亿立方米的煤制天然气项目、年产超过100万吨的煤制油项目，由国务院投资主管部门核准。

液化石油气接收、存储设施（不含油气田、炼油厂的配套项目）：由地方政府核准。

进口液化天然气接收、储运设施：新建（含异地扩建）项目由国务院行业管理部门核准，其中新建接收储运能力300万吨及以上的项目由国务院投资主管部门核准并报国务院备案。其余项目由省级政府核准。

输油管网（不含油田集输管网）：跨境、跨省（区、市）干线管网项目由国务院投资主管部门核准，其中跨境项目报国务院备案。其余项目由地方政府核准。

输气管网（不含油气田集输管网）：跨境、跨省（区、市）干线管网项目由国务院投资主管部门核准，其中跨境项目报国务院备案。其余项目由地方政府核准。

炼油：新建炼油及扩建一次炼油项目由省级政府按照国家批准的相关规划核准。未列入国家批准的相关规划的新建炼油及扩建一次炼油项目，禁止建设。

变性燃料乙醇：由省级政府核准。

三、交通运输

新建（含增建）铁路：列入国家批准的相关规划中的项目，中国铁路总公司为主出资的由其自行决定并报国务院投资主管部门备案，其他企业投资的由省级政府核准；地方城际铁路项目由省级政府按照国家批准的相关规划核准，并报国务院投资主管部门备案；其余项目由省级政府核准。

公路：国家高速公路网和普通国道网项目由省级政府按照国家批准的相关规划核准，地方高速公路项目由省级政府核准，其余项目由地方政府核准。

独立公（铁）路桥梁、隧道：跨境项目由国务院投资主管部门核准并报国务院备案。国家批准的相关规划中的项目，中国铁路总公司为主出资的由其自行决定并报国务院投资主管部门备案，其他企业投资的由省级政府核准；其余独立铁路桥梁、隧道及跨10万吨级及以上航道海域、跨大江大河（现状或规划为一级及以上通航段）的独立公路桥梁、隧道项目，由省级政府核准，其中跨长江干线航道的项目应符合国家批准的相关规划。其余项目由地方政府核准。

煤炭、矿石、油气专用泊位：由省级政府按国家批准的相关规划核准。

集装箱专用码头：由省级政府按国家批准的相关规划核准。

内河航运：跨省（区、市）高等级航道的千吨级及以上航电枢纽项目由省级政府按国家批准的相关规划核准，其余项目由地方政府核准。

民航：新建运输机场项目由国务院、中央军委核准，新建通用机场项目、扩建军民合用机场（增建跑道除外）项目由省级政府核准。

四、信息产业

电信：国际通信基础设施项目由国务院投资主管部门核准；国内干线传输网（含广播电视网）以及其他涉及信息安全的电信基础设施项目，由国务院行业管理部门核准。

五、原材料

稀土、铁矿、有色矿山开发：由省级政府核准。

石化：新建乙烯、对二甲苯（PX）、二苯基甲烷二异氰酸酯（MDI）项目由省级政府按照国家批准的石化产业规划布局方案核准。未列入国家批准的相关规划的新建乙烯、对二甲苯（PX）、二苯基甲烷二异氰酸酯（MDI）项目，禁止建设。

煤化工：新建煤制烯烃、新建煤制对二甲苯（PX）项目，由省级政府按照国家批准的相关规划核准。新建年产超过 100 万吨的煤制甲醇项目，由省级政府核准。其余项目禁止建设。

稀土：稀土冶炼分离项目、稀土深加工项目由省级政府核准。

黄金：采选矿项目由省级政府核准。

六、机械制造

汽车：按照国务院批准的《汽车产业发展政策》执行。其中，新建中外合资轿车生产企业项目，由国务院核准；新建纯电动乘用车生产企业（含现有汽车企业跨类生产纯电动乘用车）项目，由国务院投资主管部门核准；其余项目由省级政府核准。

七、轻工

烟草：卷烟、烟用二醋酸纤维素及丝束项目由国务院行业管理部门核准。

八、高新技术

民用航空航天：干线支线飞机、6 吨/9 座及以上通用飞机和 3 吨及以上直升机制造、民用卫星制造、民用遥感卫星地面站建设项目，由国务院投资主管部门核准；6 吨/9 座以下通用飞机和 3 吨以下直升机制造项目由省级政府核准。

九、城建

城市快速轨道交通项目：由省级政府按照国家批准的相关规划核准。

城市道路桥梁、隧道：跨 10 万吨级及以上航道海域、跨大江大河（现状或规划为一级及以上通航段）的项目由省级政府核准。

其他城建项目：由地方政府自行确定实行核准或者备案。

十、社会事业

主题公园：特大型项目由国务院核准，其余项目由省级政府核准。

旅游：国家级风景名胜区、国家自然保护区、全国重点文物保护单位区域内总投资 5000 万元及以上旅游开发和资源保护项目，世界自然和文化遗产保护区内总投资 3000 万元及以上项目，由省级政府核准。

其他社会事业项目：按照隶属关系由国务院行业管理部门、地方政府自行确定实行核准或者备案。

十一、外商投资

《外商投资产业指导目录》中总投资（含增资）3 亿美元及以上限制类项目，由国务院投资主管部门核准，其中总投资（含增资）20 亿美元及以上项目报国务院备案。《外商投资产业指导目录》中总投资（含增资）3 亿美元以下限制类项目，由省级政府核准。

前款规定之外的属于本目录第一至十条所列项目，按照本目录第一至十条的规定执行。

十二、境外投资

涉及敏感国家和地区、敏感行业的项目，由国务院投资主管部门核准。

前款规定之外的中央管理企业投资项目和地方企业投资 3 亿美元及以上项目报国务院投资主管部门备案。

二、集中式光伏发电项目立项的变化

（一）按照核准制管理阶段（"小路条" + "大路条"）

我国光伏发电产业从 20 世纪 80 年代起步，我国 2004 年发布的《政府核准的投资项目目录（2004 年本）》虽然没有将光伏发电项目作为需要政府核准的项目，但实际操作中大部分发电项目均按照核准制管理。

彼时光伏发电项目的开发流程大致为：

（1）投资主体获得"小路条"，即项目开发权（一般为《×××发改委关于同意××项目开展前期工作的批复》）后，开展可行性研究、办理各类前期支持性文件（如土地使用、环境保护评价、矿产压覆以及电网接入等）；

（2）投资主体完成前期工作向主管部门（一般为省一级发改委）申请项目核准；

（3）投资主体获得"大路条"，即核准文件（一般为《×××发改委关于××项目核准的批复》）后，方可开展项目建设的相关准备工作。

相关文件示例：

1. "小路条"文件

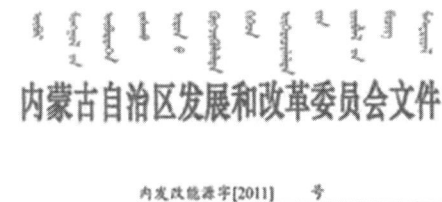

2. 核准文件

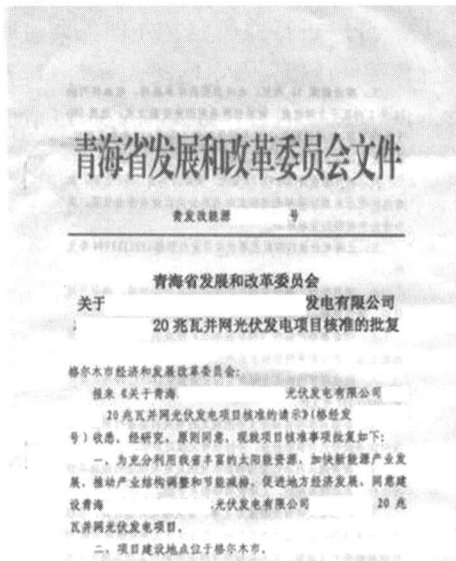

（二）项目备案管理阶段

2013 年 8 月 29 日，国家能源局发布《关于印发〈光伏电站项目管理暂行办法〉的通知》，明确光伏电站项目管理包括规划指导和规模管理、项目备案管理、电网接入与运行、产业监测与市场监督等环节的行政管理、技术质量管理和安全监管。

地方政府亦有发文不再实施核准制度，例如，河北省发展和改革委员会发布的《关于光伏电站项目由核准制改为备案制的通知》（冀发改能源〔2014〕577 号）规定："根据国家能源局《光伏电站项目管理暂行办法》（国能新能〔2013〕329 号）要求，光伏电站项目实行备案管理。自发文之日起，我委不再受理各地光伏电站项目开展前期工作的请示。……"

此后，根据中共中央、国务院《关于深化投融资体制改革的意见》《关于深化能源行业投融资体制改革的实施意见》等文件，明确光伏发电项目的备案程序进一步简化。

根据现行法律规定，光伏发电项目备案手续的关注要点如下：

1. 备案层级

备案主管部门原则上为省级发改委，近年来，随着光伏发电项目的大力发展，各省将光伏发电项目的备案级别逐步下放。2021 年开始，部分省份已将备案权限下放至市或县一级，但具体的备案级别应关注项目所在地对于光伏发电项目管理权限的具体规定。

◇ 关联规定

《光伏电站项目管理暂行办法》

第十四条　省级能源主管部门依据国务院投资项目管理规定对光伏电站项目实行备案管理。……

《企业投资项目核准和备案管理条例》（国能新能〔2013〕329 号）

第三条第二款　对前款规定以外的项目，实行备案管理。除国务院另有规定的，实行备案管理的项目按照属地原则备案，备案机关及其权限由省、自治区、直辖市和计划单列市人民政府规定。

◇ 地方规定

湖北省发展和改革委员会、湖北省能源局《关于完善光伏发电项目管理的通知》

由项目所在地发展改革部门按照国家和省规定时限和要求办理备案手续。

陕西省发展和改革委员会《关于进一步加强光伏发电项目管理的通知》

一、将省发展改革委光伏电站项目备案权限下放至各设区市、杨凌示范区、西咸新区发展改革部门，且不得进一步下放。韩城市项目纳入渭南市统筹备案，神木、府谷县项目纳入榆林市统筹备案。屋顶（不含农业大棚）分布式光伏发电项目由各县（区）发展改革部门备案。

2. 备案前置条件

根据企业投资项目备案相关法律法规的规定，备案类投资项目无备案的前置条件。但根据国家能源局发布的《光伏电站项目管理暂行办法》，光伏发电项目备案前应取得建设规模指标并落实接网条件。此外，2021 年 4 月 15 日，自然资源部发布《建设项目用地预审常见问题解答》[1]，明确"项目批

---

[1]　中华人民共和国自然资源部官网：http://www.mnr.gov.cn/fw/wt/202003/t20200327_2503464.html，访问时间：2022 年 5 月 6 日。

准核准或备案文件"必须在项目用地预审批复有效期内取得。因此，投资企业还应关注备案文件与其他批复手续办理的期限衔接问题。

从各省市发布的集中式光伏发电项目申报通知看，各地也会设置不同的申报条件，例如海南省发改委发布的《关于开展 2022 年度海南省集中式光伏发电平价上网项目工作的通知》（琼发改能源〔2022〕12 号）明确申报条件包括：项目已取得建设用地有关手续（租赁协议等合规合法手续）；已取得项目所在地市县人民政府同意项目在该地块建设的明确意见；已取得电网同意项目接入的明确意见。符合申报条件后才可向省发改委申请项目建设规模，取得建设规模后再到主管机关办理备案手续。

◇ 关联规定

《光伏电站项目管理暂行办法》（国能新能〔2013〕329 号）

第十四条 ……备案项目应符合国家太阳能发电发展规划和国务院能源主管部门下达的本地区年度指导性规模指标和年度实施方案，已落实接入电网条件。

《关于深化能源行业投融资体制改革的实施意见》（中发〔2016〕18 号）

（五）规范能源投资项目备案管理制度。实行备案制的能源投资项目，备案机关要通过全国投资项目在线审批监管平台或政务服务大厅，提供快捷备案服务，备案不得设置任何前置条件。

（七）精简能源投资项目核准前置许可。能源投资项目核准只保留选址意见和用地（用海）预审作为前置条件，除法律法规明确规定的，各级能源项目核准机关一律不得设置任何项目核准的前置条件，不得发放同意开展项目前期工作的"路条"性文件。

◇ 地方规定

陕西省发展和改革委员会《关于开展 2019 年光伏发电项目国家补贴竞争工作的通知》

二、（二）申报企业必须提供由电网企业出具的明确性接入消纳正式意见（不受理便函）……

二、（三）项目具备土地（场地）建设条件，需提供土地落实正式的支持性文件（包括国土和林业），工商业分布式光伏发电项目需提供厂房产权权属和租赁证明文件。

新疆维吾尔自治区发改委、国家能源局新疆监管办《关于 2021 年风电、光伏发电年度开发建设方案有关事项的通知》

七、……严禁项目"未批先建""先建先得"，严禁圈占、倒卖项目（资源）行为，项目完成核准（备案）手续后未经项目许可部门同意，不得更换项目业主或变更股权结构。对违规企业取消对应项目开发权，所造成的损失由企业自行承担，并列入失信名单予以联合惩戒，……

3. 备案信息的变更

项目投产前，原则上以取得发电业务许可时间为准，主要备案信息，如投资主体、建设规模、建设地点等发生变更应及时告知备案机关，根据备案机关要求进行变更备案登记或重新备案登记，并在国家可再生能源信息管理平台变更登记信息。

针对投资主体的变更，还包括项目公司变更和项目公司股权结构的变化。根据国家能源局发布的《关于规范光伏电站投资开发秩序的通知》（国能新能〔2014〕477 号，已失效）、《关于完善光伏发电规模管理和实行竞争方式配置项目的指导意见》（发改能源〔2016〕1163 号）等文件规定，坚决制止新建电源项目投产前的投机行为，不能有偿转让政府备案权益，即未经主管部门同意擅自进行投资主体变更。

就光伏发电项目的建设规模变更而言，法律法规及部门规章层面仅规定了规模变化应进行变更登记，未明确规模变更的具体比例。笔者认为，该规定的设立是贯彻落实光伏发电项目的规模管理。但在项目的投资建设过程中，超出或低于备案建设规模建设现象较为普遍，若不论超出比例高低均需进行变更登记，则对于投资企业的管理要求过于严苛。因此，部分省市就规模备案变更设置了比例要求，如海南省发展和改革委员会在琼发改能源〔2022〕12 号文件中规定，项目实际建设规模不得超过核定备案规模，建设规模低于实际核定备案规模 30% 的需重新备案。

◇ 关联规定

《企业投资项目核准和备案管理办法》（施行日期 2017 年 4 月 8 日）

第四十三条　项目备案后，项目法人发生变化，项目建设地点、规模、内容发生重大变更，或者放弃项目建设的，项目单位应当通过在线平台及时告知项目备案机关，并修改相关信息。

第五十七条 实行备案管理的项目，企业未依法将项目信息或者已备案项目信息变更情况告知备案机关，或者向备案机关提供虚假信息的，由备案机关责令限期改正；逾期不改正的，处2万元以上5万元以下的罚款。

《光伏电站项目管理暂行办法》（国能新能〔2013〕329号）

第三十三条 项目单位不得自行变更光伏电站项目备案文件的重要事项，包括项目投资主体、项目场址、建设规模等主要边界条件。

《关于进一步加强光伏电站建设与运行管理工作的通知》（国能新能〔2014〕445号）

六、……禁止买卖项目备案文件及相关权益，已办理备案手续的光伏电站项目，如果投资主体发生重大变化，应当重新备案。

《关于开展新建电源项目投资开发秩序专项监管工作的通知》（国能监管〔2014〕450号）

一、工作目标

（一）进一步规范新建电源项目投资开发秩序，坚决制止新建电源项目投产前的投机行为。

…………

（三）对新建电源项目投资开发中的违法违规行为严格依法依规处理；涉嫌犯罪的，依法移送司法机关处理。

…………

此次专项监管的重点是2013年7月至2014年9月，各省光伏发电、风力发电、生物质发电以及火电项目（以下简称电源项目）备案、核准和投资开发情况。

《关于规范光伏电站投资开发秩序的通知》（国能新能〔2014〕477号，已失效）

四、制止光伏电站投资开发中的投机行为。申请光伏电站项目备案的企业应以自己为主（作为控股方）投资开发为目的，能够按照规划和年度计划及时开展项目建设。对于不以自己为主投资开发为目的、而是以倒卖项目备案文件或非法转让牟取不当利益为目的的企业，各级能源主管部门应规定其在一定期限内不能作为投资主体开发光伏电站项目。在光伏电站前期工作中企业间正常的技术服务和商业合作应依法合规进行。出于正当理由进行项目合作开发和转让项目资产，不能将政府备案文件及相关权益有偿转让。已办理备案手续的项目的投资主体在项目投产之前，未经备案机关同意，不得擅自将项目转让给其他投资主体。项目实施中，投资主体发生重大变化以及建设地点、建设内容等发生改变，应向项目备案机关提出申请，重新办理备案手续。

《关于下达 2015 年光伏发电建设实施方案的通知》（国能新能〔2015〕73 号）

四、……未经备案机关同意，实施方案中的项目在投产之前，不得擅自变更投资主体和建设内容。2014 年底前未安排的年度规模指标作废，各地区对符合规模管理的已备案项目要督促开工建设，对不具备建设条件的项目要及时清理。

《关于完善光伏发电规模管理和实行竞争方式配置项目的指导意见》（发改能源〔2016〕1163 号）

三、（二）……已纳入乃年度建设规模、未进入实质性工程建设阶段的项目不得向其他投资人转让，……（三）……在投产前擅自变更投资主体等主要建设内容的，有关部门应当将项目从年度建设规模中取消，禁止该项目申请国家可再生能源补贴，并禁止相关投资主体在一定期限内参与后续光伏电站项目的配置。……

◇ **地方规定**

陕西省发展和改革委员会《关于进一步加强光伏发电项目管理的通知》

四、（一）……项目完成备案之日至项目并网运行 2 年期间，不得擅自变更项目投资主体、建设场址、建设规模等主要内容。……

《内蒙古自治区普通光伏电站项目竞争性配置试行办法》

第十一条 项目建设期内投资主体（含股东、股权比例）及主要建设内容不得擅自变更。如确因兼并重组、同一集团内部分工调整等原因，需要变更投资主体或股权比例的，应按国家和自治区有关规定严格履行变更程序。严禁项目建设单位以任何理由买卖年度建设计划指标。

海南省发展和改革委员会《关于开展 2022 年度海南省集中式光伏发电平价上网项目工作的通知》

四、（四）项目备案后，项目公司名称、项目法人、项目主控股方、项目建设地点在项目取得发电业务许可前未报省发展改革委批准，不得随意变更；项目实际建设规模不得超过核定备案规模，建设规模低于实际核定备案规模30%的需重新备案。

4. 备案有效期

国务院发布的《企业投资项目核准和备案管理条例》以及国家能源局发

布的《光伏电站项目管理暂行办法》均并未明确项目备案文件的有效期。

鉴于光伏发电项目是实行规模管理，原则上，已纳入年度实施方案的项目要求在当年年底或次年6月31日前并网，逾期并网则不再适用相应指导电价，甚至失去申请可再生能源补贴的资格。光伏发电项目实行竞价、平价上网后，光伏发电项目在进行申请时，普遍要求明确建设周期，未在承诺建设周期内并网则丧失纳入保障性并网资格。因此，即便未规定备案有效期，项目仍有建设期要求。

除上述对建设期的要求外，部分省市也明确了备案有效期，普遍为一年或两年。

◇ 关联规定

《关于规范光伏电站投资开发秩序的通知》（国能新能〔2014〕477号，已失效）

三、健全光伏电站项目备案管理。各省（自治区、直辖市）能源主管部门应进一步完善光伏电站项目备案管理办法，下放到省级以下地方政府能源主管部门进行备案管理的，应提出规范的备案管理要求。项目备案文件应明确项目建设内容、投资主体、建设场址及外部建设条件等要素，针对光伏电站项目开发周期短的特点，对备案文件的有效期限以及撤销、变更的条件和流程应作明确规定。在有效期内未开工建设且未按规定申请延期的，项目备案文件到期后自动失效。

《企业投资项目事中事后监管办法》

第十五条 项目自备案后2年内未开工建设或者未办理任何其他手续的，项目单位如果决定继续实施该项目，应当通过在线平台作出说明；如果不再继续实施，应当撤回已备案信息。

前款项目既未作出说明，也未撤回备案信息的，备案机关应当予以提醒。经提醒后仍未作出相应处理的，备案机关应当移除已向社会公示的备案信息，项目单位获取的备案证明文件自动失效。对其中属于故意报备不真实项目、影响投资信息准确性的，备案机关可以将项目列入异常名录，并向社会公开。

◇ 地方规定

《河北省固定资产投资项目备案管理办法》

第十一条 《河北省固定资产投资项目备案证》……在项目竣工验收之

前实行年审制度……对符合条件的项目，发展改革部门应在 7 个工作日内办理年审手续。没有经过发证机关年审的备案文件自动失效。

海南省发展和改革委员会《关于开展 2022 年度海南省集中式光伏发电平价上网项目工作的通知》

四、（五）……项目备案后 1 年内未实际开工建设的，将取消备案资格，收回相应的指标规模。……

◇ 相关文件示例：

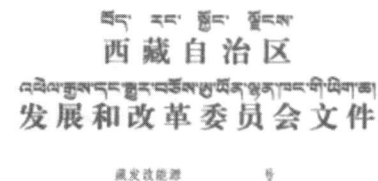

第三节　集中式光伏发电项目的建设规模指标

一、什么是规模指标

"规模指标"是指国家、地方以一定的标准设置某一时期某一行业的投资开发规模，通过设置规模指标来引导、控制某一行业发展进度、规模的方法。从"规模指标"的运用阶段来看，其可适用于行业、产业发展的全生命周期。

（1）"规模指标"在钢铁行业的应用。2013 年 10 月，国务院出台《关于化解产能过剩严重过剩矛盾的指导意见》（国发〔2013〕41 号），提出钢铁行业严禁建设新增产能项目，项目建设须制定产能置换方案，实施等量或减量置换。2015 年至 2021 年，工业和信息化部出台了多份部门规章，对产能置换进行了明确。为化解钢铁行业产能过剩，对产能设置总量"天花板"，同时，通过产能置换的方式，实现行业内投资主体的重组，提升技术装备水平。

（2）"规模指标"在新能源领域的应用。2005 年，《可再生能源法》（2009年修正）[1]首次提出国家将可再生能源的开发利用列为能源发展的优先领域，通过制定可再生能源开发利用总量目标和采取相应措施，推动可再生能源市场的建立和发展。自 2009 年起，国家在新能源发展初期通过给予补贴的方式，吸引投资主体纷纷加入，促进了新能源行业的飞速发展。但因为补贴规模有限，为避免投资主体的无序进入进而导致补贴超出预算，国家便通过设置规模指标的方式控制总量，间接维护新能源市场的交易秩序。

二、集中式光伏发电项目的建设规模指标管理

光伏发电项目的建设规模指标管理在不同时期也有不同的变化，大致可分为补贴时代和平价时代两种规模指标管理方式。

（一）补贴时代的建设规模指标

根据国务院《关于促进光伏产业健康发展的若干意见》以及《光伏电站项目管理暂行办法》等文件，自 2014 年起，光伏发电项目实行年度指导规模

---

〔1〕《可再生能源法》，即《中华人民共和国可再生能源法》。为表述方便，本书中涉及我国法律文件直接使用简称，省去"中华人民共和国"字样，全书统一，后不赘述。

管理。未纳入国家建设规模的项目不纳入国家补贴范围。补贴时代的建设规模指标管理大体有国家下发建设规模指标、省内竞争性配置、全国性竞争性配置等形式。

◇ 关联规定

国家能源局《光伏电站项目管理暂行办法》（国能新能〔2013〕329号）

第三条　光伏电站项目管理包括规划指导和规模管理、项目备案管理、电网接入与运行、产业监测与市场监督等环节的行政管理、技术质量管理和安全监管。

此外，《光伏电站项目管理暂行办法》第二章专章规定了"规划指导和规模管理"。管理的流程大致如下：①国务院能源主管部门负责编制全国太阳能发电发展规划，确定全国光伏电站建设规模、布局和各省（区、市）年度开发规模。②省级能源主管部门根据全国太阳能发电发展规划，以及国务院能源主管部门下达的本地区年度指导性规模指标和开发布局意见，编制本地区光伏电站建设年度实施方案建议。③国务院能源主管部门根据全国太阳能发电发展规划，结合各地区报送的光伏电站建设和运行情况、年度实施方案建议，确认需要国家资金补贴的光伏电站的年度实施方案，下达各省（区、市）光伏电站建设年度实施方案。④各地区按照国务院能源主管部门下达的年度指导性规模指标，扣除上年度已办理手续但未投产结转项目的规模后，作为本地区本年度新增备案项目的规模上限。

1. 国家下发建设规模指标

2014年1月17日，国家能源局发布《关于下达2014年光伏发电年度新增建设规模的通知》（国能新能〔2014〕33号），下达2014年光伏发电年度新增建设规模。该文件规定"全年新增备案总规模1400万千瓦，其中分布式800万千瓦，光伏电站600万千瓦"。"省（区、市）2014年新增享受国家补贴资金的光伏发电项目备案总规模原则上不得超过下达的规模指标，超出规模指标的项目不纳入国家补贴资金支持范围。"

该年度集中式光伏发电项目和分布式光伏发电项目的建设规模指标系分开管理。

部分地区2014年新增光伏发电建设规模指标情况如下：

各地区 2014 年新增光伏发电建设规模表

序号	省（自治区、直辖市）	2014 年新增光伏发电建设规模（单位：万千瓦）		
		合计	分布式光伏	光伏电站
合计	全国	1405	800	605
1	北京	30	20	10
2	天津	22	20	2
3	河北	100	60	40
4	山西	45	10	35
5	内蒙古	55	5	50

2015 年，综合考虑全国光伏发电发展规划、各地区 2014 年度建设情况、电力市场条件以及各方面意见，国家层面下达的光伏发电新增建设规模指标未再区分集中式光伏发电项目和分布式光伏发电项目。

国家能源局《关于下达 2015 年光伏发电建设实施方案的通知》（国能新能〔2015〕73 号）规定 2015 年下达全国新增光伏电站建设规模 1780 万千瓦。各地区 2015 年计划新开工的集中式光伏电站和分布式光伏电站项目的总规模不得超过下达的新增光伏电站建设规模，规模内的项目具备享受国家可再生能源基金补贴资格。

同时，国能新能〔2015〕73 号文还规定"对屋顶分布式光伏发电项目及全部自发自用的地面分布式光伏发电项目不限制建设规模……项目建成后即纳入补贴范围""……安排专门规模用于光伏扶贫试点县的配套光伏电站建设"。这对我国分布式光伏电站、扶贫光伏电站的后续发展起到了重要推动作用。

2. 竞争性配置

（1）省内竞争性配置

2016 年，国家能源局下发了《关于完善光伏发电规模管理和实行竞争方式配置项目的指导意见》（发改能源〔2016〕1163 号），对光伏发电年度建设规模实行分类管理，具体分为三类不限规模的光伏发电类型和地区、普通光伏电站项目、光伏发电领跑技术基地。开始开展"补贴指标拍卖"，实施省内竞争性配置。

2015 年光伏发电建设实施方案

序号	地区	2015 年新增光伏电站建设规模（万千瓦）	备注
合计	全国	1780	
1	河北	120	其中 30 万千瓦专门用于光伏扶贫试点县的配套光伏电站项目
2	山西	65	其中 20 万千瓦专门用于光伏扶贫试点县的配套光伏电站项目
3	内蒙古	80	
4	辽宁	30	
5	吉林	30	
6	黑龙江	30	
7	江苏	100	
8	浙江	100	
9	安徽	100	其中 40 万千瓦专门用于光伏扶贫试点县的配套光伏电站项目
10	福建	40	
11	江西	60	
12	山东	80	
13	河南	60	
14	湖北	50	
15	湖南	40	
16	广东	90	
17	广西	35	
18	海南	20	
19	四川	60	
20	贵州	20	
21	云南	60	

续表

序号	地区	2015年新增光伏电站建设规模（万千瓦）	备注
22	陕西	80	
23	甘肃	50	其中25万千瓦专门用于光伏扶贫试点县的配套光伏电站项目
24	青海	100	其中15万千瓦专门用于光伏扶贫试点县的配套光伏电站项目
25	宁夏	100	其中20万千瓦专门用于光伏扶贫试点县的配套光伏电站项目
26	新疆	130	
	兵团	50	

注：1. 新增光伏电站建设规模包括集中式光伏电站和分布式光伏电站。

2. 北京、天津、上海、重庆及西藏在不发生弃光的前提下，不设建设规模上限。

国家能源局关于下达2015年光伏发电建设实施方案的通知

时效性：现行有效

发文机关：国家能源局

文号：国能新能〔2015〕73号

发文日期：2015年3月16日

施行日期：2015年3月16日

各省（自治区、直辖市）发展改革委（能源局）、新疆生产建设兵团发改委，各派出机构，国家电网公司、南方电网公司，内蒙古电力公司、陕西地方电力公司，水电规划总院、电力规划总院：

根据光伏发电项目建设管理有关规定，综合考虑全国光伏发电发展规划、各地区2014年度建设情况、电力市场条件以及各方面意见，我局组织编制了2015年光伏发电建设实施方案。现将有关内容及要求通知如下：

一、为稳定扩大光伏发电应用市场，2015年下达全国新增光伏电站建设规模 1780 万千瓦。各地区 2015 年计划新开工的集中式光伏电站和分布式光伏电站项目的总规模不得超过下达的新增光伏电站建设规模，规模内的项目具备享受国家可再生能源基金补贴资格。对屋顶分布式光伏发电项目及全部自发自用的地面分布式光伏发电项目不限制建设规模，各地区能源主管部门随时受理项目备案，电网企业及时办理并网手续，项目建成后即纳入补贴范围。光伏扶贫试点省区（河北、山西、安徽、宁夏、青海和甘肃）安排专门规模用于光伏扶贫试点县的配套光伏电站建设。

二、各地区应完善光伏发电项目的规划工作，合理确定建设布局。鼓励结合生态治理、设施农业、渔业养殖、扶贫开发等合理配置项目。优先安排电网接入和市场消纳条件好、近期具备开工条件的项目。鼓励通过竞争性方式配置项目资源，选择技术和经济实力强的企业参与项目建设，促进光伏发电上网电价下降，对降低电价的地区和项目适度增加建设规模指标。优先满足新能源示范城市、绿色能源示范县和分布式光伏发电示范区等示范区域的建设规模指标需求，示范区域在已下达规模内的光伏发电项目建成后，可向国家能源局申请追加建设规模指标。按照有关文件要求规范市场开发秩序，对明显缺乏相应的资金、技术和管理能力的企业，不应配置与其能力不相适宜的光伏电站项目。弃光限电严重地区，在项目布局方面应避免加剧弃光限电现象。

三、鼓励各地区优先建设以 35 千伏及以下电压等级（东北地区 66 千伏及以下）接入电网、单个项目容量不超过 2 万千瓦且所发电量主要在并网点变电台区消纳的分布式光伏电站项目，电网企业对分布式光伏电站项目按简化程序办理电网接入手续。集中式光伏电站项目的建设规模应与配套电力送出工程相匹配，原则上单个集中式光伏电站的建设规模不小于 3 万千瓦，可以一次规划、分期建设。

四、各省级能源主管部门按下达的新增建设规模抓紧确定项目清单，连同往年结转在建的光伏电站项目，一并形成本地区 2015 年光伏发电建设实施方案，并于 2015 年 4 月底前报送我局，同时抄送国家能源局派出机构、相关省级电网企业和国家可再生能源信息管理中心，报送内容包括项目名称、项目业主、建设规模和预计并网时间等，具体报送格式见附件 2。未经备案机关同意，实施方案中的项目在投产之前，不得擅自变更投资主体和建设内容。2014 年底前未安排的年度规模指标作废，各地区对符合规模管理的已备案项目要督促开工建设，对不具备建设条件的项目要及时清理。

五、各级电网企业应配合地方能源主管部门确定年度建设实施方案。对列入实施方案中的光伏发电项目，应本着简化流程和提高效率原则，按照有关规定和时限要求，及时出具项目接网意见和开展配套送出工程建设，按月衔接光伏电站和配套电网建设进度，并报送相关情况，确保项目建成后及时并网运行。

六、建立按月监测、按季调整、年度考核的动态管理机制。各级项目备案机关和电网企业应按照《国家能源局综合司关于加强光伏发电项目信息统计及报送工作的通知》（国能综新能〔2014〕389号）要求，通过国家可再生能源信息管理系统填报信息，有关信息将作为调整和确定建设规模以及形成补贴目录的基本依据。在4月底前，对未将新增建设规模落实到具体项目的地区，其规模指标将视情况调剂到落实好的地区。7月底前，经综合平衡后，对建设进度快的地区适度追加规模指标。10月底前，对年度计划完成情况进行考核，并网规模未达新增建设规模50%的，调减下一年度规模指标。第四季度，编制下一年度光伏发电建设实施方案。

七、各省级能源主管部门应按季公开发布本省光伏发电项目建设信息，包括在建、并网及运行等情况，以引导各地区光伏发电建设。能源局各派出机构要通过信息管理平台，及时跟踪了解各地年度计划执行情况，对光伏发电项目建设运行情况以及电网企业办理电网接入各环节的服务、全额保障性收购、电费结算和可再生能源补贴发放等情况进行监管。国家太阳能发电技术归口管理单位负责信息管理平台的运行维护，充分利用信息管理平台等信息化手段，加强光伏发电项目建设、运行情况的监测和信息统计。

附件：

1.2015年光伏发电建设实施方案

2.2015年各地区光伏发电建设实施方案报送表

国家能源局
2015年3月16日

同时，该文加强了项目开发的监督管理力度，即在一定期限内未开工的项目，会面临在本年度建设规模中被取消的风险。

◇ 关联规定

《关于完善光伏发电规模管理和实行竞争方式配置项目的指导意见》

三、（三）……对于在一定期限内未开工的项目，应在本年度建设规模中予以取消，具体期限由各省（自治区、直辖市）发展改革委（能源局）规定。对于在投产前擅自变更投资主体等主要建设内容的，有关部门应当将项目从年度建设规模中取消，禁止该项目申请国家可再生能源补贴，并禁止相关投资主体在一定期限内参与后续光伏电站项目的配置。

（2）全国性竞争性配置

2019 年 5 月 28 日，国家能源局发布《关于 2019 年风电、光伏发电项目建设有关事项的通知》（国能发新能〔2019〕49 号），在之前的省内竞价、领跑者竞价经验的基础上，综合光伏发电的技术水平、成本、开发建设质量、消纳利用等因素，对项目竞争性配置和补贴竞价程序进行了调整。项目补贴竞价由地方组织申报、国家统一排序。

◇ 关联规定

2019 年光伏发电项目建设工作方案

为发挥市场在资源配置中的决定性作用，加速降低度电补贴强度，推进光伏产业健康持续发展，现就做好 2019 年光伏发电开发建设管理工作有关要求通知如下。

一、总体思路

坚持稳中求进总基调，坚持新发展理念，坚持推动高质量发展，坚持推进市场化改革，落实"放管服"改革要求，完善光伏发电建设管理。在光伏发电全面实现无补贴平价上网前，对于不需要国家补贴的光伏发电项目，由地方按《国家发展改革委 国家能源局关于积极推进风电、光伏发电无补贴平价上网有关工作的通知》（发改能源〔2019〕19 号）规定自行组织建设；对于需要国家补贴的新建光伏发电项目，原则上均应按本通知由市场机制确定项目和实行补贴竞价。

二、优化国家补贴项目管理

（一）明确项目类别。自 2019 年起，对需要国家补贴的新建光伏发电项目分以下五类：（1）光伏扶贫项目，包括已列入国家光伏扶贫目录和国家下达计划的光伏扶贫项目；（2）户用光伏：业主自建的户用自然人分布式光伏项目；（3）普通光伏电站：装机容量6兆瓦及以上的光伏电站；（4）工商业分布式光伏发电项目：就地开发、就近利用且单点并网装机容量小于6兆瓦的户用光伏以外的各类分布式光伏发电项目；（5）国家组织实施的专项工程或示范项目，包括国家明确建设规模的示范省、示范区、示范城市内的光伏发电项目，以及跨省跨区输电通道配套光伏发电项目等。

（二）实施分类管理。根据国家确定的年度新增项目补贴总额，按照以下原则组织本年度新建光伏发电项目。其中，（1）光伏扶贫项目按国家相关政策执行；（2）户用光伏根据切块的补贴额度确定的年度装机总量和固定补贴标准进行单独管理；（3）除国家有明确政策规定外，普通光伏电站、工商业分布式光伏发电项目以及国家组织实施的专项工程、示范项目（以下简称普通光伏项目），原则上均由地方通过招标等竞争性配置方式组织项目，国家根据补贴额度通过排序确定补贴名单。

三、户用光伏项目单独管理

（一）规范户用光伏管理。新建户用光伏应依法依规办理备案等手续，落实各项建设条件，满足质量安全等要求，年度装机总量内的项目以建成并网时间作为补贴计算起点执行固定度电补贴标准。文件发布前已建成并网但未纳入国家补贴范围的项目，可按本通知规定向所在地电网企业申报，经当地备案机关和电网企业联合审核、确认后纳入2019年财政补贴规模并按2019年户用光伏度电补贴标准享受国家补贴政策。

（二）完善项目申报程序。国家能源局于每年年初发布国家补贴支持的户用光伏年度装机总量。省级电网企业每月10日前对外公布上月新增并网（含新审核确认的文件发布前已建成并网但未纳入国家补贴范围的项目）和当年累计新增并网的户用光伏装机容量及项目名单，并于每月12日前向国家能源局和国家可再生能源信息管理中心报送相关信息，国家能源局于每月15日前对外公布当年截至上月底全国累计新增并网装机容量。当截至上月底的当年累计新增并网装机容量超过当年可安排的新增项目年度装机总量时，当月最后一天为本年度可享受国家补贴政策的户用光伏并网截止时间。

四、普通光伏发电国家补贴项目全面实行市场竞争配置

（一）扩大市场配置范围、实行项目补贴竞价。发挥市场在资源配置中的决定性作用，除光伏扶贫、户用光伏外，其余需要国家补贴的光伏发电项目原则上均须采取招标等竞争性配置方式，通过项目业主申报、竞争排序方式

优选确定国家补贴项目及补贴标准。国家补贴资金优先用于补贴需求下降快、能尽快实现平价的项目和地区，充分发挥国家补贴资金支持先进企业和引领光伏平价的作用。

（二）严格实行竞争性配置。应当进行市场配置的所有光伏发电项目，均由地方通过招标等竞争性方式配置。各省应综合考虑发展规划、当地资源条件、监测预警、市场消纳、建设成本等因素，规范组织竞争性配置。

省级能源主管部门应按国家政策要求制定本地区统一的竞争性配置资源的工作方案，把预期上网电价作为主要竞争条件，并符合国家光伏发电价格政策规定。竞争配置工作方案要明确技术标准、环境保护、安全质量、建设条件等要求，坚持公开、公平、公正原则，保障充分合理竞争，严禁限价竞争或变相设置中标底线价格。

（三）明确项目竞争性配置和补贴竞价程序。项目补贴竞价由地方组织申报、国家统一排序。程序主要包括：

1. 省级能源主管部门根据国家安排和相关要求，发布年度拟新建项目名单。

2. 省级能源主管部门按国家政策和本省光伏发电项目竞争配置工作方案组织竞争性配置确定项目业主和预期上网电价，省级电网企业研究提出配套接网工程建设安排。

3. 省级能源主管部门按要求审核汇总后向国家能源局报送申报补贴项目及预期投产时间、上网电价等。普通光伏电站须提供接网消纳、土地落实的支持文件，工商业分布式光伏发电项目须提供土地（场地）落实的支持文件，具体见附件。通知印发前已并网的本年度新建项目须提供电网企业出具的并网时间证明。

4. 国家能源局根据修正后的申报补贴项目上网电价报价由低到高排序遴选纳入补贴范围的项目。修正规则为：

（1）普通光伏电站和全额上网工商业分布式光伏发电项目：Ⅱ类资源区修正后的电价＝申报电价-0.05元/千瓦时，Ⅲ类资源区修正后的电价＝申报电价-0.15元/千瓦时。

（2）自发自用、余电上网工商业分布式光伏发电项目：修正后的电价＝申报电价-所在省份燃煤标杆电价+0.3元/千瓦时，其中燃煤标杆电价不足0.3元/千瓦时地区的项目，申报电价不进行修正。

（3）申报电价以0.1厘/千瓦时为最小报价单位。

修正后上网电价相同的项目根据各项目装机容量从小到大排序，直至入选项目补贴总额达到国家确定的当年新增项目补贴总额限额为止，并对外公布项目名单和各项目补贴标准。

业主在自有产权建筑物或场地自建光伏发电项目可不进行项目业主竞争配置，工商业屋顶光伏和企业已开展前期工作的项目，经地方政府确认后可不进行项目业主竞争配置，上述项目在业主明确上网电价报价后，均可通过省级能源主管部门申报国家补贴竞价。

5. 项目业主依法依规办理相关手续、进行项目建设，在国家规定期限内建成并网，按申报确认的上网电价享受国家补贴。

（四）补贴申报和竞价安排。补贴申报和竞价原则上一年组织一次。

五、有关要求

（一）严格预警管理。新建光伏发电项目必须符合国家和本地区的相关规划，以及市场环境监测评价等管理要求，严禁"先建先得"。各省级能源主管部门应与当地省级电网企业充分沟通，对所在省级区域光伏发电新增装机容量的接网和消纳条件进行测算论证，有序组织项目建设。监测评价结果为红色的地区，除光伏扶贫项目、已安排建设的平价上网示范项目及通过跨省跨区输电通道外送消纳项目外，原则上不安排新建项目。监测评价结果为橙色的地区，在提出有效措施保障改善市场环境的前提下合理调控新建项目。监测评价结果为绿色的地区，可在落实接网消纳条件的基础上有序推进项目建设。西藏新建光伏发电项目，由自治区按照全部电力电量在区内消纳及监测预警等管理要求自行管理。

（二）明确建设期限。落实企业投资项目承诺制，列入国家补贴范围的光伏发电项目，应在申报的预计投产时间所在的季度末之前全容量建成并网，逾期未建成并网的，每逾期一个季度并网电价补贴降低0.01元/千瓦时。在申报投产所在季度后两个季度内仍未建成并网的，取消项目补贴资格，并作为各地光伏发电市场环境监测评价和下一年度申报的重要因素。各省级能源主管部门应在竞争配置和项目建设阶段采取适宜方式和切实有效措施，保障项目落实和如期建成并网。电网企业应按照《可再生能源法》和相关文件要求，本着简化流程和提高效率原则，做好光伏发电项目送出工程建设相关工作，保障项目及时并网。

（三）做好新老政策衔接

1. 列入以往国家建设规模、已开工但未建成并网的光伏发电项目，执行国家相关价格政策，2019年底仍不能全容量建成并网的光伏发电项目（含二期光伏发电领跑基地项目），不再纳入国家补贴范围。

2. 列入以往国家建设规模、未开工的光伏发电项目，已经确定项目业主的，执行国家相关价格政策；尚未确定项目业主的，由地方单独组织竞争配置确定项目业主和上网电价。2020年底仍不能全容量建成并网的光伏发电项目（含二期光伏发电领跑基地项目），不再纳入国家补贴范围。对因红色预警不具备建设条件以及国家另有规定情形的，可以适当放宽建设期限。

3. 国家明确的跨省跨区输电通道配套光伏项目，本通知发布前已按相关规定竞争配置确定项目业主和明确上网电价的，继续执行原有政策；本通知发布前已核准输电通道建设、明确配套光伏装机容量但未明确项目业主和上网电价的，按国家能源局相关要求（另行制定）由地方单独组织竞争配置确定项目业主和上网电价；已明确项目业主但未明确上网电价的，按国家相关价格政策执行。

4. 示范基地等单独竞争配置的项目不进行补贴申报竞争排序，执行各项目竞争确定的上网电价和相应补贴标准。竞争配置项目时应将上网电价作为主要竞争条件，并参考同地区全国补贴竞价情况合理设置竞价上限。国家光伏发电实证基地项目另行规定。

5. 各类示范省、示范区、示范县、示范城市建设的光伏发电项目，已发文下达建设规模的，按已列入以往国家建设规模的相关电价政策执行。

（四）国家能源局各派出能源监管机构要加强对监管区域电网消纳能力论证、项目竞争配置、电网送出落实、项目并网和消纳等事项的监管。

六、2019年工作安排

根据财政部《可再生能源电价附加补助资金管理暂行办法》等要求，2019年度安排新建光伏项目补贴预算总额度为30亿元，其中，7.5亿元用于户用光伏（折合350万千瓦）、补贴竞价项目按22.5亿元补贴（不含光伏扶贫）总额组织项目建设，两项合计不突破30亿元预算总额。在全国排序累计补贴总额时，各项目年补贴额为"度电补贴强度×装机容量×年利用小时数"，其中年利用小时数按《关于做好风电、光伏发电全额保障性收购管理工作的通知》（发改能源〔2016〕1150号）规定的最低保障收购年利用小时数计算，未规定最低保障收购年利用小时数的，按II类地区1300、III类地区1100基础小时数计算。

请各省（区、市）能源主管部门在地方组织竞争配置项目业主、对自愿申报国家补贴项目进行审核等工作基础上，于2019年7月1日（含）前按相关要求将2019年拟新建的补贴竞价项目、申报上网电价及相关信息报送国家能源局，通过国家能源局门户网站（网址：http://www.nea.gov.cn），登录国家可再生能源发电项目信息管理系统填报相关信息，并上传各项支持性文件。

此前发布的有关光伏发电规模管理的文件规定，凡与本通知不一致的，以本通知为准。请各省（区、市）能源主管部门及各有关方面按照上述要求，认真做好光伏发电项目建设管理工作，共同促进光伏产业健康有序、高质量发展。

附件：XX省（区、市）光伏发电国家补贴项目申报材料提纲（参考范本）

XX省（区、市）光伏发电国家补贴项目
申报材料提纲
（参考范本）

一、基本情况

简要介绍本省（区、市）太阳能资源、规划、建设、运行、管理情况。主要包括：

（一）太阳能资源情况：包括年平均太阳能辐射量、太阳能资源分区等。

（二）规划情况："十三五"光伏发电规划新增装机和总装机目标。

（三）建设情况：本省（区、市）截至2018年底光伏发电并网装机情况，包括总装机容量，以及集中式光伏电站、分布式光伏（分户用分布式和工商业分布式）等分类统计情况。

（四）运行情况：2018年光伏发电上网电量、利用小时数、弃光率，以及2017年和2018年光伏发电市场环境监测评价结果及分析等。

（五）消纳情况：简述2018年全省（区、市）光伏发电项目接网消纳、弃光、市场监测评价情况，分析存在问题及原因，并研究提出采取保障改善市场环境的有效措施。

（六）规划及政策落实情况：对照《国家能源局关于可再生能源发展

"十三五"规划实施的指导意见》等文件要求，提供本省（区、市）分年度规模管理及相关政策落实情况，包括有无先建先得、超规模超规划问题及相关情况。

二、国家补贴项目申报情况

（一）简述本次项目竞争性配置和补贴竞价申报、审核总体情况，包括：申报范围、工作组织、主要过程、审核相关情况，以及本次拟申报补贴项目总数量、总装机容量和预计年补贴资金总需求量。

（二）按普通光伏电站、工商业分布式光伏项目（全额上网模式）、工商业分布式光伏项目（自发自用、余电上网模式）三类分类描述申报项目情况，包括：汇总介绍每类申报项目总体情况（包括项目个数、总装机容量等），测算每类申报项目的预计年上网电量和年补贴资金需求量。

填报补贴竞价项目申报表，详见附表。

三、国家相关政策要求等落实情况

（一）全省总体情况

1. 接网消纳落实情况。简述本省（区、市）光伏发电保障性收购制度落实情况；结合本省（区、市）消纳情况简述本次全省申报项目消纳能力（光伏装机容量）、消纳区域和接网条件等。

2. 土地（场地）落实情况。简述本省（区、市）光伏发电土地（场地）资源条件，以及本次全省申报项目地区分布、土地（场地）类型和总体落实情况。

3. 其他政策要求落实情况

（1）规划要求落实情况，包括申报项目全部实施后是否超过规划目标。

（2）光伏发电市场环境监测评价相关要求落实情况。

（3）地方政府出台的光伏发电配套政策情况，包括光伏发电竞争配置工作方案、提高光伏消纳能力相关政策、对土地类型及成本的承诺、综合服务保障体系等。

（4）其他需要说明的情况或问题。

（二）普通光伏电站情况

1. 接网消纳落实情况

说明本次申报项目是否均在消纳能力范围内并逐一出具了支持性文件，分别列出本地消纳、外送消纳的装机容量。

说明本次申报项目接入送出工程是否均已明确由电网企业投资建设并可与项目申报的预计投产时间衔接一致。

2. 土地（场地）落实情况

说明本次申报项目是否均属于国家允许建设光伏项目的场地、不占用基本农田且不涉及生态红线等限制开发的区域，说明场地使用费用的范围。

（三）工商业分布式光伏项目情况

1. 接网消纳落实情况

说明本次申报项目是否均在消纳能力范围内；说明本次申报项目消纳区域（或就近利用范围/电压等级范围）。如存在由地市或省级电网企业针对多个分布式项目统一出具支持性文件的，还需说明新增分布式项目装机总量及附表中各项目是否均已纳入该支持性文件。

2. 土地（场地）落实情况

说明本次申报项目场地是否均属于国家允许建设光伏项目的场地，并说明场地使用费用的范围。其中如有地面建设的，说明是否均不占用基本农田且不涉及生态红线等限制开发的区域；如有依托建筑物建设的，说明是否已落实场地使用权。

各类项目均须按附表填写每个项目的接网消纳、土地（场地）落实情况，并提供支持性文件。其中工商业分布式光伏项目可仅提供所在地市或省份的电网企业针对多个分布式项目（或新增分布式项目装机总量）统一出具的接网消纳文件。

四、主要支持性文件

（一）本省（区、市）电力消纳市场及接入系统研究报告。省级电网公司提供全省新增光伏消纳能力分析评价意见。

（二）地方政府支撑性文件。包括土地类型及成本、综合服务保障体系落实情况及配套支持政策。

（三）省级电网（地方电网）公司承诺文件。包括对全省申报项目和各申报项目消纳市场及接入系统方案的论证材料，以及接入系统建设承诺、消纳保障承诺等。

通知印发前已于本年度建成并网的新建光伏发电项目，须提供电网企业出具的并网时间证明材料。

以上文件为申报必须提供的材料，纸质版和电子版随文报送。其中工商业分布式光伏项目的接网消纳支持文件不用每个项目单独出具。

各省（区、市）能源主管部门应通过国家能源局门户网站（网址：http://www.nea.gov.cn），登录国家可再生能源发电项目信息管理系统填报附表相关信息，并上传所取得的各项支持性文件。

报送国家能源局纸质申报材料有关信息应与在线提交申报信息一致，如出现不一致的情况，以报送系统申报信息为准。

附表：XX省（区、市）光伏发电国家补贴竞价项目申报表

XX省（区、市）光伏发电国家补贴竞价项目申报表

序号	项目名称	项目类型	项目地点	项目所在资源区	项目容量（万千瓦）	项目业主	主要投资方	是否进行业主招标（是/否）	项目预期年发电小时数	项目预期年发电量（万千瓦时）	本地区最低保障收购小时数或本地区基础利用小时数	前期工作开展情况	计划（申报）投产时间	补贴竞价申报上网电价（元/千瓦时）	落实用地的支持性文件	落实接网消纳的支持性文件	其他
合计																	

说明：1. 项目类型：填写"普通光伏电站（集中式光伏）"、"全额上网工商业分布式光伏"或"自发自用、余电上网工商业分布式光伏"。

2. 项目地点：填写项目所在行政区域，具体到市、县。

3. 主要投资方：填写最高级母公司名称。

4. 预期年发电小时数和发电量：填写项目全容量并网后经营期预期发电小时数和发电量。

5. 计划（申报）投产时间：未建成项目填写项目预计全容量并网发电时间，精确到年月；已建成项目填写申报投产时间（作为补贴起算时点），其中普通光伏电站和工商业分布式光伏发电项目申报投产时间以电网企业出具的并网时间为准。

6. 补贴竞价申报上网电价：对于未进行业主招标的，直接申报补贴竞价上网电价；对于竞争配置确定项目业主的，可按不高于竞争配置时的中标电价申报补贴竞价上网电价。

7. 落实接网消纳的支持性文件：按照电网企业出具接网消纳函件填写，并附文号。工商业分布式项目可仅提供所在地市或省份的电网企业针对多个分布式项目（或新增分布式项目装机总量）统一出具的接网消纳文件，并附文号。

8. 通知印发时已于本年度建成并网的新建项目须提供电网企业出具的并网时间证明材料。

三、平价时代的建设规模指标

《关于 2021 年新能源上网电价政策有关事项的通知》（以下简称《通知》）明确，2021 年起，对新备案集中式光伏电站、工商业分布式光伏发电项目和新核准陆上风电项目，中央财政不再补贴，实行平价上网。

平价上网阶段，光伏项目的建设规模指标管理，也势必发生调整。2021 年 11 月 24 日，国家能源局综合司就《光伏发电开发建设管理办法（征求意见稿）》公开征求意见。该文件明确光伏电站开发建设管理包括规划和可再生能源消纳责任权重引导、年度开发建设方案确定等。

在国家能源发展规划下，省级能源主管部门负责做好本省（区、市）可再生能源发展规划与国家可再生能源发展规划之间的上下联动，合理确定光伏电站年度开发建设方案。光伏电站年度开发建设方案可视国家要求，分为保障性并网规模和市场化并网规模。未纳入光伏电站年度开发建设方案的项目，电网公司不予办理电网接入手续。鼓励各级能源主管部门采取项目库的管理方式，做好光伏电站项目储备。

◇ 关联规定

国家能源局《关于 2021 年风电、光伏发电开发建设有关事项的通知》(国能发新能〔2021〕25 号)

三、建立并网多元保障机制

各省（区、市）完成年度非水电最低消纳责任权重所必需的新增并网项目，由电网企业实行保障性并网，2021 年保障性并网规模不低于 9000 万千瓦。保障性并网规模可省际置换，通过跨省区电力交易落实非水电消纳责任权重的，经送、受省份协商并会同电网企业签订长期协议后，根据输送（交易）新能源电量相应调减受端省保障性并网规模并调增至送端省。保障性并网项目由各省级能源主管部门通过竞争性配置统一组织。

对于保障性并网范围以外仍有意愿并网的项目，可通过自建、合建共享或购买服务等市场化方式落实并网条件后，由电网企业予以并网。并网条件主要包括配套新增的抽水蓄能、储热型光热发电、火电调峰、新型储能、可调节负荷等灵活调节能力。

第四节　集中式光伏发电项目的用地

集中式光伏发电项目具有占地面积大的特点。虽然我国幅员辽阔，但光资源分布和电力消纳之间存在错位，加之土地类型复杂，实际适于建设光伏电站的土地范围有限。自 2021 年起，随着第三次全国土地调查工作的完成，土地类型被进一步规范和明确，再次强调各类自然保护区、永久基本农田、生态保护红线范围内土地等不得用于项目建设，这也导致光伏发电项目的用地指标进一步收紧。

从已投运的光伏发电项目来看，项目用地手续不完善是建设过程中存在的普遍问题。2022 年 1 月 28 日，自然资源部办公厅发布了《关于开展2022 年卫片执法工作的通知》（自然资办发〔2022〕3 号），以卫片执法工作为抓手，推动落实自然资源执法共同责任机制。对于光伏发电项目而言，项目用地合规问题已成为一颗定时炸弹，随时可能产生严重后果，重要性不言而喻。

因此，项目用地合规问题系光伏发电项目投资建设的关键问题，涉及的法律法规及规范性文件已成体系，笔者将此单独成节，对光伏发电项目各个功能分区的具体用地政策和建设前需取得的用地合规手续进行详细分析。

一、光伏发电项目土地功能分区

《光伏发电站工程项目用地控制指标》（国土资规〔2015〕11 号）[1]将

---

〔1〕　现已失效，2022 年 4 月 29 日，全国自然资源与国土空间规划标准化技术委员会发布《光伏发电站工程项目用地控制指标》（征求意见稿）明确光伏发电项目土地功能分区类别，与该文件一致。

光伏电站分为四个功能分区：光伏方阵用地、变电站及运行管理中心用地、集电线路用地、场内道路用地。

光伏方阵用地包括组件用地、逆变器室及箱变用地、方阵场内道路用地等。

变电站及运行管理中心用地包括变电站用地和生活服务设施用地。

集电线路用地指在光伏组件方阵与升压站及运行管理中心之间的集电线路用地，一般采取直埋电缆敷设和架空路线架设两种方式。

场内道路用地是指保证项目生产运营的场区内部运行道路用地，道路的宽度应能满足光伏发电站项目建设及生产期内通往场、站等设施的各类型的车辆安全通过。

如下图所示：

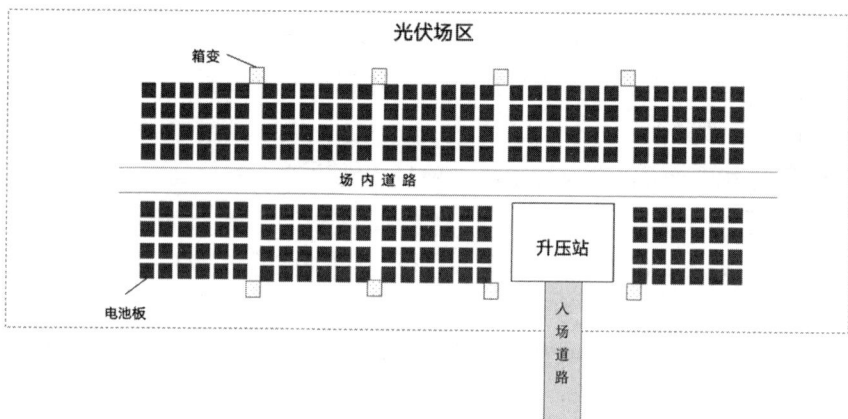

光伏发电项目平面图

二、光伏发电项目用地规则

光伏发电项目用地根据上述不同功能分区存在不同的用地要求，同时应符合《土地管理法》对土地使用的基本要求，即建造建筑物、构筑物需使用建设用地，进行农业种植和农业生产需使用农用地。

光伏发电项目用地之所以有其特殊性，是因为光伏发电项目的建设与普通建设工程存在不同之处。最主要的差异特征体现为：一是光伏电池板仅通过支架架设于地面；二是只有支架、逆变器室和箱变是通过水泥等建筑材料固化于地面，占地分散且单位面积小；三是电池板仍然占用了国土空间，限制了土地的二次使用。

针对光伏发电项目用地的特殊性，国家和地方都出台了系列政策，在满足农用地、建设用地使用原则的条件下，有区别地对不同光伏发电项目制定特殊用地政策，以满足我国可再生能源不断增长的用地需求。

（一）光伏方阵用地

1. 用地规则

在国家能源主管部门提出复合光伏发电项目的概念之前，各地对于光伏方阵用地的掌握尺度不一。既有严格要求光伏方阵用地全部按照建设用地管理的情形，也有放宽标准按照原地类管理的情形。

2015 年，原国土资源部、发改委等六部委发布《关于支持新产业新业态发展促进大众创业万众创新用地的意见》（国土资规〔2015〕5 号），明确光伏方阵占用未利用地的，对不占用、不改变地表形态的用地部分，可按原地类认定。

2017 年，在前述 5 号文的基础上，原国土资源部、国家能源局、原国务院扶贫办发布《关于支持光伏扶贫和规范光伏发电产业用地的意见》（国土资规〔2017〕8 号，已失效），明确复合光伏电站、扶贫光伏电站占用未利用地的，对不占用、不改变地表形态的用地部分也按原地类认定。

综上，笔者认为，所有类型的光伏发电项目中光伏方阵占用未利用地的可以按原地类认定。复合光伏、扶贫光伏发电项目光伏方阵占用农用地的，对不占用、不改变地表形态的用地部分，即电池板对应土地可按原地类认定；光伏支架、逆变器室及箱变、场内道路用地涉及硬化的，按建设用地管理；对于非扶贫、非复合类光伏电站占用农用地的，不论是否改变地表形态，均应按照建设用地管理。

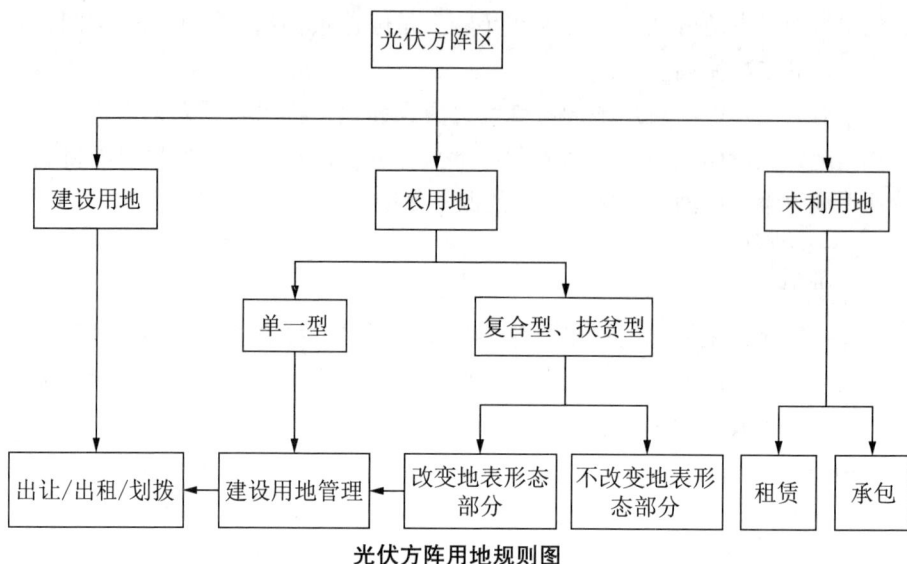

光伏方阵用地规则图

◇ 关联规定

《土地管理法》（2019 年修正）

第四条 国家实行土地用途管制制度。

国家编制土地利用总体规划，规定土地用途，将土地分为农用地、建设用地和未利用地。严格限制农用地转为建设用地，控制建设用地总量，对耕地实行特殊保护。

前款所称农用地是指直接用于农业生产的土地，包括耕地、林地、草地、农田水利用地、养殖水面等；建设用地是指建造建筑物、构筑物的土地，包括城乡住宅和公共设施用地、工矿用地、交通水利设施用地、旅游用地、军事设施用地等；未利用地是指农用地和建设用地以外的土地。

使用土地的单位和个人必须严格按照土地利用总体规划确定的用途使用土地。

第七十七条 未经批准或者采取欺骗手段骗取批准，非法占用土地的，由县级以上人民政府自然资源主管部门责令退还非法占用的土地，对违反土地利用总体规划擅自将农用地改为建设用地的，限期拆除在非法占用的土地上新建的建筑物和其他设施，恢复土地原状，对符合土地利用总体规划的，没收在非法占用的土地上新建的建筑物和其他设施，可以并处罚款；对非法占用土地单位的直接负责的主管人员和其他直接责任人员，依法给予处分；构成犯罪的，依法追究刑事责任。

超过批准的数量占用土地，多占的土地以非法占用土地论处。

原国家质量监督检验检疫总局、国家标准化管理委员会《土地利用现状分类》（2017年）

土地类别	土地利用现状分类			
	一级类		二级类	
	编号	名称	类别	名称
农用地	01	耕地	011	水田
			012	水浇地
			013	旱地
	02	园地	021	果园
			022	茶园
			023	其他园地
	03	林地	031	有林地
			032	灌木林地
			033	其他林地
	04	草地	041	天然牧草地
			042	人工牧草地
	10	交通用地	104	农村道路
	11	水域及水利设施用地	114	坑塘水面
			117	沟渠
	12	其他土地	122	设施农用地
			123	田坎
建设用地	05	商服用地	051	批发零售用地
			052	住宿餐饮用地
			053	商务金融用地
			054	其他商服用地

续表

土地类别	土地利用现状分类			
	一级类		二级类	
	编号	名称	类别	名称
建设用地	06	工矿仓储用地	061	工业用地
			062	采矿用地
			063	仓储用地
	07	住宅用地	071	城镇住宅用地
			072	农村宅基地
	08	公共管理与公共服务用地	081	机关团体用地
			082	新闻出版用地
			083	科教用地
			084	医卫慈善用地
			085	文体娱乐用地
			086	公共设施用地
			087	公园与绿地
			088	风景名胜设施用地
	09	特殊用地	091	军事设施用地
			092	使领馆用地
			093	监教场所用地
			094	宗教用地
			095	殡葬用地
	10	交通运输用地	101	铁路用地
			102	公路用地
			103	街巷用地
			105	机场用地
			106	港口码头用地

续表

土地类别	土地利用现状分类			
	一级类		二级类	
	编号	名称	类别	名称
	11	水域及水利设施用地	107	管道运输用地
			113	水库水面
	12	其他土地	118	水工建筑物用地
未利用地	04	草地	121	空闲地
			043	其他草地
	11	水域及水利设施用地	111	河流水面
			112	湖泊水面
			115	沿海水面
			116	内陆滩涂
			119	冰川及永久积雪
	12	其他土地	124	盐碱地
			125	沼泽地
			126	沙地

原国土资源部等发布的《关于支持新产业新业态发展促进大众创业万众创新用地的意见》（国土资规〔2015〕5号）采取差别化用地政策支持新业态发展。光伏、风力发电等项目使用戈壁、荒漠、荒草地等未利用土地的，对不占压土地、不改变地表形态的用地部分，可按原地类认定，不改变土地用途，在年度土地变更调查时作出标注，用地允许以租赁等方式取得，双方签订好补偿协议，用地报当地县级国土资源部门备案；对项目永久性建筑用地部分，应依法按建设用地办理手续。对建设占用农用地的，所有用地部分均应按建设用地管理。

原国土资源部、原国务院扶贫办、国家能源局《关于支持光伏扶贫和规范光伏发电产业用地的意见》（国土资规〔2017〕8号，已失效）规定除光伏扶贫项目及利用农用地的光伏复合项目外，其他光伏电站（以下简称"单一型光伏发电项目"）使用未利用地的，光伏方阵用地部分可按原地类认定，不改变土地用途，用地允许以租赁等方式取得，双方签订补偿协议，报当地县级国土资源主管部门备案，其他用地部分应当办理建设用地审批手续；使用农用地的，所有用地均应当办理建设用地审批手续。

2. 不同地类的取得方式

根据《土地管理法》，国家编制土地利用总体规划，规定土地用途，将土地分为农用地、建设用地和未利用地。农用地是指直接用于农业生产的土地，包括耕地、林地、草地、农田水利用地、养殖水面等；建设用地是指建造建筑物、构筑物的土地，包括城乡住宅和公共设施用地、工矿用地、交通水利设施用地、军事设施用地等；未利用地是指农用地和建设用地以外的土地。

（1）建设用地

根据土地权属不同，建设用地分为国有建设用地和集体建设用地。

针对集体建设用地，根据《土地管理法》，允许在符合规划、依法登记并经本集体经济组织三分之二以上成员或村民代表同意的条件下，通过出让、出租等方式交由集体经济组织以外的单位或者个人直接使用。

序号	取得途径	具体方式	使用最高年限
1	国有土地使用权出让	国家以土地所有者的身份将土地使用权在一定年限内让与土地使用者，由土地使用者支付土地使用权出让金。土地使用权出让可以采取协议出让、招标、拍卖、挂牌的方式。	50 年
2	国有土地租赁	由使用者与县级以上人民政府自然资源主管部门签订一定年限的土地租赁合同，并支付租金。	20 年

针对国有建设用地，根据《土地管理法》，分为有偿取得和无偿取得。

有偿取得国有建设用地的方式包括国有土地使用权出让、国有土地租赁、国有土地使用权作价出资或入股三种方式。对于光伏发电项目而言，投资方一般通过出让和租赁程序有偿取得国有建设用地。

无偿取得国有建设用地的方式仅"划拨"一种，"划拨"属于行政机关的行政审批行为，投资方无须缴纳土地出让金，仅通过登记取得土地使用权即可。此外，通过划拨方式取得的国有建设用地土地使用权一般没有期限限制，除政府依据公共利益的需要收回或土地使用者将其上市交易（转让、企业改制上市等）等情形外，土地使用者可以长久无偿使用。由于划拨土地使用权具备"无偿无限期"的特点，因此在审批和资产处置权限上也较为严格。首先，项目用地需符合《土地管理法》规定的用途，主要为国家机关用地和军事用地、城市基础设施用地和公益事业用地、国家重点扶持的能源、交通、水利等基础设施用地；其次，投资方在取得划拨土地后未经许可不得进行转让、出租、抵押等经营活动，如经批准转让划拨土地使用权时，必须"向当地市、县人民政府补交土地使用权出让金或者以转让、出租、抵押所获收益抵交土地使用权出让金"。对于光伏发电项目而言，投资方通过划拨方式取得项目用地的情形并不普遍。

∨ 实务难点与解决方式：

在国家对生态环境重点保护的大政策背景下，投资方在与政府签订有偿使用土地合同时，尤其要注重环保问题引发的合同纠纷。笔者在项目中曾遇到这样的案例：A 投资方自建光伏发电项目，初期已取得项目备案文件，之后与当地行政主管部门签订了投资协议、土地出让合同，并支付了全部土地出让金，但却因为受让土地被部分划入生态保护红线范围内，导致项目无法推进，A 投资方产生了土地出让金和其他投入损失，并因此与当地行政主管部门产生了纠纷，项目也因此搁浅。

从法律层面分析：首先，政府与投资方所签订的土地出让合同系基于项目开发目的而成立，如果因此发生纠纷，且在无法协商一致的情况下，该合同具有可诉性；其次，由于政府提供的土地往往与特定项目挂钩，在因非归责于投资方原因导致的合同无法履行情形，投资方可以诉请解除合同，进而要求损失弥补。这一观点，在最高人民法院于 2020 年 7 月 27 日发布的产权保护行政诉讼典型案例中有所体现。有兴趣的读者，可以查阅"古田翠屏湖爱乐置业有限公司、福建爱乐投资有限公司诉古田县人民政府行政协议及赔偿案"。

为此，笔者会提醒广大投资者，在项目获取及相应工作全面展开之前，除了开发阶段重点关注的项目获得核准或备案文件之外，还应对项目土地的背景情况、当地政府的土地规划等审批文件作充分论证，检验不同行政机关作出文件之间的一致性和闭环性。总而言之，除了经济指标、资本收益率测算之外，还需关注因行政审批、规划、环保等政策因素导致的土地不可用、项目不可建等风险。

◇ 关联规定

《土地管理法》（2019 修正）

第五十四条 建设单位使用国有土地，应当以出让等有偿使用方式取得；但是，下列建设用地，经县级以上人民政府依法批准，可以以划拨方式取得：

（一）国家机关用地和军事用地；

（二）城市基础设施用地和公益事业用地；

（三）国家重点扶持的能源、交通、水利等基础设施用地；

（四）法律、行政法规规定的其他用地。

第五十九条 乡镇企业、乡（镇）村公共设施、公益事业、农村村民住宅等乡（镇）村建设，应当按照村庄和集镇规划，合理布局，综合开发，配套建设；建设用地，应当符合乡（镇）土地利用总体规划和土地利用年度计划，并依照本法第四十四条、第六十条、第六十一条、第六十二条的规定办理审批手续。

第六十三条第一、二款 土地利用总体规划、城乡规划确定为工业、商业等经营性用途，并经依法登记的集体经营性建设用地，土地所有权人可以通过出让、出租等方式交由单位或者个人使用，并应当签订书面合同，载明土地界址、面积、动工期限、使用期限、土地用途、规划条件和双方其他权利义务。

前款规定的集体经营性建设用地出让、出租等，应当经本集体经济组织成员的村民会议三分之二以上成员或者三分之二以上村民代表的同意。

《关于支持新产业新业态发展促进大众创业万众创新用地的意见》（国土资规〔2015〕5 号）

（三）……新产业项目用地符合《划拨用地目录》的，可以划拨供应。鼓励以租赁等多种方式向中小企业供应土地。积极推行先租后让、租让结合供应方式。出让土地依法需以招标拍卖挂牌方式供应的，在公平、公正、不排除多个市场主体竞争的前提下，可将投资和产业主管部门提出的产业类型、生产技术、产业标准、产品品质要求作为土地供应前置条件；以先租后让等方式供应土地涉及招标拍卖挂牌的，招标拍卖挂牌程序也可在租赁供应时实施，租赁期满符合条件的可转为出让土地。

《划拨用地目录》

二、符合本目录的建设用地项目，由建设单位提出申请，经有批准权的人民政府批准，方可以划拨方式提供土地使用权。

三、对国家重点扶持的能源、交通、水利等基础设施用地项目，可以以划拨方式提供土地使用权。对以营利为目的，非国家重点扶持的能源、交通、水利等基础设施用地项目，应当以有偿方式提供土地使用权。

《城市房地产管理法》（2019 修正）

第二十三条　土地使用权划拨，是指县级以上人民政府依法批准，在土地使用者缴纳补偿、安置等费用后将该幅土地交付其使用，或者将土地使用权无偿交付给土地使用者使用的行为。

依照本法规定以划拨方式取得土地使用权的，除法律、行政法规另有规定外，没有使用期限的限制。

《城镇国有土地使用权出让和转让暂行条例》（2020 修订）

第十二条　土地使用权出让最高年限按下列用途确定：

（一）居住用地七十年；

（二）工业用地五十年；

（三）教育、科技、文化、卫生、体育用地五十年；

（四）商业、旅游、娱乐用地四十年；

（五）综合或者其他用地五十年。

第十三条　土地使用权出让可以采取下列方式：

（一）协议；

（二）招标；

（三）拍卖。

依照前款规定方式出让土地使用权的具体程序和步骤，由省、自治区、直辖市人民政府规定。

第四十五条第一款　符合下列条件的，经市、县人民政府土地管理部门和房产管理部门批准，其划拨土地使用权和地上建筑物、其他附着物所有权可以转让、出租、抵押：

（一）土地使用者为公司、企业、其他经济组织和个人；

（二）领有国有土地使用证；

（三）具有地上建筑物、其他附着物合法的产权证明；

（四）依照本条例第二章的规定签订土地使用权出让合同，向当地市、县人民政府补交土地使用权出让金或者以转让、出租、抵押所获收益抵交土地使用权出让金。

(2) 农用地

2017 年 9 月 25 日,原国土资源部、国务院扶贫办国家能源局《关于支持光伏扶贫和规范光伏发电产业用地的意见》规定,将不占用基本农田、符合"本地区光伏复合项目建设要求和认定标准"的项目,认定为不改变土地性质。因此对于农光互补、渔光互补等复合型项目的认定极为重要。

以农光互补项目为例,各地均出台了政策规范农光互补农业种植标准和要求,如 2022 年 2 月 12 日,海南省平价菜保供惠民行动专班办公室发布了《关于加快光伏蔬菜大棚设计方案审查的函》,为确保农光互补项目姓"农"不姓"光",海南省平价菜专班组织省发改委、农业农村、资规、测绘等部门成立两个小组赴相关市县对农光互补项目开展实地核查,确保按技术要求整改后,能种菜、种好菜,对未按期完成整改的农光互补项目以涉嫌违法违规占用农用地进行立案调查。

若被认定为虚假农光互补项目,则可能面临用地不合规等行政处罚风险。我们在尽调环节中也会实地走访农牧主管等行政部门,了解该主管部门的核查要点和种植标准。

在用地手续办理方面:单一型光伏发电项目若占用农用地,需要依程序转为建设用地后,项目投资方再通过划拨、出让、租赁等方式取得项目用地使用权;对于复合光伏发电项目(如农光互补、牧光互补、渔光互补等)和扶贫光伏发电项目,则无须转为建设用地管理,直接以租赁的方式取得项目用地使用权即可。

①土地租赁程序

实践中根据不同的土地权属将租赁程序分为两类:一是国有农用地,项目投资方通常与县级以上人民政府土地行政主管部门签订租赁协议;二是集体农用地,集体农用地又分为已经发包给村民的农用地、未发包的农用地,项目投资方与集体或村民签订土地租赁合同,具体如下:

A. 已发包土地

就已发包给村民的农用地,村民有权以出租的方式将土地的使用权流转给项目公司建设光伏电站。若承包方已经将土地经营权流转给他人,他人再将土地经营权流转给项目公司的,应当取得原承包方的同意,并向发包方备案。实践中,考虑到村民户数众多,一般由村民委托村委会出租,或村民将土地出租给村委会后,再由村委会统一转租给投资方。在此条件下,投资方需确认村委会租赁合同的有效性以及转租的合法性。

◇　关联规定

《农村土地承包法》（2018 年修正）

第三十六条　承包方可以自主决定依法采取出租（转包）、入股或者其他方式向他人流转土地经营权，并向发包方备案。

第三十八条　土地经营权流转应当遵循以下原则：……

（二）不得改变土地所有权的性质和土地的农业用途，不得破坏农业综合生产能力和农业生态环境；

（三）流转期限不得超过承包期的剩余期限；

（四）受让方须有农业经营能力或者资质；

（五）在同等条件下，本集体经济组织成员享有优先权。

第四十二条　承包方不得单方解除土地经营权流转合同，但受让方有下列情形之一的除外：

（一）擅自改变土地的农业用途；

（二）弃耕抛荒连续两年以上；

（三）给土地造成严重损害或者严重破坏土地生态环境；

（四）其他严重违约行为。

B. 未发包土地

就未发包的农用地，村集体在取得村民会议三分之二以上成员或者三分之二以上村民代表的同意，并报县级以上地方人民政府或者乡（镇）人民政府审核通过后，可直接出租给项目投资方。

◇　关联规定

《土地管理法》（2019 年修正）

第十一条　农民集体所有的土地依法属于村农民集体所有的，由村集体经济组织或者村民委员会经营、管理……

《农村土地经营权流转管理办法》（农业农村部令 2021 年第 1 号）

第二十九条　县级以上地方人民政府对工商企业等社会资本流转土地经营权，依法建立分级资格审查和项目审核制度。审查审核的一般程序如下：

（一）受让主体与承包方就流转面积、期限、价款等进行协商并签订流转意向协议书。涉及未承包到户集体土地等集体资源的，应当按照法定程序经本集体经济组织成员的村民会议三分之二以上成员或者三分之二以上村民代表的同意，并与集体经济组织签订流转意向协议书。

（二）受让主体按照分级审查审核规定，分别向乡（镇）人民政府农村土地承包管理部门或者县级以上地方人民政府农业农村主管（农村经营管理）部门提出申请，并提交流转意向协议书、农业经营能力或者资质证明、流转项目规划等相关材料。

（三）县级以上地方人民政府或者乡（镇）人民政府应当依法组织相关职能部门、农村集体经济组织代表、农民代表、专家等就土地用途、受让主体农业经营能力，以及经营项目是否符合粮食生产等产业规划等进行审查审核，并于受理之日起20个工作日内作出审查审核意见。

（四）审查审核通过的，受让主体与承包方签订土地经营权流转合同。未按规定提交审查审核申请或者审查审核未通过的，不得开展土地经营权流转活动。

②农用地转为建设用地审批程序

单一型光伏发电项目占用农用地，需要办理农用地转建设用地的审批手续，常规的审批程序如下：

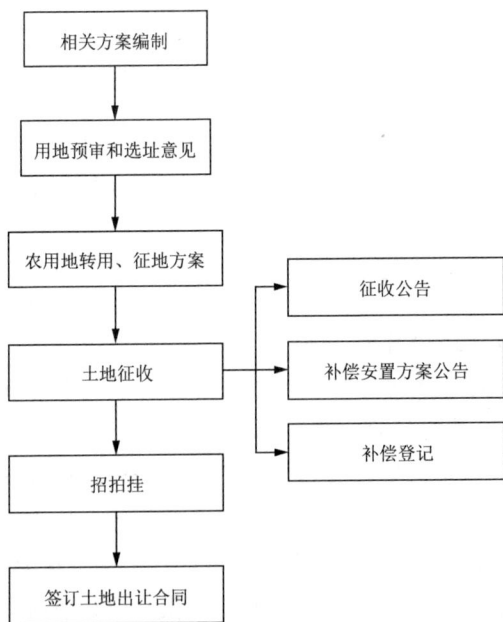

农用地征转建设用地流程图

　　农用地转用、征用土地，必须符合土地利用总体规划、城市建设总体规划和土地利用年度计划。具体而言，农用地转为建设用地的程序流程如下：其一，选定转征用农用地，向自然资源部门、建设主管部门、规划部门咨询农用地是否适用于光伏项目建设，即是否符合土地利用总体规划、城市建设总体规划和土地利用年度计划；其二，若选定的农用地可以用于建设，目标公司再根据建设主管部门的要求，进行建设项目可行性论证，向建设部门提交用地申请，建设项目需要核发选址意见书[1]的，合并办理建设项目用地预审与选址意见书，最后核发建设项目用地预审与选址意见书；其三，目标公司向建设主管部门、环保部门等办理立项、规划、环保许可等手续，并缴纳各项审批费用；其四，目标公司持以上审批文件，向市、县人民政府提出建设用地申请；其五，市、县人民政府自然资源等部门根据土地利用总体规划、城市建设总体规划和土地利用年度计划，拟定农用地转用方案、补充耕地方案、征地方案和供地方案，分不同类型，报国务院或者国务院授权的省、自治区、直辖市人民政府批准；其六，由市、县人民政府自然资源部门负责对该农用地的所有权人和使用权人进行征收，签订安置补偿协议，按征地程序办理征地手续；其七，目标公司通过国有土地出让程序（协商、招标、拍卖）取得土地的使用权，与当地自然资源部门签订土地出让合同。

◇ 关联规定

《国务院关于加强土地调控有关问题的通知》（国发〔2006〕31号）

　　六、禁止擅自将农用地转为建设用地

　　农用地转为建设用地，必须符合土地利用总体规划、城市总体规划、村庄和集镇规划，纳入年度土地利用计划，并依法办理农用地转用审批手续。禁止通过"以租代征"等方式使用农民集体所有农用地进行非农业建设，擅自扩大建设用地规模。农民集体所有建设用地使用权流转，必须符合规划并严格限定在依法取得的建设用地范围内。未依法办理农用地转用审批，国家机关工作人员批准通过"以租代征"等方式占地建设的，属非法批地行为；单位和个人擅自通过"以租代征"等方式占地建设的，属非法占地行为，要依法追究有关人员的法律责任。

---

〔1〕 仅有划拨用地需要办理选址意见书。

《土地管理法实施条例》（2021年修订）

第二十三条 在国土空间规划确定的城市和村庄、集镇建设用地范围内，为实施该规划而将农用地转为建设用地的，由市、县人民政府组织自然资源等部门拟订农用地转用方案，分批次报有批准权的人民政府批准。

农用地转用方案应当重点对建设项目安排、是否符合国土空间规划和土地利用年度计划以及补充耕地情况作出说明。

农用地转用方案经批准后，由市、县人民政府组织实施。

第二十四条 建设项目确需占用国土空间规划确定的城市和村庄、集镇建设用地范围外的农用地，涉及占用永久基本农田的，由国务院批准；不涉及占用永久基本农田的，由国务院或者国务院授权的省、自治区、直辖市人民政府批准。具体按照下列规定办理：

（一）建设项目批准、核准前或者备案前后，由自然资源主管部门对建设项目用地事项进行审查，提出建设项目用地预审意见。建设项目需要申请核发选址意见书的，应当合并办理建设项目用地预审与选址意见书，核发建设项目用地预审与选址意见书。

（二）建设单位持建设项目的批准、核准或者备案文件，向市、县人民政府提出建设用地申请。市、县人民政府组织自然资源等部门拟订农用地转用方案，报有批准权的人民政府批准；依法应当由国务院批准的，由省、自治区、直辖市人民政府审核后上报。农用地转用方案应当重点对是否符合国土空间规划和土地利用年度计划以及补充耕地情况作出说明，涉及占用永久基本农田的，还应当对占用永久基本农田的必要性、合理性和补划可行性作出说明。

（三）农用地转用方案经批准后，由市、县人民政府组织实施。

第二十五条 建设项目需要使用土地的，建设单位原则上应当一次申请，办理建设用地审批手续，确需分期建设的项目，可以根据可行性研究报告确定的方案，分期申请建设用地，分期办理建设用地审批手续。建设过程中用地范围确需调整的，应当依法办理建设用地审批手续。

农用地转用涉及征收土地的，还应当依法办理征收土地手续。

（3）未利用地

未利用地是指农用地和建设用地以外的地，主要包括荒草地、盐碱地、沼泽地、沙地、裸土地、裸岩等。根据土地权属的不同，未利用地分为两类：一是国有未利用地，投资方通常与市、县人民政府土地管理部门签订租赁协议；二是集体未利用地。无论是单一型还是复合型、扶贫型光伏电站，均可通过租赁方式取得光伏方阵用地。未利用地中的荒山、荒沟、荒丘、荒滩等农村土地除租赁方式取得项目用地外，根据《农村土地承包法》第3条规定还可以承包的方式取得，根据国务院《关于促进光伏产业健康发展的若干意见》，光伏电站中建设永久性建筑用地部分，依法按建设用地办理审批手续后，也可以通过划拨方式取得土地。

值得注意的是，以招标、拍卖、公开协商等方式承包农村土地的，在同等条件下，本集体经济组织成员享有优先承包权。此外，将农村土地发包给本集体经济组织以外的单位或者个人承包，应当事先经本集体经济组织成员的村民会议三分之二以上成员或者三分之二以上村民代表的同意，并报乡（镇）人民政府批准。项目公司在取得农村集体所有的"四荒"土地使用权时，应特别注意集体经济组织成员的优先承包权和民主决议程序及审批程序。此外，对于农村集体所有的，已通过家庭承包或招标、拍卖、公开协商等方式发包给本集体经济组织成员的"四荒"土地，项目公司可通过土地承包经营权租赁的方式从承包方处取得土地使用权。

◇ 关联规定

《农村土地承包法》（2018 年修正）

第三条　国家实行农村土地承包经营制度。

农村土地承包采取农村集体经济组织内部的家庭承包方式，不宜采取家庭承包方式的荒山、荒沟、荒丘、荒滩等农村土地，可以采取招标、拍卖、公开协商等方式承包。

第五十二条　发包方将农村土地发包给本集体经济组织以外的单位或者个人承包，应当事先经本集体经济组织成员的村民会议三分之二以上成员或者三分之二以上村民代表的同意，并报乡（镇）人民政府批准。

由本集体经济组织以外的单位或者个人承包的，应当对承包方的资信情况和经营能力进行审查后，再签订承包合同。

国务院《关于促进光伏产业健康发展的若干意见》（国发〔2013〕24 号）

七、（六）完善土地支持政策和建设管理。对利用戈壁荒滩等未利用土地建设光伏电站的，在土地规划、计划安排时予以适度倾斜，不涉及转用的，可不占用土地年度计划指标。探索采用租赁国有未利用土地的供地方式，降低工程的前期投入成本。光伏电站使用未利用土地的，依法办理用地审批手续后，可采取划拨方式供地。完善光伏电站建设管理并简化程序。

（二）变电站及运行管理中心用地

变电站及运行管理中心用地又称"升压站（或开关站）、综合楼"，无论是哪种类型的光伏发电项目，只要改变地表形态用途，比如硬化，均应按照建设用地管理。若占用未利用地或农用地的，则需要办理建设用地转用审批手续。

√ 实务难点及解决办法

变电站及运行管理中心用地，在用地指标上存在一定限制。笔者曾遇到一个案例，由于项目的升压站、综合楼面积超过用地指标导致无法取得不动产权证，项目公司因此遭受了行政处罚。因此，笔者会提醒投资方提前重点关注实际建设面积与规划用地指标相匹配的问题。

2022年4月29日，全国自然资源与国土空间规划标准化技术委员会发布《光伏发电站工程项目用地控制指标》（征求意见稿），规定了光伏发电站工程项目用地的总体指标、光伏方阵用地指标、变电站及运行管理中心用地指标、集电线路用地指标及场内道路用地指标等。其中，变电站及运行管理中心用地指标如下：

变电站及运行管理中心用地指标表

并网电压等级（kv）	10	35/66	110	220	330
用地指标（㎡）	1500	9690	15850	18550	35430

◇ 关联规定

《光伏发电站工程项目用地控制指标》（征求意见稿）

8.1 变电站及运行管理中心用地为永久用地，包括变电站用地和生活服务设施用地。用地面积按围墙外1m的外轮廓尺寸计算。

8.2 变电站用地包括生产建筑用地和辅助生产建筑用地。生产建筑用地包括升压设备、变配电设备、变电站控制室（升压设备控制、变配电设备控制、其他设备控制）用地；辅助生产建筑用地包括光伏发电站中控室、计算机室、站用配电室、电工实验室、通信室、库房、办公室、会议室、停车场等设施用地。

8.3 生活服务设施用地包括职工宿舍、食堂、活动中心等设施用地。

8.4 变电站及运行管理中心用地指标不应超过"变电站及运行管理中心用地指标表"的规定。

（三）集电线路用地

集电线路的建设方式可分为两类：一类是采用直埋电缆敷设方式，其用地面积与光伏方阵用地合并，用地指标不再另行计算；另一类是采用架空线路架设，只计算杆塔基础用地。

因此，通过架空线路建设方式建设集电线路的，架空的塔基部分若需要硬化，则应当按照建设用地管理。

（四）场内外道路用地

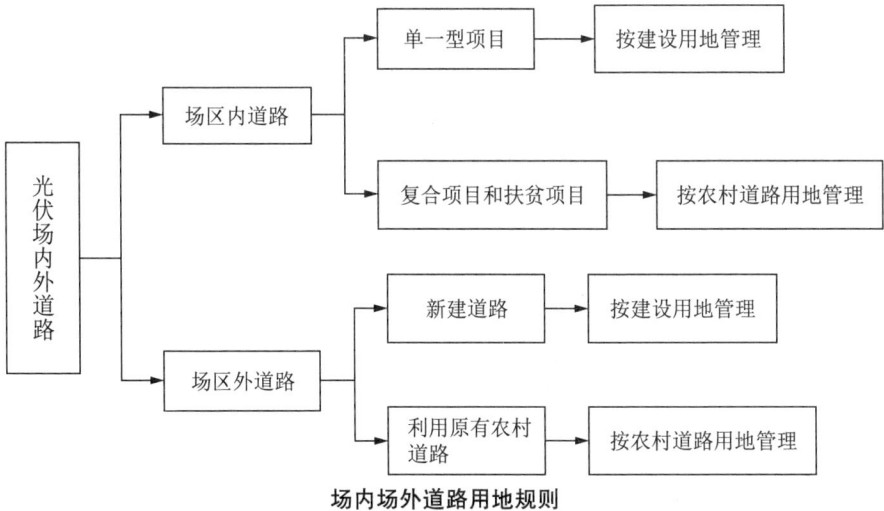

场内场外道路用地规则

根据《关于支持光伏扶贫和规范光伏发电产业用地的意见》（已失效），单一型光伏发电项目中光伏阵列区以外的道路原则上均应当按照建设用地管理，复合型光伏项目与扶贫型光伏项目的场内道路用地可按农村道路用地管理。根据《土地利用现状分类》，农村道路属于农用地，无须办理农用地转建设用地手续，但若需要硬化场内和进场道路，仍应当按照土地管理的相关规定，完成农用地转建设用地手续。若擅自在非建设用地上进行建设，则存在未批先建和非法使用农用地的行政处罚风险，甚至会被追究刑事责任。

◇ 关联规定

原国土资源部《关于促进农业稳定发展农民持续增收推动城乡统筹发展的若干意见》（国土资发〔2009〕27号）

第六条 完善设施农用地管理，支持设施农业发展。各地要完善农村道路、农田水利用地和畜牧水产、温室大棚等设施农用地的管理，支持改善生产条件的农业设施建设，鼓励设施农业和规模化种养殖业的发展。除了设施农业附属的管理和生活用房等永久性建筑物的用地，须依法办理农用地转用审批手续，按照建设用地管理外，凡未使用建筑材料硬化地面或虽使用建筑材料但未破坏土地并易于复垦的畜禽舍、温室大棚和附属绿化隔离等用地，以及农村道路、农田水利用地，均可作为设施农用地办理用地手续。由市、县政府审批，报省级国土资源管理部门备案，不纳入农用地转用范围，不占建设用地指标，但涉及占用耕地的要落实补充任务。

原国土资源部、原国务院扶贫办、国家能源局《关于支持光伏扶贫和规范光伏发电产业用地的意见》（国土资规〔2017〕8号）

二、积极保障光伏扶贫项目用地

……场内道路用地可按农村道路用地管理；光伏方阵使用永久基本农田以外的农用地的，在不破坏农业生产条件的前提下，可不改变原用地性质；采用直埋电缆方式敷设的集电线路用地，实行与项目光伏方阵用地同样的管理方式。

三、规范光伏复合项目用地管理

……场内道路用地可按农村道路用地管理；利用农用地布设的光伏方阵可不改变原用地性质；采用直埋电缆方式敷设的集电线路用地，实行与项目光伏方阵用地同样的管理方式。

三、光伏发电项目的临时用地规制

除光伏发电项目本身的功能区用地外，项目建设过程中还存在临时用地的情况，主要是搭建临时建筑物用于施工生活或存放施工材料。临时用地的使用，需要符合临时用地管理规则，临时用地使用后需履行复垦义务。

临时用地由县级以上人民政府自然资源主管部门批准，期限一般不超过两年，目标公司应当自临时用地期满之日起一年内完成土地复垦，光伏项目占用耕地的还应恢复种植条件。目标公司完成土地复垦任务后，应当组织自查，向项目所在地县级自然资源主管部门提出验收书面申请。否则，可能存在行政处罚和企业失信联合惩戒风险。

目标公司临时占用耕地的，还应缴纳耕地占用税，目标公司在批准临时占用耕地期满之日起一年内依法复垦，恢复种植条件的，全额退还已经缴纳的耕地占用税。

◇ 关联规定

《土地管理法》（2019 年修正）

第七十六条　违反本法规定，拒不履行土地复垦义务的，由县级以上人民政府自然资源主管部门责令限期改正；逾期不改正的，责令缴纳复垦费，专项用于土地复垦，可以处以罚款。

《土地管理法实施条例》（2021 年修订）

第二十条　建设项目施工、地质勘查需要临时使用土地的，应当尽量不占或者少占耕地。

临时用地由县级以上人民政府自然资源主管部门批准，期限一般不超过二年；建设周期较长的能源、交通、水利等基础设施建设使用的临时用地，期限不超过四年；法律、行政法规另有规定的除外。

土地使用者应当自临时用地期满之日起一年内完成土地复垦，使其达到可供利用状态，其中占用耕地的应当恢复种植条件。

第五十六条第二款　违反本条例规定，临时用地期满之日起一年内未完成复垦或者未恢复种植条件的，由县级以上人民政府自然资源主管部门责令限期改正，依照《土地管理法》第七十六条的规定处罚，并由县级以上人民政府自然资源主管部门会同农业农村主管部门代为完成复垦或者恢复种植条件。

《土地复垦条例实施办法》（2019 年修正）

第三十三条　土地复垦义务人完成土地复垦任务后，应当组织自查，向项目所在地县级自然资源主管部门提出验收书面申请，……

《耕地占用税法》

第十一条　纳税人因建设项目施工或者地质勘查临时占用耕地，应当依照本法的规定缴纳耕地占用税。纳税人在批准临时占用耕地期满之日起一年内依法复垦，恢复种植条件的，全额退还已经缴纳的耕地占用税。

四、与土地使用相关的主要税费

除土地的合规性以外，土地成本也是影响项目投资方选择用地的重要因素。土地成本除租赁费、出让金外，最令投资方困扰的便是城镇土地使用税与耕地占用税。之所以"困扰"，是因为在实践中对于两税问题存在诸多争议，争议主要产生于光伏发电项目用地的特殊性。

（一）城镇土地使用税

1. 城镇土地使用税的缴纳范围

根据《城镇土地使用税暂行条例》和《关于土地使用税若干具体问题的解释和暂行规定》，城镇土地使用税的缴纳范围如下：

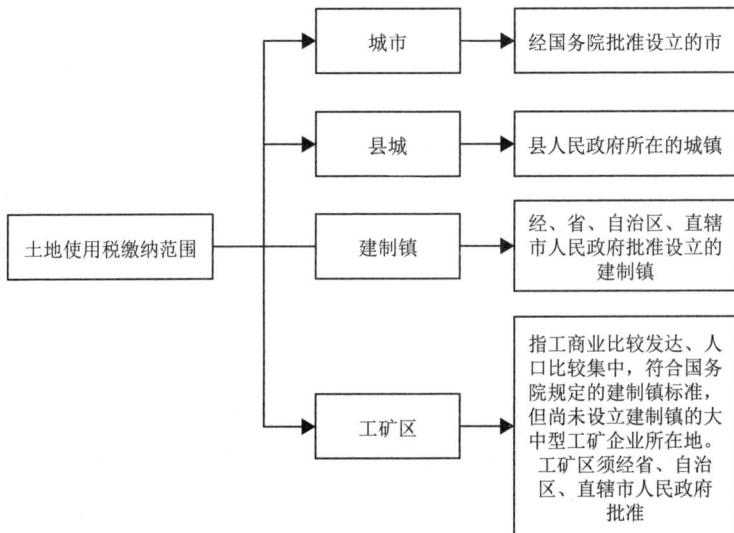

```
                                 城市 ──────→ 经国务院批准设立的市

                                 县城 ──────→ 县人民政府所在的城镇

                                              经、省、自治区、直辖
  土地使用税缴纳范围 ─────    建制镇 ──────→ 市人民政府批准设立的
                                              建制镇

                                              指工商业比较发达、人
                                              口比较集中，符合国务
                                              院规定的建制镇标准，
                                 工矿区 ──────→ 但尚未设立建制镇的大
                                              中型工矿企业所在地。
                                              工矿区须经省、自治
                                              区、直辖市人民政府
                                              批准
```

城镇土地使用税缴纳范围

√ **实务难点及解决办法**

虽然上述政策规定城市、县城、建制镇、工矿区是土地使用税的缴纳范围，但实践中地方税务机关对区域概念存在不同的理解。以建制镇为例，财政部、税务总局《关于房产税若干具体问题的解释和暂行规定》规定建制镇的征税范围为镇人民政府所在地，不包括所辖的行政村；但部分地区，如河北省，则认为建制镇包括镇及镇所辖的村。因此，笔者会提示投资方在项目建设前与当地税务机关充分沟通交流，避免因各地执行标准不同造成建设成本测算出现偏差。

◇ 关联规定

国家税务总局《关于土地使用税若干具体问题的解释和暂行规定》

二、关于城市、县城、建制镇、工矿区的解释

城市是指经国务院批准设立的市。

县城是指县人民政府所在地。

建制镇是指经省、自治区、直辖市人民政府批准设立的建制镇。

工矿区是指工商业比较发达，人口比较集中，符合国务院规定的建制镇标准，但尚未设立镇建制的大中型工矿企业所在地。工矿区须经省、自治区、直辖市人民政府批准。

财政部税务总局《关于房产税若干具体问题的解释和暂行规定》（财税地字〔1986〕第008号）

城市的征税范围为市区、郊区和市辖县县城。不包括农村。

建制镇的征税范围为镇人民政府所在地。不包括所辖的行政村。

2. 城镇土地使用税的缴纳标准

根据《城镇土地使用税暂行条例》第4条，国家层面的城镇土地使用税缴纳标准如下：

城镇土地使用税缴纳标准

编号	区域	幅度范围（元/平方米）
1	大城市	1.5—30
2	中等城市	1.2—24
3	小城市	0.9—18
4	县城、建制镇、工矿区	0.6—12

根据城市规模、区域位置及使用性质的不同，土地使用税每平方米年税额会有所区别，纳税人在缴纳土地使用税时要以当地税务机关公布的数据为准。

以山东省和贵州省为例，山东省最新调整的城镇土地使用税税额标准为：市区土地 4.8 元至 19.2 元/平方米，县（市）土地 4 元至 8 元/平方米，建制镇和工矿区土地 3 元至 4.5 元/平方米；省黄三角农高区土地 4 元/平方米。贵州省土地使用税征收标准为：贵阳市 3 元至 30 元/平方米；遵义市、六盘水市 2.4 元至 24 元/平方米；安顺市、都匀市、凯里市、兴义市、铜仁市、毕节市 1.8 元至 18 元/平方米；其他县（市、区）、建制镇、工矿区 1.2 元至 12 元/平方米。

◇ 关联规定

《城镇土地使用税暂行条例》（2019 年修正）

第四条 土地使用税每平方米年税额如下：

（一）大城市 1.5 元至 30 元；

（二）中等城市 1.2 元至 24 元；

（三）小城市 0.9 元至 18 元；

（四）县城、建制镇、工矿区 0.6 元至 12 元。

第五条 省、自治区、直辖市人民政府，应当在本条例第四条规定的税额幅度内，根据市政建设状况、经济繁荣程度等条件，确定所辖地区的适用税额幅度。

市、县人民政府应当根据实际情况，将本地区土地划分为若干等级，在省、自治区、直辖市人民政府确定的税额幅度内，制定相应的适用税额标准，报省、自治区、直辖市人民政府批准执行。

经省、自治区、直辖市人民政府批准，经济落后地区土地使用税的适用税额标准可以适当降低，但降低额不得超过本条例第四条规定最低税额的 30%。经济发达地区土地使用税的适用税额标准可以适当提高，但须报经财政部批准。

3. 城镇土地使用税的缴纳时间

土地使用税的征收时间按年计算，也可以分期缴纳税款，或者是按照合同缴税，征收标准以当地税务机关公布的数据为准。

城镇土地使用税的缴纳时间

类别	内容
新征用的土地	《城镇土地使用税暂行条例》第九条 新征收的土地，依照下列规定缴纳土地使用税： （一）征收的耕地，自批准征收之日起满 1 年时开始缴纳土地使用税； （二）征收的非耕地，自批准征收次月起缴纳土地使用税。
有偿取得土地使用权	《关于房产税、城镇土地使用税有关政策的通知》（财税〔2006〕186号）第二条 以出让或转让方式有偿取得土地使用权的，应由受让方从合同约定交付土地时间的次月起缴纳城镇土地使用税；合同未约定交付土地时间的，由受让方从合同签订的次月起缴纳城镇土地使用税。

◇ 关联法规

《城镇土地使用税暂行条例》（2019 年修正）

第八条 土地使用税按年计算、分期缴纳。缴纳期限由省、自治区、直辖市人民政府确定。

4. 城镇土地使用税的争议点

（1）城镇土地使用税的征缴面积不确定

《城镇土地使用税暂行条例》第 3 条规定："土地使用税以纳税人实际占用的土地面积为计税依据，依照规定税额计算征收。前款土地占用面积的组织测量工作，由省、自治区、直辖市人民政府根据实际情况确定。"

在前文光伏方阵区用地部分笔者提到，光伏方阵存在两方面占地计量标准：一是电池板的占地面积，二是支架的占地面积，两种维度计算出的占地面积相差较大。1 兆瓦光伏发电项目光伏电池板占地大约 30 亩到 40 亩，但是支架占地仅约 300 平方米。纳税总额为占地面积乘以相应单价，因此面积直接影响着项目投资方的用地成本。根据笔者了解，各地税收主管部门有按照电池板投影面积计算的，有按照支架实际占地面积计算的，还有按照国土主管部门批复的用地面积计算的。

内蒙古自治区对土地使用税计税面积有明确规定。根据内蒙古自治区财政厅、自治区地方税务局《关于明确光伏发电企业城镇土地使用税政策适用问题的通知》（内财税〔2017〕2010 号）第 3 条规定："对光伏发电企业的光伏板阵列基座、升压站、变电站、厂区道路等生产用地，以及办公用地、生活用地，应照章征收土地使用税。"

经检索，除内蒙古自治区以外，其他省、自治区、直辖市对如何认定光伏企业土地使用税计税面积尚无明确规定，也无政策文件可参照。即使内蒙古地区发布了征收土地使用税的具体标准，但各专业人士在解读上仍然不一致。从该文件的字面意义来看，光伏阵列区中土地使用税的计税面积仅包括光伏板阵列基座和厂区道路，不包括光伏板占地面积。但在笔者承办的光伏收购案例中，税务尽调人员则认为光伏板阵列基座包括了光伏板面积。在鼓励光伏产业发展的政策背景下，特别是偏远地区的税务机关并未要求投资方缴纳土地使用税，投资方便当然认为项目无须缴纳税费。若光伏发电项目后续被转让给其他投资者，收购方在政策及税务尽调的角度会要求转让方补缴所有税费，届时项目转让方与收购方在谈判桌上互不相让，该问题也成了双方陷入僵持阶段的重要因素。因此，光伏阵列区土地使用税的征税面积存在较大的不确定性。

（2）光伏复合项目土地使用税优惠政策不明

2017 年 8 月，国家能源局发布《关于减轻可再生能源领域涉企税费负担的通知》（征求意见稿），其第 3 条规定："达到城镇土地使用税起征标准的，对光伏阵列不占压土地、不改变地表形态的部分，不计入占用土地面积，免缴城镇土地使用税。"根据上述条款，光伏复合项目的光伏阵列区基本不占压土地、不改变地表形态的部分，可免缴土地使用税，但此通知并未正式印发，不具有执行效力。国家能源局正式发布的《关于减轻可再生能源领域企业负担有关事项的通知》（国能发新能〔2018〕34 号）也并未提及土地使用税的征缴优惠措施。

根据《城镇土地使用税暂行条例》第 6 条，免缴土地使用税的用地类型包括：直接用于农、林、牧、渔业的生产用地；经批准开山填海整治的土地和改造的废弃土地，从使用的月份起免缴土地使用税 5 年至 10 年；由财政部另行规定免税的能源、交通、水利设施用地和其他用地，等等。

国家税务总局对直接用于农、林、牧、渔业生产用地免征城镇土地使用税的情形作出解释[1]（见下表）：

---

[1] 国家税务总局官网：http://www.chinatax.gov.cn/n810219/n810744/n3439465/n3439475/n3439534/c3446807/content.html，访问时间：2022 年 5 月 1 日。

税收政策	直接用于农、林、牧、渔业生产用地免征城镇土地使用税
享受主体	从事农业生产的纳税人
优惠内容	直接用于农、林、牧、渔业的生产用地免征城镇土地使用税
享受条件	直接用于农、林、牧、渔业的生产用地，是指直接从事于种植、养殖、饲养的专业用地，不包括农副产品加工场地和生活、办公用地。
政策依据	1.《中华人民共和国城镇土地使用税暂行条例》第6条第5项 2.《国家税务局关于检发〈关于土地使用税若干具体问题的解释和暂行规定〉的通知》（国税地字〔1988〕15号）第11条

光伏复合项目是否属于"直接用于农、林、牧、渔业生产用地"呢？在国家政策层面并未规定关于光伏复合项目土地使用税的优惠政策，经检索，地方仅有内蒙古区域作出了相应规定：

地区	发文名称	内容
内蒙古自治区	《关于明确光伏发电企业城镇土地使用税政策适用问题的通知》（内财税〔2017〕2010号）	对光伏发电企业用地，如果土地性质属于农用地或未利用地，且被实际用于种植养殖、水土保持、植被恢复、荒漠化治理、盐碱化治理工作的，可按《城镇土地使用税暂行条例》中"直接用于农、林、牧、渔业的生产用地"免征土地使用税

财政部于2017年8月31日在《关于政协十二届全国委员会第五次会议第2049号（财税金融类200号）提案答复的函》中提道："首先，根据国土资源部有关文件规定，光伏电站建设占用农用地的，所有用地部分均应按建设用地管理。因此，农光互补类光伏发电项目占用农用地的，已经改变了占地的用途，不宜对其按照农业生产用地免税。其次，土地使用税对于提高土地使用效益、加强土地管理具有重要意义。……考虑到光伏发电产业相比其他产业已经享受了较多政策倾斜，为避免行业攀比，体现企业生产成本，发挥税收调节作用，目前不宜再对其给予城镇土地使用税优惠。"该复函认为农光互补项目已经改变了占地的用途，需要缴纳土地使用税。

但河北省发改委和自然资源厅发布的《关于规范光伏复合项目用地管理有关事项的通知》（冀发改能源〔2019〕1104号）规定："光伏复合项目光伏方阵设施布设在农用地上的，在对土地不形成实际压占、不改变地表形态、不影响农业生产的前提下，可按原地类认定，不改变土地用途。"可见，税务机关与发改委、自然资源部门之间对于复合型光伏发电项目是否改变了占地的用途意见不一，进而是否征税也存在不同的观点。

因此，由于各行政部门对税费缴纳的规定不统一、不明确，加上税收政策不明朗，即使目前税务机关并未主动要求投资方缴纳税费，但以后可能会要求其补缴。

（二）耕地占用税

1. 耕地占用税的缴纳范围

《耕地占用税法》第2条规定："在中华人民共和国境内占用耕地建设建筑物、构筑物或者从事非农业建设的单位和个人，为耕地占用税的纳税人，应当依照本法规定缴纳耕地占用税。占用耕地建设农田水利设施的，不缴纳耕地占用税。本法所称耕地，是指用于种植农作物的土地"。第12条第1款规定："占用园地、林地、草地、农田水利用地、养殖水面、渔业水域滩涂以及其他农用地建设建筑物、构筑物或者从事非农业建设的，依照本法的规定缴纳耕地占用税。"

2. 耕地占用税的缴纳标准

《各省、自治区、直辖市耕地占用税平均税额表》规定各省、自治区、直辖市的耕地占用税平均税额如下：

地方耕地占用税平均税额

序号	省、自治区、直辖市	平均税额（元/平方米）
1	上海	45
2	北京	40
3	天津	35
4	江苏、浙江、福建、广东	30
5	辽宁、湖北、湖南	25
6	河北、安徽、江西、山东、河南、重庆、四川	22.5
7	广西、海南、贵州、云南、陕西	20
8	山西、吉林、黑龙江	17.5
9	内蒙古、西藏、甘肃、青海、宁夏、新疆	12.5

3. 耕地占用税的争议焦点

（1）耕地占用税的缴纳面积存在不确定性

《耕地占用税法》及《耕地占用税法实施办法》均未明确规定耕地占用税计税面积标准和计算方式。争议较大的是光伏方列区计税面积的确定方式，到底是以"面征"还是"点征"，目前并无定论，各地操作也不一致。

实践中，"面"到底是光伏板的阴影面积还是整个光伏场区，也存在争议；"点"主要指光伏板支架基桩。部分地区选择以是否经批准占用应税土地的标准分类执行，对于经批准占用应税土地建设光伏电站项目的，按其农用地转用审批文件确定的批准占用面积计征耕地占用税；对于未经批准占用应税土地建设光伏电站项目的，按其实际占用面积计征耕地占用税。未经批准实际占用面积是指非农业设施占用面积，一般指当光线垂直照射时，非农业设施在水平面上的投影总面积。对于光伏电站内未改变土地性质且保持原状及原有农牧业功能的土地，不属于实际占用面积。此外，不少税务机关通常以光伏场区总面积为依据收取税费，而并未细化至光伏板的阴影面积或光伏板支架基桩的占地面积。

（2）光伏复合项目耕地占用税优惠政策不明。具体政策参见前文"城镇土地使用税的争议点"，此处不再赘述。

（三）未缴纳"两税"的法律后果

根据《税收征收管理法》，因税务机关的责任或纳税人、扣缴义务人计算错误等失误，导致未缴或者少缴税款的，税务机关在3年内可以追征税款、滞纳金；有特殊情况的，追征期还可以延长到5年。但对于偷税、抗税、骗税的，追征无期限限制。此外，根据《耕地占用税法实施办法》，纳税人未履行报批程序擅自占用耕地、已申请用地但尚未获得批准先行占地开工等情形均属于未按规定申报税款，而未按规定申报税款不属于前述限制追征期限的情形。因此若投资方未按规定申报税款，不受追征期限限制，税务机关随时可以要求投资方缴纳税款。

根据《税收征收管理法》，除可能会被税务机关除责令限期缴纳外，从滞纳税款之日起，按日加收滞纳税款万分之五的滞纳金；逾期仍未缴纳的，税务机关可以采取强制执行措施包括扣押、查封等措施。同时税务机关还可以处不缴或者少缴的税款百分之五十以上五倍以下的罚款。如果纳税人欠缴应纳税款，采取转移或者隐匿财产的手段，妨碍税务机关追缴欠缴的税款的，由税务机关追缴欠缴的税款、滞纳金，并处欠缴税款百分之五十以上五倍以下的罚款；构成犯罪的，依法追究刑事责任。

◇ 关联规定

《税收征收管理法》（2015 年修正）

第三十二条 纳税人未按照规定期限缴纳税款的，扣缴义务人未按照规定期限解缴税款的，税务机关除责令限期缴纳外，从滞纳税款之日起，按日加收滞纳税款万分之五的滞纳金。

第三十七条 对未按照规定办理税务登记的从事生产、经营的纳税人以及临时从事经营的纳税人，由税务机关核定其应纳税额，责令缴纳；不缴纳的，税务机关可以扣押其价值相当于应纳税款的商品、货物。扣押后缴纳应纳税款的，税务机关必须立即解除扣押，并归还所扣押的商品、货物；扣押后仍不缴纳应纳税款的，经县以上税务局（分局）局长批准，依法拍卖或者变卖所扣押的商品、货物，以拍卖或者变卖所得抵缴税款。

第五十二条 因税务机关的责任，致使纳税人、扣缴义务人未缴或者少缴税款的，税务机关在三年内可以要求纳税人、扣缴义务人补缴税款，但是不得加收滞纳金。

因纳税人、扣缴义务人计算错误等失误，未缴或者少缴税款的，税务机关在三年内可以追征税款、滞纳金；有特殊情况的，追征期可以延长到五年。

对偷税、抗税、骗税的，税务机关追征其未缴或者少缴的税款、滞纳金或者所骗取的税款，不受前款规定期限的限制。

第六十三条 ……对纳税人偷税的，由税务机关追缴其不缴或者少缴的税款、滞纳金，并处不缴或者少缴的税款百分之五十以上五倍以下的罚款；构成犯罪的，依法追究刑事责任。

扣缴义务人采取前款所列手段，不缴或者少缴已扣、已收税款，由税务机关追缴其不缴或者少缴的税款、滞纳金，并处不缴或者少缴的税款百分之五十以上五倍以下的罚款；构成犯罪的，依法追究刑事责任。

《耕地占用税法实施办法》

第二十七条 未经批准占用耕地的，耕地占用税纳税义务发生时间为自然资源主管部门认定的纳税人实际占用耕地的当日。

因挖损、采矿塌陷、压占、污染等损毁耕地的纳税义务发生时间为自然资源、农业农村等相关部门认定损毁耕地的当日。

第三十二条　纳税人的纳税申报数据资料异常或者纳税人未按照规定期限申报纳税的，包括下列情形：

（一）纳税人改变原占地用途，不再属于免征或者减征耕地占用税情形，未按照规定进行申报的；

（二）纳税人已申请用地但尚未获得批准先行占地开工，未按照规定进行申报的；

（三）纳税人实际占用耕地面积大于批准占用耕地面积，未按照规定进行申报的；

（四）纳税人未履行报批程序擅自占用耕地，未按照规定进行申报的；

（五）其他应提请相关部门复核的情形。

五、光伏发电项目土地使用特殊规定

我国对林地、草地、耕地实行特殊管理，若项目用地涉及林地、草地、耕地则应分别按照《森林法》《草原法》《基本农田保护条例》的规定进行相关合规手续的办理。

需要特别关注的是，在2018年机构改革前，国家对土地（包括林地、草地等）是多部门管理。国土主管（国土局）部门主要依据《土地管理法》，以《土地利用现状分类》为标准对土地进行分类管理；林业主管部门主要依据《森林法》，以《森林资源规划设计调查主要技术规定》为标准分类管理，同时建立了各自的资源数据库，这导致同一土地在国土部门和林业部门处认定不一致。笔者曾在内蒙古一个光伏发电项目中，遇到国土局认定项目占草、林草局认定项目占林的情况，之后由三方机构重新编制地勘报告后，才最终确定为草地。

2018年机构改革后，国务院设立了自然资源部，国家林业和草原局（以下简称"国家林草局"）归属于自然资源部管理。根据《深化党和国家机构改革方案》和自然资源部、国家林草局"三定"规定，森林、草原、湿地等自然资源调查职责整合至自然资源部，国家林草局负责森林、草原、湿地动态监测工作。

2022年自然资源部和国家林草局发布的《共同做好森林、草原、湿地调查监测工作意见》规定，根据第三次全国土地调查结果，自然资源部统一向国家林草局提供年度国土变更调查成果，国家林草局统一制作调查底图下发地方林草主管部门使用。自此，国土管理部门和林业、草原管理部门使用的资源数据保持一致。

虽然三调数据启用后会减少主管部门对土地认定不一致的情况，但对于已投运的项目，存在原土地类型被调整的可能，因此在尽调过程中应注意已投运项目土地性质的复核。

（一）光伏发电项目占用林地

根据国家林业和草原局于 2021 年 6 月 30 日发布的《林业标准》（LY/T 1812—2021），林地分为如下类型：

序号	地类		技术标准
	一级	二级	
一	乔木林地		乔木郁闭度大于或等于 0.20 的林地，不包括森林沼泽
二	竹林地		生长竹类植物，郁闭度≥0.2 的林地
三	疏林地		乔木郁闭度在 0.10~0.19 之间的林地
四	灌木林地		灌木覆盖度≥40%的林地，不包括灌丛沼泽
	（一）	特殊灌木林地	符合林资发〔2004〕14 号规定的灌木林地
	（二）	一般灌木林地	"特殊灌木林地"以外的灌木林地
五	未成林造林地		人工造林（包括直播、植苗）、飞播造林和封山（沙子）育林后在成林年限前分别达到人工造林、飞播造林、封山（沙）育林合格标准的林地。人工造林合格标准按 GB/T 15776 的规定执行；飞播造林合格标准按 GB/T 15162 的规定执行；封山（沙）育林合格标准按 GB/T 15163 的规定执行
	（一）	未成林人工造林地	人工造林（包括直播、植苗）、飞播造林后在成林年限前分别达到 GB/T 15776，GB/T 15162 规定的合格标准的林地
	（二）	未成林封育地	封山（沙）育林后在成林年限前达到 GB/T 15163 的规定的合格标准的林地
六	迹地		乔木林地，灌木林地在采伐、火灾、平茬、割灌等作业活动后，分别达不到疏林地，灌木林地标准、尚未人工更新的林地
	（一）	采伐迹地	乔木林地采伐作业后 3 年内活立木达不到疏林地标准、尚未人工更新的林地

续表

序号	地类		技术标准
	一级	二级	
（二）		火烧迹地	乔木林地火灾等灾害后 3 年内活立木达不到疏林地标准、尚未人工更新的林地
（三）		其他迹地	人工造林、封山（沙）育林后达到成林年限但尚未达到疏林地标准的林地，以及灌木林地经采伐、平茬、割灌等经营活动或者火灾发生后，盖度达不到 40% 的林地
七	苗圃地		固定的林木和木本花卉育苗用地，不包括母树林、种子园、采穗圃、种质基地等种子、种条生产用地以及种子加工、储藏等设施用地

∨ 实务难点及解决办法

根据《林地分类》（LY/T 1812-2009），宜林地实质上是指在现实中并不存在林木植被，或虽存在林木植被但难以达到其他相关林地认定标准的荒地荒山、沙化地等用作兜底性的林地，而划定宜林地则需要县级以上人民政府进行具体的认定和规划。在此情况下，林业部门与国土部门认定往往存在差异，宜林地被国土部门认定为未利用地，被草原管理部门认定为草地的情形屡见不鲜。

2020 年 11 月 17 日，自然资源部办公厅印发《国土空间调查、规划、用途管制用地用海分类指南（试行）》，将林地划分为乔木林地、竹林地、灌木林地、其他林地（包括疏林地、未成林地，迹地、苗圃等林地），而未提及宜林地。2022 年 2 月 25 日，国家林业和草原局回复在当前的林地分类中，采伐迹地和火烧迹地仍属于林地，无立木林地、其他无立木林地和宜林地等概念已不存在。

笔者认为，现宜林地取消后，相关法律法规、部门规章、规范性文件等对于"宜林地"这一概念也无法再继续适用，但原宜林地的用地类型总体而言会向着植被覆盖率更低的草地、荒草地等未利用地转移。这也是笔者在尽调中关注向客户披露的问题。

◇ 关联规定

《林地分类》（LY/T 1812—2009）

宜林地是指县级以上人民政府规划的宜林荒山荒地、宜林沙荒地和其他宜林地。宜林荒山地是指未达到上述有林地、疏林地、灌木林地、未成林造林地标准，规划为林地的荒地荒山、荒（海）滩、荒沟、荒地等；宜林沙荒地是指未达到上述有林地、疏林地、灌木林地、未成林造林地标准，造林可以成活，规划为林地的固定或流动沙地（丘）、有明显沙化趋势的土地等；其他宜林地是指除以上两条以外的用于发展林业的其他土地。

1. 光伏电站不能占用的林地

根据原国家林业局《关于光伏电站建设使用林地有关问题的通知》，光伏发电项目严禁占用各类自然保护区、森林公园（含同类型国家公园）、濒危物种栖息地、天然林保护工程区以及东北内蒙古重点国有林区，以及有林地、疏林地、未成林造林地、采伐迹地、火烧迹地，以及年降雨量 400 毫米以下区域覆盖度高于 30% 的灌木林地和年降雨量 400 毫米以上区域覆盖度高于50% 的灌木林地；限制占用其他生态区位重要、生态脆弱、地形破碎区域。

◇ 关联规定

原国家林业局《关于光伏电站建设使用林地有关问题的通知》（林资发〔2015〕153 号）

一、各类自然保护区、森林公园（含同类型国家公园）、濒危物种栖息地、天然林保护工程区以及东北内蒙古重点国有林区，为禁止建设区域。其他生态区位重要、生态脆弱、地形破碎区域，为限制建设区域。

二、光伏电站的电池组件阵列禁止使用有林地、疏林地、未成林造林地、采伐迹地、火烧迹地，以及年降雨量 400 毫米以下区域覆盖度高于 30% 的灌木林地和年降雨量 400 毫米以上区域覆盖度高于 50% 的灌木林地。

三、对于森林资源调查确定为宜林地而第二次全国土地调查确定为未利用地的土地，应采用"林光互补"用地模式，"林光互补"模式光伏电站要确使用的宜林地不改变林地性质。

四、光伏电站建设必须依法办理使用林地审核审批手续。采用"林光互补"用地模式的，电池组件阵列在施工期按临时占用林地办理使用林地手续，运营期双方可以签订补偿协议，通过租赁等方式使用林地。

各地林业主管部门要加强监管，定期检查，确保光伏电站建设依法依规使用林地。积极探索支持光伏电站建设与防沙治沙、宜林地造林等相结合。

2. 光伏电站使用林地需要办理的手续

（1）占林许可手续

光伏电站临时占林的，应当取得临时占林许可手续。其中，临时占林许可手续有效期不超过两年，且期满后一年内，用地单位或者个人应当恢复植被和林业生产条件；永久占林的，应当取得永久占林许可手续。否则，可能会存在被行政处罚的风险。

◇ 关联规定

《森林法》（2019 年修订）

第三十七条　矿藏勘查、开采以及其他各类工程建设，应当不占或者少占林地；确需占用林地的，应当经县级以上人民政府林业主管部门审核同意，依法办理建设用地审批手续。

占用林地的单位应当缴纳森林植被恢复费。……

第三十八条　需要临时使用林地的，应当经县级以上人民政府林业主管部门批准；临时使用林地的期限一般不超过二年，并不得在临时使用的林地上修建永久性建筑物。

临时使用林地期满后一年内，用地单位或者个人应当恢复植被和林业生产条件。

《森林法实施条例》（2018 年修订）

第四十三条第一款　未经县级以上人民政府林业主管部门审核同意，擅自改变林地用途的，由县级以上人民政府林业主管部门责令限期恢复原状，并处非法改变用途林地每平方米 10 元至 30 元的罚款。

（2）采伐林木许可证

若在光伏发电项目建设中须采伐林木的，目标公司必须申请采伐许可证，否则，可能会面临被行政处罚的风险。若滥伐林木数量较大的，甚至会被追究刑事责任。

◇ 关联规定

《森林法》（2019 年修订）

第五十六条　采伐林木必须申请采伐许可证，并按照采伐许可证的规定进行采伐；……

第七十六条第二款　滥伐林木的，由县级以上人民政府林业主管部门责令限期在原地或者异地补种滥伐株数一倍以上三倍以下的树木，可以处滥伐林木价值三倍以上五倍以下的罚款。

《森林法实施条例》（2018 年修订）

第十六条第三项　用地单位需要采伐已经批准占用或者征收、征用的林地上的林木时，应当向林地所在地的县级以上地方人民政府林业主管部门或者国务院林业主管部门申请林木采伐许可证。

《刑法》（2020 年修正）

第三百四十五条第二款　违反森林法的规定，滥伐森林或者其他林木，数量较大的，处三年以下有期徒刑、拘役或者管制，并处或者单处罚金；数量巨大的，处三年以上七年以下有期徒刑，并处罚金。

最高人民法院《关于审理破坏森林资源刑事案件具体应用法律若干问题的解释》

第五条第一项　（以滥伐林木罪定罪处罚）未经林业行政主管部门及法律规定的其他主管部门批准并核发采伐许可证，或者虽持有林木采伐许可证，但违反林木采伐许可证规定的时间、数量、树种或者方式，任意采伐本单位所有或者本人所有的森林或者其他林木的。

（3）用地手续

原则上，光伏发电项目临时占用林地无须办理用地手续；光伏发电项目永久占用林地除了取得同意使用林地许可文件，还须办理建设用地审批手续，但被认定为"林光互补"项目的，运营期无需办理建设用地审批手续，直接通过租赁等方式取得林地使用权即可。

√ **实务难点及解决办法**

原国家林业局《关于光伏电站建设使用林地有关问题的通知》第 3 条规定："对于森林资源调查确定为宜林地而第二次全国土地调查确定为未利用地的土地，应采用'林光互补'用地模式……"被认定为"林光互补"项目的，运营期无需办理建设用地审批手续，直接通过租赁等方式取得林地使用权即可。而根据前文所述，现宜林地取消后，相关法律法规、部门规章、规范性文件等，对于"宜林地"这一概念也无法再继续适用。但笔者认为，原宜林地的用地类型总体而言会向着植被覆盖率更低的草地、荒草地等未利用地转移。因此，根据政策的迁移，对于被确定为未利用的土地，可采用其他复合项目用地模式。

◇ 关联规定

《建设项目使用林地审核审批管理办法》（2016 年修改）

第二十二条第一款　建设项目临时占用林地期满后，用地单位应当在一年内恢复被使用林地的林业生产条件。

第二十五条　经审核同意使用林地的建设项目，准予行政许可决定书的有效期为两年。建设项目在有效期内未取得建设用地批准文件的，用地单位应当在有效期届满前 3 个月向原审核机关提出延期申请，原审核同意机关应当在准予行政许可决定书有效期届满前作出是否准予延期的决定。建设项目在有效期内未取得建设用地批准文件也未申请延期的，准予行政许可决定书失效。

3. 光伏电站占用林地需要缴纳的费用

光伏电站临时使用林地的，按相关规定支付林地损失补偿费并履行土地复垦义务；光伏电站永久征用、占用林地的，用地单位应当按规定支付林地、林木补偿费，森林植被恢复费和安置补助费。

◇ 关联规定

《森林法》（2019 修订）

第三十七条第二款　占用林地的单位应当缴纳森林植被恢复费。森林植被恢复费征收使用管理办法由国务院财政部门会同林业主管部门制定。

国务院办公厅转发林业部等部门《关于进一步加强林地保护管理工作请示的通知》

按规定对征用、占用林地征收各项补偿费用，用于造林营林恢复植被、补偿林地损失，是保护林地和维护森林经营单位合法权益的重要措施。根据《中华人民共和国土地管理法》和《中华人民共和国森林法实施细则》的有关规定，以及国家物价局、财政部《关于发布中央管理的林业系统行政事业性收费项目及标准的通知》的要求，凡是征用、占用林地的，用地单位应当按规定支付林地、林木补偿费、森林植被恢复费和安置补助费。凡临时使用林地的，要按《土地复垦规定》，支付林地损失补偿费。

《土地复垦条例》

第三十九条　土地复垦义务人未按照规定对拟损毁的耕地、林地、牧草地进行表土剥离，由县级以上地方人民政府国土资源主管部门责令限期改正；逾期不改正的，按照应当进行表土剥离的土地面积处每公顷 1 万元的罚款。

《森林法实施条例》（2018 年修订）

第十六条 勘查、开采矿藏和修建道路、水利、电力、通讯等工程，需要占用或者征收、征用林地的，必须遵守下列规定：（一）用地单位应当向县级以上人民政府林业主管部门提出用地申请，经审核同意后，按照国家规定的标准预交森林植被恢复费，领取使用林地审核同意书……

《关于调整森林植被恢复费征收标准引导节约集约利用林地的通知》（财税〔2015〕122 号）

二、森林植被恢复费征收标准应当按照恢复不少于被占用征收林地面积的森林植被所需要的调查规划设计、造林培育、保护管理等费用进行核定。具体征收标准如下：

（一）郁闭度 0.2 以上的乔木林地（含采伐迹地、火烧迹地）、竹林地、苗圃地，每平方米不低于 10 元；灌木林地、疏林地、未成林造林地，每平方米不低于 6 元；宜林地，每平方米不低于 3 元。

各省、自治区、直辖市财政、林业主管部门在上述下限标准基础上，结合本地实际情况，制定本省、自治区、直辖市具体征收标准。

√ **实务难点及解决办法**

虽然原国家林业局对光伏发电项目使用林地进行了专门的规定，但实务中仍存在如下问题：

第一，"林光互补"项目是使用林地的前提，但"林光互补"项目的认定是以能源主管部门还是林业主管部门为准尚不明确。

第二，在办理占林手续方面，未明确是办理临时占林手续还是永久占林手续。若办理临时占林手续，根据《森林法》，临时占林期限一般不超过两年，临时使用林地期满后一年内，用地单位或者个人应当恢复植被和林业生产条件。但"林光互补"项目在全寿命周期内会持续使用林地。若按照永久占林办理用林手续，则应办理建设用地审批手续，这与"林光互补"项目占林无需转建设用地相矛盾。

第三，部分省份出台了复合项目的建设标准，但是，对于未备案为"林光互补"的项目，却按照满足"林光互补"项目的建设要求进行建设情况下，是否可以认定该项目为"林光互补"项目而适用复合项目用林政策并不明确。

在光伏发电项目尽调及并购中，上述问题的不明确将导致投资者无法判断项目的用林风险，进而无法设置准确的交易条件。实务中，考虑到林地由林业部门主管，因此笔者通常建议由出让方取得省级林业主管部门出具的同意目标项目实行"林光互补"用地模式的批复文件，并以此作为交易的先决条件。

（二）光伏发电项目占用草地

1. 光伏电站不能占用的草地

国家实行基本草原保护制度，以内蒙古区域为例，虽未直接禁止光伏电站占用基本草原，但规定了应尽可能避让基本草原。确需征收、征用或者使用基本草原超过 70 公顷的，由国家林业和草原局审批，其他由省级林业和草原主管部门审核，依照有关土地管理的法律、行政法规办理建设用地审批手续。

◇ 关联规定

《草原法》（2021 年修正）

第四十二条　国家实行基本草原保护制度。……

基本草原的保护管理办法，由国务院制定。

《内蒙古自治区基本草原保护条例》（2016 年修正）

第十八条第一款　进行矿藏开采和工程建设确需征收、征用或者使用基本草原的，必须经自治区以上人民政府草原行政主管部门审核同意后，依照有关土地管理的法律、行政法规办理建设用地审批手续。

第十九条第二款　临时占用基本草原的期限不得超过二年，并不得在临时占用的基本草原上修建永久性建筑物、构筑物。

第三十七条　违反本条例第十九条第二款规定，在临时占用的基本草原上修建永久性建筑物、构筑物或者临时占用期满未拆除临时性建筑物、构筑物的，由旗县级以上草原监督管理机构责令限期拆除；逾期不拆除的，依法强制拆除，所需费用由违法者承担。

《关于实行征占用草原林地分区用途管控的通知》（内林草草监发〔2021〕257 号）

东部区域严禁新上矿产资源开发项目，已批准在建运营的矿产资源开发项目不得平面增扩面积。新上风电、光伏项目以及配套电源送出工程应尽可能避让该区域或利用原有外送通道。西部区域严格控制新上矿产资源开发项目，除保障国家能源战略安全的项目外，不得新设（增扩）矿业权。

国家林业和草原局《草原征占用审核审批管理规范》（林草规〔2020〕2 号）

第六条　矿藏开采和工程建设确需征收、征用或者使用草原的，依照下列规定的权限办理：

（一）征收、征用或者使用草原超过七十公顷的，由国家林业和草原局审核；

（二）征收、征用或者使用草原七十公顷及其以下的，由省级林业和草原主管部门审核。

2. 光伏电站占用草地需要办理的手续

《草原法》规定，应当不占或者少占草原；确需征收、征用或者使用草原的，必须经省级以上人民政府草原主管部门审核同意后，依照有关土地管理的法律、行政法规办理建设用地审批手续。总之，若占用草原，须办理占用草原许可及用地手续。

◇ 关联规定

原国土资源部、原国务院扶贫办、国家能源局《关于支持光伏扶贫和规范光伏发电产业用地的意见》（国土资规〔2017〕8号）

一、……除本文件确定的光伏扶贫项目及利用农用地复合建设的光伏发电站项目（以下简称光伏复合项目）外，其他光伏发电站项目用地应严格执行国土资规〔2015〕5号文件规定，使用未利用地的，光伏方阵用地部分可按原地类认定，不改变土地用途，用地允许以租赁等方式取得，双方签订补偿协议，报当地县级国土资源主管部门备案，其他用地部分应当办理建设用地审批手续；使用农用地的，所有用地均应当办理建设用地审批手续；……

二、……光伏方阵使用永久基本农田以外的农用地的，在不破坏农业生产条件的前提下，可不改变原用地性质……

《草原法》（2021年修正）

第三十八条　进行矿藏开采和工程建设，应当不占或者少占草原；确需征收、征用或者使用草原的，必须经省级以上人民政府草原主管部门审核同意后，依照有关土地管理的法律、行政法规办理建设用地审批手续。

3. 光伏电站占用草地需要缴纳的费用

根据《草原法》，因建设征收、征用或者使用草原的，应当缴纳草原植被恢复费。各地草原植被恢复费缴纳标准如下：

序号	地区	收费标准
1	广西	天然草原：3.7元/平方米；人工草地：4.2元/平方米。

续表

序号	地区	收费标准
2	河北	一次性缴纳，1900 元/亩。
3	内蒙古	1. 征用或使用草原：基本草原：2500 元/亩；其他草原：1500 元/亩。 2. 临时占用草原（临时作业生活区、物资堆放场所）：2 元/平方米
4	新疆	1. 工程建设长期使用草原的：荒漠类草原 1500 元/亩，草原类草原 2000 元/亩，草甸类草原 2500 元/亩，沼泽类草原 3000 元/亩。 2. 长期使用已发放草原使用权证的人工草地的：按照沼泽类草原 3000 元/亩标准缴纳植被恢复费。
		3. 进行工程建设、勘查、旅游等活动临时占用草原（占用草原期限不超过两年）且未履行恢复义务的：临时作业生活区、物资堆放场所等 400 元/亩。
5	黑龙江	1. 天然草场：自然保护区草原 5 元/平方米；其他天然草原 3 元/平方米。 2. 人工及改良草场每平方米 7 元。

◇ 关联规定

《草原法》（2021 年修正）

第三十九条第二款　因建设征收、征用或者使用草原的，应当交纳草原植被恢复费。草原植被恢复费专款专用，由草原行政主管部门按照规定用于恢复草原植被，任何单位和个人不得截留、挪用。草原植被恢复费的征收、使用和管理办法，由国务院价格主管部门和国务院财政部门会同国务院草原行政主管部门制定。

广西壮族自治区发展和改革委员会、广西壮族自治区财政厅《关于草原植被恢复费收费标准及有关问题的通知》（桂发改收费规〔2022〕325 号）

二、草原植被恢复费收费标准

（一）天然草原植被恢复费收费标准为 3.7 元/平方米，人工草地草原植被恢复费收费标准为 4.2 元/平方米。

（二）草原海拔在 800 米（含）至 1200 米（含）之间的草原植被恢复费，按第（一）款规定征收标准 1.2 倍缴纳。海拔在 1200 米以上的，按第（一）款规定征收标准 1.3 倍缴纳。

（三）草原地块落在重点生态功能区位范围的，按第（一）、（二）款规定征收标准的 1.2 倍缴纳。

（四）公共基础设施、公共事业和国防建设项目征占用草原的，按第（一）款规定征收标准缴纳。

河北省发展和改革委员会、河北省财政厅《关于核定草原植被恢复费收费标准的通知》（冀发改公价〔2020〕892号）

二、草原植被恢复费收费标准

草原植被恢复费收费标准为一次性缴纳，我省草原植被恢复费收费标准为1900元/亩。

黑龙江省物价监督管理局、黑龙江省财政厅《关于草原植被恢复费收费标准及有关问题的批复》

一、进行矿藏勘查开采、工程建设征用或使用草原的单位和个人，向省畜牧兽医局缴纳草原植被恢复费的标准如下：

（一）天然草场

1. 自然保护区草原每平方米5元。

2. 其他天然草原每平方米3元。

（二）人工及改良草场每平方米7元。

新疆维吾尔自治区发展和改革委员会、财政厅《关于草原植被恢复费收费标准及有关事宜的通知》（新发政收费〔2014〕1769号）

二、草原植被恢复费征收标准

我区草原类型丰富，主要包括荒漠类草原、草原类草原、草甸类草原、沼泽类草原四大类，草原植被恢复费按照草原不同类型分别收费。具体标准如下：

1. 进行工程建设长期使用草原的单位和个人，向省级草原行政主管部门或其委托的草原监理站（所）缴纳草原植被恢复费。植被恢复费缴纳标准为：荒漠类草原1500元/亩，草原类草原2000元/亩，草甸类草原2500元/亩，沼泽类草原3000元/亩。

2. 长期使用已发放草原使用权证的人工草地，按照沼泽类草原3000元/亩标准缴纳植被恢复费。

3. 进行工程建设、勘查、旅游等活动临时占用草原（占用草原期限不超过二年）且未履行恢复义务的单位和个人，向县级以上草原行政主管部门或其委托的草原监理站（所）缴纳植被恢复费。临时占用草原植被恢复费缴纳标准为：勘探、钻井、修筑地上地下工程500元/亩；临时作业生活区、物资堆放场所等400元/亩；影视拍摄等300元/亩；经营性旅游活动区67元/亩；

在草原上取土、采砂等 1000 元/亩。

4. 采集（收购）草原野生植物的，植被恢复费按照前一年市场平均收购价格的 10% 缴纳。

使用草原进行矿产资源开发的单位和个人，在上述相应收费标准的基础上增加 30%，缴纳草原植被恢复费。

《内蒙古自治区草原植被恢复费征收使用管理办法》（内政发〔2012〕8 号）

第六条 临时占用草原的，用地单位和个人应当按照规定权限向旗县级以上人民政府草原行政主管部门提出申请，经审核或者审批同意的，应当向具有审核审批权限的草原行政主管部门的同级草原监督管理机构预交草原植被恢复费。

临时占用草原活动结束后，对依法履行恢复植被义务的单位和个人，应当在 30 个工作日内将预收的草原植被恢复费全部退还用地单位和个人。

（三）生态保护红线

1. 光伏电站不得占用生态保护红线范围内土地

《自然保护区条例》规定，在自然保护区的核心区和缓冲区内，不得建设任何生产设施。在自然保护区的实验区内，不得建设污染环境、破坏资源或者景观的生产设施；建设其他项目，其污染物排放不得超过国家和地方规定的污染物排放标准。在自然保护区的实验区内已经建成的设施，其污染物排放超过国家和地方规定的排放标准的，应当限期治理；造成损害的，必须采取补救措施。在自然保护区的外围保护地带建设的项目，不得损害自然保护区内的环境质量；已造成损害的，应当限期治理。

2021 年 7 月 6 日，自然资源部发布的《关于十三届全国人大四次会议第 7602 号建议的答复》[1] 表明，预审项目涉及占用生态保护红线确实难以避让的，必须符合《关于在国土空间规划中统筹划定落实三条控制线的指导意见》的规定；涉及占用自然保护区确实难以避让的，应当符合自然资源部、国家林业和草原局《关于做好自然保护区范围及功能分区优化调整前期有关工作的函》的要求，由省级林草主管部门出具同意意见。农转用项目涉及占用生态保护红线、自然保护区确实难以避让的，在预审环节已开展相关工作且占用范围没有发生变化的，须进行论证或出具意见情况；预审环节没有开展相

---

〔1〕 中华人民共和国自然资源部官网：http://gi.mnr.gov.cn/202111/t20211101_2700710.html，最后访问时间：2022 年 5 月 13 日。

关工作，按照有关要求进行论证或由相关部门出具意见。

明令禁止光伏电站在自然保护区进行开发建设之项目，据此，投资方在项目选址时，应分别向环保、国土、水利、林业等部门了解项目所涉地是否存在占用自然保护区之情形。

◇ 关联规定

中共中央办公厅、国务院办公厅《关于在国土空间规划中统筹划定落实三条控制线的指导意见》

生态保护红线内，自然保护地核心保护区原则上禁止人为活动，其他区域严格禁止开发性、生产性建设活动，在符合现行法律法规前提下，除国家重大战略项目外，仅允许对生态功能不造成破坏的有限人为活动，主要包括：……必须且无法避让、符合县级以上国土空间规划的线性基础设施建设、防洪和供水设施建设与运行维护；……

国务院办公厅《关于做好自然保护区管理有关工作的通知》（国办发〔2010〕63号）

三、严格限制涉及自然保护区的开发建设活动。自然保护区属禁止开发区域，在自然保护区核心区和缓冲区内禁止开展任何形式的开发建设活动；在自然保护区实验区内开展的开发建设活动，不得影响其功能，不得破坏其自然资源和景观。

原环境保护部等十部门发布《关于进一步加强涉及自然保护区开发建设活动监督管理的通知》（环发〔2015〕57号）

二、严格执行有关法律法规

自然保护区属于禁止开发区域，严禁在保护区内开展不符合功能定位的开发建设活动。地方各有关部门要严格执行《自然保护条例》等有关法律法规，禁止在自然保护区核心区、缓冲区开展任何建设活动，建设任何生产经营设施；在实验区不得建设污染环境、破坏自然资源或自然景观的生产设施。

四、坚决整治各种违法开发建设活动

地方各有关部门要依据相关法规，对检查发现的违法开发建设活动进行专项整治。禁止在自然保护区内进行开矿、开垦、挖沙、采石等法律明令禁止的活动，对在核心区和缓冲区内违法开展的水（风）电开发、房地产、旅游开发等活动，要立即予以关停或关闭，限期拆除，并实施生态恢复。对于实验区内未批先建、批建不符的项目，要责令停止建设或使用，并恢复原状。……

五、加强对涉及自然保护区建设项目的监督管理

建设项目选址（线）应尽可能避让自然保护区，确因重大基础设施建设和自然条件等因素限制无法避让的，要严格执行环境影响评价制度，涉及国家级自然保护区的，建设前须征得省级以上自然保护区主管部门同意，并接受监督。对经批准被同意在自然保护区内开展的建设项目，要加强对项目施工期和运营期的监督管理，确保各项生态保护措施落实到位……

《自然保护区条例》（国务院令第 687 号）

第三十二条　在自然保护区的核心区和缓冲区内，不得建设任何生产设施。在自然保护区的实验区内，不得建设污染环境、破坏资源或者景观的生产设施；建设其他项目，其污染物排放不得超过国家和地方规定的污染物排放标准。在自然保护区的实验区内已经建成的设施，其污染物排放超过国家和地方规定的排放标准的，应当限期治理；造成损失的，必须采取补救措施。

在自然保护区的外围保护地带建设的项目，不得损害自然保护区内的环境质量；已造成损害的，应当限期治理。

限期治理决定由法律、法规规定的机关作出，被限期治理的企业事业单位必须按期完成治理任务。

第三十八条　违反本条例规定，给自然保护区造成损失的，由县级以上人民政府有关自然保护区行政主管部门责令赔偿损失。

原国家林业局办公室《关于进一步加强林业自然保护区监督管理工作的通知》（办护字〔2017〕64 号）

第二条第二款　自然保护区内原则上不允许新建与自然保护区功能定位不符的项目，包括但不限于以下项目：……2. 光伏发电、风力发电建设项目。

原国家林业局《在国家级自然保护区修筑设施审批管理暂行办法》

第四条第二款　禁止在国家级自然保护区修筑以下设施：

（一）光伏发电、风力发电、火力发电等项目的设施。

…………

第十四条　违反本办法规定，未经批准擅自在国家级自然保护区修筑设施的，县级以上人民政府林业主管部门应当责令停止建设或者使用设施，并采取补救措施。

第十五条第一款　在国家级自然保护区修筑设施对自然保护区造成破坏的，

县级以上人民政府林业主管部门应当依法给予行政处罚或者作出其他处理决定。

原国家林业局《关于规范自然保护区范围和功能区调整的通知》（林护发〔2008〕161号）

四、遵守程序。确因国家重大工程建设及保护管理需要，必须对国家级自然保护区范围进行调整的，按照行业管理的要求，必须经国家林业局国家级自然保护区评审会评审通过后上报国务院，不得直接上报国务院。如确因极特殊情况需直接上报国务院的，也必须事先征得我局同意。

2. 核查生态保护红线的时间

《关于划定并严守生态保护红线的若干意见》规定，原环境保护部、国家发改委、原国土资源部会同有关部门建设和完善生态保护红线综合监测网络体系实施监管，并对全国、重点区域、县域生态保护红线开展定期评价。《关于加强资源环境生态红线管控的指导意见》也提及在环境影响评价、排污许可、节能评估审查、用地预审、水土保持方案等制度完善和实施过程中，强化、细化红线管控要求。如广东省规定在审查建设用地报批手续时，就要核实项目是否涉及生态保护红线。

笔者也曾遇到一个案例，目标公司已经取得了立项文件，后期在办理环境影响评价批复时被核查出项目涉及生态保护红线，最后投资方被迫退出项目，前期投入的资金也无法收回。因此笔者提醒广大投资方，在选定项目地址时就要核查是否占用生态保护红线，避免投入的资金"打了水漂"。

◇ 关联规定

国家发展改革委等九部委《关于加强资源环境生态红线管控的指导意见》

三、管控制度

加快建立体现资源环境生态红线管控要求的政策机制，形成源头严防、过程严管、责任追究的红线管控制度体系。

…………

（二）完善与红线管控相适应的准入制度。有关部门和各地区要把资源环境生态红线管控要求纳入经济社会发展规划及相关专项规划，鼓励地方出台严于国家要求的红线管控办法。在环境影响评价、排污许可、节能评估审查、用地预审、水土保持方案、入河（湖、海）排污口设置、水资源论证和取水许可等制度完善和实施过程中，强化细化红线管控要求。

（三）加强资源环境生态红线实施监管。加强环评、排污许可、能评、用地许可、水土保持方案审批、入河（湖、海）排污口设置、水资源论证和取水许可等后评估和监督检查，加大违法违规行为的查处力度。强化规划实施期中、期末评估和环境影响跟踪评价，严格落实红线管控要求和规划环境影响评价结论及审查意见。建立资源环境生态红线管控落实情况日常巡查、现场核查等制度，强化红线管控落实情况的执法监督。在节能减排目标责任考核、土地和环保督察、最严格水资源管理制度考核、水资源督察等考核监督中，强化红线管控要求。

············

中共中央办公厅、国务院办公厅《关于划定并严守生态保护红线的若干意见》

（十二）建立监测网络和监管平台。环境保护部、国家发展改革委、国土资源部会同有关部门建设和完善生态保护红线综合监测网络体系，充分发挥地面生态系统、环境、气象、水文水资源、水土保持、海洋等监测站点和卫星的生态监测能力，布设相对固定的生态保护红线监控点位，及时获取生态保护红线监测数据。建立国家生态保护红线监管平台。依托国务院有关部门生态环境监管平台和大数据，运用云计算、物联网等信息化手段，加强监测数据集成分析和综合应用，强化生态气象灾害监测预警能力建设，全面掌握生态系统构成、分布与动态变化，及时评估和预警生态风险，提高生态保护红线管理决策科学化水平。实时监控人类干扰活动，及时发现破坏生态保护红线的行为，对监控发现的问题，通报当地政府，由有关部门依据各自职能组织开展现场核查，依法依规进行处理。2017年年底前完成国家生态保护红线监管平台试运行。各省（自治区、直辖市）应依托国家生态保护红线监管平台，加强能力建设，建立本行政区监管体系，实施分层级监管，及时接收和反馈信息，核查和处理违法行为。

（十三）开展定期评价。环境保护部、国家发展改革委会同有关部门建立生态保护红线评价机制。从生态系统格局、质量和功能等方面，建立生态保护红线生态功能评价指标体系和方法。定期组织开展评价，及时掌握全国、重点区域、县域生态保护红线生态功能状况及动态变化，评价结果作为优化生态保护红线布局、安排县域生态保护补偿资金和实行领导干部生态环境损害责任追究的依据，并向社会公布。

《广东省建设用地审查报批办法》

第十条 建设用地审查，应当包括如下内容：

（一）建设用地是否符合国土空间相关规划，是否列入土地利用年度计划；是否涉及生态保护红线，是否符合生态保护红线管理的有关规定。

··········

3. 项目建成后被划入生态红线的风险

2020年12月23日，自然资源部官网就"已建成光伏、风电项目被划定在生态红线内，是否会被拆除"的留言回复道："为保持生态系统的连续性和完整性，位于生态功能极重要、生态极脆弱区域内零星的已建风电、光伏等设施可划入生态保护红线。新建风电、光伏等设施应避让生态保护红线。我部正研究制定《生态保护红线管理办法》明确生态保护红线的划定要求、人为活动管控。"[1]该回复并未明确已建成光伏发电项目被划定在生态红线内是否会被拆除，且《生态保护红线管理办法》尚未出台，因此不排除有被拆除的风险。

（四）永久基本农田

2022年1月4日，中共中央、国务院发布的《关于做好2022年全面推进乡村振兴重点工作的意见》（以下简称"2022年中央一号文件"）指出，实行耕地保护党政同责，严守18亿亩耕地红线。落实和完善耕地占补平衡政策，确保补充可长期稳定利用的耕地，实现补充耕地产能与所占耕地相当。可见，2022年中央一号文件强调严守耕地红线，坚持"耕地占补平衡政策"，各地也逐步收紧了光伏发电项目占用耕地政策，内容如下：

序号	地区	发文时间	发文机关及名称	主要内容
1	山东	2021年11月2日	山东省自然资源厅《关于对光伏项目用地进行核查的通知》	重点核查2018年6月1日以来建设的光伏发电项目土地利用情况，并从即日起，停止光伏发电项目用地占用耕地的备案工作。核查光伏发电项目土地使用是否符合鲁国土资规〔2018〕4号文件规定要求，是否履行项目建设方案和土地复合利用方案备案程序，永久性建设设施是否取得合法建设用地审批手续，布设在农用地上的光伏设施是否存在硬化地面、破坏耕作层、抛荒、撂荒、影响农业生产等情况。

---

〔1〕 中华人民共和国自然资源部官网：http://gi.mnr.gov.cn/202012/t20201223_ 2596110.html，最后访问时间：2022年5月13日。

续表

序号	地区	发文时间	发文机关及名称	主要内容
2	河北	2022 年 3 月 11 日	河北省能源局《关于请对存量光伏发电项目占用耕地情况进行摸底统计的通知》	对已列入省年度计划、尚未办理建设用地审批手续的存量光伏发电项目占用耕地情况进行摸底统计并填写附表，加盖公章后于 3 月 18 日下班前反馈我局。
3	辽宁	2022 年 5 月 13 日	辽宁省发展改革委《辽宁省 2022 年光伏发电示范项目建设方案》（征求意见稿）	为节约高效利用我省土地资源，深入挖掘土地价值，减少占用耕地，探索光伏发电项目与产业融合发展新模式，推进在荒漠、水面、滩涂三类区域开发建设光伏示范项目。
4	安徽	2022 年 2 月 16 日	安徽省田长制办公室《关于印发落实最严格耕地保护制度若干措施的通知》	建设项目选址时，项目主管部门要督促建设单位对依法可以占用耕地和永久基本农田的必要性、科学性、可行性进行充分论证，多方案比选，做到不占、少占耕地。

可见，国家政策对于占用耕地有收紧的趋势，而永久基本农田是依法划定的优质耕地，我国对于光伏发电项目占用永久基本农田持否定态度。《关于加强耕地保护和改进占补平衡的意见》明确，一般建设项目不得占用永久基本农田，并对重大项目确实需要占用永久基本农田的情况提出了严格要求。因此，项目公司在建设光伏发电项目时应严格避让基本农田区域，否则有被行政处罚的风险，并且非法占用基本农田五亩以上即可构成非法占用农用地罪，投资方必须重点关注。

◇ 关联规定

中共中央、国务院《关于做好 2022 年全面推进乡村振兴重点工作的意见》

（六）落实"长牙齿"的耕地保护硬措施。实行耕地保护党政同责，严守 18 亿亩耕地红线。按照耕地和永久基本农田、生态保护红线、城镇开发边界的顺序，统筹划定落实三条控制线，把耕地保有量和永久基本农田保护目标任务足额带位置逐级分解下达，由中央和地方签订耕地保护目标责任书，作为刚性指标实行严格考核、一票否决、终身追责。……落实和完善耕地占补平衡政策，……确保补充可长期稳定利用的耕地，实现补充耕地产能与所占耕地相当。……强化耕地用途管制，严格管控耕地转为其他农用地。……

中共中央、国务院《关于加强耕地保护和改进占补平衡的意见》

（五）……一般建设项目不得占用永久基本农田，重大建设项目选址确实难以避让永久基本农田的，在可行性研究阶段，必须对占用的必要性、合理性和补划方案的可行性进行严格论证，通过国土资源部用地预审；农用地转用和土地征收依法依规报国务院批准。严禁通过擅自调整县乡土地利用总体规划，规避占用永久基本农田的审批。

（七）……非农建设占用耕地的，建设单位必须依法履行补充耕地义务，无法自行补充数量、质量相当耕地的，应当按规定足额缴纳耕地开垦费。地方各级政府负责组织实施土地整治，通过土地整理、复垦、开发等推进高标准农田建设，增加耕地数量、提升耕地质量，以县域自行平衡为主、省域内调剂为辅、国家适度统筹为补充，落实补充耕地任务。……

《土地管理法》（2019 年修正）

第三十五条 永久基本农田经依法划定后，任何单位和个人不得擅自占用或者改变其用途。国家能源、交通、水利、军事设施等重点建设项目选址确实难以避让永久基本农田，涉及农用地转用或者土地征收的，必须经国务院批准。

禁止通过擅自调整县级土地利用总体规划、乡（镇）土地利用总体规划等方式规避永久基本农田农用地转用或者土地征收的审批。

原国土资源部、原国务院扶贫办、国家能源局《关于支持光伏扶贫和规范光伏发电产业用地的意见》（国土资规〔2017〕8 号）

一、……禁止以任何方式占用永久基本农田，严禁在国家相关法律法规和规划明确禁止的区域发展光伏电项目。

《基本农田保护条例》（2011 年修订）

第三十条 违反本条例规定，有下列行为之一的，依照《中华人民共和国土地管理法》和《中华人民共和国土地管理法实施条例》的有关规定，从重给予处罚：

（一）未经批准或者采取欺骗手段骗取批准，非法占用基本农田的；

（二）超过批准数量，非法占用基本农田的；

（三）非法批准占用基本农田的；

（四）买卖或者以其他形式非法转让基本农田的。

第三十三条 违反本条例规定，占用基本农田建窑、建房、建坟、挖砂、采石、采矿、取土、堆放固体废弃物或者从事其他活动破坏基本农田，毁坏种植条件的，由县级以上人民政府土地行政主管部门责令改正或者治理，恢复原种植条件，处占用基本农田的耕地开垦费1倍以上2倍以下的罚款；构成犯罪的，依法追究刑事责任。

《刑法》（2020年修正）

第三百四十二条 违反土地管理法规，非法占用耕地、林地等农用地，改变被占用土地用途，数量较大，造成耕地、林地等农用地大量毁坏的，处五年以下有期徒刑或者拘役，并处或者单处罚金。

最高人民法院《关于审理破坏土地资源刑事案件具体应用法律若干问题的解释》

第三条 违反土地管理法规，非法占用耕地改作他用，数量较大，造成耕地大量毁坏的，依照刑法第三百四十二条的规定，以非法占用耕地罪定罪处罚：

（一）非法占用耕地"数量较大"，是指非法占用基本农田5亩以上或者非法占用基本农田以外的耕地10亩以上。

（二）非法占用耕地"造成耕地大量毁坏"，是指行为人非法占用耕地建窑、建坟、建房、挖沙、采石、采矿、取土、堆放固体废弃物或者进行其他非农业建设，造成基本农田5亩以上或者基本农田以外的耕地10亩以上种植条件严重毁坏或者严重污染。

（五）湿地

根据《湿地保护法》，湿地是指具有显著生态功能的自然或者人工的常年或者季节性积水地带、水域，包括低潮时水深不超过六米的海域，但是水田以及用于养殖的人工的水域和滩涂除外。对于湿地而言，光伏建设项目应当不占或者少占湿地，经批准确需征收、占用湿地并转为其他用途的，必须依法办理相关手续。对于湿地公园而言，我国明确禁止擅自征收、占用国家湿地公园的土地，确需征收、占用的，应当在征求省级林业主管部门的意见后，方可依法办理相关手续，由省级林业主管部门报国家林业和草原局备案。

◇ 关联规定

《湿地保护法》

第二条第二款 本法所称湿地，是指具有显著生态功能的自然或者人工的、常年或者季节性积水地带、水域，包括低潮时水深不超过六米的海域，但是水田以及用于养殖的人工的水域和滩涂除外。……

第十九条 国家严格控制占用湿地。

禁止占用国家重要湿地，国家重大项目、防灾减灾项目、重要水利及保护设施项目、湿地保护项目等除外。

建设项目选址、选线应当避让湿地，无法避让的应当尽量减少占用，并采取必要措施减轻对湿地生态功能的不利影响。

建设项目规划选址、选线审批或者核准时，涉及国家重要湿地的，应当征求国务院林业草原主管部门的意见；涉及省级重要湿地或者一般湿地的，应当按照管理权限，征求县级以上地方人民政府授权的部门的意见。

第五十二条 违反本法规定，建设项目擅自占用国家重要湿地的，由县级以上人民政府林业草原等有关主管部门按照职责分工责令停止违法行为，限期拆除在非法占用的湿地上新建的建筑物、构筑物和其他设施，修复湿地或者采取其他补救措施，按照违法占用湿地的面积，处每平方米一千元以上一万元以下罚款；……

原国家林业局湿地保护管理中心《关于工程建设占用国家湿地公园有关问题的函》（林湿函〔2016〕32号）

因重大工程确需占用国家湿地公园的，建设单位或相关部门在征求林业部门意见时，由省级林业主管部门组织专家评估论证并出具审查意见，报国家林业局备案。省级林业主管部门在出具意见之前，要认真研究建设单位提交的工程方案，生态影响评估报告，并组织专家到工程施工地点开展现场评估"规定。

第五节　集中式光伏发电项目的开工前手续

集中式光伏发电项目属于工程类建设项目，仍然要满足工程建设的相关要求，与水电、火电等传统发电项目的建设相比，因为光伏电站装机容量较小，涉及的构建筑物少，所需的开工前手续并不算复杂。

根据《关于全面开展工程建设项目审批制度改革的实施意见》（国办发〔2019〕11号），工程建设项目审批流程主要分为立项用地规划许可、工程建设许可、施工许可、竣工验收四个阶段。除竣工验收阶段外，其他三个阶段为开工前阶段。其中，立项用地规划许可阶段主要包括项目审批核准、选址意见书核发、用地预审、用地规划许可证核发等；工程建设许可阶段主要包括设计方案审查、建设工程规划许可证核发等；施工许可阶段主要包括设计审核确认、施工许可证核发等。在本节，笔者结合项目经验，就光伏电站建设开工前合规手续的核查要点进行分析。

一、我国建设施工许可手续历史沿革概述

1984 年《城市规划条例》颁布实施，该条例第 44 条首次对城市规划区内的建设设立建筑许可证制度。建筑许可证制度实际上涵盖了建设单位从项目立项到最后开工建设的全过程。

1990 年，《城市规划法》实施后，《城市规划条例》被废止。《城市规划条例》中的建筑许可证被一拆为三，分别为《城市规划法》中规定的《建设用地规划许可证》《建设工程规划许可证》以及《建筑法》中规定的《施工许可证》。同时，《城市规划法》第 30 条规定："城市规划区内的建设工程的选址和布局必须符合城市规划。设计任务书报请批准时，必须附有城市规划行政主管部门的选址意见书。"

2008 年 1 月 1 日《城乡规划法》颁布实施，我国的规划制度基本建成，该法融入了"城乡统筹"的理念，在《城市规划法》的基础上增加了乡规划和村庄规划等内容，并首次规定了乡村建设规划许可证。《城市规划法》也相应被废止。

二、立项用地规划许可阶段

（一）用地预审与选址意见书

在前面章节笔者已经介绍，集中式光伏发电项目的特点之一即项目占地较大，且主要占地面积在光伏方阵。因此在选择项目用地时，需特别关注项目用地面积和用地类型。

1. 用地预审

用地预审是我国的建设用地审批制度之一，是对建设项目涉及的土地利用事项进行的审查；需核准和备案的建设项目由与核准、备案机关同级的国土资源管理部门预审。未经预审或者预审未通过的，不得批复可行性研究报告、核准项目申请报告；不得批准农用地转用、土地征收，不得办理供地手续。已经预审的项目，如需对土地用途、建设项目选址等进行重大调整的，应当重新申请预审。

2017 年 1 月 1 日起施行的修订后的《建设项目用地预审管理办法》规定，建设项目用地预审文件有效期（自批准之日起计算）由 2 年变更为 3 年。对于 2015 年之后批复的建设项目用地预审文件，适用上述规定，有效期自动延

展为 3 年。

◇ 关联规定

《建设项目用地预审管理办法》

第二条 本办法所称建设项目用地预审，是指国土资源主管部门在建设项目审批、核准、备案阶段，依法对建设项目涉及的土地利用事项进行的审查。

第四条第一、三款 建设项目用地实行分级预审。

需核准和备案的建设项目，由与核准、备案机关同级的国土资源主管部门预审。

第十五条 建设项目用地预审文件有效期为三年，自批准之日起计算。已经预审的项目，如需对土地用途、建设项目选址等进行重大调整的，应当重新申请预审。

未经预审或者预审未通过的，不得批复可行性研究报告、核准项目申请报告；不得批准农用地转用、土地征收，不得办理供地手续。预审审查的相关内容在建设用地报批时，未发生重大变化的，不再重复审查。

2. 选址意见

《城乡规划法》《建设项目选址规划管理办法》规定，按照国家规定需要有关部门批准或者核准的建设项目，以划拨方式提供国有土地使用权的，建设单位在报送有关部门批准或者核准前，应当向城乡规划主管部门申请核发选址意见书。除前述规定以外的建设项目不需要申请选址意见书。例如，以下系我国某省级主管部门办理选址意见书的退件函（节录）：

我国建设项目选址意见书按建设项目审批权限实行分级规划管理,一般由与项目审批部门同级的规划行政主管部门核发。

◇ 关联规定

《城乡规划法》(2019 年修正)

第三十六条 按照国家规定需要有关部门批准或者核准的建设项目,以划拨方式提供国有土地使用权的,建设单位在报送有关部门批准或者核准前,应当向城乡规划主管部门申请核发选址意见书。

前款规定以外的建设项目不需要申请选址意见书。

《建设项目选址规划管理办法》

第六条 建设项目选址意见书应当包括下列内容:

(一)建设项目的基本情况……

(二)建设项目规划选址的主要依据:

1. 经批准的项目建议书;

2. 建设项目与城市规划布局的协调;

3. 建设项目与城市交通、通讯、能源、市政、防灾规划的衔接与协调;

4. 建设项目配套的生活设施与城市生活居住及公共设施规划的衔接与协调;

5. 建设项目对于城市环境可能造成的污染影响,以及与城市环境保护规划和风景名胜、文物古迹保护规划的协调。

(三)建设项目选址、用地范围和具体规划要求。

3. 用地预审与选址意见合并办理

根据自然资源部《关于以"多规合一"为基础推进规划用地"多审合一、多证合一"改革的通知》,2019 年 9 月 17 日后,将建设项目选址意见书、建设项目用地预审意见合并,自然资源主管部门统一核发建设项目用地预审与选址意见书。不再单独核发建设项目选址意见书、建设项目用地预审意见。用地预审权限在自然资源部的,建设单位向地方自然资源主管部门提出用地预审与选址申请,由地方自然资源主管部门受理;经省级自然资源主管部门报自然资源部通过用地预审后,地方自然资源主管部门向建设单位核发建设项目用地预审与选址意见书。

用地预审权限在省级以下自然资源主管部门的,由省级自然资源主管部门确定建设项目用地预审与选址意见书办理的层级和权限。

二证合一后的证书样式如下：

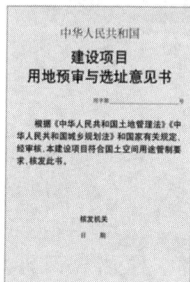

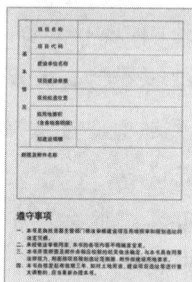

◇ 关联规定

自然资源部《关于以"多规合一"为基础推进规划用地"多审合一、多证合一"改革的通知》（自然资规〔2019〕2号）

将建设项目选址意见书、建设项目用地预审意见合并，自然资源主管部门统一核发建设项目用地预审与选址意见书（见附件1），不再单独核发建设项目选址意见书、建设项目用地预审意见。

涉及新增建设用地，用地预审权限在自然资源部的，建设单位向地方自然资源主管部门提出用地预审与选址申请，由地方自然资源主管部门受理；经省级自然资源主管部门报自然资源部通过用地预审后，地方自然资源主管部门向建设单位核发建设项目用地预审与选址意见书。用地预审权限在省级以下自然资源主管部门的，由省级自然资源主管部门确定建设项目用地预审与选址意见书办理的层级和权限。

（二）建设用地规划许可证

《建设用地规划许可证》的办理依据主要是现行有效的《城乡规划法》

（2019年修正），在城市、镇规划区内以划拨或出让方式取得国有土地使用权的建设项目依法需办理建设用地规划许可证。

◇ 关联规定

《城乡规划法》（2019年修正）

第三十七条第一款　在城市、镇规划区内以划拨方式提供国有土地使用权的建设项目，经有关部门批准、核准、备案后，建设单位应当向城市、县人民政府城乡规划主管部门提出建设用地规划许可申请，由城市、县人民政府城乡规划主管部门依据控制性详细规划核定建设用地的位置、面积、允许建设的范围，核发建设用地规划许可证。

第三十八条第二款　以出让方式取得国有土地使用权的建设项目，建设单位在取得建设项目的批准、核准、备案文件和签订国有土地使用权出让合同后，向城市、县人民政府城乡规划主管部门领取建设用地规划许可证。

◇ **示例文件：**

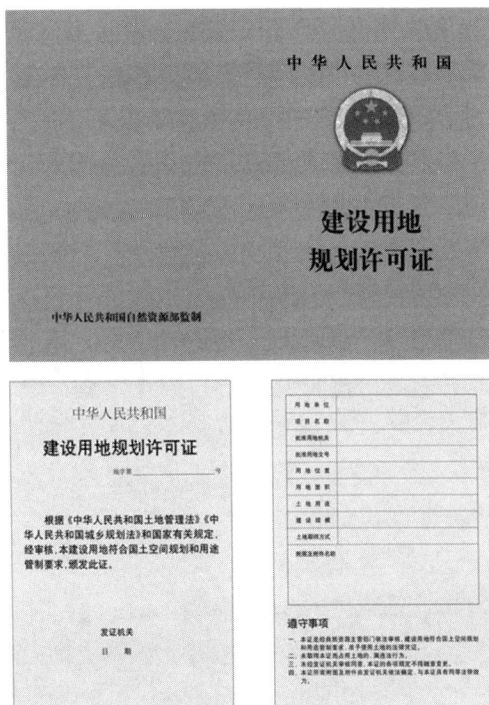

三、工程规划许可阶段

工程规划许可阶段主要包括设计方案审查、建设工程规划许可证核发。《城乡规划法》规定，在城市、镇规划区内进行建筑物、构筑物、道路、管线和其他工程建设的，应当向城乡规划主管部门或指定镇人民政府申请办理建设工程规划许可证。未取得建设工程规划许可证或者未按照建设工程规划许可证的规定进行建设的，存在被责令停止建设、限期拆除、罚款等法律风险。

◇ 关联规定

《城乡规划法》（2019 年修正）

第四十条第一、二款 在城市、镇规划区内进行建筑物、构筑物、道路、管线和其他工程建设的，建设单位或者个人应当向城市、县人民政府城乡规划主管部门或者省、自治区、直辖市人民政府确定的镇人民政府申请办理建设工程规划许可证。

申请办理建设工程规划许可证，应当提交使用土地的有关证明文件、建设工程设计方案等材料。需要建设单位编制修建性详细规划的建设项目，还应当提交修建性详细规划。对符合控制性详细规划和规划条件的，由城市、县人民政府城乡规划主管部门或者省、自治区、直辖市人民政府确定的镇人民政府核发建设工程规划许可证。

第六十四条 未取得建设工程规划许可证或者未按照建设工程规划许可证的规定进行建设的，由县级以上地方人民政府城乡规划主管部门责令停止建设；尚可采取改正措施消除对规划实施的影响的，限期改正，处建设工程造价百分之五以上百分之十以下的罚款；无法采取改正措施消除影响的，限期拆除，不能拆除的，没收实物或者违法收入，可以并处建设工程造价百分之十以下的罚款。

示例文件：

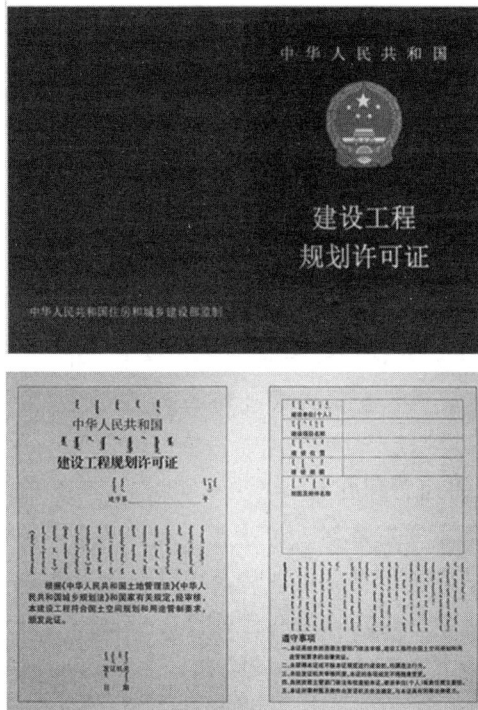

四、施工许可阶段

施工许可阶段主要涉及到施工许可证的办理。

依据《建筑法》《建筑工程施工许可管理办法》等法律、规范性文件，建筑工程开工前，建设单位应当向工程所在地县级以上人民政府建设行政主管部门申请领取施工许可证，工程投资额在 30 万元以下或者建筑面积在 300 平方米以下的建筑工程，可以不申请办理施工许可证。常规而言，办理施工许可证以建筑工程用地批准手续、取得建设工程规划许可证为前提，但不排除工程项目不在城、镇规划范围内等特别情形。

建设单位领取施工许可证后，应当在 3 个月内开工，否则应当依法办理延期开工手续。既未按期开工，又未办理延期开工手续的，施工许可证自行废止。如未取得施工许可证或者为规避办理施工许可证将工程项目分解后擅自施工的，存在被责令停止建设、限期拆除、罚款等法律风险。

◇ 关联规定

《建筑法》（2019 年修正）

第七条 建筑工程开工前，建设单位应当按照国家有关规定向工程所在地县级以上人民政府建设行政主管部门申请领取施工许可证；但是，国务院建设行政主管部门确定的限额以下的小型工程除外。

按照国务院规定的权限和程序批准开工报告的建筑工程，不再领取施工许可证。

第九条 建设单位应当自领取施工许可证之日起三个月内开工。因故不能按期开工的，应当向发证机关申请延期；延期以两次为限，每次不超过三个月。既不开工又不申请延期或者超过延期时限的，施工许可证自行废止。

《建筑工程施工许可管理办法》

第二条第一、二款 在中华人民共和国境内从事各类房屋建筑及其附属设施的建造、装修装饰和与其配套的线路、管道、设备的安装，以及城镇市政基础设施工程的施工，建设单位在开工前应当依照本办法的规定，向工程所在地的县级以上地方人民政府住房城乡建设主管部门（以下简称发证机关）申请领取施工许可证。

工程投资额在 30 万元以下或者建筑面积在 300 平方米以下的建筑工程，可以不申请办理施工许可证。……

第十二条 对于未取得施工许可证或者为规避办理施工许可证将工程项目分解后擅自施工的，由有管辖权的发证机关责令停止施工，限期改正，对建设单位处工程合同价款 1% 以上 2% 以下罚款；对施工单位处 3 万元以下罚款。

示例文件：

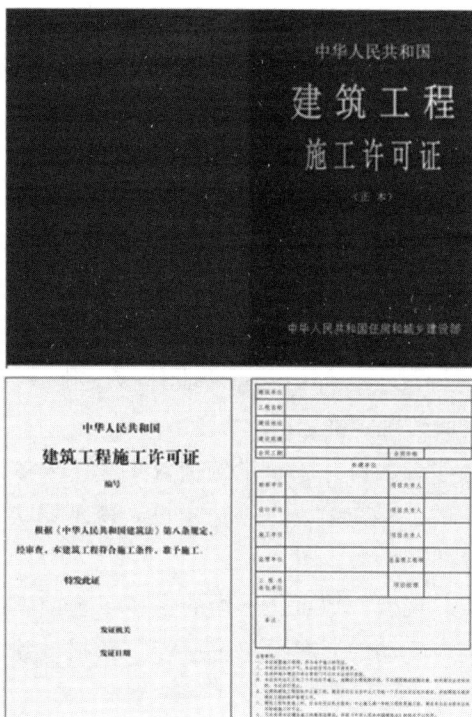

在光伏发电项目的建设实际中，部分项目的开关站会使用预制舱，并不修建楼房，如下图所示：

理论上使用预制舱本身并无需办理《建设工程施工许可证》，但笔者走访部分地方自然资源主管部门后了解到，如项目集控室、SVG 等设施下修建有混凝土平台，则不排除被认定为是"在城市、镇规划区内进行建构筑物……其他工程建设"，进而需要办理《建设工程规划许可证》，以及被认定是"在中华人民共和国境内从事各类房屋建筑及其附属设施的建造、装修装饰和与其配套的线路、管道、设备的安装……"，进而有需要办理《施工许可证》的可能。

五、其他开工前应完成的评估评价

（一）环境影响评价

光伏发电项目应当依法办理环境影响评价报告表或登记表。环评手续的审批主体为环境保护行政主管部门，对于具体该报哪一级的环评部门审查，需根据各地方政府的具体规定确定。

环境影响评价系建设项目开工建设的前置手续，未依法办理的不得开工建设。擅自开工建设的，存在被责令停止建设、恢复原状、处以罚款等行政处罚风险。

建设项目的性质、规模、地点、采用的生产工艺或者防治污染、防止生态破坏的措施发生重大变动的，建设单位应当重新报批建设项目的环境影响评价文件。

建设项目的环境影响评价文件自批准之日起超过五年才决定该项目开工建设的，其环境影响评价文件应当报原审批部门重新审核。

◇ 关联规定

《环境影响评价法》

第十六条第二款 建设单位应当按照下列规定组织编制环境影响报告书、环境影响报告表或者填报环境影响登记表（以下统称环境影响评价文件）：

（一）可能造成重大环境影响的，应当编制环境影响报告书，对产生的环境影响进行全面评价；

（二）可能造成轻度环境影响的，应当编制环境影响报告表，对产生的环境影响进行分析或者专项评价；

（三）对环境影响很小、不需要进行环境影响评价的，应当填报环境影响登记表。

建设项目的环境影响评价分类管理名录，由国务院生态环境主管部门制定并公布。

第三十一条　建设单位未依法报批建设项目环境影响报告书、报告表，或者未依照本法第二十四条的规定重新报批或者报请重新审核环境影响报告书、报告表，擅自开工建设的，由县级以上生态环境主管部门责令停止建设，根据违法情节和危害后果，处建设项目总投资额百分之一以上百分之五以下的罚款，并可以责令恢复原状；对建设单位直接负责的主管人员和其他直接责任人员，依法给予行政处分。

建设项目环境影响报告书、报告表未经批准或者未经原审批部门重新审核同意，建设单位擅自开工建设的，依照前款的规定处罚、处分。

建设单位未依法备案建设项目环境影响登记表的，由县级以上生态环境主管部门责令备案，处五万元以下的罚款。

《建设项目环境影响评价分类管理名录》(2021 年版)

一般而言，地面集中光伏电站（总容量大于 6000 千瓦，且接入电压等级不小于 10 千伏）编制环境影响报告表，规模小于前述标准的其他光伏发电项目依法填报环境影响登记表。

四十一、电力、热力生产和供应业				
87	火力发电 4411；热电联产 4412（4411和4412均含掺烧生活垃圾发电、掺烧污泥发电）	火力发电和热电联产（发电机组节能改造的除外；燃气发电单纯利用余热、余压、余气（含煤矿瓦斯）发电的除外）	燃气发电：单纯利用余气（含煤矿瓦斯）发电	/	
88	水力发电 4413	总装机1000千瓦及以上的常规水电（仅更换发电设备的增效扩容除外；抽水蓄能电站，涉及环境敏感区的）	其他	/	第三条（一）中的全部区域；第三条（二）中的除（一）外的生态保护红线管控范围、重要水生生物的自然产卵场、索饵场、越冬场和洄游通道
89	生物质能发电 4417	生活垃圾发电（掺烧生活垃圾发电的除外）；污泥发电（掺烧污泥发电的除外）	利用农林生物质、沼气、垃圾填埋气发电的	/	

环评类别 项目类别	报告书	报告表	登记表	本栏目环境敏感区含义
90	陆上风力发电 4415；太阳能发电 4416（不含居民家用光伏发电）；其他电力生产 4419（不含海上的潮汐能、波浪能、温差能等发电）	涉及环境敏感区的总装机容量5万千瓦及以上的除上风力发电	陆地利用地热、太阳能热等发电；地面集中光伏电站（总容量大于6000千瓦，且接入电压等级不小于10千伏）；其他风力发电	其他光伏发电	第三条（一）中的全部区域；第三条（三）中的全部区域
91	热力生产和供应工程（包括建设单位自建自用的供热工程）	燃煤、燃油锅炉总容量65吨/小时（45.5兆瓦）以上的	燃煤、燃油锅炉总容量65吨/小时（45.5兆瓦）及以下；天然气锅炉总容量1吨/小时（0.7兆瓦）以上的；使用高污染燃料的（高污染燃料指国环规大气〔2017〕2号《高污染燃料目录》中规定的燃料）		

《建设项目环境保护管理条例》（2017 年修订）

第十二条第一、二款　建设项目环境影响报告书、环境影响报告表经批准后，建设项目的性质、规模、地点、采用的生产工艺或者防治污染、防止生态破坏的措施发生重大变动的，建设单位应当重新报批建设项目环境影响报告书、环境影响报告表。

建设项目环境影响报告书、环境影响报告表自批准之日起满 5 年，建设项目方开工建设的，其环境影响报告书、环境影响报告表应当报原审批部门重新审核。原审批部门应当自收到建设项目环境影响报告书、环境影响报告表之日起 10 日内，将审核意见书面通知建设单位；逾期未通知的，视为审核同意。

示例文件：

（二）水土保持评估

1. 水土保持方案批复

光伏项目土建等工程可能造成水土流失的，必须编报水土保持方案。根据实际征占地面积、填挖土石方量等，水土保持方案分为"水土保持方案报告书"和"水土保持方案报告表"。水行政主管部门审批水土保持方案实行分级审批制度，县级以上人民政府水行政主管部门审批的水土保持方案，应报上一级人民政府水行政主管部门备案。概略如下表所示：

审批层级	编制文件	事项
国务院水行政主管部门	报告书	中央立项，且征占地面积在 50 公顷以上或者挖填土石方总量在 50 万立方米以上的开发建设项目或者限额以上技术改造项目
省级水行政主管部门	报告书	征占地面积不足 50 公顷且挖填土石方总量不足 50 万立方米的开发建设项目
相应级别的水行政主管部门	报告书	地方立项的开发建设项目和限额以下技术改造项目
县级水行政主管部门	报告表	水土保持方案报告表
跨地区的项目水土保持方案，报上一级水行政主管部门审批		

水土保持方案的批复系建设项目开工建设的前置手续，未依法办理的不得开工建设。水土保持方案未经审批擅自开工建设或者进行施工准备的，由县级以上人民政府水行政主管部门责令停止违法行为，采取补救措施。

水土保持方案经批准后，生产建设项目的地点、规模发生重大变化的，应当补充或者修改水土保持方案并报原审批机关批准。

◇ 关联规定

《水土保持法》

第二十五条第一、二、三款　在山区、丘陵区、风沙区以及水土保持规划确定的容易发生水土流失的其他区域开办可能造成水土流失的生产建设项目，生产建设单位应当编制水土保持方案，报县级以上人民政府水行政主管部门审批，并按照经批准的水土保持方案，采取水土流失预防和治理措施。没有能力编制水土保持方案的，应当委托具备相应技术条件的机构编制。

水土保持方案应当包括水土流失预防和治理的范围、目标、措施和投资等内容。

水土保持方案经批准后，生产建设项目的地点、规模发生重大变化的，应当补充或者修改水土保持方案并报原审批机关批准。水土保持方案实施过程中，水土保持措施需要作出重大变更的，应当经原审批机关批准。

《开发建设项目水土保持方案编报审批管理规定》（2017 年修正）

第二条 凡从事有可能造成水土流失的开发建设单位和个人，必须编报水土保持方案。其中，审批制项目，在报送可行性研究报告前完成水土保持方案报批手续；核准制项目，在提交项目申请报告前完成水土保持方案报批手续；备案制项目，在办理备案手续后、项目开工前完成水土保持方案报批手续。经批准的水土保持方案应当纳入下阶段设计文件中。

第四条第一、二款 水土保持方案分为"水土保持方案报告书"和"水土保持方案报告表"。

凡征占地面积在一公顷以上或者挖填土石方总量在一万立方米以上的开发建设项目，应当编报水土保持方案报告书；其他开发建设项目应当编报水土保持方案报告表。

第八条 水行政主管部门审批水土保持方案实行分级审批制度，县级以上地方人民政府水行政主管部门审批的水土保持方案，应报上一级人民政府水行政主管部门备案。

中央立项，且征占地面积在 50 公顷以上或者挖填土石方总量在 50 万立方米以上的开发建设项目或者限额以上技术改造项目，水土保持方案报告书由国务院水行政主管部门审批。中央立项，征占地面积不足 50 公顷且挖填土石方总量不足 50 万立方米的开发建设项目，水土保持方案报告书由省级水行政主管部门审批。

地方立项的开发建设项目和限额以下技术改造项目，水土保持方案报告书由相应级别的水行政主管部门审批。

水土保持方案报告表由开发建设项目所在地县级水行政主管部门审批。

跨地区的项目水土保持方案，报上一级水行政主管部门审批。

第十一条 经审批的项目，如性质、规模、建设地点等发生变化时，项目单位或个人应及时修改水土保持方案，并按照本规定的程序报原批准单位审批。

第十三条 水土保持方案未经审批擅自开工建设或者进行施工准备的，由县级以上人民政府水行政主管部门责令停止违法行为，采取补救措施。当事人从事非经营活动的，可以处一千元以下罚款；当事人从事经营活动，有违法所得的，可以处违法所得三倍以下罚款，但是最高不得超过三万元，没有违法所得的，可以处一万元以下罚款，法律、法规另有规定的除外。

2. 水土保持补偿费

水土保持补偿费是水行政主管部门对损坏水土保持设施和地貌植被、不能恢复原有水土保持功能的生产建设单位和个人征收并专项用于水土流失预防治理的资金。

根据《水土保持补偿费征收使用管理办法》（财综〔2014〕8号），县级以上地方水行政主管部门依法征收水土保持补偿费。其第5条规定："在山区、丘陵区、风沙区以及水土保持规划确定的容易发生水土流失的其他区域开办生产建设项目或者从事其他生产建设活动，损坏水土保持设施、地貌植被，不能恢复原有水土保持功能的单位和个人（以下简称缴纳义务人），应当缴纳水土保持补偿费。前述所称的生产建设活动包括：（一）取土、挖砂、采石（不含河道采砂）；（二）烧制砖、瓦、瓷、石灰；（三）排放废弃土、石、渣。"

水土保持的计费方式一般可适用计征基数×单位数额的方式。其中计征基数视生产经营活动类型而定，开办一般性生产建设项目的，按照征占用土地面积计征；单位数额各地方政府规定不尽相同，具体以各地的规定为准。

一般水土保持方案的批复中会载明项目所涉的水土保持补偿费金额。

3. 示例文件

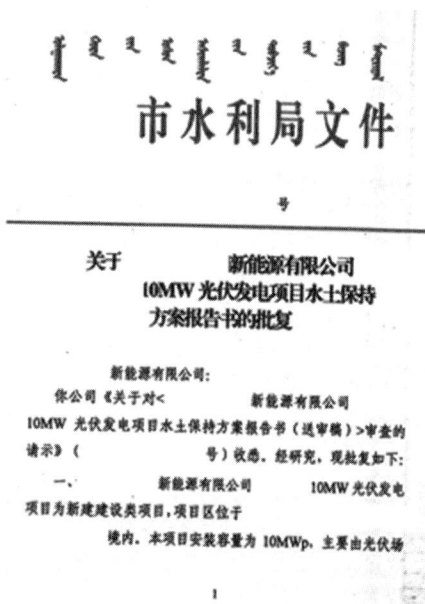

区、升压站、进场道路及施工生产生活区组成。项目总占地22.97hm²，全部为永久占地。项目建设期共动用土石方总量为16152m³，其中挖方8076m³（包括表土剥离2511m³），填方8076m³（包括表土回覆2511m³），无借方和弃方。本项目总投资8867万元，土建投资353万元。项目计划于2017年4月开工，2017年8月完工，建设工期5个月。方案设计深度为可行性研究阶段，建设单位编报建设项目水土保持方案符合我国水土保持法律法规的有关规定，对于防治工程建设可能造成的水土流失，保护生态环境具有重要意义。

二、报告书编制依据充分，内容基本全面；防治责任范围和水土流失防治目标明确，水土流失防治分区与分区防治措施基本可行；报告书编制基本满足有关技术规范、标准的要求，可以作为下阶段水土保持工作的依据。

三、同意项目水土流失现状分析。本项目场址所在地属沙地平原地貌，海拔标高396～400m，相对高差4m。地形开阔，坡度在0～3°。项目所在区属中温带半干旱大陆性气候区，多年平均气温6.5℃，极端最高气温41.5℃，极端最低气温-30.1℃。年均日照时数2935.6h，最大冻土深度1.8m，多年平均降水量347.0mm，24h最大降雨量56.33mm，多年平均蒸发量1977.4mm，≥10℃积温2904.3℃，无霜期148天。多年平均风速3.7m/s，50年一遇最大风速25.2m/s，全年主导风向为西北风，年平均大风日

数34.8d。土壤类型主要为风沙土，项目区植被类型为半干旱草原植被，林草覆盖率40%左右。土壤侵蚀类型为以风蚀为主的水风复合侵蚀，侵蚀强度为中度，风力侵蚀模数2600t/km²·a，水力侵蚀模数600t/km²·a，容许土壤流失量500t/km²·a。项目建设区属于水土流失重点治理区。同意水土流失预测方法，工程建设可能造成的土壤侵蚀量为2693.93t，原地貌水土流失量为2319.75t，新增水土流失量为374.18t。

四、基本同意工程防治责任范围为23.76hm²，其中项目建设区22.97hm²，直接影响区0.79hm²。

五、基本同意水土流失防治分区及分区防治措施。水土流失防治区划分为光伏场区、升压站、进场道路和施工生产生活区4个防治分区。本方案水土保持措施主要为工程措施、植物措施、临时措施。防护措施面积22.31hm²，其中，工程措施面积1.67hm²，植物措施面积20.64hm²。建设单位应组织施工单位按照批复的水土保持方案落实水土保持措施，加强对施工单位的管理。施工单位要严格按照水土保持方案的要求，在文明施工的同时，做好水土保持工作；施工结束后，对施工及施工生活区进行清理，以灌、草为主进行水土保持植被恢复；对各类施工活动应严格控制在用地范围内，遏制施工过程中的水土流失。

六、同意水土保持监测的内容、方法，实施中应强化监测方案的可操作性。

七、基本同意水土保持方案实施进度安排，按进度组织实施水土保持工程。2017年8月底完成各项水土保持工程。

八、基本同意水土保持投资概算编制的原则、依据和方法，本项目建设期水土保持工程总投资135.63万元，其中工程措施投资20.65万元，植物措施投资14.38万元，临时措施投资9.87万元，独立费用36.64万元(含水土保持工程监理费6.00万元，水土保持监测费9.74万元)，预备费8.15万元，水土保持补偿费45.94万元。

九、建设单位在工程建设应尽快做好以下几方面的工作：

（一）按照批准的水土保持方案抓紧落实水土保持资金，做好水土保持工程的施工组织工作，加强对施工单位的管理。

（二）切实做好水土保持监测工作，并按规定向我局提交监测实施方案、季度报告及总结报告。

（三）落实并做好水土保持监理工作，确保水土保持工程建设质量和进度。

（四）定期向市、旗（县）两级水行政主管部门通报水土保持方案的实施情况并接受各级水行政主管部门的监督检查。

（五）后续重大设计变更应报市水行政主管部门审核同意。

（六）建筑工程所需采购的砂、石料要选择符合规定的料场，明确水土流失防治责任，并向地方水行政主管部门备案。

十、本方案设计水平年为2018年，按照《开发建设项目水

土保持设施验收管理办法》的规定，本项目各项水土保持措施达到水土保持技术规范、标准要求后，建设单位应于2018年1月向我局提出水土保持设施验收申请。

十一、   水利局水土保持监督机构负责对该方案《报告书》的监督检查。

此复。

2017年2月23日

抄送：   水利局

水利局办公室   2017年2月23日印发

（三）节能评价

对于企业投资项目，建设单位需在开工建设前取得节能审查机关出具的节能审查意见。项目未进行节能审查或节能审查未获通过不得开工建设。2017年11月15日发改环资规〔2017〕1975号文《不单独进行节能审查的行业目录》实施后光伏电站不再单独进行节能审查。

◇ 关联规定

《固定资产投资项目节能审查办法》

第三条 ……企业投资项目，建设单位需在开工建设前取得节能审查机关出具的节能审查意见。未按本办法规定进行节能审查，或节能审查未通过的项目，建设单位不得开工建设，已经建成的不得投入生产、使用。

第五条第一、三款 固定资产投资项目节能审查由地方节能审查机关负责。

年综合能源消费量5000吨标准煤以上（改扩建项目按照建成投产后年综合能源消费增量计算，电力折算系数按当量值，下同）的固定资产投资项目，其节能审查由省级节能审查机关负责。其他固定资产投资项目，其节能审查管理权限由省级节能审查机关依据实际情况自行决定。

第九条 节能审查机关应在法律规定的时限内出具节能审查意见。节能审查意见自印发之日起2年内有效。

通过节能审查的固定资产投资项目，建设内容、能效水平等发生重大变动的，建设单位应向节能审查机关提出变更申请。

《不单独进行节能审查的行业目录》（发改环资规〔2017〕1975号）

二、节能审查机关对本目录中的项目不再单独进行节能审查，不再出具节能审查意见。

（四）压覆重要矿产资源评估

光伏发电建设项目非经有关部门批准，不得压覆重要矿床；涉及矿业权的，在办理审批时，一般需向主管部门提供与矿业权人的补偿协议或同意项目建设的意向书。

原国土资源部《关于进一步做好建设项目压覆重要矿产资源审批管理工作的通知》《矿产资源开采登记管理办法》规定，压覆重要矿产资源（包含铜、铅、锌、铁）需由省级以上国土资源行政主管部门审批。

此外，如建设项目涉及矿业权的，办理审批时，一般需向主管部门提供与矿业权人的补偿协议或同意项目建设的意向书。

◇ 关联规定

《矿产资源法》（2009 年修正）

第三十三条 在建设铁路、工厂、水库、输油管道、输电线路和各种大型建筑物或者建筑群之前，建设单位必须向所在省、自治区、直辖市地质矿产主管部门了解拟建工程所在地区的矿产资源分布和开采情况。非经国务院授权的部门批准，不得压覆重要矿床。

市国土资源局

市国土资源局
关于　　　　　太阳能科技有限公司 50 兆瓦农光互补光伏发电(一期 20 兆瓦)工程项目建设用地压覆矿产资源情况的批复

太阳能科技有限公司 50 兆瓦农光互补光伏发电(一期 20 兆瓦)工程项目，拟选址在　　　　　　　村东。拟占地总占面积 28.4840 公顷(拐点坐标见附页)。

河北省发展和改革委员会为该项目核发《河北省固定资产投资项目备案证》(冀发改能源　　　　号)批复：河北省国土资源利用规划院出具了《　　　太阳能科技有限公司 50 兆瓦农光互补光伏发电(一期 20 兆瓦)项目压覆矿产资源查询报告》。依据查询结果及　　国土资源局关于该项目压覆矿产资源情况的说明：该项目与

　　　　　公司《　　　　　　　　勘查》勘查区域存在重叠。项目建设单位提供了与

　　　　　分公司签订的《协议书》。根据《河北省国土资源厅建设项目压覆矿产资源管理办法》(冀国土资　　　号)、《河北省国土资源厅关于建设项目压覆矿产资源审批有关

事项的通知》(冀国土资发〔2012〕46 号)的有关规定，不作压覆处理。

特此批复。

（五）涉及军事设施的审批手续

在作战工程安全保护范围内禁止修筑建筑物、构筑物，因此在光伏发电项目一般需取得用地范围内不涉及军事设施的证明，主管单位为军分区或武装部。

◇ 关联规定

《军事设施保护法》（2021 年修订）

第二十八条第一款　划定作战工程安全保护范围，不改变原土地及土地附着物的所有权。在作战工程安全保护范围内，当地居民可以照常生产生活，但是不得进行开山采石、采矿、爆破；从事修筑建筑物、构筑物、道路和进行农田水利基本建设、采伐林木等活动，不得危害作战工程安全和使用效能。

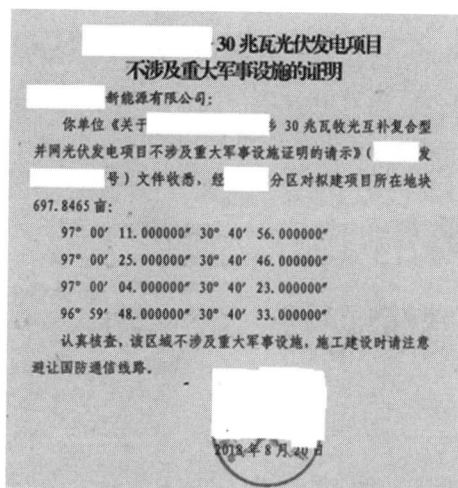

（六）考古调查勘探和文物影响评估

根据《文物保护法》，大型基本建设工程应当事先报省级文物行政部门进行考古调查、勘探。电站建设项目，一般以装机容量作为计算单位来评价大、中、小型。

此外，部分地方对于具体的操作程序以及中小型建设工程适用规则也进行了明确，因此建议在文物保护手续的办理、评价中，建议关注当地的具体规定。

◇ 关联规定

《文物保护法》（2017 年修正）

第二十九条第一款 进行大型基本建设工程，建设单位应当事先报请省、自治区、直辖市人民政府文物行政部门组织从事考古发掘的单位在工程范围内有可能埋藏文物的地方进行考古调查、勘探。

《关于基本建设项目和大中型划分标准的规定》对基本建设大中小型项目，是按项目的建设总规模或总投资来确定的，电站项目的大中小型划分标准如下：

项目	计算单位	大型	中型	小型
电站	万千瓦（MW）	25 以上	2.5—25	2.5

地方规范，如《云南省建设工程文物保护规定》第 6 条规定："申报大型建设工程的，建设单位应当自取得项目选址意见书之日起 5 个工作日内，向省文物行政部门提出文物考古调查、勘探申请……"第 15 条规定："中小型建设工程范围内确需事先进行文物考古调查、勘探、发掘的，由县级以上文物行政部门会同有关主管部门参照本规定执行。"

文化和旅游发展委员会文件

文旅委函 号

关于 **文化和旅游发展委员会**
风电场工程项目文物调查探勘
工作的复函

开发有限公司：

你司 风电项目位于我区 周围山脊上，南北宽约 4.7km，东西长约 6.8km。经我单位查阅资料，在该项目征地区域内没有登记在册的不可移动文物；且你司已邀请 市文化遗产研究院在该项目征地区域内开展文物考古调查、勘探工作等相关程序。经研究，现函复如下：

一、原则同意该项目。

二、鉴于地下文物具有不可预见性，按照《中国人民共和国文物保护法》第三十二条规定，在工程施工过程中如发现新的文物，应及时采取有效的措施保护现场，立即报告当地文物行政部门，由文物行政部门安排专业机构实施抢救保护，避免文物遭受进一步破坏，所需费用由建设单位列入建设工程预算。

特此复函。

文化和旅游发展委员会
2021 年 4 月 日

—1—

文化和旅游发展委员会办公室 2021年4月1日印制

（七）防洪影响评价

《水法》《防洪法》规定，在洪泛区、蓄滞洪区内建设非防洪建设项目，应当就洪水对建设项目可能产生的影响和建设项目对防洪可能产生的影响作出评价，编制洪水影响评价报告，提出防御措施。洪水影响评价报告未经有关水行政主管部门审查批准的，建设单位不得开工建设。

因此，防洪影响评价手续并非所有光伏发电项目必须办理的手续，主要取决于光伏发电项目的区域位置，例如项目区域涉及湖泊、河谷、冲击沟等。

以下是某"渔光互补"项目编制的洪水影响评价报告。

渔光互补分布式光伏发电项目洪水影响评价

8 结论与建议

8.1 结论

1、项目建设与现有水利规划没有冲突，但工程的建设必须遵守区域防洪排涝相关的规定，施工时不影响区域防洪安全。

2、本项目渔场用于鱼类养殖，渔场无蓄洪功能要求，渔场也无灌溉功能要求。因此，工程建设对当地的灌溉与排涝无影响。

3、渔池主要用于鱼类养殖，在未来长时间内渔场都将一直保持渔场现状，本项目的建设不会影响河湖稳定性。

4、本项目站内设备基础顶标高和建筑物室外地坪标高为29.0m，距离50年一遇24h降雨量的内涝水位有0.52m的安全超高，与百年一遇15d内涝水位仅差0.16m，项目设计高程满足设计所需防洪标准要求。

5、该工程项目不占用育乐坑内的防汛通道，且工程周边都有较宽阔的农村道路，因此，该工程的建设对防汛抢险没有影响。

6、本工程的修建未涉及现有水利工程，项目建成后实现支架上清洁发电、支架下水产养殖的开发模式，　　　渔场隶属于　　　镇政府，与　　　镇政府已签订相关的协议，对第三人合法水事权益影响较小。

8.2 建议

1、业主和施工单位应细化并科学安排施工工期，优化施工组织设计，自觉遵守建设工程在汛期降雨较多季节不得进行基础工程施工的要求。

2、施工中严格按照有关规范与设计进行施工，加强质量监管与施工监理工作。同时，项目管桩开挖不宜穿过覆盖层，以免对其他鱼塘边坡及育乐坑防洪堤产生渗透破坏。

3、在施工过程中实施施工监测，包括对工程的监测以及工程建设工程中对坑内外水情的监测，及时预报施工中出现的问题。

4、业主单位应研究拟定工程施工及运行期突发事件的应急预案。

（八）其他或有审批事项

根据项目实际还可能涉及地灾、地震、民用机场安全环境保护、风景名胜、神山圣水寺庙、取水许可（如打井取水）等审批审查，根据《关于深化能源行业投融资体制改革的实施意见》《关于全面开展工程建设项目审批制度改革的实施意见》等的规定，该等审批均非项目备案的前置条件，但会对项目开工建设、投运等产生影响。

以上是光伏发电项目常见的各类支持性文件、建设手续，但在具体的项目操作中仍需结合光伏发电项目的实际综合研判，例如常规而言建设工程涉及"四证"，但在具体项目中，项目选址可能位于城镇规划范围外，项目开关站可能使用的是预制舱等。此外，笔者建议在具体手续的办理、核查中，注重走访当地政府部门，征询其意见，一来有利于多方核查项目情况，二来有助于了解当地主管部门的政策适用尺度以及地方政策。

第六节　集中式光伏发电项目的工程验收

为确保光伏电站工程的质量，指导和规范光伏发电工程的验收，住房和城乡建设部于 2012 年 6 月发布《光伏发电工程验收规范》，明确通过 380 伏及以上电压等级接入电网的地面光伏和屋顶光伏新建、改建、扩建工程，应通过单位工程、工程启动、工程试运和移交生产、工程竣工四个阶段的全面检查验收。

光伏电站除依据《光伏发电工程验收规范》进行上述四阶段的验收外，还应根据《水土保持法》《环境保护法》等法律法规的要求，完成环境保护验收、水土保持验收等专项验收。

光伏电站各项验收合格为投产运营前的必备条件，无论验收主体是建设单位还是国家主管部门，对于各项验收，都应当确保验收内容完整、验收标准合规、验收结果合理。因此，本节拟就各类验收手续的办理、法律依据、法律后果等作出说明。

一、单位工程验收

单位工程的验收包括土建工程、安装工程、绿化工程、安全防范工程、消防工程五大类。其中，土建工程的验收包括光伏组建支架基础、场地及地下设施和构建筑物等部分工程的验收；安装工程的验收包括支架安装、光伏组建安装、汇流箱安装、逆变器安装、防雷与接地安装、线路及电缆安装等分部工程的验收。

各部分的验收都应有相应的标准，比如桩基础应符合国家标准《建筑地基基础工程施工质量验收规范》，建筑物的防雷与接地应符合《建筑物防雷设计规范》等。在光伏发电项目的投资并购中，各单位工程的验收是否达到标准，笔者仅能核查项目公司是否取得了相应的验收意见书，具体工程实际上是否达到验收标准以专业技术尽职调查机构的意见为准。

示例文件：

二、工程启动验收

单位工程验收完成，光伏电站具备启动条件后，工程建设、监理、调试、生产、设计、政府相关部门、电力主管部门应组成工程启动验收委员会，组织进行启动验收。启动验收包括电网安全生产管理体系验收、电器主接线系统及场（站）用电系统验收、二次系统安全防护验收等。与前述单位工程验收一样，笔者仅能核查验收委员会是否出具了"工程启动验收意见书"，核查是否完成了启动验收，电站实际上是否达到验收标准需专业技术尽职调查机构予以确认。

示例文件：

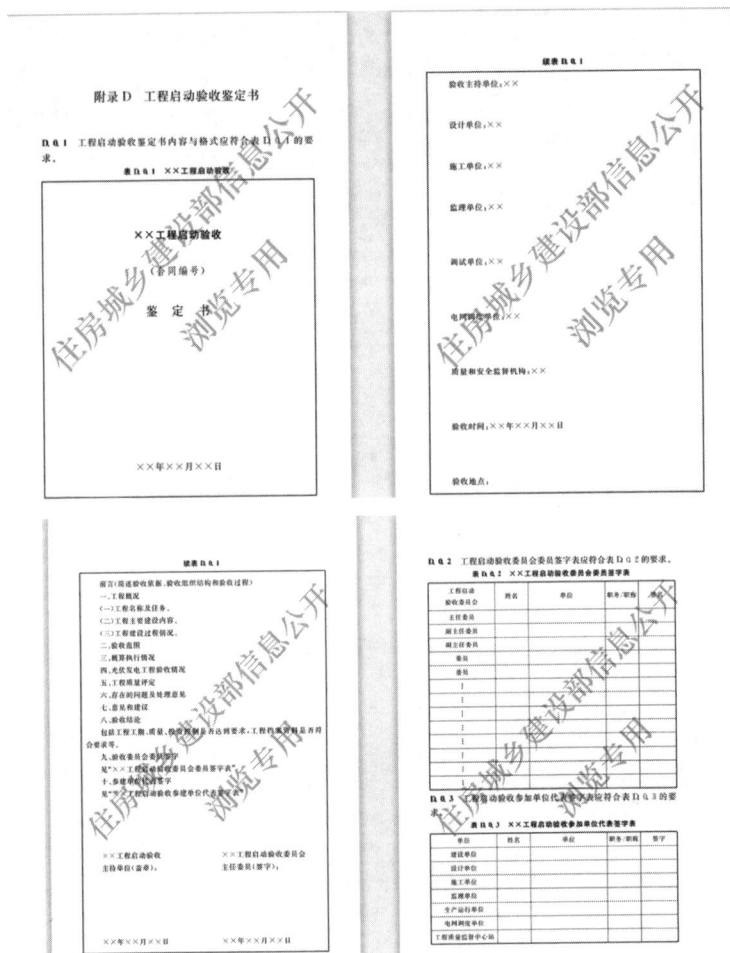

三、工程试运和移交生产验收

工程启动验收完成并具备工程试运和移交生产验收条件后，施工单位应及时向建设单位提出工程试运和移交生产验收申请。由建设单位、施工单位、监理单位、设计有关单位组成验收组，验收内容包括：工程投入试运行的安全保护设施的措施是否完善，光伏组件接收总辐射量累计达到 60 千瓦时/平方米的时间内无故障连续并网运行记录是否完整，工程启动验收中的整改是否完成等，验收合格应签发"工程试运和移交生产验收鉴定书"。

示例文件：

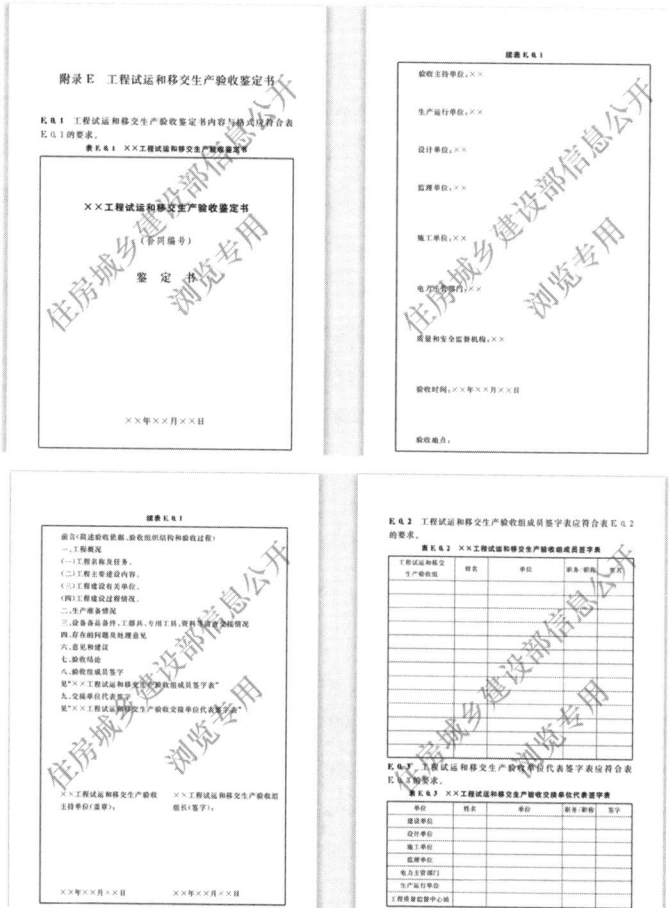

四、竣工验收

建设单位收到建设工程竣工报告后，应当组织进行竣工验收。工程竣工验收委员会应由有关主管部门会同环境保护、水利、消防、质量监督等行政部门组成。建设单位及设计、监理、施工和主要设备制造（供应）商等单位应派代表参加竣工验收。

工程竣工验收条件应符合下列要求：①工程已经按照施工图纸全部完成，并已提交建设、设计、监理、施工等相关单位签字、盖章的总结报告，历次验收发现的问题和缺陷应已经整改完成；②消防、环境保护、水土保持等专项工程已经通过政府有关主管部门审查和验收；③竣工验收委员会已经批准验收程序；④工程投资全部到位；⑤竣工决算已经完成并通过竣工审计。

验收后应签发"工程竣工验收鉴定书"及签字表，建筑工程竣工经验收合格后，方可交付使用；未经验收或者验收不合格的，不得交付使用。

建设单位应当在竣工验收后 6 个月内向城乡规划主管部门报送有关竣工验收资料。

示例文件：

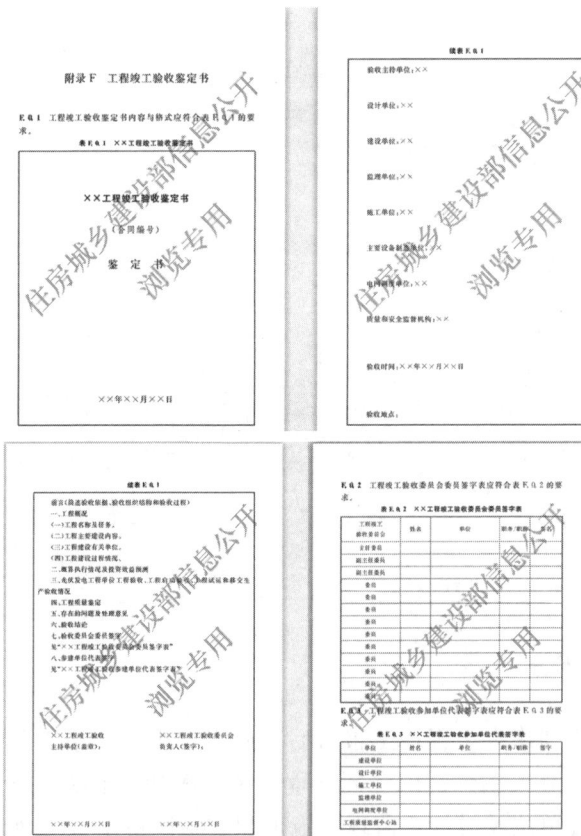

◇ 关联规定

《建筑法》(2019 年修正)

第六十一条　交付竣工验收的建筑工程，必须符合规定的建筑工程质量标准，有完整的工程技术经济资料和经签署的工程保修书，并具备国家规定的其他竣工条件。

建筑工程竣工经验收合格后，方可交付使用；未经验收或者验收不合格的，不得交付使用。

《城乡规划法》(2019 年修正)

第四十五条　县级以上地方人民政府城乡规划主管部门按照国务院规定对建设工程是否符合规划条件予以核实。未经核实或者经核实不符合规划条件的，建设单位不得组织竣工验收。

建设单位应当在竣工验收后六个月内向城乡规划主管部门报送有关竣工验收资料。

第六十七条　建设单位未在建设工程竣工验收后六个月内向城乡规划主管部门报送有关竣工验收资料的，由所在地城市、县人民政府城乡规划主管部门责令限期补报；逾期不补报的，处一万元以上五万元以下的罚款。

《建设工程质量管理条例》(2019 年修订)

第十六条　建设单位收到建设工程竣工报告后，应当组织设计、施工、工程监理等有关单位进行竣工验收。

建设工程竣工验收应当具备下列条件：

（一）完成建设工程设计和合同约定的各项内容；

（二）有完整的技术档案和施工管理资料；

（三）有工程使用的主要建筑材料、建筑构配件和设备的进场试验报告；

（四）有勘察、设计、施工、工程监理等单位分别签署的质量合格文件；

（五）有施工单位签署的工程保修书。

建设工程经验收合格的，方可交付使用。

第五十六条　违反本条例规定，建设单位有下列行为之一的，责令改正，处 20 万元以上 50 万元以下的罚款：

（一）迫使承包方以低于成本的价格竞标的；

（二）任意压缩合理工期的；

（三）明示或者暗示设计单位或者施工单位违反工程建设强制性标准，降低工程质量的；

（四）施工图设计文件未经审查或者审查不合格，擅自施工的；

（五）建设项目必须实行工程监理而未实行工程监理的；

（六）未按照国家规定办理工程质量监督手续的；

（七）明示或者暗示施工单位使用不合格的建筑材料、建筑构配件和设备的；

（八）未按照国家规定将竣工验收报告、有关认可文件或者准许使用文件报送备案的。

五、专项验收

在光伏项目开工前手续中笔者已经提到，工程开工前需完成环境影响评估、水土保持评估、洪水影响评价等评估、评价，因此在竣工验收前，还应完成相应工程、设施的专项验收。

（一）环保验收

1. 必要性

根据《建设项目环境保护管理条例》之规定，需要编制环境影响报告书、环境影响报告表的建设项目，在竣工后应当对配套建设的环境保护设施进行验收，且除按照国家规定需要保密的情形外，建设单位应当依法向社会公开验收报告。

◇ 关联规定

《建设项目环境保护管理条例》

第十七条 编制环境影响报告书、环境影响报告表的建设项目竣工后，建设单位应当按照国务院环境保护行政主管部门规定的标准和程序，对配套建设的环境保护设施进行验收，编制验收报告。

建设单位在环境保护设施验收过程中，应当如实查验、监测、记载建设项目环境保护设施的建设和调试情况，不得弄虚作假。

除按照国家规定需要保密的情形外，建设单位应当依法向社会公开验收报告。

第十八条 分期建设、分期投入生产或者使用的建设项目，其相应的环境保护设施应当分期验收。

2. 验收方式

（1）验收主体

根据《建设项目竣工环境保护验收暂行办法》（国环规环评〔2017〕4号），建设项目需要配套建设水、噪声或者固体废物污染防治设施的，修改的《水污染防治法》生效实施前（生效日期为2018年1月1日）或者《固体废物污染环境防治法》（生效日期为2020年9月1日）、《环境噪声污染防治法》（生效日期为2018年12月29日，现已废止）修改完成前，应依法由环境保护部门对建设项目水、噪声或者固体废物污染防治设施进行验收。

◇ 关联规定

《建设项目竣工环境保护验收暂行办法》（国环规环评〔2017〕4号）

第四条第一款 建设单位是建设项目竣工环境保护验收的责任主体，应当按照本办法规定的程序和标准，组织对配套建设的环境保护设施进行验收，编制验收报告，公开相关信息，接受社会监督，确保建设项目需要配套建设的环境保护设施与主体工程同时投产或者使用，并对验收内容、结论和所公开信息的真实性、准确性和完整性负责，不得在验收过程中弄虚作假。

（2）主要流程

①编制验收监测（调查）报告：建设单位自行或委托有能力的机构编制验收监测（调查）报告。对于需要环境保护主管部门验收的环境保护设施向环境保护主管部门提出验收申请。

需要提示的是，监测是很多项目业主方容易忽视的一点，但其又与项目是否能通过环保验收息息相关。根据《环境保护法》《环境监测管理办法》《关于深化环境监测改革提高环境监测数据质量的意见》等相关规定，光伏发电项目业主应按照当地环保部门出具的环境影响评价批复文件中载明的监测内容、监测范围，自行开展或者委托有资质的第三方机构开展环境监测。包括：噪声、粉尘监测，污水处理监测，电辐射监测，废旧光伏组件监测，光污染监测等，同时编制环境监测报告。

②成立验收工作组，形成验收意见，编制完整的验收报告：验收工作组一般由专家组、建设单位、设计单位、施工单位、监理单位、报告编制单位组成，可采取现场检查、资料查阅、召开验收会议等方式，协助开展验收工作，提出验收意见，发现问题的应整改完成后再形成验收意见，编制完整的

验收报告。

③信息公示：在验收报告编制完成后 5 个工作日内，公开验收报告，公示的期限不得少于 20 个工作日，具体的公示期限见当地主管部门的要求。

④信息填报：在验收报告公示期满后 5 个工作日内，建设单位应当登录全国建设项目竣工环境保护验收信息平台，填报建设项目基本信息、环境保护设施验收情况等相关信息。部分地区环境保护主管部门要求向其报送验收资料归档备查。

3. 法律后果

若环保设施未验收或验收不合格即投入生产或使用的，存在被行政机关处以 20 万元以上 100 万元以下罚款、责令停止生产或使用的行政处罚，且项目有关环境违法信息存在被纳入诚信档案的风险。

◇ 关联规定

《建设项目环境保护管理条例》（2017 年修订）

第十九条第一款 编制环境影响报告书、环境影响报告表的建设项目，其配套建设的环境保护设施经验收合格，方可投入生产或者使用；未经验收或者验收不合格的，不得投入生产或者使用。

第二十三条第一款 违反本条例规定，需要配套建设的环境保护设施未建成、未经验收或者验收不合格，建设项目即投入生产或者使用，或者在环境保护设施验收中弄虚作假的，由县级以上环境保护行政主管部门责令限期改正，处 20 万元以上 100 万元以下的罚款；逾期不改正的，处 100 万元以上 200 万元以下的罚款；对直接负责的主管人员和其他责任人员，处 5 万元以上 20 万元以下的罚款；造成重大环境污染或者生态破坏的，责令停止生产或者使用，或者报经有批准权的人民政府批准，责令关闭。

《建设项目竣工环境保护验收暂行办法》（国环规环评〔2017〕4 号）

第十六条 需要配套建设的环境保护设施未建成、未经验收或者经验收不合格，建设项目已投入生产或者使用的，或者在验收中弄虚作假的，或者建设单位未依法向社会公开验收报告的，县级以上环境保护主管部门应当依照《建设项目环境保护管理条例》的规定予以处罚，并将建设项目有关环境违法信息及时记入诚信档案，及时向社会公开违法者名单。

《环境保护法》（2014 年修订）

第四十二条第一款　排放污染物的企事业单位和其他生产经营者，应当采取措施，防治在生产建设或者其他活动中产生的废物、废水、废渣、医疗废物、粉尘、恶臭气体、放射性物质以及噪声、振动、光辐射、电磁辐射等对环境的污染和危害。

第六十三条　企业事业单位和其他生产经营者有下列行为之一，尚不构成犯罪的，除依照有关法律法规规定予以处罚外，由县级以上人民政府环境保护主管部门或者其他有关部门将案件移送公安机关，对其直接负责的主管人员和其他直接责任人员，处十日以上十五日以下拘留；情节较轻的，处五日以上十日以下拘留：

…………

（三）通过暗管、渗井、渗坑、灌注或者篡改、伪造监测数据，或者不正常运行防治污染设施等逃避监管的方式违法排放污染物的。

《环境监测管理办法》

第二十一条第一、二、三款　排污者必须按照县级以上环境保护部门的要求和国家环境监测技术规范，开展排污状况自我监测。

排污者按照国家环境监测技术规范，并经县级以上环境保护部门所属环境监测机构检查符合国家规定的能力要求和技术条件的，其监测数据作为核定污染物排放种类、数量的依据。

不具备环境监测能力的排污者，应当委托环境保护部门所属环境监测机构或者经省级环境保护部门认定的环境监测机构进行监测；接受委托的环境监测机构所从事的监测活动，所需经费由委托方承担，收费标准按照国家有关规定执行。

中共中央办公厅、国务院办公厅《关于深化环境监测改革提高环境监测数据质量的意见》

（九）落实自行监测数据质量主体责任。排污单位要按照法律法规和相关监测标准规范开展自行监测，制定监测方案，保存完整的原始记录、监测报告，对数据的真实性负责，并按规定公开相关监测信息。对通过篡改、伪造监测数据等规避监管方式违法排放污染物的，环境保护部门依法实施按日连续处罚。

4. 示例文件

（1）环保验收意见

（2）环保验收意见公示

（3）环保验收备案信息

（二）水保验收

1. 必要性

根据《开发建设项目水土保持方案编报审批管理规定》《水土保持法》之规定，同是可能造成水土流失的项目均应编制水土保持方案，并在项目竣工之后进行验收。

另，需要提示的是，水土保持方案除载明项目的基本情况外，还应载明项目建设时对于水土流失的预测、水土保持监测的内容和方法等。根据《水土保持生态环境监测网络管理办法》《关于进一步加强生产建设项目水土保持监测工作的通知》等规定，项目业主单位需自行或委托具备相应技术条件的第三方机构开展水土保持监测工作。监测内容包括：项目施工全过程各阶段扰动土地的情况、水土流失的状况、水土流失防治成效的情况、水土流失危害的情况等。若存在未按时向水行政主管部门报送监测季报，或监测季报不符合规定，或作出不实三色评价结论以及监测工作未按有关规定开展等情形的，将存在被列入水土保持"重点关注名单"及"黑名单"的风险，前述情况也将纳入全国及省级水利建设市场监管服务平台及信用平台。

◇ 关联规定

《开发建设项目水土保持方案编报审批管理规定》（2017 年修正）

第二条　凡从事有可能造成水土流失的开发建设单位和个人，必须编报水土保持方案。……

《水土保持法》（2010 年修订）

第二十七条　依法应当编制水土保持方案的生产建设项目中的水土保持设施，应当与主体工程同时设计、同时施工、同时投产使用；生产建设项目竣工验收，应当验收水土保持设施；水土保持设施未经验收或者验收不合格的，生产建设项目不得投产使用。

2. 验收方式

（1）验收主体

2017 年 9 月 22 日前，由县级以上水行政主管部门负责水保验收；2017 年 9 月 22 日后，由建设单位自行验收。

◇ 关联规定

《开发建设项目水土保持设施验收管理办法》（已于 **2017 年 12 月 22 日失效**）

第五条第一、二款　县级以上人民政府水行政主管部门负责开发建设项目水土保持设施验收工作的组织实施和监督管理。

县级以上人民政府水行政主管部门按照开发建设项目水土保持方案的审批权限，负责项目的水土保持设施的验收工作。

水利部《关于加强事中事后监管规范生产建设项目水土保持设施自主验收的通知》（水保〔2017〕365 号）以及 2017 年 9 月国务院《关于取消一批行政许可事项的决定》（国发〔2017〕46 号，施行日期 2017 年 9 月 22 日）取消了各级水行政主管部门实施的生产建设项目水土保持设施验收审批行政许可事项，转为生产建设单位按照有关要求自主开展水土保持设施验收。

（2）验收流程

①组织第三方机构编制水土保持设施验收报告。依法编制水土保持方案报告书的生产建设项目投产使用前，生产建设单位应当根据水土保持方案及其审批决定等，组织第三方机构编制水土保持设施验收报告。第三方机构是指具有独立承担民事责任能力且具有相应水土保持技术条件的企业法人、事业单位法人或其他组织。各级水行政主管部门和流域管理机构不得以任何形式推荐、建议和要求生产建设单位委托特定第三方机构提供水土保持设施验收报告编制服务。

②明确验收结论。水土保持设施验收报告编制完成后，生产建设单位应当按照水土保持法律法规、标准规范、水土保持方案及其审批决定、水土保持后续设计等，组织水土保持设施验收工作，由专家组、建设单位、水保监测、监理单位、施工单位、报告编制单位等主体组成验收工作组，形成水土保持设施验收鉴定书，明确水土保持设施验收合格的结论。水土保持设施验收合格后，生产建设项目方可通过竣工验收和投产使用。

③公开验收情况。除按照国家规定需要保密的情形外，生产建设单位应当在水土保持设施验收合格后，通过水土保持公示网等官方网站或者其他便于公众知悉的方式向社会公开水土保持设施验收鉴定书、水土保持设施验收报告和水土保持监测总结报告。对于公众反映的主要问题和意见，生产建设单位应当及时给予处理或者回应。

④报备验收材料。生产建设单位应在向社会公开水土保持设施验收材料

后、生产建设项目投产使用前，向水土保持方案审批机关报备水土保持设施验收材料。报备材料包括水土保持设施验收鉴定书、水土保持设施验收报告和水土保持监测总结报告，但实行承诺制或备案制管理的项目，只需要提交水土保持设施验收鉴定书。生产建设单位、第三方机构和水土保持监测机构对上述材料的真实性负责。

3. 法律后果

水土保持设施未经验收合格，不得投产使用，否则存在被行政机关处以 5 万元以上 50 万元以下罚款的风险。

◇ 关联规定

《水土保持法》（2010 年修订）

第二十七条　依法应当编制水土保持方案的生产建设项目中的水土保持设施，应当与主体工程同时设计、同时施工、同时投产使用；生产建设项目竣工验收，应当验收水土保持设施；水土保持设施未经验收或者验收不合格的，生产建设项目不得投产使用。

第五十四条　违反本法规定，水土保持设施未经验收或者验收不合格将生产建设项目投产使用的，由县级以上人民政府水行政主管部门责令停止生产或者使用，直至验收合格，并处五万元以上五十万元以下的罚款。

第五十七条　违反本法规定，拒不缴纳水土保持补偿费的，由县级以上人民政府水行政主管部门责令限期缴纳；逾期不缴纳的，自滞纳之日起按日加收滞纳部分万分之五的滞纳金，可以处应缴水土保持补偿费三倍以下的罚款。

《水土保持生态环境监测网络管理办法》（2014 年修正）

第十条　有水土流失防治任务的开发建设项目，建设和管理单位应设立专项监测点对水土流失状况进行监测，并定期向项目所在地县级监测管理机构报告监测成果。

水利部《关于进一步深化"放管服"改革全面加强水土保持监管的意见》（水保〔2019〕160 号）

（四）简化验收报备

水土保持设施自主验收报备应当提交水土保持设施验收鉴定书、水土保持设施验收报告和水土保持监测总结报告。其中，实行承诺制或备案制管理的项目，只需要提交水土保持设施验收鉴定书，其水土保持设施验收组中应当有至少一名省级水行政主管部门水土保持方案专家库专家。

4. 简化验收报备

水土保持设施自主验收报备应当提交水土保持设施验收鉴定书、水土保持设施验收报告和水土保持监测总结报告。其中，实行承诺制或备案制管理的项目，只需要提交水土保持设施验收鉴定书，其水土保持设施验收组中应当有至少一名省级水行政主管部门水土保持方案专家库专家。

5. 示例文件

（1）水保验收意见

（2）水保验收公示

（3）水保验收报备

xx 光伏发电项目

水土保持设施自主验收报备回执

编号：验收回执【　】号

报备申请单位	xx 开发公司	申请文号	xx
公示网站及网址	水保验收公示网		
公示起止时间	20xx 年 x 月 x 日~20xx 年 x 月 x 日		
水土保持监测单位	xx 有限公司		
水土保持设施验收报告编制单位	xx 有限公司		
水行政主管部门意见	报备材料完整，符合格式要求，接受报备。 （签章）		
联系人及电话			

（三）防雷验收

1. 必要性

雷电天气中光伏电站的逆变器最容易被雷电击中，且光伏电站按照各地气象状况属于第二类或第三类防雷建筑物，应当安装防雷装置并经竣工验收。

◇ 关联规定

《建筑物防雷设计规范》（GB50057—2010）

建筑物应根据建筑物重要性、使用性质、发生雷电事故的可能性和后果，按防雷要求分为三类。预计雷击次数大于 0.25 次/a 的住宅、办公楼等一般性民用建筑物或一般性工业建筑物，属于第二类防雷建筑物；预计雷击次数大于或等于 0.05 次/a，且小于或等于 0.25 次/a 的住宅、办公楼等一般性民用建筑物或一般性工业建筑物；在平均雷暴日大于 15d/a 的地区，高度在 15 m 及以上的烟囱、水塔等孤立的高耸建筑物；在平均雷暴日小于或等于 15 d/a 的地区，高度在 20 m 及以上的烟囱、水塔等孤立的高耸建筑物，属于第三类防雷建筑物。

各类防雷建筑物应设防直击雷的外部防雷装置，并应采取防闪电电涌侵入的措施。

《防雷减灾管理办法》（2013 年修改）

第十七条第一款 防雷装置实行竣工验收制度。

2. 验收主体

根据现行有效的《气象灾害防御条例》、国务院《关于优化建设工程防雷许可的决定》等文件规定，防雷管理由电力主管部门（能源局或发改委）负责。

但自 2021 年 1 月 1 日施行的《雷电防护装置设计审核和竣工验收规定》规定，防雷装置验收应向当地气象主管机构提出，故在实践中可能存在由电力主管部门或气象主管机构出具防雷验收文件的情形。

◇ 关联规定

《防雷减灾管理办法》（2013 年修改）

第十七条第二、三款 县级以上地方气象主管机构负责本行政区域内的防雷装置的竣工验收。

负责验收的气象主管机构接到申请后，应当根据具有相应资质的防雷装置检测机构出具的检测报告进行核实。符合要求的，由气象主管机构出具验收文件。不符合要求的，负责验收的气象主管机构提出整改要求，申请单位整改后重新申请竣工验收。未取得验收合格文件的防雷装置，不得投入使用。

国务院《关于优化建设工程防雷许可的决定》（国发〔2016〕39号）

一、（三）公路、水路、铁路、民航、水利、电力、核电、通信等专业建设工程防雷管理，由各专业部门负责。

《气象灾害防御条例》（2017年修订）

第二十三条第四款　房屋建筑、市政基础设施、公路、水路、铁路、民航、水利、电力、核电、通信等建设工程的主管部门，负责相应领域内建设工程的防雷管理。

《雷电防护装置设计审核和竣工验收规定》（2021年1月1日施行）

第七条第一款　建设单位应当向当地气象主管机构提出雷电防护装置设计审核申请。

第十二条　雷电防护装置实行竣工验收制度。建设单位应当向气象主管机构提出申请，并提交以下材料：

（一）《雷电防护装置竣工验收申请表》（附表6）；

（二）雷电防护装置竣工图纸等技术资料；

（三）防雷产品出厂合格证和安装记录。

第十五条　雷电防护装置竣工验收内容：

（一）申请材料的合法性；

（二）雷电防护装置检测报告。

第十六条　气象主管机构应当在受理之日起十个工作日内作出竣工验收结论。

雷电防护装置经验收符合要求的，气象主管机构应当出具《雷电防护装置验收意见书》（附表9）。

雷电防护装置验收不符合要求的，气象主管机构应当出具《不予验收决定书》（附表10）。

3. 法律后果

防雷装置未经验收合格即投入使用的，存在被行政机关处5万元以上10万元以下罚款的风险。

◇ 关联规定

《防雷减灾管理办法》（2013 年修改）

第十七条第三款…… 未取得验收合格文件的防雷装置，不得投入使用。

第三十四条 违反本办法规定，有下列行为之一的，由县级以上气象主管机构按照权限责令改正，给予警告，可以处 5 万元以上 10 万元以下罚款；给他人造成损失的，依法承担赔偿责任：

（一）不具备防雷装置检测、防雷工程专业设计或者施工资质，擅自从事相关活动的；

（二）超出防雷装置检测、防雷工程专业设计或者施工资质等级从事相关活动的；

（三）防雷装置设计未经当地气象主管机构审核或者审核未通过，擅自施工的；

（四）防雷装置未经当地气象主管机构验收或者未取得验收文件，擅自投入使用的。

《气象灾害防御条例》（2017 年修订）

第四十五条 违反本条例规定，有下列行为之一的，由县级以上气象主管机构或者其他有关部门按照权限责令停止违法行为，处 5 万元以上 10 万元以下的罚款；有违法所得的，没收违法所得；给他人造成损失的，依法承担赔偿责任：

（一）无资质或者超越资质许可范围从事雷电防护装置检测的；

（二）在雷电防护装置设计、施工、检测中弄虚作假的；

（三）违反本条例第二十三条第三款的规定，雷电防护装置未经设计审核或者设计审核不合格施工的，未经竣工验收或者竣工验收不合格交付使用的。

《雷电防护装置设计审核和竣工验收规定》（2021 年 1 月 1 日施行）

第二十六条 违反本规定，有下列行为之一的，按照《气象灾害防御条例》第四十五条规定进行处罚：

（一）在雷电防护装置设计、施工中弄虚作假的；

（二）雷电防护装置未经设计审核或者设计审核不合格施工的，未经竣工验收或者竣工验收不合格交付使用的。

4. 示例文件

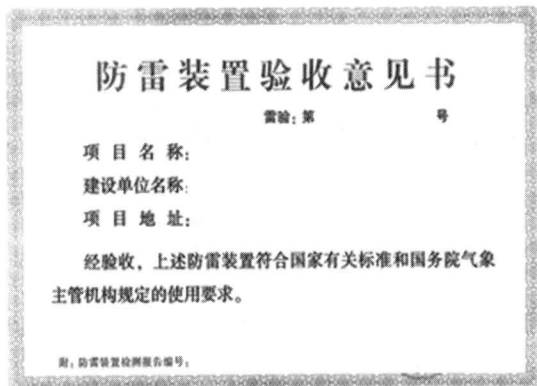

（四）消防验收/备案

1. 必要性

符合特殊建设工程标准的光伏发电项目需进行消防设计审查、消防验收，其他建设项目进行消防备案。光伏发电项目一般属于消防验收备案范畴。

◇ 关联规定

《建设工程消防设计审查验收管理暂行规定》（施行日期 2020 年 6 月 1 日）

第十四条　具有下列情形之一的建设工程是特殊建设工程：

…………

（八）城市轨道交通、隧道工程，大型发电、变配电工程。

住房和城乡建设部办公厅《建设工程消防设计审查验收管理暂行规定有关问题解答（一）》（建办法〔2020〕50 号）

二、《暂行规定》第十四条第（八）项中"大型发电、变配电工程"如何界定？

在我部未明确《暂行规定》中有关"大型发电、变配电工程"内容解释前，有关大型发电、变配电工程的界定仍然按照原公安部消防局《关于明确适用消防设计审核和消防验收的发电、变配电工程规模的答复意见》（公消〔2013〕259 号）执行。

《关于明确适用消防设计审核和消防验收的发电、变配电工程规模的答复意见》（公消〔2013〕259 号）

公安机关消防机构应对大型发电、变配电工程依法实施消防设计审核、消防验收。根据相关技术标准和工程实践，下列发电、变配电工程应列入消防设计审核、消防验收范围：

1. 单机容量 300MW 及以上或总装机容量 600MW 及以上的大型火力发电厂；

2. 装机容量 300MW 及以上且水库总库容 1 亿 m³ 及以上的水电枢纽工程（包括抽水蓄能电站）；

3. 枢纽变电站、区域变电站、地区变电站。

2. 验收/备案主体

消防验收/备案由县级以上住房和城乡建设主管部门负责；若跨行政区域则由共同上一级主管部门指定负责。

◇ 关联规定

《建设工程消防设计审查验收管理暂行规定》（施行日期 2020 年 6 月 1 日）

第三条第二、三款　县级以上地方人民政府住房和城乡建设主管部门（以下简称消防设计审查验收主管部门）依职责承担本行政区域内建设工程的消防设计审查、消防验收、备案和抽查工作。

跨行政区域建设工程的消防设计审查、消防验收、备案和抽查工作，由该建设工程所在行政区域消防设计审查验收主管部门共同的上一级主管部门指定负责。

3. 法律后果

特殊建设工程未经消防验收合格的，不得投入使用，否则会面临行政处罚。其他建设工程应消防备案不备案的，应停止使用，否则会面临行政处罚。

◇ 关联规定

《建设工程消防设计审查验收管理暂行规定》（施行日期 2020 年 6 月 1 日）

第二十六条　对特殊建设工程实行消防验收制度。

特殊建设工程竣工验收后，建设单位应当向消防设计审查验收主管部门申请消防验收；未经消防验收或者消防验收不合格的，禁止投入使用。

第三十三条　对其他建设工程实行备案抽查制度。

其他建设工程经依法抽查不合格的，应当停止使用。

《消防法》（2019 年修正）

第五十八条　违反本法规定，有下列行为之一的，由住房和城乡建设主管部门、消防救援机构按照各自职权责令停止施工、停止使用或者停产停业，并处三万元以上三十万元以下罚款：

…………

（二）依法应当进行消防验收的建设工程，未经消防验收或者消防验收不合格，擅自投入使用的；

（三）本法第十三条规定的其他建设工程验收后经依法抽查不合格，不停止使用的；

…………

建设单位未依照本法规定在验收后报住房和城乡建设主管部门备案的，由住房和城乡建设主管部门责令改正，处五千元以下罚款。

4. 示例文件

公安消防大队
建设工程竣工验收消防备案凭证

公消竣备字〔　〕第　号

　　　　　有限公司：

根据《中华人民共和国消防法》第十三条和《建设工程消防监督管理规定》第二十四条的规定，你单位　　年　　月　　日申报了　　　　　光伏发电项目　　建设工程（地址：　　　　　）的竣工验收消防备案，并提供了下列材料：

√1. 建设工程竣工验收消防备案申报表；
√2. 工程竣工验收报告；
√3. 有关消防设施的工程竣工图纸，数量：　检陆　份（大写）；
√4. 消防产品质量合格证明文件复印件；
√5. 具有防火性能要求的建筑构件、建筑材料（含建筑保温材料）、装修材料符合国家标准或者行业标准的证明文件、出厂合格证复印件，数量：　拾　份（大写）；
√6. 消防设施检测合格证明文件复印件；
√7. 施工、工程监理、检测单位的合法身份证明和资质等级证明文件复印件；
√8. 建设单位的工商营业执照等合法身份证明文件复印件；
□9. 法律、行政法规规定的其他材料；

经审查，备案材料齐全，依法核发备案凭证，已经依法进行竣工验收消防备案的建设工程，如需扩建、改建（含室内外装修、建筑保温、用途变更）的，应当依法申报消防设计审核或者备案；属于公众聚集场所的，投入使用、营业前应依法申请消防安全检查。

（注：备案编号　　　　　，项目已抽中）

建设单位签收：

一式两份，一份交建设单位，一份存档。

（五）安全验收

1. 必要性

根据《安全生产法》等相关规定，建设项目竣工投入生产或者使用前，生产经营单位应当组织对安全设施进行竣工验收。

◇ 关联规定

《安全生产法》（2021 年修正）

第二十条 生产经营单位应当具备本法和有关法律、行政法规和国家标准或者行业标准规定的安全生产条件；不具备安全生产条件的，不得从事生产经营活动。

《光伏发电工程安全验收评价规程》规定，并网光伏发电工程安全验收评价，除应符合本规程外，尚应符合国家现行有关标准的规定。

2. 验收主体

由建设单位自行组织验收并形成书面报告备查。

◇ 关联规定

《建设项目安全设施"三同时"监督管理办法》（2015 年修正）

第二十三条第一款 建设项目竣工投入生产或者使用前，生产经营单位应当组织对安全设施进行竣工验收，并形成书面报告备查。安全设施竣工验收合格后，方可投入生产和使用。

3. 法律后果

安全设施竣工未经验收合格即投入生产和使用的，会面临 5000 元以上30 000元以下罚款的风险。

◇ 关联规定

《建设项目安全设施"三同时"监督管理办法》（2015 年修正）

第三十条 本办法第七条第（一）项、第（二）项、第（三）项和第（四）项规定以外的建设项目有下列情形之一的，对有关生产经营单位责令限期改正，可以并处 5000 元以上 3 万元以下的罚款：

（一）没有安全设施设计的；

（二）安全设施设计未组织审查，并形成书面审查报告的；

（三）施工单位未按照安全设施设计施工的；

（四）投入生产或者使用前，安全设施未经竣工验收合格，并形成书面报告的。

4. 示例文件

XX 太阳能有限公司

XX 光伏发电项目

安全验收评价报告

XX 安全评价咨询有限公司

资质证书：XX

20XX 年 XX 月

评 价 人 员				
	姓名	资格证书号	从业登记编号	签字
项目负责人				
项目组成员				
报告编制人				
报告审核人				
过程控制负责人				
技术负责人				

√实务难点及解决建议

光伏发电项目的阶段验收和专项验收是项目投运的前提条件，但实践中通常存在各类验收并未完成，项目就已经投运的情况。在对此类项目进行尽职调查的过程中，对于笔者的核查，目标公司经常会提出不同意见。双方对于是否应当完成相应验收、验收是否符合要求、未完成验收是会导致风险等问题，往往存在争议。

针对上述问题，笔者将各类验收进行了分类处理，分类的主要考量因素包括验收的方式和未验收的风险，具体如下所示：

专项验收	法律规定		
	有关部门验收	自主验收	法律后果
竣工验收		√	罚款
环保验收	2018年前环境保护部门	2018年后	罚款、项目有关环境违法信息被纳入诚信档案
水保验收	2017年9月22日前，由县级以上水行政主管部门负责水保验收	2017年9月22日后，由建设单位自行验收	罚款
防雷验收	气象主管机构		罚款
消防验收	县级以上住建部门		罚款
安全验收		√	罚款

需要提示的是，除上述验收主体外，还存在着主管部门组织综合验收的情形，特别是光伏扶贫项目。例如：《陕西省光伏扶贫电站验收评估工作方案》指出，由省发改委（能源局）负责组织集中式光伏扶贫电站的验收、评估，省扶贫办负责组织村级电站（含户用）的验收、评估。市级发改委会同市级扶贫、财政、国土、林业、环保、消防、质监、电力等部门成立验收工作组，对集中式电站项目进行验收；市级扶贫部门会同市级发展改革、财政、国土、林业、环保、消防、质监、电力等部门成立验收工作组，对村级电站项目进行验收。《河北省光伏扶贫电站工程验收指南》指出，由县发展改革局组织对本县内所有项目进行验收，市发改委依据各县单体工程验收报告，组织总体验收。省发改委组织重点抽查。

此外，在具体项目尽职调查时，除了法律法规的规定外，还需要关注项目所在地主管部门的特殊规定。

如上所述，如果没有通过主管部门的验收，或者目标公司没有组织相应项目的自主验收，目标公司都存在法律责任。在尽职调查过程中，笔者都会非常关注上述事项。如有发现，笔者将充分披露并且提醒客户在后期需要与转让方就上述事宜的解决措施或风险弥补方案进行相应的谈判，设置一定的保障措施。

第七节　集中式光伏发电项目的送出工程

光伏发电站送出工程指从光伏发电站并网点至公共连接点的输电线路的建设工程。[1]送电线路一般有两种形式：一是埋设于地下或敷设在电缆隧道中；另一种是最常见的架空线路，大部分配电线路、绝大部分高压输电线路和全部超高压及特高压送电线路都采用架空线路。

2022 年 3 月，国家能源局组织召开全国可再生能源开发建设形势分析会，会议指出，各地要认真贯彻落实国家关于以沙漠、戈壁、荒漠地区为重点的大型风电光伏基地建设的相关部署，积极推动基地项目建设，加大力度推进送出工程建设，促进可再生能源高质量跃升发展。[2]可见，送出线路工程建设的重要性不言而喻。

虽然光伏电站需送出工程才可接入公共电网，但送出工程本身也是一个独立建设的工程项目。仍应按照建设工程的建设要求，办理项目立项、开工前手续、工程验收等。基于此，本节对送出工程建设的主要合规手续进行了梳理，如下：

序号	类别	合规性文件
1	前期手续	工程核准、路径规划、环评批复、水保批复、地质灾害评估、安全评价等
2	用地手续	用地预审、选址意见、农用地转建、征地手续等

〔1〕　参见 GB/T 32900-2016《光伏发电站继电保护技术规范》。

〔2〕　国家能源局官网：http://www.nea.gov.cn/2022-03/02/c_1310495439.htm，访问时间：2022 年 4 月 21 日。

续表

序号	类别	合规性文件
3	建设手续	建设用地规划许可证、建筑工程规划许可证、施工许可证等
4	验收手续	环评验收、水保验收、防雷验收、安全验收、电力验收等

一、送出工程的投资建设主体

根据《光伏电站项目管理暂行办法》，项目场址外配套电力送出工程由电网企业负责投资建设。

在前面的章节笔者提到，光伏电站的全容量并网时间直接影响光伏电站的上网电价，而并网的前提是配套送出工程已经可投入使用。若完全按照规定，由电网企业负责送出工程的投资建设，则光伏电站的并网时间不可控、投运时间不可控。为了解决这个问题，实践中，较多光伏电站投资者选择自行建设送出工程，或者同一区域多家发电企业共建共用送出工程。

发电企业自建送出工程，并非光伏发电项目中特有的现象。早在 2013 年1 月，原国家电力监管委员会就发布了《电源项目自建配套送出工程监管通报》，通报了自建配套送出工程存在的问题，提出电网企业应加快回购等监管意见。2014 年，国家能源局发布《关于电网企业回购电源项目自建配套送出工程有关事项的通知》，明确"省级电网企业要明确牵头工作部门，制定电源项目自建配套送出工程回购工作方案，并及时报当地国家能源局派出机构备案"。此后，国家能源局多次启动电网企业回购电源项目自建配套送出工程专项监管。但随着新能源的大力发展，新能源发电企业自建送出工程越来越普遍，电网企业的回购也未完全实现。

为了缓解上述问题，2021 年 5 月 31 日，国家发改委办公厅、国家能源局综合司发布的《关于做好新能源配套送出工程投资建设有关事项的通知》明确，允许发电企业投资建设新能源配套送出工程，可以多家企业联合建设，也可以一家企业建设，多家企业共享，电网企业与发电企业双方协商同意，可在适当时机由电网企业依法依规进行回购。从上述通知来看，虽然电网企业对送出工程进行回购的基本政策未变，但是对回购的进度或有所松绑。

二、送出线路工程的核准

《企业投资项目核准和备案管理条例》《政府核准的投资项目目录》（2016年本）指出电网工程属于核准管理的项目，具体核准层级如下：

序号	核准部门	事项
1	由国务院投资主管部门核准	涉及跨境、跨省（区、市）输电的±500千伏及以上直流项目，涉及跨境、跨省（区、市）输电的500千伏、750千伏、1000千伏交流项目
2	由省级政府按照国家制定的相关规划核准	不涉及跨境、跨省（区、市）输电的±500千伏及以上直流项目和500千伏、750千伏、1000千伏交流项目
3	地方政府按照国家制定的相关规划核准	其余项目

三、送出线路工程的支持性文件及验收手续

送出线路工程所涉及的支持性文件及验收手续与本章其他节载明的光伏发电项目所涉手续的依据法规基本一致，此处不再赘述。此处主要论述送出线路工程的特别注意事项。

（一）环境影响评价手续

送出线路工程，作为输变电工程，根据《建设项目环境影响评价分类管理名录》（2021年版），以电压登记作为区分标准，办理环境影响报告书或者报告表，具体规范如下：

项目类别	报告书	报告表	登记表	本栏目环境敏感区含义
输变电工程	500千伏及以上的；涉及环境敏感区的330千伏及以上的	其他（100千伏以下除外）	/	第三条（一）中的全部区域；第三条（三）中的以居住、医疗卫生、文化教育、科研、行政办公等为主要功能的区域

◇ 关联规定

《建设项目环境影响评价分类管理名录》(2021年版)

第三条 本名录所称环境敏感区是指依法设立的各级各类保护区域和对建设项目产生的环境影响特别敏感的区域,主要包括下列区域:

(一)国家公园、自然保护区、风景名胜区、世界文化和自然遗产地、海洋特别保护区、饮用水水源保护区;

(二)除(一)外的生态保护红线管控范围,永久基本农田、基本草原、自然公园(森林公园、地质公园、海洋公园等)、重要湿地、天然林,重点保护野生动物栖息地,重点保护野生植物生长繁殖地,重要水生生物的自然产卵场、索饵场、越冬场和洄游通道,天然渔场,水土流失重点预防区和重点治理区、沙化土地封禁保护区、封闭及半封闭海域;

(三)以居住、医疗卫生、文化教育、科研、行政办公为主要功能的区域,以及文物保护单位。

环境影响报告书、环境影响报告表应当就建设项目对环境敏感区的影响做重点分析。

(二)水土保持批复手续

由于送出工程单个塔基用地面积较小,分布较为分散,对于占地面积不足0.5公顷的,无须办理水土保持方案审批手续。

◇ 关联规定

水利部《关于进一步深化"放管服"改革全面加强水土保持监管的意见》(水保〔2019〕160号)

(一)优化审批方式

……征占地面积不足0.5公顷且挖填土石方总量不足1千立方米的项目,不再办理水土保持方案审批手续,生产建设单位和个人依法做好水土流失防治工作。

(三)送出线路用地手续

架空线路的输电塔塔基占地区域,一般会改变原土地用途、形态,需要办理建设用地审批手续,用地规则可参照"变电站及运行管理中心用地"部分。

但鉴于塔基部分用地单位面积较小,且占地较为分散,我国部分地区对送出线路用地给出了特殊政策,较为常见的有"以租代征""以补代征",即对于杆、塔基础占用的土地不再办理征地转用手续，由建设企业对土地权利人给予经济补偿，从而豁免其征地等流程。但是，采用此种模式的前提是项目当地存在明确的规定，否则将会存在违规用地而被行政处罚的风险。

笔者列举了一些地方"以偿代征"政策，具体如下：

序号	地区	发文名称	主要内容
1	河北	《河北省电力条例》（2014年8月1日起施行）	架空电力线路走廊和电力电缆通道不改变其范围内土地的权属和使用性质，电力建设单位应当参照当地征地补偿标准对杆塔基础用地的土地使用权人、土地所有权人给予一次性经济补偿。电力建设项目需要征收土地的，应当按照有关法律、法规的规定办理。
		石家庄市人民政府《关于加快电网建设的若干意见》	输电线路工程（包括隧道、沟道、杆、塔基）不征地。架空线路不办理建设项目用地预审，不办理建设工程规划许可、建设工程施工许可等手续，但要参照征地补偿标准做一次性补偿。
2	河南	《河南省供用电条例》（2013年1月1日起施行）	第二十六条　架空电力线路走廊（包括杆、塔基础）和地下电缆通道建设不实行征地，电力设施建设单位应当对杆、塔基础用地的土地承包经营权人或者建设用地使用权人给予一次性补偿。
3	山西	《山西省电力设施保护条例》（2014年9月1日起施行）	第十四条第三款　电力线路保护区内的杆塔、拉线基础用地不实行征地，由电力设施建设单位按照国家有关标准给予一次性补偿。
		山西省人民政府《关于加快电网建设的意见》（晋政发〔2007〕6号）	国土资源部门在电网建设用地预审、审批和土地征收方面要简化程序，限时审批。输电线路走廊（包括杆、塔基础）原则上不征地，只作一次性经济补偿。
4	江苏	《江苏省电力条例》（2020年5月1日起施行）	第十七条第三款　电力建设项目使用土地，应当按照有关规定办理；依法征收土地的，应当足额支付征地补偿费用，安排被征地农民的社会保障费用。 第十八条第一、二款　架空电力线路走廊（包括杆、塔基础）和地下电缆通道建设不实行征地。杆、塔基础占用的土地，电力建设单位应当对土地承包经营

序号	地区	发文名称	主要内容
			权人或者建设用地使用权人给予一次性经济补偿。 　　架空电力线路走廊通过林地或者涉及非林地林木时，需要砍伐、清除林木的，应当按照有关法律、法规规定办理占用林地、林木采伐手续。电力建设单位应当给予林地承包经营权人或者林木所有人一次性经济补偿。
5	黑龙江	《黑龙江省电力设施建设与保护条例》（2018 年 6 月 28 日起施行）	第十三条第一款　电力设施用地中属于永久性用地且符合国家《划拨用地目录》的，依法划拨取得。属于临时用地的，依法办理临时用地审批手续，土地权属不变。架空输电线路走廊和地下电力电缆通道建设不实行征地。
6	甘肃	《甘肃省电网建设与保护条例》（2013 年 1 月 1 日起施行）	变电站（所）、开关站（开闭所）等用地符合国家划拨用地目录的，依法通过划拨方式取得建设用地使用权。架空输、配电线路走廊、杆塔基础和地下电缆通道建设不实行征地；杆塔基础使用的土地，建设单位应当按照有关规定给予相关权利人一次性经济补偿。
7	湖南	《湖南省电力设施保护和供用电秩序维护条例》（2017 年修正）	第十条　建设电力设施应当坚持保护耕地、节约利用土地的原则，并遵守有关法律、法规和行业标准以及技术规范。 　　架空电力线路走廊（包括电杆、铁塔、拉线基础）和地下电缆通道建设不实行征地。 　　架空电力线路的电杆、铁塔、拉线需要用地的，电力建设单位应当和相关村民委员会或者农村土地承包经营者签订协议，明确用地位置、保护责任，并参照当地征地补偿标准给予一次性补偿。
8	湖北	《湖北省电力设施建设与保护条例》（2011 年 12 月 1 日起施行）	第十七条第一、二款　发电厂、变电站、开关站、换流站用地符合国家划拨用地目录的，依法通过划拨方式取得建设用地使用权。 　　架空电力线路走廊（包括杆、塔基础）和地下电缆通道建设不实行征地，电力设施建设单位应当对杆、塔基础用地的建设用地使用权人或者土地承包经营权人给予一次性经济补偿。

序号	地区	发文名称	主要内容
9	重庆	《重庆市供用电条例》（2010年3月1日起施行）	第十四条第一、二、三款 电力建设需要征收土地的，应当依法补偿。 电力建设需要临时使用土地的，有关单位或个人应当提供方便；需要办理相关手续的，电力企业应当依法办理；给相关单位或个人的生产、生活造成影响的，应当给予补偿。 架空电力线路杆、塔基础不实行征地，由电力企业根据杆、塔基础用地权属情况，对土地承包经营权人或集体土地所有权人或建设用地使用权人给予一次性经济补偿，并办理有关用地手续。
10	海南	《海南省电力建设与保护条例》（2015年修正）	第十一条第一、二款 根据电力建设规划新建、改建、扩建输电线路，确需穿越土地并影响土地使用的，电力设施建设单位应当与土地所有权人或者使用权人协商解决，并依照有关规定对土地所有权人或者使用权人给予一次性经济补偿。 根据电力建设规划新建、改建、扩建架空电力线路通过林地时，应当依法办理占用林地手续；需要砍伐、清除林木的，应当依法办理林木采伐手续。电力设施建设单位应当依法给予林地、林木所有权人或者使用权人一次性经济补偿。

第八节　集中式光伏发电项目的电网接入

集中式光伏电站与其他发电项目一样，均需要通过接入公共电网才能最终完成电力输出与销售，电网的接入也就成为光伏发电项目投资的关键环节之一。

发电项目接入电网系统前期主要包括以下三部分工作：①电厂输电系统规划设计及评审；②电厂接入系统设计及评审；③电厂接入电网申请及答复。发电项目具备并网条件后，则可申请电网企业进行并网调试，完成并网相关工作。

一、电厂接入系统前期工作

(一) 电厂输电系统规划及评审

根据《国家电网公司电厂接入系统前期工作管理办法》的规定，以下大型新建电厂项目需开展输电系统规划设计工作：跨区、跨省送电的新建水电站、火电厂项目；流域梯级水电站群项目；规划容量在 240 万千瓦及以上的新建火电厂项目；新建核电站项目。

《光伏电站项目管理暂行办法》规定，电网企业应根据全国太阳能发电发展规划、各地区光伏电站建设规划和年度实施方案，统筹开展光伏电站配套电网规划和建设。针对光伏电站的配套电网规划和建设，该规定仅对电网企业作出了要求。

结合前述两项规定，可以看出光伏发电项目无需进行输电系统规划及评审。但随着大型光伏基地的建设，在实际执行层面，大型光伏发电基地也需要进行输电系统规划及评审。

(二) 电厂接入系统设计及评审

在完成电厂输电系统规划，并经电网公司评审通过纳入电网总体规划后，电网公司将指导发电企业进行电厂接入系统设计。

在项目科研阶段，发电企业通常在根据项目分类情况与省级电网公司沟通后，委托有资质的设计单位开展电厂接入系统设计工作。其中，电厂接入系统设计包括系统一次和二次部分，可根据实际情况同时或分步进行。若项目已经完成了电厂输电系统规划及评审工作，其电厂接入系统一次部分可适当简化。

在完成电厂接入系统设计规划工作后，即需提交给当地省级电网公司评审，最终以取得的省级电网公司的评审意见为准。分散接入低压电网且规模小于 6 兆瓦的光伏电站项目的接网意见由地市级或县级电网企业出具。

(三) 电厂接入电网申请及答复

根据国家发改委对项目核准的要求，电厂接入电网意见是发电企业核准的支持性文件之一。电厂接入电网申请由电厂项目控股方或母公司向国家电网公司提出，国家电网公司发展策划部为出具电厂接入电网答复文件的归口管理部门。

针对光伏项目，项目备案前仅需落实项目接入条件。在项目取得备案后，项目公司陆续完成接入前手续。根据《国家电网公司电厂接入系统前期工作管理办法》（2007 年修订）的规定，电厂接入电网申请文件主要包括关于电厂接入系统设计及审查文件，关于电厂接入系统工程路径落实等可行性研究文件等。

◇ 关联规定

《国家电网公司电厂接入系统前期工作管理办法》（2007 年修订）

第十八条 国家电网公司系统按以下分类情况分别负责管理电厂接入系统设计审查工作：

（一）公司总部负责管理跨区送电项目、接入西北 750 千伏电网和接入特高压电网的电厂项目接入系统设计审查工作；

（二）区域电网公司负责管理其他可能以 330 千伏、500 千伏电压等级接入电网的电厂项目接入系统设计审查工作，根据情况可委托省级电力公司组织进行；

（三）省级电力公司负责管理规划接入 220 千伏及以下电网的电厂项目接入系统设计审查工作。

第二十三条 根据国家发展改革委对项目核准的要求，电厂接入电网意见是电源项目核准的支持性文件之一。电厂接入电网申请由电厂项目控股方或母公司向国家电网公司提出，国家电网公司发展策划部为出具电厂接入电网答复文件的归口管理部门。

第二十四条 电厂申请接入电网的基本条件：

（一）符合国家电力发展规划和国家电网总体规划；

（二）有明确的电力电量消纳方向或范围；

（三）取得电厂接入系统设计评审意见；

（四）国家发展改革委已同意电厂项目开展前期工作；

（五）完成电厂接入系统工程可行性研究。

《光伏电站项目管理暂行办法》

第二十条 光伏电站项目接网意见由省级电网企业出具，分散接入低压电网且规模小于 6 兆瓦的光伏发电项目的接网意见由地市级或县级电网企业出具。

国家能源局《电网公平开放监管办法》

第九条 向电网企业申请接入电网的电源项目，应满足以下条件：

（一）符合国家产业政策，不属于国家《产业结构调整指导目录》中淘汰类及限制类项目；

（二）已列入政府能源主管部门批准的电力发展规划或专项规划项目，或已纳入省级及以上政府能源主管部门年度实施方案的项目；

（三）接入增量配电网的电源项目，应满足国家关于增量配电业务改革试点的相关政策。

二、电站并网

根据《光伏电站项目管理暂行办法》的规定，电网企业应按国家有关技术标准和管理规定，在发电企业提交并网调试申请后的 45 个工作日内，配合开展光伏电站涉网设备和电力送出工程的并网调试、竣工验收，与项目单位签订并网调度协议和购售电合同。

国家能源局《电力并网运行管理规定》规定，并网主体应与电网企业根据平等互利、协商一致和确保电力系统安全运行的原则，参照国家有关部门制订的《并网调度协议》《购售电合同》等示范文本及时签订并网调度协议和购售电合同，无协议（合同）不得并网运行。2021 年 12 月 28 日，国家能源局和国家市场监督管理总局联合发布了《新能源场站并网调度协议示范文本》《购售电合同示范文本》。

在完成并网调度协议、购售电合同的签订，以及相关验收工作后，发电企业即可向国家能源局申请发放《电力业务许可证》（发电类）。除豁免情形外，发电企业应在项目启动试运工作后 3 个月内，其中光伏发电项目应当在并网后 6 个月内取得电力业务许可证，分批投产的发电项目可分批申请。超过规定时限仍未取得电力业务许可证的，有关机组不得继续发电上网。

根据 2021 年国家能源局综合司《关于印发电力业务许可证申请表的通知》，电力业务许可证申请必须提交的资料如下：

序号	材料名称
1	电力业务许可证申请表（发电类）（法定代表人签署并加盖单位公章）。
2	电力业务许可办理涉及证明材料的承诺书（发电类）（法定代表人签署并加盖单位公章）。

续表

序号	材料名称
3	办理人不是法定代表人本人的，应当提交《授权委托书》。
4	企业最近2年的年度财务报告；成立不足2年的，企业成立以来的年度财务报告。 经营以下发电业务的企业，应保存资产负债表即可：总装机容量50兆瓦及以下的小水电；太阳能、风能、生物质能（含垃圾发电）、海洋能、地热能等可再生能源发电；余热余压余气发电、煤矿瓦斯发电等资源综合利用发电。
5	企业生产运行负责人、技术负责人、安全负责人、财务负责人的任职文件（申请人为其下属不具备法人资格的企业提出申请的，提交下属不具备法人资格企业的情况）。 经营以下发电业务的企业：总装机容量50兆瓦及以下的小水电；太阳能、风能、生物质能（含垃圾发电）、海洋能、地热能等可再生能源发电；余热余压余气发电、煤矿瓦斯发电等资源综合利用发电。企业安全负责人、生产运行负责人、技术负责人、财务负责人，允许一人兼任多项职务。
6	发电项目通过竣工验收的材料；未组织竣工验收的，发电机组通过启动验收的材料。

◇ 关联规定

《光伏电站项目管理暂行办法》

第二十二条 光伏电站项目应符合国家有关光伏电站接入电网的技术标准，涉网设备必须通过检测论证。经国家认可的检测认证机构检测合格的设备，电网企业不得要求进行重复检测。

第二十四条 电网企业应采取系统性技术措施，完善光伏电站并网运行的调度技术体系，按照法律规定和有关管理规定保障光伏电站安全高效并网运行，全额保障性收购光伏电站的发电量。

第二十五条 光伏电站项目应按照有关规范要求，认真做好光伏电站并网安全工作，会同电网企业积极整改项目运行中出现的安全问题，保证光伏电站安全和电力系统可靠运行。

《并网主体并网运行管理规定》（征求意见稿）

第二十六条 建立并网调度协议和购售电合同备案制度。合同（协议）双方应定期签订并网调度协议和购售电合同，并按照在合同（协议）签订后

10 个工作日内向国家能源局相关派出机构备案；与国家电网有限公司、中国南方电网有限责任公司签订并网调度协议和购售电合同的，双方直接向国家能源局备案。

《电力业务许可证监督管理办法》

第七条第一、二款　国家能源局及其派出机构对发电、输电、供电企业及时取得许可证情况实施监督管理。

除豁免情形外，发电企业应在项目完成启动试运工作后 3 个月内（风电、光伏发电项目应当在并网后 6 个月内）取得电力业务许可证，分批投产的发电项目可分批申请。超过规定时限仍未取得电力业务许可证的，有关机组不得继续发电上网。

第二十二条第一、二款　国家能源局及其派出机构对电网企业及电力调度机构落实许可制度情况实施监督管理。

电网企业在与发电企业签订并执行《并网调度协议》和《购售电合同》时，应核实发电企业是否取得电力业务许可证、机组信息是否与许可证记录相符。

第九节　集中式光伏发电项目的补贴

一、可再生能源补贴概况

根据《可再生能源法》（2009 年修正）的规定，国家财政设立了可再生能源发展基金（以下简称"基金"），基金用于支持可再生能源的发展，包括补偿可再生能源发电项目（指风力发电、生物质能发电、太阳能发电、地热能发电和海洋能发电等）的上网电价与按常规能源发电平均上网电价计算所发生费用之间的差额，即获得可再生能源补贴。

2012 年，财政部、国家发改委、国家能源局发布《可再生能源电价附加补助资金管理暂行办法》（财建〔2012〕102 号，已失效），明确了可再生能源发电项目上网电量的补助标准，根据可再生能源上网电价、脱硫燃煤机组标杆电价等因素确定。

2013 年，国务院印发了《关于促进光伏产业健康发展的若干意见》（国发〔2013〕24 号），国家发改委印发了《关于发挥价格杠杆作用促进光伏产业健康发展的通知》（发改价格〔2013〕1638 号），明确光伏电站标杆上网电价高出当地燃煤机组标杆上网电价（含脱硫等环保电价）的部分，通过基金予以补贴，光伏发电项目正式进入"度电补贴"时代，补贴期限原则上为20年。从该通知来看，只要是在20年补贴期间的发电量都可申请可再生能源补贴。

2020年，国家能源局、国家发改委和财政部联合发布《关于促进非水可再生能源发电健康发展的若干意见》（财建〔2020〕4号）（以下简称"4号文"）及补充通知（财建〔2020〕426号）。根据该意见，可再生能源补贴的范围仅为合理利用小时内的发电量。其中，光伏发电一类、二类、三类资源区项目全生命周期合理利用小时数为32 000小时、26 000小时和22 000小时。国家确定的光伏领跑者基地项目和2019年、2020年竞价项目全生命周期合理利用小时数在所在资源区小时数基础上增加10%。在未超过项目全生命周期合理利用小时数时，按可再生能源发电项目当年实际发电量给予补贴。纳入可再生能源发电补贴清单范围的项目，所发电量超过全生命周期补贴电量部分，不再享受中央财政补贴资金，核发绿证准许参与绿证交易。

新旧政策对比，新政策改变了原政策按照实际发电量核算补贴的规则。基于此，每年需要的补贴资金和单个项目全寿命周期内所需要的全部补贴资金基本明确。

二、可再生能源补贴的取得

（一）可再生能源补贴的取得方式

2012年，财政部、国家发改委、国家能源局确认对光伏项目按照"度电补贴"时即明确，取得可再生能源补贴的前提是纳入"可再生能源电价附加补助目录"。

截至2018年，财政部共计公布了七批补贴目录。根据规定，可再生能源补贴原则上实行按季预拨、年终清算，但因为补贴资金缺口较大，一直以来可再生能源补贴的发放都较为滞后。虽然在2006年7月、2008年7月、2009年11月、2011年12月、2013年9月、2015年12月的六次电价调整中，分别规定了可再生能源电价附加征收标准为每千瓦时0.1分、0.2分、0.4分、0.8分、1.5分、1.9分，以增加可再生能源基金规模。但根据相关报道，截至2021年底可再生能源补贴缺口已经约达4000亿元。

为了解决可再生能源补贴缺口问题，2020年，4号文发布，一是将"敞口补贴"调整为"以收定支"，以新增补贴收入决定新增补贴项目规模；二是将"目录制管理"调整为"清单制管理"，由电网企业依法依规发布享受补贴项目清单，加速补贴项目确权，这为发电企业融资提供了便利。

截至 2022 年 3 月 31 日，根据国网新能源云（网址：http://sgnec.esgcc.com.cn/）平台公布信息，已纳入补贴清单的集中式光伏发电项目共计 3527 个，总装机规模 134 169.56 兆瓦；非自然人分布式光伏发电项目共计 48 520 个，总装机规模 30 332.86 兆瓦。

（二）可再生能源补贴的申报

1. 补贴清单的申报流程

根据《关于可再生能源发电补贴项目清单申报和审核工作有关要求的公告》，为加快工作进度，提高工作效率，发电企业、电网企业、能源主管部门可通过国家可再生能源信息管理平台（网址：http://djfj.renewable.org.cn）在线完成可再生能源补贴的申报、审核、公布。可再生能源补贴由目录制改为清单式后，国家电网有限公司为方便各方业务办理，设立了国网新能源云（网址：https://sgnec.esgcc.com.cn），提供补贴项目清单线上申报、审核、公示、公布全流程一站式服务，发电企业在线申报的可再生能源发电项目，通过电网公司初审、省级主管部门确认、国家可再生能源信息管理中心复核、公示后，在新能源云平台正式公布，并同步报送财政部、发改委、国家能源局。具体流程如下图：

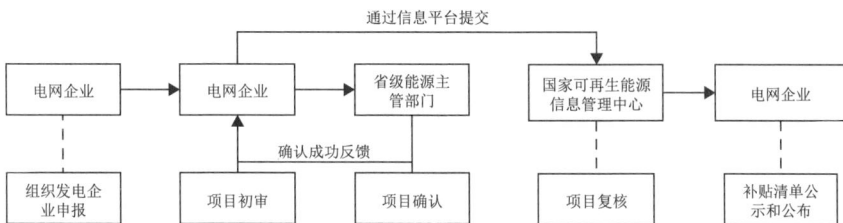

2. 申报补贴清单时需提交的申报资料

（1）基本信息：包括经纬度、所属最高集团公司名称、联系人等。

（2）指标信息：包括项目指标名称、项目属性、指标文件、发布单位等。

（3）核准/备案文件信息：包括项目核准/备案名称、核准/备案规模、核准/备案文件、印发单位等。

（4）接入系统信息：包括接入系统方案文件、印发时间等。

（5）并网信息：包括首台机组并网时间、全部机组并网时间、实际已并网规模及证明材料等。

（6）电价信息：包括价格主管部门批复电价及文件、并网时本地燃煤标杆电价等。

（7）申报承诺书。

示例文件：

承诺书

（与申请项目保持一致，以下简称本单位）已经认真阅读、理解并自愿遵守《可再生能源电价附加资金管理相关规定》等文件和《国家电网有限公司关于组织开展可再生能源发电补贴项目清单申报额公告》所有内容和要求，现就下列事项作出郑重承诺：

一、本单位完全符合国家规定的补贴清单申报条件，项目建设运行合法合规，填报的各项信息真实、准确、有效，与实际情况一致，不存在弄虚作假情况。其中：

1. 本单位承诺全部机组并网时间：　　　　年　　月　　日

2. 电力业务许可证中机组最晚并网时间：　　　年　　月　　日

3. 并网调度协议签署时间：　　　　　　　年　　月　　日

二、本单位理解并同意，国家电网有限公司按照国家相关政策要求将相关信息报送至政府部门和机构，并按规定向社会公布。

三、本单位同意配合和接受政府有关部门、电网企业在补贴清单管理全过程中的监督和检查工作。

若违反上述承诺或者作出不实承诺，本单位愿意承担相应经济和法律责任，及由此产生的一切后果。

单位名称（公章）：

法定代表人（签字或盖章）：

日期：

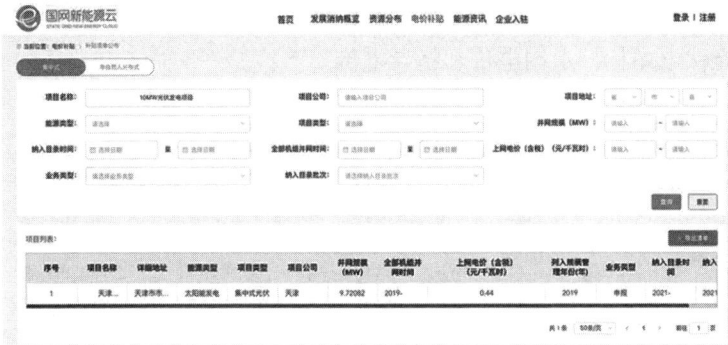

国网新能源云截图

3. 审核要点

（1）光伏项目的上网电价

根据第一部分对可再生能源补贴的介绍，光伏电站上网电价超出当地燃煤标杆电价的部分由基金进行补贴。因此，光伏电站的上网电价直接决定了项目可再生能源补贴的标准。

光伏电站按发电量享有可再生能源补贴期间，经历了"标杆上网电价"和"指导电价"两个阶段。

"标杆上网电价"是指光伏电站在满足特定要求的情况下，可直接适用特定的电价。例如 2017 年标杆上网电价的适用条件为：2017 年 1 月 1 日以后纳入财政补贴年度规模管理的光伏电站或 2017 年以前备案并纳入以前年份财政补贴规模管理但于 2017 年 6 月 30 日以前仍未投运的光伏电站。2013 年至 2018 年，为"标杆上网电价"时期，其间共发布了五次"标杆上网电价"文件。

"指导电价"是指主管部门发布的电价仅仅是光伏电站上网电价的参考，光伏电站的最终上网电价以竞价方式确定。2019 年 7 月 1 日至 2020 年 12 月 31 日，根据国家发改委发布的《关于完善光伏发电上网电价机制有关问题的通知》，光伏电站上网电价原则上通过市场竞争方式确定，不得超过所在资源区指导价。市场竞争方式确定的价格在当地燃煤机组标杆上网电价（含脱硫、脱硝、除尘电价）以内的部分，由当地省级电网结算，高出部分由国家基金予以补贴。

根据年等效利用小时数将全国划分为三类太阳能资源区，年等效利用小时数大于 1600 小时为Ⅰ类资源区；年等效利用小时数在 1400 小时至 1600 小时之间为Ⅱ类资源区；年等效利用小时数在 1200 小时至 1400 小时之间为Ⅲ

类资源区。三类资源区执行不同的光伏标杆上网电价和指导电价。2013 年至 2020 年光伏电站标杆上网电价和指导电价如下：

电价（元/千瓦时）	资源区[1]			政策文件
	Ⅰ类	Ⅱ类	Ⅲ类	
标杆电价	0.9	0.95	1.0	《关于发挥价格杠杆作用促进光伏产业健康发展的通知》（发改价格〔2013〕1638 号）
	0.8	0.88	0.98	《关于完善陆上风电光伏发电上网标杆电价政策的通知》（发改价格〔2015〕3044 号）
	0.65	0.75	0.85	《关于调整光伏发电陆上风电标杆上网电价的通知》（发改价格〔2016〕2729 号）
	0.55	0.65	0.75	《关于 2018 年光伏发电项目价格政策的通知》（发改价格规〔2017〕2196 号）
	0.5	0.6	0.7	《关于 2018 年光伏发电有关事项的通知》（发改能源〔2018〕823 号）
指导价	0.4	0.45	0.55	《关于完善光伏发电上网电价机制有关问题的通知》（发改价格〔2019〕761 号）
	0.35	0.4	0.49	《关于 2020 年光伏发电上网电价政策有关事项的通知》（发改价格〔2020〕511 号）

[1]　Ⅰ类资源区：宁夏，青海海西，甘肃嘉峪关、武威、张掖、酒泉、敦煌、金昌，新疆哈密、塔城、阿勒泰、克拉玛依，内蒙古除赤峰、通辽、兴安盟、呼伦贝尔以外地区；Ⅱ类资源区：北京，天津，黑龙江，吉林，辽宁，四川，云南，内蒙古赤峰、通辽、兴安盟、呼伦贝尔，河北承德、张家口、唐山、秦皇岛，山西大同、朔州、忻州、阳泉，陕西榆林、延安，青海、甘肃、新疆除Ⅰ类外的其他地区；Ⅲ类资源区：除Ⅰ类、Ⅱ类资源区以外的其他地区。注：西藏自治区未含在三类资源区内，执行单独电价。根据国家发展改革委员会《关于 2018 年光伏发电项目价格政策的通知》（发改价格规〔2017〕2196 号）文件，西藏自治区 2018 年以前备案并纳入以前年份财政补贴规模管理的光伏电站项目，但于 2018 年 6 月 30 日以前仍未投运的，执行 2018 年标杆上网电价（1.05 元/千瓦时）。此后，2018 年 5 月 31 日发布的发改能源〔2018〕823 号文、2019 年 7 月 1 日发布的发改价格〔2019〕761 号文均未对西藏电价作出更新规定。

（2）全容量并网时间

根据历次光伏电价文件的规定，光伏发电项目最终可享受的电价，除受备案时间、取得建设规模指标时间影响外，还受全容量并网时间影响。因此，在实践中存在以分批并网"替代"全容量并网时间的情况。基于此，国家能源局制定了《可再生能源发电项目全容量并网时间认定办法》，全容量并网时间原则上按如下标准进行认定：

①可再生能源补贴项目承诺的全容量并网时间、电力业务许可证明确的并网时间、并网调度协议明确的并网时间相一致的，项目按此时间列入补贴清单，享受对应的电价政策。

②可再生能源补贴项目承诺的全容量并网时间、电力业务许可证明确的并网时间、并网调度协议明确的并网时间不一致，但不影响项目享受电价政策的，项目按企业承诺全容量并网时间列入补贴清单，享受对应的电价政策。

③可再生能源补贴项目承诺的全容量并网时间、电力业务许可证明确的并网时间、并网调度协议明确的并网时间不一致，且影响电价政策的，按照三个并网时间中的最后时间点确认全容量并网时间，列入补贴清单，享受对应的电价政策。

2013 年至 2020 年上网电价要求的全容量并网时间如下：

电价文件	并网时间要求
《关于发挥价格杠杆作用促进光伏产业健康发展的通知》（发改价格〔2013〕1638号）	2016 年 6 月 30 日前并网
《关于完善陆上风电光伏发电上网标杆电价政策的通知》（发改价格〔2015〕3044号）	2017 年 6 月 30 日前并网
《关于调整光伏发电陆上风电标杆上网电价的通知》（发改价格〔2016〕2729号）	2017 年 12 月 31 日前并网
《关于 2018 年光伏发电项目价格政策的通知》（发改价格规〔2017〕2196号）	2018 年 6 月 30 日前并网

续表

电价文件	并网时间要求
《关于完善光伏发电上网电价机制有关问题的通知》（发改价格〔2019〕761号）	2019年6月30日前并网
《关于2020年光伏发电上网电价政策有关事项的通知》（发改价格〔2020〕511号）	2020年5月30日前并网

除上网电价和全容量并网时间外，项目是否取得合法有效备案、是否取得年度建设规模指标也是审核的要点。鉴于这两部分已在前面章节进行过详述，本部分就不再赘述。

全容量并网时间对光伏电站上网电价的具体影响如下：

①经核实的全容量并网时间比企业承诺并网时间滞后3个月及以上并影响价格的，将该项目移出补贴清单，且自移出之日起3年内不得再纳入补贴清单，移出补贴清单期间所发电量不予补贴。

②经核实的全容量并网时间比企业承诺全容量并网时间滞后3个月以下一个月以上并影响价格的，在补贴目录清单中剔除该项目未按期并网发电的容量，并按实际发放补贴金额的3倍核减该项目补贴资金。

③经核实的全容量并网时间比企业承诺全容量并网时间滞后1个月以内并影响价格的，在补贴目录清单中剔除该项目未按期并网发电的容量，并按实际发放补贴金额的两倍核减该项目补贴资金。

三、光伏扶贫项目可再生能源补助

（一）申报与发放

财政部对光伏扶贫项目单列补助目录，对列入可再生能源电价附加资金补助目录内的集中式光伏扶贫电站，优先拨付用于扶贫部分的补贴资金。其中，国家电网公司、南方电网公司经营范围内的光伏扶贫项目，由国家电网公司、南方电网公司分别负责补贴资金的申请和拨付；地方独立电网企业经营范围内的光伏扶贫项目，由省级财政、价格、能源、扶贫主管部门负责补贴资金的申请和拨付。对于村级电站和集中电站，用于扶贫部分的补贴资金由电网企业或财政部门直接拨付至当地扶贫发电收入结转机构，由扶贫主管部门监督全额拨付至光伏扶贫项目所在村集体。

截至目前，财政部已会同国家发改委、国家能源局、原国务院扶贫办印发并公布了三批光伏扶贫补助目录：一是 2018 年 3 月 7 日印发的《关于公布可再生能源电价附加资金补助目录（光伏扶贫项目）的通知》（财建〔2018〕25 号）；二是 2019 年 3 月 20 日印发的《关于公布可再生能源电价附加资金补助目录（光伏扶贫项目）的通知》（财建〔2019〕48 号）；三是 2020 年 2 月 10 日印发的《关于公布可再生能源电价附加资金补助目录（第三批光伏扶贫项目）的通知》（财建〔2020〕13 号）。

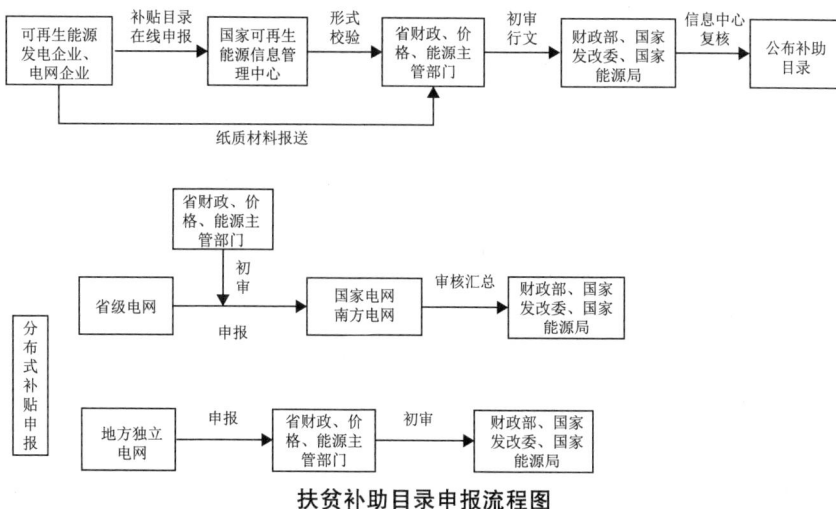

扶贫补助目录申报流程图

（二）光伏扶贫电站的电价

第一，光伏扶贫电站不参与竞价，执行国家制定的光伏扶贫价格政策。

第二，光伏扶贫项目的价格水平优于全国普通光伏项目，全国光伏项目上网电价在 2017 年、2018 年、2019 年逐年进行下调，光伏扶贫项目电价则未予调整。纳入"国家可再生能源电价附加资金补助目录"的村级光伏扶贫电站（含联村电站），对应的Ⅰ类至Ⅲ类资源区上网电价保持不变，仍分别按照每千瓦时 0.65 元、0.75 元、0.85 元的标杆上网电价执行。

（三）历史遗留问题

根据 2016 年 3 月国家发改委、国务院扶贫办、国家能源局、国家开发银行和中国农业发展银行印发《关于实施光伏发电扶贫工作的意见》（发改能源

〔2016〕621号），明确原则上贫困户每年每户增加收入3000元以上；采取村级光伏电站（含户用）方式，每位扶贫对象的对应项目规模标准为5千瓦左右；采取集中式光伏电站方式，每位扶贫对象的对应项目规模标准为25千瓦左右。但2018年3月国家能源局、原国务院扶贫办印发的《光伏扶贫电站管理办法》（国能发新能〔2018〕29号）对扶贫规模、建设模式以及投资比例等方面进行了调整，建设模式统一按照村级扶贫进行，电站产权归属村集体所有，全部收益用于扶贫，根据帮扶的贫困户数量按户均5千瓦配置，最大不超过7千瓦。

早期光伏扶贫电站可由政府、企业、金融机构等共同参与，按资产收益型扶贫模式管理，政府出资对应收益用于村集体或者建档立卡贫困户收益。因此，早期很多集中式扶贫光伏项目系企业与政府共同出资建设，且企业投资者占控股地位。新旧政策的变化，导致前期已经按照原政策建设并投运的光伏电站，仅能按照新政策纳入补助目录，但按照原政策承担扶贫责任。具体影响，笔者通过一个案例来说明。

以一个30兆瓦项目为例，按照2016年政策，户均30千瓦建设规模，对应扶贫户1000户，项目公司需支付扶贫款300万元/年；按照新政策，1000户贫困户对应的建设规模仅为7兆瓦，扶贫收益全归村集体。在申报扶贫补助目录时，主管部门对于老项目适用了新政策，即30兆瓦的项目仅有7兆瓦可纳入补助目录，但光伏发电项目公司可能仍需承担每年300万元的扶贫款。这一问题，在第三批光伏扶贫目录中得以体现。

	序号	电站编号	项目名称	电站类型	建设规模(千瓦)	扶贫规模(千户)	省	市	县	乡	村	户数
63762	63761	5300000321833451	杨芳村集中电站	集中电站	3000	700	江西省	上饶市	万年县	苏桥乡	杨芳村	100
63846	63845	4301100076115782	大井村集中式光伏扶贫电站	集中电站	30000	7000	河北省	保定市	涞水县	娄村镇	大井村	1000
63847	63846	4301100076166269	梭头村集中电站	集中电站	30000	7000	河北省	保定市	唐县	军城镇	梭头村	1000
63848	63847	4301100844368289	黄邱村集中电站	集中电站	30000	7000	河北省	保定市	涞源县	上庄乡	黄邱村	1000
63849	63848	4301100076206394	北辛庄村集中电站	集中电站	30000	7000	河北省	保定市	涞源县	东团堡乡	北辛庄村	1000
63850	63849	4301100844263845	杜远庄村集中电站	集中电站	30000	7000	河北省	张家口市	万全区	高庙堡乡	杜远庄村	1000
63851	0	4301100076605299	小伙房村集中电站	集中电站	30000	7000	河北省	张家口市	蔚县区	石营子乡	小伙房村	1000

第三批扶贫补助目录截图

针对上述问题，光伏电站投资者需要面对两个问题：如何支付扶贫款？

未纳入扶贫补助目录的剩余装机容量怎么办？

据笔者了解，就扶贫款问题，目前主要还是以企业与扶贫主管部门协商为主，有坚持要求按照原规定按 3000 元/户支付扶贫补助的，也有同意仅以收到的扶贫补助资金作为扶贫款的；就剩余装机容量，企业只能积极申请纳入年度规模指标，以非扶贫光伏电站进行可再生能源补贴申报，对此并没有特殊的处理。

四、可再生能源发电补贴核查

可再生能源补贴政策执行期间，为进一步摸清可再生能源发电补贴底数、严厉打击可再生能源发电骗补等行为，国家发改委、能源局、财政部会通过企业自查、现场核查、重点督查相结合的方式，在全国范围内开展可再生能源发电补贴核查工作。核查对象主要包括电网企业和发电企业。核查内容主要涉及项目基本信息、项目合规性、项目规模、项目电量、项目电价、项目补贴资金等内容。

以 2022 年开展的自查为例。自查通知明确，若存在部分企业拒不开展自查，或存在信息填报不完整、准确度差、填报信息造假等情形，将采取暂停补贴资金发放、核减相关补贴资金、上报企业信用不良记录、移出补贴清单等措施进行处理。

五、加强项目核查

发改委、国家能源局、财政部将组织对补贴项目有关情况进行核查。其中，价格主管部门负责核查电价确定和执行等情况；电网企业负责核查项目核准（备案）和容量等情况；能源主管部门负责制定相关核查标准；财政主管部门负责核查补贴发放等情况。

电网企业应建立信息化数据平台，对接入的可再生能源发电项目装机、发电量、利用小时数等运行情况进行连续监测，对电费和补贴结算进行追踪分析，确保项目信息真实有效，符合国家制定的价格、项目和补贴管理办法。

（1）项目纳入可再生能源发电补贴清单时，项目业主应对项目实际容量进行申报。如在核查中发现申报容量与实际容量不符的，将按不符容量的两倍核减补贴资金。

（2）电网企业应按确定的项目补贴电量和补贴标准兑付补贴资金。如在核查中发现超标准拨付的情况，由电网企业自行承担。

六、实务难点及解决方法

在光伏发电项目的尽职调查中，就项目的可再生能源补贴核查存在如下难点：

第一，针对已纳入补贴清单的项目，虽然项目纳入可再生能源补贴清单即取得享有可再生能源补贴的资格，但纳入可再生能源补贴清单并不是一件"一劳永逸"的事情。在可再生能源补贴政策执行期间，国家发改委、能源局、财政部会通过企业自查、现场核查、重点督查相结合的方式，在全国范围内开展可再生能源发电补贴核查工作。以2021年、2022年自查为例，自查对象主要包括电网企业和发电企业，自查内容主要涉及项目基本信息、项目合规性、项目规模、项目电量、项目电价、项目补贴资金等内容，自查后若存在部分企业拒不开展自查，或存在信息填报不完整、准确度差、填报信息造假等情形，将采取暂停补贴资金发放、核减相关补贴资金、上报企业信用不良记录、移出补贴清单等措施进行处理。

从近两年核查情况看，"项目合规性""项目全容量并网"主要核查内容。但光伏发电项目普遍存在的"未批先建""分批并网"是否会成为核减补贴资金、移除补贴清单的原因，尚未有明确的答案。

第二，针对尚未纳入补贴清单的项目，在法律尽职调查过程中，笔者会对国家能源局要求的申报补贴要件，即备案文件、指标文件、电价文件、并网文件、承诺书等进行审查，但是笔者对部分文件不具有判断其内容真实性的能力。例如，并网文件，笔者仅能根据《可再生能源发电项目全容量并网时间认定办法》的规定推断全容量并网时间方式来核查相关文件，但该等文件上载明的全容量并网时间是否真实准确，却无从查证。

针对上述问题，笔者在尽职调查过程中，需要做到尽职免责，即穷尽一切手段，核查我们可以核查的相关资料和信息。例如，除主管部门出具的文件外，笔者还会审查项目从并网开始的运行日志，将运行日志提交技术尽调团队，和技术尽调团队会商从发电量变化推断项目并网时间；笔者会建议客户安排专业技术人员对并网时间进行检测，结合技术人员给出的结论进行综合判断；笔者要求被尽调单位对相关事项出具书面承诺，以最大限度地确认书面信息的真实性。

◇ 关联规定

《可再生能源法》（2009 年修订）

第二十四条第一款　国家财政设立可再生能源发展基金，资金来源包括国家财政年度安排的专项资金和依法征收的可再生能源电价附加收入等。

《关于促进非水可再生能源发电健康发展的若干意见》（财建〔2020〕4号）（节选）

一、完善现行补贴方式

（一）以收定支，合理确定新增补贴项目规模。根据可再生能源发展规划、补助资金年度增收水平等情况，合理确定补助资金当年支持新增项目种类和规模。财政部将商有关部门公布年度新增补贴总额。国家发展改革委、国家能源局在不超过年度补贴总额范围内，合理确定各类需补贴的可再生能源发电项目新增装机规模，并及早向社会公布，引导行业稳定发展。新增海上风电和光热项目不再纳入中央财政补贴范围，按规定完成核准（备案）并于 2021 年 12 月 31 日前全部机组完成并网的存量海上风力发电和太阳能光热发电项目，按相应价格政策纳入中央财政补贴范围。

（二）充分保障政策延续性和存量项目合理收益。已按规定核准（备案）、全部机组完成并网，同时经审核纳入补贴目录的可再生能源发电项目，按合理利用小时数核定中央财政补贴额度。对于自愿转为平价项目的存量项目，财政、能源主管部门将在补贴优先兑付、新增项目规模等方面给予政策支持。价格主管部门将根据行业发展需要和成本变化情况，及时完善垃圾焚烧发电价格形成机制。

（三）全面推行绿色电力证书交易。自 2021 年 1 月 1 日起，实行配额制下的绿色电力证书交易（以下简称绿证），同时研究将燃煤发电企业优先发电权、优先保障企业煤炭进口等与绿证挂钩，持续扩大绿证市场交易规模，并通过多种市场化方式推广绿证交易。企业通过绿证交易获得收入相应替代财政补贴。

《关于〈关于促进非水可再生能源发电健康发展的若干意见〉有关事项的补充通知》（财建〔2020〕426 号）（节选）

一、项目合理利用小时数

4 号文明确，按合理利用小时数核定可再生能源发电项目中央财政补贴资金额度。为确保存量项目合理收益，基于核定电价时全生命周期发电小时数等因素，现确定各类项目全生命周期合理利用小时数如下：

（一）风电一类、二类、三类、四类资源区项目全生命周期合理利用小时数分别为 48000 小时、44000 小时、40000 小时和 36000 小时。海上风电全生命周期合理利用小时数为 52000 小时。

（二）光伏发电一类、二类、三类资源区项目全生命周期合理利用小时数为 32000 小时、26000 小时和 22000 小时。国家确定的光伏领跑者基地项目和 2019、2020 年竞价项目全生命周期合理利用小时数在所在资源区小时数基础上增加 10%。

（三）生物质发电项目，包括农林生物质发电、垃圾焚烧发电和沼气发电项目，全生命周期合理利用小时数为 82500 小时。

二、项目补贴电量

项目全生命周期补贴电量＝项目容量×项目全生命周期合理利用小时数。其中，项目容量按核准（备案）时确定的容量为准。如项目实际容量小于核准（备案）容量的，以实际容量为准。

三、补贴标准

按照《可再生能源电价附加补助资金管理办法》（财建〔2020〕5 号，以下简称 5 号文）规定纳入可再生能源发电补贴清单范围的项目，全生命周期补贴电量内所发电量，按照上网电价给予补贴，补贴标准＝（可再生能源标杆上网电价（含通过招标等竞争方式确定的上网电价）－当地燃煤发电上网基准价）／（1+适用增值税率）。

在未超过项目全生命周期合理利用小时数时，按可再生能源发电项目当年实际发电量给予补贴。

按照 5 号文规定纳入可再生能源发电补贴清单范围的项目，所发电量超过全生命周期补贴电量部分，不再享受中央财政补贴资金，核发绿证准许参与绿证交易。

按照 5 号文规定纳入可再生能源发电补贴清单范围的项目，风电、光伏发电项目自并网之日起满 20 年后，生物质发电项目自并网之日起满 15 年后，无论项目是否达到全生命周期补贴电量，不再享受中央财政补贴资金，核发绿证准许参与绿证交易。

第十节　分布式光伏发电项目尽职调查要点

分布式光伏发电项目相较集中式光伏发电项目建设流程更为简单，因此，在合规手续办理上也是适用简化流程。本节仅就分布式项目与集中式项目不同的尽调要点进行分析，对于同样的尽调要点参见本章第一节到第九节的内容。

一、分布式光伏发电项目概况

（一）定义及分类

分布式光伏电站是指在用户所在场地或附近建设运行，以用户侧自发自用为主、多余电量上网且在配电网系统平衡调节为特征的光伏发电设施。

根据项目接入电压等级不同，国家电网公司将分布式光伏项目分为了两类[1]：第一类是 10 千伏以下电压等级接入，且单个并网点总装机容量不超过 6 兆瓦的分布式电源；第二类是 35 千伏电压等级接入，年自发自用大于50%的分布式电源，或 10 千伏电压等级接入且单个并网点总装机容量超过 6兆瓦，年自发自用电量大于 50%的分布式电源。

根据项目应用场景不同，分布式光伏电站主要分为以下五类[2]：

（1）户用光伏电站。由自然人或委托有专业技术能力的企业共同开发自有住宅屋顶（含外立面）、自有住宅区域内以及自然人所有的营业性建筑屋顶（含外立面）建设，单个项目容量不超过 50 千瓦的光伏发电项目。

（2）村级光伏电站。为支持乡村振兴战略，凡利用村集体用地，由政府出资、社会捐赠资金、村集体自筹资金建设，且产权和收益归村集体，单个项目容量不超过 500 千瓦的光伏发电项目。

（3）固定建（构）筑物屋顶分布式光伏电站。积极利用工业园区、厂房、公共建筑、工商业建筑、居民住宅楼等建筑物屋顶、外立面或附属空闲场地建设的分布式光伏发电。固定建（构）筑物屋顶分布式光伏电站单个项

---

〔1〕　参考文件：国家电网公司《关于印发分布式电源并网服务管理规则的通知》（国家电网营销〔2014〕174 号）。

〔2〕　参考文件：《大理州发展分布式光伏发电指导意见》（大政办通〔2021〕60 号）。

目容量不超过 2 万千瓦，以 35 千伏及以下电压等级接入电网，接入线路长度不超过 5 公里，所发电量在并网点变电台区消纳。

（4）复合型分布式光伏电站。由非自然人利用符合农业要求的既有鱼塘、养殖大棚、简易农业大棚等非固定建筑物开发建设的"一地两用"光伏发电项目。"自发自用、余电上网（上网电量不超过 50%）"的复合型光伏电站单个项目容量不超过 5000 千瓦。"自发自用"的复合型光伏电站，除数据中心外，发电和用电必须为同一主体，单个项目容量不超过 2 万千瓦，以 35 千伏及以下电压等级单点接入电网，接入线路长度不超过 8 公里。

（5）其他场景分布式光伏电站。因地制宜利用废弃土地、荒山荒坡、滩涂、湖泊、适宜水面、高速公路服务区、停车场和农村公路适宜区域等建设分布式光伏电站。鼓励具备条件的地区，打造"分布式光伏+旅游"新型特色小镇。实施"千村万乡沐光行动"，结合乡村振兴战略，打造"分布式光伏+种植（养殖）"产业，提升乡村就地绿色供电能力，建设光伏示范新村。推动分布式光伏与储能及其他分布式电源结合，提升发电效率和电能质量。推动"光伏+矿山生态修复"等产业，打造生态治理新示范。

整体来看，分布式电站与集中式光伏电站的主要区分点在于接入电压等级、装机容量和发电量消纳方式。

（二）发展情况

我国对分布式光伏发电的应用引导始于 2009 年"太阳能屋顶计划"与金太阳示范工程的实施。2012 年至 2014 年，国家能源局、国务院相继发布《能源发展"十二五"发展规划》《关于促进光伏产业健康发展的若干意见》《分布式光伏发电项目管理暂行办法》《关于进一步落实分布式光伏发电有关政策的通知》等文件，明确了分布式光伏项目的国家战略地位并逐步建立了市场支持环境。

但 2017 年前，分布式光伏发电项目发展并不理想。根据国家能源局数据，截至 2016 年底，光伏电站累计装机容量 6710 万千瓦，分布式累计装机容量仅 1032 万千瓦。

直到 2017 年，国家能源局发布了《关于可再生能源发展"十三五"规划实施的指导意见》，其中明确分布式光伏项目不限规模，分布式光伏正式进入快速发展通道。根据国家能源局公布的数据，2017 年全国分布式光伏新增装机 1944 万千瓦，同比增长 3.7 倍[1]，远超前五年分布式光伏总装机量。2018 年，分布式光伏新增 2096 万千瓦[2]，受"531 新政"[3]影响，全年分布式光伏发电项目与集中式光伏发电项目新增装机容量基本持平。

2019 年开始，除扶贫项目、户用光伏项目外，其他项目均实行竞价上网，集中式光伏项目新增同比下降，分布式光伏增速放缓。2020 年，可再生能源补贴退坡，光伏项目实行平价上网[4]，分布式光伏平稳增长。

2021 年 5 月，国家能源局明确下达 2030 年非化石能源占一次能源消费比重达到 25%左右、风电太阳能发电总装机容量达到 12 亿千瓦以上等任务。紧接着 6 月，国家能源局综合司发布的《关于报送整县（市、区）屋顶分布式光伏开发试点方案的通知》规定："党政机关建筑屋顶总面积可安装光伏发电比例不低于 50%；学校、医院、村委会等公共建筑屋顶总面积可安装光伏发电比例不低于 40%；工商业厂房屋顶总面积可安装光伏发电比例不低于 30%；农村居民屋顶总面积可安装光伏发电比例不低于 20%。"2021 年 9 月，676 个县（市、区）申报纳入了整县推进试点范围。截至 2021 年底，新增分布式光伏 2927 万千瓦[5]，首次新增装机容量超过集中式光伏装机容量。

2022 年是落实"十四五"规划和碳达峰目标的关键一年，国家能源局在《2022 年能源工作指导意见》中对分布光伏式发展也提出了明确的发展方式，"充分利用油气矿区、工矿场区、工业园区的土地、屋顶资源开发分布式风电、光伏"。也制定了明确的实施计划"继续实施整县屋顶分布式光伏开发建设"，因地制宜组织开展"千家万户沐光行动"。

综上，在现有政策支持的情况下，分布式光伏发电项目得到了快速的发展，但目前，分布式光伏发电项目仍需要研发更多的"商业模式"，除已有的节能效益分享、综合能源管理模式外，还需要更多的商业模式来满足投资者的需求。

---

[1]　数据来源：2018 年 1 月 24 日，国家能源局发布《2017 年光伏发电新增装机 5306 万千瓦居可再生能源之首》。

[2]　数据来源：2019 年 1 月 28 日，国家能源局发布《2018 年可再生能源并网运行情况介绍》。

[3]　531 新政指：2018 年 5 月 31 日，国家发改委、财政部等部门联合下发《关于 2018 年光伏发电有关事项的通知》，文件要求暂停下发 2018 年普通光伏电站指标，各地在国家发文启动普通地面电站之前不得安排需国家补贴的普通地面电站。

[4]　平价上网：指光伏发电项目不需要国家补贴执行燃煤标杆上网电价。

[5]　数据来源：2022 年 3 月 9 日，国家能源局发布《2021 年光伏发电建设运行情况》。

二、分布式光伏发电项目的立项

与集中式光伏电站一样，分布式光伏电站也属于备案管理，通常实行属地备案，备案无前置合规文件要求。备案文件包含项目建设内容、投资主体、建设场址及有效期限等要素。在项目投产之前，投资主体、建设地点、建设内容等原则上不得变更；确需变更的，应当重新向原备案机关申请备案或变更备案，项目在备案有效期内未开工建设的备案文件失效。

实践中，存在争议的问题是，"自发自用、余电上网"的光伏发电项目，项目业主与用电方是否必须保持一致。2021 年 11 月，有投资方在国家能源局网站留言咨询："我公司作为发电企业，与园区内屋顶业主已签订屋顶租用协议、合同能源管理协议，并取得项目备案证，我公司作为第三方投资企业拟投资建设该屋顶光伏。当前项目接入无法落实，当地电网要求'整村开发以及第三方开发的工业园区项目须接入公共电网'，即光伏发电不能直接向屋顶业主供电，无法实现'自发自用'。请问：电网要求'第三方投资项目须接入公共电网'是否符合相关规定。是否违背整县推进政策。是否违背分布式'自发自用，余电上网'政策。"

针对该问题国家能源局回复："国家能源局综合司《关于印发分布式光伏发电应用示范区工作方案的通知》（国能综新能〔2013〕274 号）第一节第（四）条提出'光伏发电项目可由电力用户自建，也可采用合同能源管理方式'。《关于印发分布式光伏发电项目管理暂行办法的通知》（国能新能〔2013〕433 号）第一章第三条提出'鼓励各类电力用户、投资企业、专业化合同能源服务公司、个人等作为项目单位，投资建设和经营分布式光伏发电项目'。此外，《关于开展分布式发电市场化交易试点的通知》（发改能源〔2017〕1901 号）第二节也提出'分布式发电项目单位与配电网内就近电力用户进行电力交易的相关模式'。"

笔者认为，根据上述政策规定，"自发自用、余电上网"的项目并无项目业主与用户方必须保持一致的要求。

◇ 关联规定

国家能源局《分布式光伏发电项目管理暂行办法》

第十条　省级以下能源主管部门依据国务院投资项目管理规定和国务院能源主管部门下达的本地区分布式光伏发电的年度指导规模指标，对分布式光伏发电项目实行备案管理。具体备案办法由省级人民政府制定。

国家能源局《关于进一步落实分布式光伏发电有关政策的通知》（国能新能〔2014〕406号）（2020年失效）

六、……各级能源主管部门要抓紧制定完善分布式光伏发电项目备案管理的工作细则，督促市县（区）能源主管部门设立分布式光伏发电项目备案受理窗口，建立简便高效规范的工作流程，明确项目备案条件和办理时限，并向社会公布。……

◇ 地方规定

《云南省分布式光伏发电项目备案管理办法》（云发改能源〔2014〕1673号）

第三条　省级能源主管部门负责全省分布式光伏发电全面组织协调工作；各州市能源主管部门负责本地区纳入国家指导规模的光伏发电项目备案工作。……

山东省发展和改革委员会《关于进一步做好光伏发电项目备案管理工作的通知》（鲁发改能源〔2015〕527号）（节选）

按照国家和我省进一步推进简政放权、转变政府职能的要求以及国家能源局关于光伏电站备案管理有关文件精神，我省光伏发电项目全部按照属地原则由各级发改部门实行分级备案管理，具体按照我省基本建设项目登记备案有关规定执行。

珠海市发展和改革局《关于印发进一步规范分布式光伏发电项目建设管理工作的通知》（珠发改〔2022〕3号）（节选）

工商业分布式光伏项目业主须登录"广东省企业投资项目备案系统"（http://www.gdtz.gov.ex2.http.80.ipv6.zhuhai.gov.cn/index.action），向项目属地发展改革部门提交备案申请及有关资料，在材料齐备的条件下，项目属地发展改革部门在1个工作日内完成项目备案，出具《广东省企业投资项目备案证》。

《三亚市太阳能分布式光伏发电项目管理办法》

第十条　光伏发电项目按照《三亚市企业固定资产投资项目备案管理办

法》（三府办〔2014〕130号）办理备案手续，按属地管理原则，在项目所在区发展改革局、育才生态区管委会经发局办理备案许可手续并抄送市发展改革委。未经备案许可不得擅自开发建设光伏发电项目。

河北省《全省分布式光伏发电建设指导意见（试行）》（冀发改能源〔2018〕817号）（节选）

分布式光伏发电项目实行备案管理。户用光伏发电系统建设规模不超过50千瓦，且由自然人建设自主建设，由当地电网企业代个人办理备案。建设规模不超过6兆瓦的小型分布式光伏发电设施，且由非自然人开发建设的，由县级能源主管部门或行政部门备案；小型分布式光伏电站单体项目规模大于6兆瓦，但不超过2万千瓦，且由非自然人开发建设的，由市级能源主管部门或行政审批部门备案。

荆门市人民政府《关于取消和调整行政审批项目等事项的决定》（荆政发〔2017〕34号）

光伏电站项目备案（含分布式光伏电站项目）由省发改委下放到项目属地县（市、区）发改委。

三、分布式光伏发电项目的建设规模指标

分布式光伏发电项目根据建设方式、接网条件及消纳范围不同，适用的规模指标管理方式不同。原则上，对利用固定建筑物屋顶、墙面及附属设施建设的项目、全部自发自用的地面光伏发电项目不设规模指标限制。除此之外的分布式光伏发电项目，主要是"全额上网""余电上网"的地面分布式光伏发电项目和复合型分布式光伏发电项目原则上依然受规模指标限制。

2021年补贴退坡后，部分省份对于全部类型的分布式光伏发电项目均不再进行规模指标限制，项目的建设规模主要受当地电网接入容量的限制。

通常备案文件会明确建设规模，例如：珠海市香洲区兴安大厦2兆瓦分布式光伏发电项目。

◇ 关联规定

国家能源局《关于下达2014年光伏发电年度新增建设规模的通知》（国能新能〔2014〕33号）

一、2014年光伏发电建设规模在综合考虑各地区资源条件、发展基础、

电网消纳力以及配套政策措施等因素基础上确定，全年新增备案总规模 1400 万千瓦，其中分布式 800 万千瓦，光伏电站 600 万千瓦。……

国家能源局《关于下达 2015 年光伏发电建设实施方案的通知》（国能新能〔2015〕73 号）

一、……各地区 2015 年计划新开工的集中式光伏电站和分布式光伏电站项目的总规模不得超过下达的新增光伏电站建设规模，规模内的项目具备享受国家可再生能源基金补贴资格。对屋顶分布式光伏发电项目及全部自发自用的地面分布式光伏发电项目不限制建设规模，各地区能源主管部门随时受理项目备案，电网企业及时办理并网手续，项目建成后即纳入补贴范围。……

国家能源局《关于下达 2016 年光伏发电建设实施方案的通知》（国能新能〔2016〕166 号）

二、利用固定建筑物屋顶、墙面及附属场所建设的光伏发电项目以及全部自发自用的地面光伏电站项目不限制建设规模，各地区能源主管部门随时受理项目备案，电网企业及时办理并网手续，项目建成后即纳入补贴范围。

国家能源局《关于可再生能源发展"十三五"规划实施的指导意见》

对屋顶光伏以及建立市场化交易机制就近消纳的 2 万千瓦以下光伏电站等分布式项目，市场主体在符合技术条件和市场规则的情况下自主建设。

附件《2017-2020 年光伏电站新增建设规模方案》明确，各省确定的光伏项目建设规模不包括不限建设规模的分布式光伏发电项目、村级扶贫电站以及跨省跨区输电通道配套建设的光伏电站；各种结合农业大棚、牲畜养殖建设的光伏电站项目均按集中式电站纳入年度规模管理。

国家发展改革委、财政部、国家能源局《关于 2018 年光伏发电有关事项的通知》（发改能源〔2018〕823 号）

一、（二）规范分布式光伏发展。今年安排 1000 万千瓦左右规模用于支持分布式光伏项目建设。考虑今年分布式光伏已建情况，明确各地 5 月 31 日（含）前并网的分布式光伏发电项目纳入国家认可的规模管理范围，未纳入国家认可规模管理范围的项目，由地方依法予以支持。

国家能源局《2019 年光伏发电项目建设工作方案》

除国家有明确政策规定外，普通光伏电站、工商业分布式光伏发电项目以及国家组织实施的专项工程、示范项目（以下简称普通光伏项目），原则上均由地方通过招标等竞争性配置方式组织项目，国家根据补贴额度通过排序确定补贴名单。

国家能源局《2020 年光伏发电项目建设方案》

2020 年度新建光伏发电项目补贴预算总额度为 15 亿元。其中：5 亿元用于户用光伏，补贴竞价项目（包括集中式光伏电站和工商业分布式光伏项目）按 10 亿元补贴总额组织项目建设。竞争配置工作的总体思路、项目管理、竞争配置方法仍按照 2019 年光伏发电项目竞争配置工作方案实行。竞争指导价按照国家有关价格政策执行。

国家能源局《关于 2021 年风电、光伏发电开发建设有关事项的通知》

四、加快推进存量项目建设

…………

各省 2021 年保障性并网规模主要用于安排存量项目。存量项目不能满足今年非水电最低消纳责任权重要求、保障性并网仍有空间的省（区、市），省级能源主管部门应按剩余保障性并网规模抓紧组织开展竞争性配置，确定 2021 年并网的新增项目，加快核准（备案），积极推进建设，确保尽早建成投产。

四、分布式光伏发电项目的开工前手续

根据项目是否独立占地，项目的开工前手续不同。非独立占地的分布式光伏发电项目依托屋顶、外立面或附属空闲场地、鱼塘、农业大棚等建设，其光伏设施均在原建筑物的红线范围内，未改变项目所在的用地规划，因此原则上无需办理建设用地手续、建设工程规划许可。对于占用屋顶的分布式光伏发电项目，应在开工前取得项目建设所需屋顶的使用权。屋顶使用权的取得方式一般包含"租赁"和"合同能源管理"两种模式。不论哪种模式，均需保证屋顶符合光伏发电项目的建设要求，主要要求如下：

（1）房屋不属于违章建筑，即房屋已经取得建设工程规划许可；

（2）房屋已经取得不动产权证或已竣工验收合格，并完成各个专项验收，特别是消防验收；

（3）房屋不属于规划拆迁房屋、危房，使用年限满足光伏项目运行周期；

（4）房屋权属清晰，不存在抵押、查封等权利限制。

独立占地的分布式光伏发电项目，往往规模较大，甚至涉及升压站、送

出线路的建设，其开工前手续与集中式光伏发电项目的开工前手续相同。具体的开工前手续，仍应以项目所在地政府的具体要求为准。

◇ 关联规定

国家能源局《分布式光伏发电项目管理暂行办法》

第十一条　项目备案工作应根据分布式光伏发电项目特点尽可能简化程序，免除发电业务许可、规划选址、土地预审、水土保持、环境影响评价、节能评估及社会风险评估等支持性文件。

《关于加强分布式光伏发电安全工作的通知》（征求意见稿）

（五）分布式光伏发电项目建设单位在开展项目选址时，要综合分析区域内气象地质条件及所利用建筑物的建成年限、结构类型、承重荷载、风荷载、雪荷载、使用功能、周边环境、安全距离、消防救援能力等因素，有效规避自然灾害、火灾、爆炸、坍塌等安全风险。严禁利用危险性鉴定等级为 C 级、D 级的建筑物建设分布式光伏发电项目；利用 B 级建筑物建设分布式光伏发电项目的，要经过严格论证评估，并避让处于危险状态的结构构件。严禁利用火灾危险性类别为甲类、乙类的建筑物建设分布式光伏发电项目，利用此类建筑物附近的其他建筑物或场地建设分布式光伏发电项目的，要严格执行《建筑设计防火规范》（GB50016），保证防火间距不小于 30 米，必要时加大防火间距。要充分考虑工商业建筑物生产形式、经营业务变化，以及业主、使用方变更等因素对分布式光伏发电项目安全的影响。

五、分布式光伏发电项目的可再生能源补贴

分布式光伏发电项目补贴始于 2013 年，2017 年 12 月 31 日前投运的光伏电站，不区分电站类型均享有 0.42 元每千瓦的可再生能源补贴（不含领跑者和金太阳项目）。2018 年 1 月 1 日起，根据电站消纳方式不同适用不同补贴政策："全额上网"分布式光伏电站与集中式光伏电站执行一样的电价政策；户用分布式光伏电站、"自发自用、余电上网"分布式光伏电站仍适用核定补贴制度。

除户用光伏发电项目投运即获得补贴资格外，工商业分布式光伏发电项目与集中式光伏发电项目的可再生能源补贴管理一样，均需纳入可再生能源补贴清才可取得可再生能源补贴，补贴周期为 20 年，自投运开始计

算。因为前述补贴政策的不同，在国网新能源云中，集中式光伏发电项目与工商业分布式发电项目（2018 年后的"全额上网"的分布式光伏含在集中式光伏发电项目中）系分开申报、分开公布，具体申报流程参见第一章第八节。

截至 2022 年 4 月，根据国网新能源云公布的数据，工商业分布式光伏发电项目（不含全额上网项目）的总数为 48 926 个，其中 32 468 个已纳入可再生能源补贴清单中。工商业分布式光伏发电项目在国网新能源云的公示情况如下：

在补贴发放方面，户用分布式光伏发电项目在补贴资金获得方面享有优先性。[1]

2021 年 1 月 1 日起，新备案的分布式光伏发电项目与集中式光伏发电项目一样不再享有可再生能源补贴。2013 年至 2021 年"自发自用、余电上网"工商业分布式光伏发电项目可再生能源补贴标准经历了五个阶段：①2013 年 1 月 1 日至 2017 年 12 月 31 日，每千瓦时 0.42 元（含税）；②2018 年 1 月 1

---

[1] 参考文件：2020 年 1 月 20 日，国家发改委、财政部、国家能源局联合下发《关于促进非水可再生能源发电健康发展的若干意见》，意见明确了电网企业应优先兑付光伏扶贫、自然人分布式、2019 年光伏竞价项目、自愿转平价项目。

日至 2018 年 6 月 31 日，每千瓦时 0.37 元（含税）；③2018 年 7 月 1 日至 2019 年 6 月 31 日，每千瓦时 0.32 元（含税）；④2019 年 7 月 1 日至 2020 年 5 月 30 日，每千瓦时 0.1 元（含税）；⑤2020 年 6 月 1 日至 2020 年 12 月 31 日，每千瓦时 0.05 元（含税）。

补贴标准	依据	适用范围
对分布式光伏发电实行按照全电量补贴的政策，电价补贴标准为每千瓦时 0.42 元（含税）	《关于发挥价格杠杆作用促进光伏产业健康发展的通知》（发改价格〔2013〕1638 号）	2013 年 9 月 1 日后备案（核准），以及 2013 年 9 月 1 日前备案（核准）但于 2014 年 1 月 1 日及以后投运的光伏电站项目
采用"自发自用、余量上网"模式的分布式光伏发电项目，全电量度电补贴标准降低 0.05 元，即补贴标准调整为每千瓦时 0.37 元（含税）。采用"全额上网"模式的分布式光伏发电项目按所在资源区光伏电站价格执行	国家发改委《关于 2018 年光伏发电项目价格政策的通知》（发改价格规〔2017〕2196 号）	2018 年 1 月 1 日后投运的分布式光伏项目
自发文之日起，新投运的、采用"自发自用、余电上网"模式的分布式光伏发电项目，全电量度电补贴标准降低 0.05 元，即补贴标准整为每千瓦时 0.32 元（含税）。采用"全额上网"模式的分布式光伏发电项目，按所在资源区光伏电站价格执行。分布式扶贫项目仍按照 0.42 元每千瓦时补贴。	《关于 2018 年光伏发电有关事项的通知》（发改能源〔2018〕823 号）、《关于 2018 年光伏发电有关事项说明的通知》（发改能源〔2018〕1459 号）	2018 年 7 月 1 日后投运的分布式光伏项目
（一）纳入 2019 年财政补贴规模，采用"自发自用、余量上网"模式的工商业分布式（即除户用以外的分布式）光伏发电项目，全发电量补贴标准调整为每千瓦时 0.10 元；采用"全额上网"模式的工商业分布式光伏发电项目，按所在资源区集中式光伏电站指导价执行。能源主管部门统一实	国家发改委《关于完善光伏发电上网电价机制有关问题的通知》发改价格〔2019〕761 号）	2019 年 7 月 1 日后投用的风不是光伏项目

补贴标准	依据	适用范围
行市场竞争方式配置的工商业分布式项目，市场竞争形成的价格不得超过所在资源区指导价，且补贴标准不得超过每千瓦时 0.10 元。 （二）纳入 2019 年财政补贴规模，采用"自发自用、余量上网"模式和"全额上网"模式的户用分布式光伏全发电量补贴标准调整为每千瓦时 0.18 元。		
"自发自用、余量上网"模式的工商业分布式光伏发电项目，全发电量补贴标准为每千瓦时 0.05 元；"全额上网"按集中式光伏电站指导价执行，能源主管部门统一实行市场竞争方式配置的所有工商业分布式项目，市场竞争形成的价格不得超过所在资源区指导价，且补贴标准不得超过每千瓦时 0.05 元。纳入 2020 年财政补贴规模的户用分布式光伏全发电量补贴标准调整为每千瓦时 0.08 元。	国家发改委关于 2020 年光伏发电上网电价政策有关事项的通知》（发改价格〔2020〕511 号）	2020 年 6 月 1 日后投运的分布式光伏项目

截至 2022 年 4 月，仍在施行的地方补贴（不完全统计）：

地域	补贴标准	依据
广州市黄埔区、广州开发区及其受托管理和下辖园区	对分布式光伏发电的项目投资方按照发电量给予补贴，补贴标准为 0.15 元/千瓦时［应用方（屋顶方）为非公共机构的］、0.3 元/千瓦时［应用方（屋顶方）为公共机构的］。 单个项目最高享受补贴时间为 5 年，补贴时间范围在本办法有效期内。由项目投资方于项目并网后在线持续运行 6 个月以上后提出申请。	《广州市黄埔区广州开发区广州高新区促进绿色低碳发展办法》（穗埔发改规字〔2021〕1 号）有效期 5 年

续表

地域	补贴标准	依据
深圳市	基准常规光伏项目：2022 年、2023 年并网发电的项目补贴标准为 0.3 元/千瓦时，2024 年、2025 年并网发电的项目补贴标准为 0.2 元/千瓦时，2026 年并网发电的项目补贴标准为 0.1 元/千瓦时；光伏建筑一体化（BIPV）项目：补贴标准为基准常规光伏项目的 1.2 倍。	《关于大力推进分布式光伏发电的若干措施》（征求意见稿）
北京市顺义区	2020 年 1 月 1 日至 2021 年 12 月 31 日期间采用"自发自用为主，余量上网"模式并网发电的分布式光伏发电项目，区级财政按项目实际发电量给予补贴，每个项目的补贴期限为 5 年，补贴对象为法人单位或个人。 （1）常规类项目补贴标准。适用一般工商业电价、大工业电价或农业生产电价的项目补贴标准为每千瓦时 0.3 元（含税）。个人利用自有产权宅基地建设的户用光伏发电项目补贴标准为每千瓦时 0.3 元（含税）。 （2）提高部分领域补贴标准。学校、社会福利场所等执行居民电价的非居民用户项目补贴标准为每千瓦时 0.4 元（含税）。 （3）支持高端应用。全部实现光伏建筑一体化应用（光伏组件作为建筑构件）的项目，补贴标准为每千瓦时 0.4 元（含税）。	《关于印发进一步支持光伏发电系统推广应用的通知》（京发改规〔2020〕6号）
北京市西城区	新能源、可再生能源开发利用及推广项目，给予总投资额 30% 的补助； 合同能源管理项目，在北京市政府补助基础上给予市级补助资金 50% 的补助； 通过国家绿色建筑运行三星、二星认证标识的建筑，在享受国家、市级奖励的同时，分别一次性给予 30 万元、20 万元的奖励。	《北京市西城区支持鼓励节能降耗管理办法》（西发改〔2021〕3号） 有效期至 2025 年 12 月 31 日
北京市通州区	对已完成可再生能源改造项目的申报主体，按照项目总装机容量（实际安装的发电机组额定有效功率的总和）： 100 千瓦（含）至 300 千瓦的，最高补助 20 万元； 300 千瓦（含）至 600 千瓦的，最高补助 50 万元； 600 千瓦（含）以上，最高补助 100 万元。	《通州区绿色化改造提升项目补助资金管理办法（试行）》

续表

地域	补贴标准	依据
上海市徐汇区	对本区范围内新建并网的分布式光伏项目，按项目并网验收规模给予 1000 元/千瓦的扶持，或按项目实际投资额给予 20%的扶持。以上扶持最高不超过 200 万元。对于新建载体可在项目正式开工后和完成并网验收两阶段，按照 3∶7 比例给予扶持。如项目停止建设，根据具体情况，由主管部门负责收回已拨付的资金。	《徐汇区节能减排降碳专项资金管理办法》（徐发改发〔2022〕12 号）
浙江省温州市	推动光伏项目参与电力市场交易。对完成备案并接入市级分布式光伏数字化管理平台的"自发自用、余量上网"的分布式光伏项目，按照实际发电量，给予 0.1 元/千瓦时的补贴。	《浙江省温州市制造业千企节能改造行动方案（2021-2023）》（温政办〔2021〕69 号）
浙江省丽水市	其中对市区（含莲都区和丽水开发区）2022 年、2023 年、2024 年并网的家庭户用分布式光伏项目给予一次性建设补贴，补贴标准分别为 0.60 元/瓦、0.50 元/瓦、0.40 元/瓦；补贴资金由市财政、莲都区或丽水开发区各承担 50%。	丽水市人民政府《关于加快推进分布式光伏规模化开发的实施意见》（丽政发〔2021〕25 号）
浙江省金华市	2022 年 1 月 1 日至 2025 年 12 月 31 日期间，在金华市区投资兴建工商业屋顶光伏发电项目、公共机构屋顶光伏发电项目、居民家庭屋顶光伏发电项目的投资方；分布式光伏发电项目按发电量给予补贴，补贴标准为：0.10 元/千瓦时，补贴时间为 3 年（自建成并网次月起，连续计算 36 个月），一年发放一次；本办法自 2022 年 1 月 1 日起执行，有效期至 2025 年 12 月 31 日。	《金华市区光伏发展补贴实施办法（征求意见稿）》
浙江省杭州市	市财政每年安排一定资金对杭州市范围内 2021—2025 年期间建成并网的，且年光伏利用小时数超过 900 小时（由国网供电公司在并网满一年后出具相关证明文件）的光伏项目进行奖补。其中上城、拱墅、西湖、滨江、钱塘区按 0.2 元/瓦标准，其他地区按 0.1 元/瓦标准给予投资主体一次性建设奖励。	《关于进一步加快我市光伏发电项目建设的实施意见（征求意见稿）》

六、实务难点及解决方法

针对分布式光伏发电项目的投资并购主要集中在工商业分布式光伏发电项目上，该类项目通常采用的是"自发自用、余电上网"的经营模式，对此类项目需重点关注项目的投资模式和结算方式。

针对投资模式，部分省市因受电网公司对投资方与用户主体一致要求的影响，目前适用较多的模式是，投资方与用电单位签订合作协议，投资方负责项目的实际投资和开发建设，用电单位完成项目备案，用电单位与电网公司签订购售电合同，电网公司直接将"余电上网"的电费支付至用电单位名下，然后用电单位再依据与项目投资方间的协议将"自用"的电费和"余电上网"的电费支付给项目投资方。此种模式下，投资方的利益实现需通过用电单位。投资方将面临如何锁定己方投资资产的物权权益、锁定己方投资项目后获得项目现金流的保障机制等问题。如果用电单位的经营情况发生重大变化，可能存在两种法律风险：一是用电单位自身现金流出现问题，无法按照约定向投资方支付相应的报酬；二是用电单位因其他纠纷导致其固定资产或银行账户被查封冻结，导致用电单位没有能力按照约定向投资方支付报酬。

就上述问题，笔者针对投资方通常提出如下建议：

（1）将用户依据购售电合同对电网公司产生的应收账款质押给投资方，将结算账户设置为共管账户，由投资方实际管理。

（2）将项目资产质押给投资方，避免用电单位对资产的擅自处置或者用电单位的债权人对该部分资产提出权利主张。

（3）投资者与用电单位需约定项目转移的触发条件，在用电单位存在无法支付电费风险的情况下，需将项目转为"全额上网"后以约定条件转让给投资方。

上述建议仅是较为通用的一些概况性建议，仅供读者参考。实践中，根据分布式光伏发电项目的投资模式不同，需设置与投资模式契合的风险防范措施。

第十一节　光伏发电项目公司主要法律风险

本章开篇已介绍了光伏发电项目法律尽职调查主要分为两大部分：一是

针对目标项目的尽职调查；二是针对项目公司的尽职调查。其中第一部分内容已在本章第一节至第十节作了系统阐述，本节旨在介绍尽职调查过程中项目公司需要关注的主要法律风险，涉及目标项目的内容将不再赘述。

一、标的股权转让的相关风险

标的股权，即光伏发电项目交易的标的物，其能否顺利转让直接关系到整个收购项目的目标能否实现。所以，在法律尽职调查过程中对于那些可能使标的股权转让受阻的情形需尤为关注。此处所谓"可能使标的股权转让受阻的情形"，是指那些在股权交易前必须解决的事项，若不解决，将可能导致股权不能办理变更登记或虽然能够办理变更登记但不能完成管理权的交割或变更登记后又被撤销的情形，不包括那些仅需程序上关注的事项，如转让方为国有企业，股权交易须遵守国有产权交易监管规定，以及如转让方为外资企业，股权交易须遵循外汇管理相关规定的情形。

（一）标的股权被质押的风险

《民法典》第443条规定："以基金份额、股权出质的，质权自办理出质登记时设立。基金份额、股权出质后，不得转让，但是出质人与质权人协商同意的除外。出质人转让基金份额、股权所得的价款，应当向质权人提前清偿债务或者提存。"

根据上述规定，标的股权若被质押，则需经质权人同意方能转让，否则将无法实现收购目标。

（二）标的股权被冻结的风险

最高人民法院《关于人民法院办理财产保全案件若干问题的规定》第20条规定："财产保全期间，被保全人请求对被保全财产自行处分，人民法院经审查，认为不损害申请保全人和其他执行债权人合法权益的，可以准许，但应当监督被保全人按照合理价格在指定期限内处分，并控制相应价款。被保全人请求对作为争议标的的被保全财产自行处分的，须经申请保全人同意。人民法院准许被保全人自行处分被保全财产的，应当通知申请保全人；申请保全人不同意的，可以依照民事诉讼法第二百二十五条规定提出异议。"

最高人民法院《关于人民法院强制执行股权若干问题的规定》第10条规定："被执行人申请自行变价被冻结股权，经申请执行人及其他已知执行债权人同意或者变价款足以清偿执行债务的，人民法院可以准许，但是应当在能够控制变价款的情况下监督其在指定期限内完成，最长不超过三个月。"

根据上述规定，无论标的股权因财产保全被冻结，还是因执行被冻结，其转让都将受到一定限制，需要经过人民法院的准许。因此，在光伏发电项目收购中，如遇到标的股权已被冻结的情形，需在股权交易前，要求转让方取得人民法院的同意或者将标的股权冻结措施解除。

（三）实际控制权已让渡的风险

大多数光伏发电项目中，投资方（转让方）投资建设光伏项目的资金除了少数资金系自有资金，其余大部分资金是通过金融机构贷款、融资租赁、EPC总承包垫资建设等融资方式取得的，在此过程中，资金方往往基于风险控制的需要，会要求转让方将项目公司的实际控制权让渡给资金方，即将项目公司营业执照、公章、银行账号密码、U盾、财务资料等转由资金方或资金方指定的第三人实际控制管理，甚至项目公司法定代表人、董事、监事和高级管理人员都是由资金方指定的人员担任等。

实践中，由于标的股权变更，项目公司法定代表人、董事、监事和高级管理人员的变更均需使用项目公司营业执照、公章，且股权交易中的交割工作除了股东变更登记外，更核心的是实质管理权的交割，如银行账号密码、U盾、财务账簿、合同档案、项目开发资料、行政处罚及诉讼文件等资料的交割。在上述模式下，项目公司实际控制权已被转让方让渡给资金方或资金方指定的第三人，显然不具备股权和管理权交割的条件，需要求转让方在股权交易前予以解决。

（四）项目公司其他股东行使优先购买权的风险

《公司法》第71条第3款规定："经股东同意转让的股权，在同等条件下，其他股东有优先购买权。两个以上股东主张行使优先购买权的，协商确定各自的购买比例；协商不成的，按照转让时各自的出资比例行使优先购买权。"最高人民法院《关于适用〈中华人民共和国公司法〉若干问题的规定（四）》第21条第1款规定："有限责任公司的股东向股东以外的人转让股权，未就其股权转让事项征求其他股东意见，或者以欺诈、恶意串通等手段，损害其他股东优先购买权，其他股东主张按照同等条件购买该转让股权的，人民法院应当予以支持，但其他股东自知道或者应当知道行使优先购买权的同等条件之日起三十日内没有主张，或者自股权变更登记之日起超过一年的除外。"

若项目公司存在多个股东，收购方仅收购部分股东持有的股权，则项目公司其他股东有权行使优先购买权。若收购损害了其他股东的优先购买权，在收购完成后，其他股东通过诉讼行使优先购买权的，法院会予以支持，即导致收购目的不能实现。因此，法律尽职调查中了解项目公司其他股东是否行使优先购买权的态度也是必要的。

（五）项目投运前股权变更的相关风险

实践中，普遍存在光伏发电项目主体在项目未建成投运前，即倒卖项目备案文件（"路条"）及相关权益并从中获利的投机行为。能源监管部门为了打击这类严重扰乱市场秩序的行为，对在建光伏发电项目的投资主体变更进行了严格的监管。

国家能源局《关于开展新建电源项目投资开发秩序专项监管工作的通知》（国能监管〔2014〕450号）规定，坚决制止新建电源项目投产前的投机行为，将所在省电源项目备案（核准）情况、电源项目投产前各项工作进展情况、电源项目投产前的股权变动等情况及电源项目建成投产情况等列为专项监管的重点内容。国家能源局《关于规范光伏电站投资开发秩序的通知》（国能新能〔2014〕477号，已失效）第4条规定，已办理备案手续的项目的投资主体在项目投产之前，未经备案机关同意，不得擅自将项目转让给其他投资主体。项目实施中，投资主体发生重大变化以及建设地点、建设内容等发生改变，应向项目备案机关提出申请，重新办理备案手续。

国家发展和改革委员会、国家能源局联合发布的《关于完善光伏发电规模管理和施行竞争方式配置项目的指导意见》（发改能源（2016）1163号）规定："（二）光伏电站项目纳入年度建设规模后，其投资主体及股权比例、建设规模和建设场址等主要内容不得擅自变更。已纳入年度建设规模、未进入实质性工程建设阶段的项目不得向其他投资人转让，投资主体无力建设，应向所在省（自治区、直辖市）发展改革委（能源局）申请从年度规模中取消，并向原备案机关申请撤销备案。在建设期确因企业兼并重组、同一集团内部分工调整等原因需要变更投资主体或股权比例的，或者调整建设规模和场址的，项目投资主体应向所在省（自治区、直辖市）发展改革委（能源局）提出申请，获得审核确认后方可实施变更，并向国家能源局派出机构报备，同时在国家可再生能源信息管理平台重新登记有关信息。在项目投产后变更投资主体，应向原备案机关进行变更登记，抄送国家能源局派出机构和当地电网企业，并在国家可再生能源信息管理平台变更登记信息。"上述文件均对光伏发电项目建成并网前的"倒卖路条"行为作出了禁止性规定。一旦被认定为"倒卖路条"，不仅可能导致项目的备案文件被撤销，还可能对项目获得可再生能源补贴的资格产生影响。

因此，当发现本次收购可能存在"倒卖路条"或项目开发历史上存在"倒卖路条"的情形时，收购方需要就当地监管口径、光伏发电项目的备案变更手续办理等事宜向当地能源监管部门咨询，以避免被认定为"倒卖路条"进而影响项目收购。

二、工商信息登记备案的相关风险

（一）登记备案信息与实际不符

根据 2022 年 3 月 1 日实施的《市场主体登记管理条例》第 8 条、第 9 条之规定，项目公司登记事项包括：名称、主体类型、经营范围、住所、注册资本、股东（或股份有限公司发起人）；项目公司备案事项包括：章程，经营期限，股东（或股份有限公司发起人）认缴的出资数额、缴付期限和出资方式，公司董事、监事、高级管理人员，联络员。

《市场主体登记管理条例》第 24 条第 1 款规定："市场主体变更登记事项，应当自作出变更决议、决定或者法定变更事项发生之日起 30 日内向登记机关申请变更登记。"第 29 条规定："市场主体变更本条例第九条规定的备案事项的，应当自作出变更决议、决定或者法定变更事项发生之日起 30 日内向登记机关办理备案……"第 46 条规定："市场主体未依照本条例办理变更登记的，由登记机关责令改正；拒不改正的，处 1 万元以上 10 万元以下的罚款；情节严重的，吊销营业执照。"第 47 条规定："市场主体未依照本条例办理备案的，由登记机关责令改正；拒不改正的，处 5 万元以下的罚款。"

根据上述规定，项目公司涉及登记备案信息变更的，应当在法定期限内办理变更或备案手续，否则可能面临被行政处罚的风险。

（二）董事、监事、高级管理人员资格具有瑕疵

《公司法》第 146 条规定："有下列情形之一的，不得担任公司的董事、监事、高级管理人员：（一）无民事行为能力或者限制民事行为能力；（二）因贪污、贿赂、侵占财产、挪用财产或者破坏社会主义市场经济秩序，被判处刑罚，执行期满未逾五年，或者因犯罪被剥夺政治权利，执行期满未逾五年；

（三）担任破产清算的公司、企业的董事或者厂长、经理，对该公司、企业的破产负有个人责任的，自该公司、企业破产清算完结之日起未逾三年；（四）担任因违法被吊销营业执照、责令关闭的公司、企业的法定代表人，并负有个人责任的，自该公司、企业被吊销营业执照之日起未逾三年；（五）个人所负数额较大的债务到期未清偿。公司违反前款规定选举、委派董事、监事或者聘任高级管理人员的，该选举、委派或者聘任无效。董事、监事、高级管理人员在任职期间出现本条第一款所列情形的，公司应当解除其职务。"

根据前述规定，若项目公司董事、监事、高级管理人员存在上述所列情形，其应被解除职务，变更相应人选。实践中，对于上述法条中第（一）项至第（四）项情形，公司登记机关基本采用"不告不理"的原则，即无人举报、投诉，登记机关将不会主动监管，但针对上述法条中第（五）项情形，若该董事、监事、高级管理人员被纳入失信被执行人，项目公司在办理后续变更时，公司登记机关操作系统会有提示，须先将该董事、监事、高级管理人员进行变更，方可办理其他变更。尤其对于项目公司股权结构分散，收购方又非全资收购，按照项目公司章程规定，变更事项需为非转让方的项目公司其他股东同意的项目，律师需提示收购方关注其他股东对于变更的意见。

三、公司信息公示的相关风险

《企业信息公示暂行条例》第 8 条规定："企业应当于每年 1 月 1 日至 6 月 30 日，通过企业信用信息公示系统向工商行政管理部门报送上一年度年度报告，并向社会公示。当年设立登记的企业，自下一年起报送并公示年度报告。"第 9 条第 1 款和第 2 款规定："企业年度报告内容包括：（一）企业通信地址、邮政编码、联系电话、电子邮箱等信息；（二）企业开业、歇业、清算等存续状态信息；（三）企业投资设立企业、购买股权信息；（四）企业为有限责任公司或者股份有限公司的，其股东或者发起人认缴和实缴的出资额、出资时间、出资方式等信息；（五）有限责任公司股东股权转让等股权变更信息；（六）企业网站以及从事网络经营的网店的名称、网址等信息；（七）企业从业人数、资产总额、负债总额、对外提供保证担保、所有者权益合计、营业总收入、主营业务收入、利润总额、净利润、纳税总额信息。前款第一项至第六项规定的信息应当向社会公示，第七项规定的信息由企业选择是否向社会公示。"第 10 条规定："企业应当自下列信息形成之日起 20 个工作日内通过企业信用信息公示系统向社会公示：（一）有限责任公司股东或者股份有限公司发起人认缴和实缴的出资额、出资时间、出资方式等信息；（二）有限责任公司股东股权转让等股权变更信息；（三）行政许可取得、变更、延续信息；（四）知识产权出质登记信息；（五）受到行政处罚的信息；（六）其他依法应当公示的信息。工商行政管理部门发现企业未依照前款规定履行公示义务的，应当责令其限期履行。"

《企业信息公示暂行条例》第17条规定："有下列情形之一的，由县级以上工商行政管理部门列入经营异常名录，通过企业信用信息公示系统向社会公示，提醒其履行公示义务；情节严重的，由有关主管部门依照有关法律、行政法规规定给予行政处罚；造成他人损失的，依法承担赔偿责任；构成犯罪的，依法追究刑事责任：（一）企业未按照本条例规定的期限公示年度报告或者未按照工商行政管理部门责令的期限公示有关企业信息的；（二）企业公示信息隐瞒真实情况、弄虚作假的。被列入经营异常名录的企业依照本条例规定履行公示义务的，由县级以上工商行政管理部门移出经营异常名录；满3年未依照本条例规定履行公示义务的，由国务院工商行政管理部门或者省、自治区、直辖市人民政府工商行政管理部门列入严重违法企业名单，并通过企业信用信息公示系统向社会公示。被列入严重违法企业名单的企业的法定代表人、负责人，3年内不得担任其他企业的法定代表人、负责人。企业自被列入严重违法企业名单之日起满5年未再发生第一款规定情形的，由国务院工商行政管理部门或者省、自治区、直辖市人民政府工商行政管理部门移出严重违法企业名单。"

根据上述规定，若项目公司存在应公示未公示，或公示不符合规定的情形，则可能被纳入经营异常名录，严重的可能被纳入严重违法企业名单，影响项目公司法定代表人在其他企业的任职。

四、转让方出资的相关风险

（一）转让方出资瑕疵的风险

1. 出资期限届满未实缴的风险

《公司法》第28条规定："股东应当按期足额缴纳公司章程中规定的各自所认缴的出资额。……股东不按照前款规定缴纳出资的，除应当向公司足额缴纳外，还应当向已按期足额缴纳出资的股东承担违约责任。"

最高人民法院《关于适用〈中华人民共和国公司法〉若干问题的规定（二）》第22条规定："公司解散时，股东尚未缴纳的出资均应作为清算财产。股东尚未缴纳的出资，包括到期应缴未缴的出资……公司财产不足以清偿债务时，债权人主张未缴出资股东，以及公司设立时的其他股东或者发起人在未缴出资范围内对公司债务承担连带清偿责任的，人民法院应依法予以支持。"

最高人民法院《关于适用〈中华人民共和国公司法〉若干问题的规定（三）》第13条规定："股东未履行……出资义务，公司或者其他股东请求其向公司依法全面履行出资义务的，人民法院应予支持。公司债权人请求未履行……出资义务的股东在未出资本息范围内对公司债务不能清偿的部分承担补充赔偿责任的，人民法院应予支持……"第18条第1款规定："有限责任公司的股东未履行或者未全面履行出资义务即转让股权，受让人对此知道或者应当知道，公司请求该股东履行出资义务、受让人对此承担连带责任的，人民法院应予支持；公司债权人依照本规定第十三条第二款向该股东提起诉讼，同时请求前述受让人对此承担连带责任的，人民法院应予支持。"根据上述规定，若项目公司章程中规定的出资期限已经届满，股东未实缴的，该股东应当实缴出资或在未出资本息范围内对公司债务承担清偿责任。若项目公司存在多个股东的，该股东还可能被其他实缴完毕的股东追究违约责任。

对于收购方而言，若在受让股权时便知悉转让方出资瑕疵，则在转让方未出资的本息范围内，收购方将对未出资部分承担连带责任。由于评估机构在确定评估价格时以净资产或历史经营数据为基础，最后确定的评估价格本就没有包含未出资部分金额，即收购方在收购时并未对此支付对价，所以不存在收购方"事后惊奇"，需要填坑的风险。但是，收购方在收购前往往会测算收购运营项目所需资金，确定资金计划，所以笔者对此类问题会提示收购方关注，并考虑是否影响其资金计划。

2. 出资期限未届满未实缴的风险

最高人民法院《关于适用〈中华人民共和国公司法〉若干问题的规定（二）》第22条规定："公司解散时，股东尚未缴纳的出资均应作为清算财产。股东尚未缴纳的出资，包括……依照公司法第二十六条和第八十一条的规定分期缴纳尚未届满缴纳期限的出资。公司财产不足以清偿债务时，债权人主张未缴出资股东，以及公司设立时的其他股东或者发起人在未缴出资范围内对公司债务承担连带清偿责任的，人民法院应依法予以支持。"

《全国法院民商事审判工作会议纪要》规定：①公司作为被执行人的案件，人民法院穷尽执行措施无财产可供执行，已具备破产原因，但不申请破产的；②在公司债务产生后，公司股东（大）会决议或以其他方式延长股东出资期限的。在以上两种情形下，债权人可以公司不能清偿到期债务为由，请求未届出资期限的股东在未出资范围内对公司不能清偿的债务承担补充赔偿责任。

根据上述规定，若存在特殊情形时，即使项目公司章程中规定的出资期限尚未届满，未实缴出资的股东仍存在未出资范围内对公司债务承担清偿责任的风险。

对于收购方而言，其面临的影响与前文"出资期限届满未实缴的风险"部分相同，本部分不作赘述。

3. 实缴出资不实的风险

实践中，即使项目公司股东有实缴出资，但囿于各类原因仍存在种种出资不实的情形，如以货币资金出资的未足额投入，以实物、非专利技术、房屋、土地使用权等出资的未办理财产所有权转移手续或经评估后实际价额远低于公司章程所定价额等。

《公司法》第28条规定："股东应当按期足额缴纳公司章程中规定的各自所认缴的出资额。股东以货币出资的，应当将货币出资足额存入有限责任公司在银行开设的账户；以非货币财产出资的，应当依法办理其财产权的转移手续。股东不按照前款规定缴纳出资的，除应当向公司足额缴纳外，还应当向已按期足额缴纳出资的股东承担违约责任。"

最高人民法院《关于适用〈中华人民共和国公司法〉若干问题的规定（三）》第8条规定："出资人以划拨土地使用权出资，或者以设定权利负担的土地使用权出资，公司、其他股东或者公司债权人主张认定出资人未履行出资义务的，人民法院应当责令当事人在指定的合理期间内办理土地变更手续或者解除权利负担；逾期未办理或者未解除的，人民法院应当认定出资人未依法全面履行出资义务。"

第9条规定："出资人以非货币财产出资，未依法评估作价，公司、其他股东或者公司债权人请求认定出资人未履行出资义务的，人民法院应当委托具有合法资格的评估机构对该财产评估作价。评估确定的价额显著低于公司章程所定价额的，人民法院应当认定出资人未依法全面履行出资义务。"

第10条规定："出资人以房屋、土地使用权或者需要办理权属登记的知识产权等财产出资，已经交付公司使用但未办理权属变更手续，公司、其他股东或者公司债权人主张认定出资人未履行出资义务的，人民法院应当责令当事人在指定的合理期间内办理权属变更手续；在前述期间内办理了权属变更手续的，人民法院应当认定其已经履行了出资义务……"

第13条规定："股东……未全面履行出资义务，公司或者其他股东请求其向公司依法全面履行出资义务的，人民法院应予支持。公司债权人请求……未全面履行出资义务的股东在未出资本息范围内对公司债务不能清偿的部分承担补充赔偿责任的，人民法院应予支持……"

第18条第1款规定："有限责任公司的股东未履行或者未全面履行出资义务即转让股权，受让人对此知道或者应当知道，公司请求该股东履行出资义务、受让人对此承担连带责任的，人民法院应予支持；公司债权人依照本规定第十三条第二款向该股东提起诉讼，同时请求前述受让人对此承担连带责任的，人民法院应予支持。"

根据上述规定，项目公司股东存在出资不实的，应当实缴出资（足额投入货币资金、办理财产转移手续、补足出资）或在未全面出资本息范围内对公司债务承担清偿责任。若项目公司存在多个股东的，出资不实的股东还可能被其他实缴完毕的股东追究违约责任。

对于收购方而言，若在受让股权时便知悉转让方出资不实，则在转让方未出资的本息范围内，收购方存在承担补足出资的风险。因此，尽职调查时发现此类情况后，律师需要提示收购方关注并结合自身风险接受度以及资金计划判断是否接受该类风险。

（二）项目资本金不足的风险

因建设规模不同，光伏发电项目投资建设成本从几百万元至几亿元不等。实践中，普遍存在项目公司注册资本几百万元，占项目总投资建设成本不到10%的情况，该比例远远低于规定的固定资产投资项目资本金比例（20%），且项目公司股东的实际投入往往也未到位。

国务院《关于加强固定资产投资项目资本金管理的通知》第（一）部分规定："……投资项目资本金作为项目总投资中由投资者认缴的出资额，对投资项目来说必须是非债务性资金，项目法人不承担这部分资金的任何债务和利息；投资者可按其出资比例依法享有所有者权益，也可转让其出资，但不得以任何方式抽回。党中央、国务院另有规定的除外。"第（五）部分规定："机场项目最低资本金比例维持25%不变，其他基础设施项目维持20%不变。……"

第4条规定："投资项目资本金占总投资的比例，根据不同行业和项目的经济效益等因素确定，具体规定如下：电力、机电、建材、化工、石油加工、有色、轻工、纺织、商贸及其他行业的项目，资本金比例为20%及以上。"

第9条规定："主要使用商业银行贷款的投资项目，投资者应将资本金按分年应到位数量存入其主要贷款银行；主要使用国家开发银行贷款的投资项目，应将资本金存入国家开发银行指定的银行。投资项目资本金只能用于项目建设，不得挪作他用，更不得抽回。有关银行承诺贷款后，要根据投资项目建设进度和资本金到位情况分年发放贷款。有关部门要按照国家规定对投资项目资本金到位和使用情况进行监督。对资本金未按照规定进度和数额到位的投资项目，投资管理部门不发给投资许可证，金融部门不予贷款。对将已存入银行的资本金挪作他用的，在投资者未按规定予以纠正之前，银行要停止对该项目拨付贷款。对资本金来源不符合有关规定，弄虚作假，以及抽逃资本金的，要根据情节轻重，对有关责任者处以行政处分或经济处罚，必要时停缓建有关项目。"

《全国法院民商事审判工作会议纪要》规定："资本显著不足指的是，公司设立后在经营过程中，股东实际投入公司的资本数额与公司经营所隐含的风险相比明显不匹配。股东利用较少资本从事力所不及的经营，表明其没有从事公司经营的诚意，实质是恶意利用公司独立人格和股东有限责任把投资风险转嫁给债权人。"

实践中，若光伏发电项目公司股东在设立项目公司后的经营过程中，恶意投入较少资本，导致项目公司资本长期处于显著不足的状态，并严重损害了债权人利益的，项目公司股东存在对公司债务承担连带责任的风险，且可能面临被提前收回贷款的风险，这些将影响收购方的资金计划及现金流。

五、公司合同管理的相关风险

光伏发电项目由于开发建设成本高，而光伏发电项目公司普遍缺乏投资建设资金，导致该项目在建设过程中易产生合同纠纷，通常有 EPC 工程总承包合同纠纷、施工合同纠纷、工程监理合同纠纷、设备采购合同纠纷等。同时，光伏发电项目大多以 EPC 工程总承包的方式直接发包给总包单位，并未履行招投标程序。

（一）未履行招标程序的风险

《招标投标法》第 3 条第 1 款规定："在中华人民共和国境内进行下列工程建设项目包括项目的勘察、设计、施工、监理以及与工程建设有关的重要设备、材料等的采购，必须进行招标：（一）大型基础设施、公用事业等关系社会公共利益、公众安全的项目；（二）全部或者部分使用国有资金投资或者国家融资的项目；（三）使用国际组织或者外国政府贷款、援助资金的项目。"第 49 条规定："违反本法规定，必须进行招标的项目而不招标的，将必须进行招标的项目化整为零或者以其他任何方式规避招标的，责令限期改正，可以处项目合同金额千分之五以上千分之十以下的罚款；对全部或者部分使用国有资金的项目，可以暂停项目执行或者暂停资金拨付；对单位直接负责的主管人员和其他直接责任人员依法给予处分。"

《必须招标的基础设施和公用事业项目范围规定》第 2 条规定："不属于《必须招标的工程项目规定》第二条、第三条规定情形的大型基础设施、公用事业等关系社会公共利益、公众安全的项目，必须招标的具体范围包括：（一）煤炭、石油、天然气、电力、新能源等能源基础设施项目……"

最高人民法院《关于审理建设工程施工合同纠纷案件适用法律问题的解释（一）》第 6 条第 1 款规定："建设工程施工合同无效，一方当事人请求对方赔偿损失的，应当就对方过错、损失大小、过错与损失之间的因果关系承担举证责任。"

根据上述规定，光伏发电项目为必须履行招标程序的工程项目。若项目公司未进行招标或在招标之前已确定合同主体，或合同双方对中标合同的实质性内容进行了变更，则存在相应合同被认定无效、项目公司受到行政处罚的风险。并且，合同一旦被认定无效，不仅可能导致项目公司依据合同享有的部分权利不能得到法院支持，还可能因自身过错被合同相对方索赔损失，增加项目公司负债，进而影响收购方的收益。

因此，出现此类情况时，笔者需要提示收购方关注该类风险，并明示收购方将项目公司的潜在负债纳入股权收购谈判范围，对其处置方案作出明确约定。

（二）存在欠付工程款的债务风险

实际情况中，光伏发电项目大多以 EPC 工程总承包的方式发包给总包单位，由 EPC 工程总包单位（承包人）先行垫资建设。由于建设成本较高，工程款金额由几千万元到几亿元不等，项目公司往往不具备支付工程款的能力，导致拖欠工程款也较为普遍。

《民法典》第 807 条规定："发包人未按照约定支付价款的，承包人可以催告发包人在合理期限内支付价款。发包人逾期不支付的，除根据建设工程的性质不宜折价、拍卖外，承包人可以与发包人协议将该工程折价，也可以请求人民法院将该工程依法拍卖。建设工程的价款就该工程折价或者拍卖的价款优先受偿。"

最高人民法院《关于审理建设工程施工合同纠纷案件适用法律问题的解释（一）》第 35 条规定："与发包人订立建设工程施工合同的承包人，依据民法典第八百零七条的规定请求其承建工程的价款就工程折价或者拍卖的价款优先受偿的，人民法院应予支持。"

根据上述规定，若项目公司逾期未付工程款，承包人不仅可以追究项目公司逾期付款的违约责任，还有权在除斥期间内主张建设工程优先受偿权，就光伏发电项目工程折价或者拍卖的价款在项目公司欠款范围内优先受偿。一旦光伏发电项目被法院依法拍卖或变卖，将直接影响光伏发电项目的正常运营，收购方的收购目标也无法实现。

因此，在股权收购前，收购方需要督促债务人与承包人（债权人）积极协商、谈判偿还债务，或明示收购方将该笔债务纳入股权收购谈判范围，对其处置方案作出明确约定。

六、公司重大融资性债务未结的相关风险

如前所述，光伏电站的开发建设需要投入大量资金，项目公司往往需要对外进行大额融资或借贷，主要的融资模式有金融机构固定资产贷款、融资租赁公司借款、股东借款，甚至民间借贷等。其中，金融机构固定资产贷款是最传统的一种融资模式，由于光伏发电项目中光伏设备占比较高和长期运营的特性，融资租赁公司借款是光伏发电项目实践中采用较多的融资模式，股东借款、民间借贷则是当股东/出借人具有雄厚资金时采用的融资模式。

由于项目公司的融资性债务金额巨大（几百万元\几千万元，甚至上亿

元），一旦项目公司未按约还款或具有其他违约情况，不仅会导致债权人提前收回借款，还会导致项目公司被追究违约责任，面临债务危机。

因此，在尽调过程中，笔者需要核查相关的融资合同，就合同中关于逾期还款责任的承担，以及涉及股权收购需要提前通知债权人的义务等约定内容及时告知收购方，以便收购方与债权人沟通、协商。同时，笔者需要核对债务凭证/凭据载明的债务金额，是否与融资合同约定的金额一致，是否存在逾期还款。若涉及股东借款和民间借贷的，还需要对相应债务的真实性、合理性进行审核，若发现不合理的地方，或存在虚构的债务，及时告知收购方及财务尽调单位，以便收购方将此类债务清理出收购范围。

七、公司对外担保的相关风险

在光伏发电项目公司融资过程中，项目公司为了提供融资增信措施，往往将项目公司自有资产抵押，即将电站通过出售电力而形成的电费收益权（应收账款）质押，以及由股东、关联方等提供连带责任保证，以担保融资债务的履行。由于股东、关联方等提供连带责任保证，一般不涉及项目公司的风险，本部分主要阐述资产抵押和电费收益权质押这两类担保情形及涉及的风险。

（一）收益权被质押的风险

《民法典》第440条规定："债务人或者第三人有权处分的下列权利可以出质：……（六）现有的以及将有的应收账款……"第445条规定："以应收账款出质的，质权自办理出质登记时设立。应收账款出质后，不得转让，但是出质人与质权人协商同意的除外。出质人转让应收账款所得的价款，应当向质权人提前清偿债务或者提存。"

《动产和权利担保统一登记办法》第3条规定："本办法所称应收账款是指应收账款债权人因提供一定的货物、服务或设施而获得的要求应收账款债务人付款的权利以及依法享有的其他付款请求权，包括现有的以及将有的金钱债权，但不包括因票据或其他有价证券而产生的付款请求权，以及法律、行政法规禁止转让的付款请求权。本办法所称的应收账款包括下列权利：……（三）能源、交通运输、水利、环境保护、市政工程等基础设施和公用事业项目收益权……"

最高人民法院《关于适用〈中华人民共和国民法典〉有关担保制度的解

释》第 61 条第 4 款规定："以基础设施和公用事业项目收益权、提供服务或者劳务产生的债权以及其他将有的应收账款出质，当事人为应收账款设立特定账户，发生法定或者约定的质权实现事由时，质权人请求就该特定账户内的款项优先受偿的，人民法院应予支持；特定账户内的款项不足以清偿债务或者未设立特定账户，质权人请求折价或者拍卖、变卖项目收益权等将有的应收账款，并以所得的价款优先受偿的，人民法院依法予以支持。"

根据上述规定，若项目公司未按约还款或存在其他违约事由，质权人（债权人）可直接通过为电费收益权设立的特定账户内的款项优先受偿。若特定账户内的款项不足以清偿债务或者未设立特定账户，质权人还可以请求折价或者拍卖、变卖电费收费权，并以所得的价款优先受偿。由于项目公司的主营收入为电费，一旦电费被质权人优先受偿，或电费收益权被拍卖、变卖，将严重影响项目公司的经营收入，进而损害收购方的相应权益。

因此，在股权收购前，收购方需督促项目公司（债务人）与质权人（债权人）积极协商、谈判偿还债务，解除质押或置换质押物。

（二）资产被抵押的风险

《民法典》第 395 条规定："债务人或者第三人有权处分的下列财产可以抵押：（一）建筑物和其他土地附着物；（二）建设用地使用权；……（四）生产设备、原材料、半成品、产品……"和第 402 条规定："以本法第三百九十五条第一款第一项至第三项规定的财产或者第五项规定的正在建造的建筑物抵押的，应当办理抵押登记。抵押权自登记时设立。"以及，第 403 条规定："以动产抵押的，抵押权自抵押合同生效时设立；未经登记，不得对抗善意第三人。"第 410 条第 1 款规定："债务人不履行到期债务或者发生当事人约定的实现抵押权的情形，抵押权人可以与抵押人协议以抵押财产折价或者以拍卖、变卖该抵押财产所得的价款优先受偿。协议损害其他债权人利益的，其他债权人可以请求人民法院撤销该协议。"

由于光伏发电项目公司自有资产（不动产和动产）与光伏发电项目正常运营密切相关，若抵押权人（债权人）在光伏发电项目公司未按约定履行还款义务时，直接处分（如拍卖、变卖）被尽调企业抵押的资产，将直接导致项目公司丧失经营能力，严重损害收购方的相应权益。

因此，在股权收购前，收购方需要督促债务人与抵押权人（债权人）积极协商、谈判偿还债务，解除抵押或置换抵押物。

八、公司税务缴纳的相关风险

（一）税收基本情况

光伏发电项目公司需要缴纳的常规税收种类，主要为企业所得税、增值税、城市维护建设税、教育费附加税等，并且在法定期限内享有企业所得税"三免三减半"优惠政策，或因光伏发电项目位于国家西部地区而享有"西部大开发"税收优惠政策。

（二）未缴纳或未足额纳税的风险

《税收征收管理法》第 64 条第 2 款规定："纳税人不进行纳税申报，不缴或者少缴应纳税款的，由税务机关追缴其不缴或者少缴的税款、滞纳金，并处不缴或者少缴的税款百分之五十以上五倍以下罚款。"第 68 条规定："纳税人、扣缴义务人在规定期限内不缴或者少缴应纳或者应解缴的税款，经税务机关责令限期缴纳，逾期仍未缴纳的，税务机关除依照本法第四十条的规定采取强制执行措施追缴其不缴或者少缴的税款外，可以处不缴或者少缴的税款百分之五十以上五倍以下的罚款。"

若光伏发电项目公司未缴纳或未足额缴纳税款，会存在受到税务处罚的风险，并增加项目公司的潜在负债。因此，在股权收购前，收购方需督促项目公司就欠税金额向当地税务部门咨询，并与转让方协商、确定该税收款项的处置方案。

九、公司行政处罚的相关风险

光伏发电项目公司普遍存在因"未批先建"受到国土部门的行政处罚，或未办理环境影响评价手续、水土保持审批手续受到监管部门的行政处罚，究其原因主要为光伏发电项目公司为了赶项目施工建设的进度，争取获得可再生能源补贴电价，经常在尚未办理建设用地审批、环境影响评价、水土保持审批手续等，或用地尚未转为建设用地之前开工建设。

基于笔者对光伏发电项目用地合法性问题在本章第四节和第五节已作详细论述，本节便不再阐述。对于项目公司因未批先建或未办理相关审批手续被查处的，项目公司不仅应及时缴纳罚款，还需要办理相应的用地审批、环评、水保审批等手续。否则，项目公司仍存在被监管部门再次处罚甚至强制执行的风险。

十、公司诉讼、执行未结的相关风险

近年来，随着光伏行业迅速发展，一旦项目公司拖欠工程款、逾期偿还借款，便极易引发相关纠纷。尤其在前述纠纷无法通过协商解决时，债权人为了实现债权或保障自身权益，往往会采取诉讼的方式，将项目公司起诉至法院或申请仲裁，查封、冻结项目公司股东所持股权、电费收益权、自有资产（光伏发电项目设备设施、固定建筑物、土地使用权等），在取得胜诉判决/裁决后，若项目公司仍未履行相应判决/裁决的，债权人便会通过法院强制执行程序，拍卖、变卖项目公司股权、电费收益权和相关资产等，以清偿债务，解决纠纷。

尽调过程中，当笔者发现项目公司存在多起或仅一两起（但足以颠覆项目公司）未完结的诉讼/仲裁、执行案件时，往往表明项目公司即将或已经陷入严重的债务危机，其股权、自有资产等处于随时被处置的状态。一旦项目公司股权、资产被执行完毕，项目公司将仅剩个空壳，收购目标也无法实现。对此，笔者不仅需要提示收购方关注此类风险，还需要明示收购方结合自身风险接受度判断是否接受该类风险。

十一、公司向用户直接供电的相关风险

光伏发电项目按照类型划分，有集中式光伏发电项目和分布式光伏发电项目。由于类型不同，两类光伏发电项目实行的运营模式也不同，集中式光伏发电项目的运营模式为全额上网，即项目的全部发电量由电网企业（国家电网/南方电网等）按照当地光伏电站标杆上网电价收购。分布式光伏发电项目的运营模式为：①全额自发自用，即项目的全部发电量由电力用户（一家或多家）按照约定电价收购；②自发自用、余电上网，即项目的部分发电量由电力用户按照约定电价收购，部分发电量由电网企业按照当地光伏电站标杆上网电价收购；③全额上网（同上）。实践中，分布式光伏发电项目的运营模式可以通过办理备案变更或重新备案的方式，从"全额上网"转为"自发自用、余电上网"或从"自发自用、余电上网"转为"全额上网"。对于集中式光伏发电项目，现有规定或政策并未明确除了"全额上网"外，可以转换为其他模式。故本部分仅对在未有规定或政策允许的情况下，集中式光伏发电项目变更运营模式，未全额上网，尤其向电网企业之外的第三方用户直

接供电的风险进行阐述。

《光伏电站项目管理暂行办法》第 24 条规定："电网企业应采取系统性技术措施，完善光伏电站并网运行的调度技术体系，按照法律规定和有关管理规定保障光伏电站安全高效并网运行，全额保障性收购光伏电站的发电量。"

国家能源局《关于进一步加强光伏电站建设与运行管理工作的通知》之规定："十、……对并网运行项目的全额上网情况进行监管，对未能全额上网的，要查明原因，认定责任，督促相关方限期改正，并将情况上报国家能源局。……"

根据上述规定，若项目公司未按照上述规定全额上网，存在受到电力监管机构责令限期改正的风险。同时，由于现有规定或政策并未允许集中式光伏发电项目向电网企业之外的第三方直接供电，若项目公司擅自向第三方（用户）直接供电，亦存在受到电力监管机构责令限期改正的风险。因此，出现此类情况时，笔者需要提示收购方关注该类风险，以及在股权收购前，由收购方督促项目公司停止此类违规的情况。

第二章
尽职调查现场工作指引

概　述

相信根据第一章的知识要点和一些常规尽职调查的文书模板，即使没有实际操作过光伏发电项目尽职调查的读者，可能对光伏发电项目的尽调也跃跃欲试了。那么，是否这样就可以冲到现场开展尽职调查了呢？俗话说，知易行难。在具体的尽调工作中，经常会遇到超出原有预设知识点范围以外的问题，也很可能会遇到并非知识点上的问题。尽职调查现场工作要干什么，在很多作品中都有介绍和提炼，笔者就不再赘述。本书第一章是完全围绕着光伏发电项目进行的知识提炼和介绍。从本章开始，笔者会有意识地从单一针对光伏发电项目尽调的分享，逐步延展至所有法律尽调项目的普遍性问题的分享。本章主要内容有：光伏发电项目的专用文书模板、何为"尽职免责"、如何"尽职免责"、现场调查常规可能遇到的困难和意外情况以及一些极端特殊的尽调现场遇到的情况。

第一节　光伏发电项目法律尽职调查指引及文书模板

"工欲善其事，必先利其器"，我们在每次"打仗"前，必先厉兵秣马。任何一个法律尽职调查，都需要在项目入场尽调前进行有效的准备。提前准备，能在入场时心中有底，对项目基本情况已有大致判断，对现场尽调更有掌控，提高现场尽调的效率，提高客户的满意度。因此，在进入项目现场之前，笔者会内部研讨，进行一次"模拟尽调"，即提前研究此次尽职调查的目的是什么、如何开展尽职调查才能使后续尽调工作有条不紊地进行。下面笔者就来详谈这两个问题：

第一，尽职调查的目的是什么？就收购光伏发电项目为例，尽职调查的目的是发现并提示拟收购光伏发电项目的法律风险，为客户拟定谈判及为收购方案提供支持。笔者确定的尽调方向是：首先，从目标公司层面出发，需要调查其历史沿革、股权变更（如是否涉及"倒卖路条"）、重大资产、债权债务（如应收国补、融资租赁负债）、对外担保（如光伏设备被抵押、电费收益权被质押）、劳动用工和诉讼仲裁等风险；其次，对目标项目进行全面调查，包括项目的备案、用地、环保、建设等方面的合规性，是否进入国补清单、是否按时收到国补款、是否缴纳了土地使用税或耕地占用税、限电消纳情况等内容。

第二，如何开展尽职调查？笔者将从入场前的准备、现场工作以及离场后的报告起草三个阶段进行分享。

入场前的准备阶段包括初次接触客户、与客户进行事前沟通、与目标公司沟通等环节。笔者在正式展开法律尽职调查之前会通过网络核查、当面交谈或线上交谈等方式了解客户诉求、项目背景、客户前期工作进展情况、进入现场工作的时间和进度安排等事项。同时，笔者会通过客户向目标公司提供资料清单，要求目标公司按照清单提供资料，在获取资料后逐一核查资料的完整性，初步判断法律风险点，必要时，须沟通目标公司补充资料。

现场工作阶段包括收集、核实项目资料，访谈项目负责人，现场实地探勘，走访政府部门。首先，在进入项目现场后，翻阅目标公司提供的资料原件，核查电子版资料与原件是否一致。其次，对目标公司的相关人员进行直接访谈，求证我们在资料核查阶段所发现的问题。在访谈之前，笔者需要对公司的访谈对象进行梳理，提前准备访谈清单。对于成立较早、治理结构较为复杂的目标公司，笔者可能还会分部门分层级有针对性地展开访谈。大部分光伏发电项目所在的目标公司项下资产比较简单，高管也通常未实际履职，仅需要对开发人员、财务人员，或者部分熟悉项目情况的高管人员进行访谈即可。再次，正所谓"百闻不如一见"，实地核查项目现场，核查实物与资料反映的情况是否一致，能否发现书面资料不能反映的问题。最后，鉴于大部分资料都是由目标公司提供，访谈对象也是目标公司员工。虽然签署了承诺与保证等书面文件，但并不能排除存在提供虚假信息的情形，因此仍需前往工商、土地、环保等行政部门了解情况，尽可能地核查信息的真实性和权威性。

离场后的报告阶段主要指起草法律尽职调查报告初稿、评审、定稿。法律尽职调查报告是笔者工作的成果，报告不仅需要对目标公司信息准确完整地呈现，更需对存在的法律问题进行深入准确的分析，并给出可行的解决建议。因其重要性，笔者所在律所建立了严格的内控制度，尽职调查报告提交给客户前会进行多次的内部审核和修改。报告提交给客户后，客户还可能会就报告召开专业评审会，由笔者对尽调报告进行详细的解读，对客户关注的重点问题进行回答。尽职调查报告在完成内部和外部的审核后，才能正式定稿，作为客户后期谈判和收购的参考依据之一。

以光伏发电项目为例，根据笔者多年法律尽职调查的实务操作经验，总结出以下尽调基本流程：

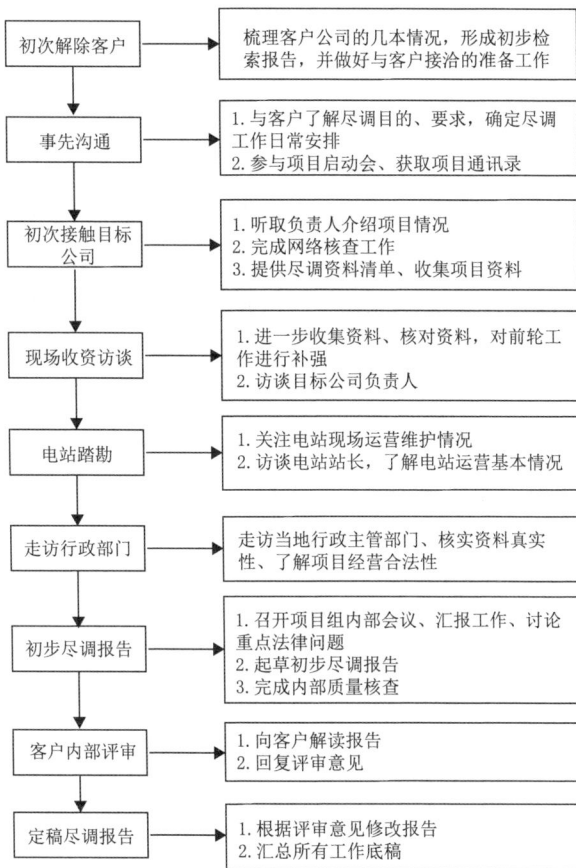

初次解除客户	→	梳理客户公司的几本情况，形成初步检索报告，并做好与客户接洽的准备工作
事先沟通	→	1.与客户了解尽调目的、要求，确定尽调工作日常安排 2.参与项目启动会、获取项目通讯录
初次接触目标公司	→	1.听取负责人介绍项目情况 2.完成网络核查工作 3.提供尽调资料清单、收集项目资料
现场收资访谈	→	1.进一步收集资料、核对资料，对前轮工作进行补强 2.访谈目标公司负责人
电站踏勘	→	1.关注电站现场运营维护情况 2.访谈电站站长，了解电站运营基本情况
走访行政部门	→	走访当地行政主管部门、核实资料真实性、了解项目经营合法性
初步尽调报告	→	1.召开项目组内部会议、汇报工作、讨论重点法律问题 2.起草初步尽调报告 3.完成内部质量核查
客户内部评审	→	1.向客户解读报告 2.回复评审意见
定稿尽调报告	→	1.根据评审意见修改报告 2.汇总所有工作底稿

在上述工作中，研发并建立完善的各类尽调文书模板，定期优化并组织项目组成员系统性学习，是必不可少的工作之一。如此可支持新加入项目组

的律师快速学习，在项目组其他律师的指导下即可上手。同时，模板的准备和内部的培训，能够保证工作的效果和质量。最终形成事半功倍的效果。本节也附上了法律尽职调查全流程的文书模板，供读者参考与使用。

下面就以光伏发电项目为例，给大家分享笔者项目组的法律尽职调查实操办法。本书其他章节已有的问题，在此不再赘述。

一、通过网络渠道了解目标公司及目标项目情况

在新业务接洽时，笔者即安排中台组[1]参与，开展初步尽调工作，工作内容包括：

第一，初步检索客户对于新能源项目的战略布局、工作安排等资料，便于快速了解客户对于目标公司可能的工作规划。

第二，对目标公司进行网络尽调，运用表单打卡的方式，结合网络调查清单和初步尽调文件的模板，完成网调工作。形成的初步尽调文件，中台组将呈现给尽调律师，便于尽调律师对目标公司形成初步的轮廓性印象。这个文件也可以同步发送给客户，便于客户同步消化信息，随时与客户保持良好互动。网络尽调清单主要包括目标公司的股权结构、历史沿革、股权质押、知识产权、发电资质、税收情况、担保登记、诉讼、仲裁、行政处罚、发电补贴、土地情况等基本信息。在此过程中，我们会留存底稿（包括网站访问时间、内容及文件），夯实网调工作，网络调查清单如下：

内容	检索内容	网站名称	网站地址	备注
股权情况	目标公司股权结构、历史沿革、股权质押及股东情况	全国企业信用信息公示系统	http://gsxt.saic.gov.cn/	官方网站，公开信息可信度高
		各省、市级工商局网站	/	
		企查查	http://www.qichacha.com	第三方网站，用于参考和查漏补缺
		启信宝	http://www.qixin.com	
		天眼查	https://www.tianyancha.com	

[1] 中台组是律所给律师赋能的平台，提供业务辅助、品牌宣传、行政服务、数据支撑、知识管理、培训活动、资源渠道乃至营销案源等各类支持。

续表

内容	检索内容	网站名称	网站地址	备注
知识产权	目标公司知识产权情况	国家知识产权局商标局	http://wcjs. sbj. cnipa. gov. cn/txnT01. do	/
		中国及多国专利审查信息查询	http://cpquery. cnipa. gov. cn/txnPantentInfoList. do? inner - flag： open - type = window&inner - flag： flowno = 1650614859754	
资质信用情况	资质与信用情况	国家能源局电力业务资质管理中心	http://zizhi. nea. gov. cn	可查询目标公司发电资质
		信用能源	http://www. creditenergy. gov. cn/main	可查询目标公司的处罚、许可、失信惩戒信息
	建筑类资质	全国建筑市场监管公共服务平台	http://jzsc. mohurd. gov. cn/home	可查询承包方的施工资质
税收情况	目标公司税收信息	国家税务总局	http://www. chinatax. gov. cn/chinatax/n810346/in-dex. html	可查询目标公司重大税收违法案件信息
担保登记	目标公司担保情况	中国人民银行征信中心动产融资统一登记公示系统	https://www. zhongdeng-wang. org. cn	可查询项目下是否存在融资租赁债务，发电设备、应收账款是否被抵押质押

续表

内容	检索内容	网站名称	网站地址	备注
诉讼、仲裁、行政处罚情况	目标公司涉诉情况	中国裁判文书网	https://wenshu.court.gov.cn	/
	失信情况	中国执行信息公开网	http://zxgk.court.gov.cn	
	行政处罚情况	信用中国	https://www.creditchina.gov.cn	
	其他	威科先行	http://www.wkinfo.com.cn/login/index	
		Alpha工作台	https://alphalawyer.cn/#/app/work-plat	
发电补贴	发电补贴情况	国网新能源云	https://sgnec.esgcc.com.cn	是否进入国补目录/清单
		国家能源局可再生能源信息管理平台	http://djfj.renewable.org.cn/default/coframe/auth/login/login.jsp	
土地	土地规划、产权	自然资源部	http://www.mnr.gov.cn	查询国土空间规划
		住房和城乡建设部	https://www.mohurd.gov.cn	查询施工许可证、不动产权证
其他	环保情况	企业环保信息公示网	http://www.ouryq.com	/
	水土保持情况	水土保持网	http://stbcw.com	水土保持验收公示信息
	碳排放权情况	全国碳排放权注册登记系统	http://www.tanjiaoyi.com/ets-2821	可查询目标公司碳排放权信息
		中国绿色电力证书认购交易平台	https://www.greenenergy.org.cn/gctrade/shop/index.html	可查询绿证交易的数据信息

二、向被尽调方收集并核查资料

入场之前，笔者会通过客户与目标公司的对接人取得联系，向其提供法律尽职调查资料清单，督促目标公司以最快速度提供项目资料的电子版，便于笔者入场前浏览完成，快速对目标项目和目标公司的基本情况形成概念，对于此时形成的问题，同步做好记录，笔者将会在现场收集资料及后续现场考察、走访政府部门的环节中予以核实。

笔者将常用的资料清单模版分享如下，供大家参考：

1. 填表说明

本次尽职调查的主要目的是对贵公司的情况进行全面、深入的了解，公司对尽职调查所涉问题的回答以及提供的相关书面文件资料是本次尽职调查工作的重要基础，请公司予以配合。

本次尽职调查填报单位为××（下称"公司"）。

（1）请填报单位组织了解具体情况的部门或人员准备材料，各项问题的回答应如实、准确、完整，涉及公司、单位的名称应采用全称。

（2）请填报单位就本清单中所要求提供的文件或需要回答的问题根据要求逐一提供文件或回答问题，回答问题请以文字直接填写在问题下面；问题中要求提供的资料，作为附件附在清单答卷后面。如果不适用，请逐一标注并说明"不适用"的原因；如无法提供资料，请逐一说明资料无法提供的原因（如有资料单查找不到等）。清单中所列各类法律文件的有关内容如有所重复，请予以说明；如清单中的几个文件内容共存于一份文件之中，可将该份文件总体提供后，在清单答卷的具体条目中注明文件指向。所有资料，请尽量提供以原件进行扫描的扫描件，并请同时准备相应的复印件。

（3）请填报单位在所提供的书面文件附件右上方页角标注对应的问题序号。

（4）除非本清单另有说明，本清单所要求提供的文件资料均为扫描件及复印件，本所将根据需要对重要法律文件的复印件之原件进行现场核查。

（5）请将清单答卷及附件按顺序装订成册。请将文件以易于装卸的方式（如打孔活页）装订入文件夹或归入文件盒，请不要以热熔或其他不便于拆卸复印的方式进行装订。

（6）填报单位的法定代表人或负责人应当对整个尽职调查及在此过程中

提供的所有书面文件资料的真实性、准确性、完整性、合法性负责，保证所提供的文件资料的复印件/扫描件与原件一致、副本与正本一致，并在尽职调查文件封面、承诺函签字并加盖公章及骑缝章。

（7）如本清单有未列或未明确列出但可能对企业造成重大影响的事件或文件，请自行进行说明并提供相关文件。

（8）随着尽职调查工作的进一步深入，本所律师有可能会向填报单位提交补充法律尽职调查清单，要求填报单位提供补充材料并补充回答相关问题，并可能对有关人员进行访谈并作笔录。届时请各填报单位及有关人员予以配合。

（9）填报单位如对问题清单存在任何疑问，请按照如下联系方式与北京德恒（重庆）律师事务所律师联系，以确保在理解问题含义及意图后再回答问题和提供资料。

北京德恒（重庆）律师事务所律师的联系方式如下：

姓名	手机	电子邮箱

（10）请填报单位提供清单书面答卷及装订成册的附件（一式一份）和清单书面回复电子版。对于贵单位在尽职调查过程中提供的任何支持和配合，我们深表感谢！

2. 填报单位基本情况一览表

企业概况				
单位名称		统一信用代码		
住所				
经营范围				
企业类型				

续表

登记机关		是否已向工商局提交近两年的企业年度公示报告		
指定尽职调查负责人基本信息				
姓名		性别		职务
联系方式	电话	手机		电子邮箱

3. 填报单位承诺书

　　本单位保证已经根据收到的尽职调查清单提供了尽职调查所需要的文件资料，保证所提供资料和信息的真实、准确、完整、合法，不存在虚假、重大遗漏和误导性陈述，并保证所提供的文件资料的复印件与原件一致、副本与正本一致。

　　　　　　填报单位：

　　　　　　　　　　　　法定代表人或指定尽职调查负责人签字：

　　××年××月××日

4. 资料清单模板

文件类别	已提供的该类文件名称	有该类文件的请选择"有"，暂时无法提供的，请选择"待提供"；无该类文件的请选择"无"；有其他情况请说明
一、对目标公司的核查		
（一）历史沿革和企业基本信息		
企业设立与历史沿革的文件		

·211·

文件类别	已提供的该类文件名称	有该类文件的请选择"有",暂时无法提供的,请选择"待提供";无该类文件的请选择"无";有其他情况请说明
工商资料 (提示:请企业至工商部门调取除年检信息之外的全套工商存档资料,及最新的企业信息简表。*该资料对我们的尽职调查非常重要,请务必尽早完成*)		有□ 待提供□ (月 日前提供) 无□ 其他说明:
验资报告及评估报告		(提示:部分相关材料也可从本清单"1.1"复印后,重新整理、归档和装订)
(1) 由会计师出具的企业成立时及历次变更注册资本的验资报告		有□ 待提供□ (月 日前提供) 无□ 其他说明:
(2) 企业设立、注册资本和股权结构变更时的评估报告及有关政府机关对评估报告的确认、备案或批复 (如适用)		有□ 待提供□ (月 日前提供) 无□ 其他说明:
(3) 国有产权登记证 (如适用)		有□ 待提供□ (月 日前提供) 无□ 其他说明:
政府及行业主管部门批文		
(1) 企业设立的政府、国资主管机关批文 (如适用)		有□ 待提供□ (月 日前提供) 无□ 其他说明:
(2) 企业变更经营范围的政府及主管部门批文 (如适用)		有□ 待提供□ (月 日前提供) 无□ 其他说明:
(3) 企业对外投资的政府及主管部门的批文 (如适用)		有□ 待提供□ (月 日前提供) 无□ 其他说明:
章程及其修订		(提示:部分相关材料也可从本清单"1.1"复印后,重新整理、归档和装订)
(1) 最新的企业章程		有□ 待提供□ (月 日前提供) 无□ 其他说明:
(2) 设立时的企业章程		有□ 待提供□ (月 日前提供) 无□ 其他说明:

文件类别	已提供的该类文件名称	有该类文件的请选择"有",暂时无法提供的,请选择"待提供";无该类文件的请选择"无";其他情况请说明
(3) 历次章程修改案 (提示:注明历次章程修正案的日期)		有□　待提供□（　月　日前提供） 无□　其他说明:
股权变动及收购兼并		(提示:部分相关材料也可从本清单"1.1"复印后,重新整理、归档和装订)
(1) 相关董事会、股东会决议 (提示:交易双方的均需提供)		有□　待提供□（　月　日前提供） 无□　其他说明:
(2) 评估报告及政府部门对评估结果的核准或备案（如适用）		有□　待提供□（　月　日前提供） 无□　其他说明:
(3) 政府部门对产权转让的批复（如适用）		有□　待提供□（　月　日前提供） 无□　其他说明:
(4) 产权交易所相关文件,包括但不限于公开转让公告、中标确认书等（如适用）		有□　待提供□（　月　日前提供） 无□　其他说明:
(5) 产权转让协议或划转文件 (提示:指股权转让协议、增资协议、股份代持协议、股份认购协议等与公司股权现状及变更相关的协议、合同、资产转让或受让协议、资产交割确认文件)		有□　待提供□（　月　日前提供） 无□　其他说明:
(6) 转让价款的支付凭证		有□　待提供□（　月　日前提供） 无□　其他说明:
企业基本信息		
(1) 最新经年检的企业法人营业执照/营业执照		有□　待提供□（　月　日前提供） 无□　其他说明:
(2) 历史上工商局核发的和历次换发的企业法人营业执照/营业执照		有□　待提供□（　月　日前提供） 无□　其他说明:
(3) 企业主营业务说明		有□　待提供□（　月　日前提供） 无□　其他说明:
(4) 企业股权结构图		有□　待提供□（　月　日前提供） 无□　其他说明:

文件类别	已提供的该类文件名称	有该类文件的请选择"有",暂时无法提供的,请选择"待提供";无该类文件的请选择"无";有其他情况请说明
(5) 企业内部组织结构图		有□ 待提供□ (月 日前提供) 无□ 其他说明:
(二) 目标公司的股东和对外股权投资		
股东基本情况		
(1) 法人股东最新的经年检的企业法人营业执照(适用于法人);身份证复印件(适用于自然人)		有□ 待提供□ (月 日前提供) 无□ 其他说明:
(2) 法人股东最新经年检的税务登记证、组织机构代码证及国有产权登记证(如适用)		有□ 待提供□ (月 日前提供) 无□ 其他说明:
(3) 法人股东现行有效的章程		有□ 待提供□ (月 日前提供) 无□ 其他说明:
(4) 法人股东同意对外投资的董事会、股东会决议或其他权力机关的决议/审批文件		有□ 待提供□ (月 日前提供) 无□ 其他说明:
2.2 工会、持股会持股及代持股(如适用)		
请说明企业、下属企业或股东中,目前或历史上是否存在持股会持股、工会持股或代持股等情形。如有,请提供全部相关资料(包括但不限于工会、持股会的全套工商资料、代持协议等)。		有□ 待提供□ (月 日前提供) 无□ 其他说明:
2.3 企业的对外投资		
请提供企业对外投资情况一览表(应包括该等企业的名称、注册地址、主要业务、出资结构、实缴出资情况,并提供该等企业最新的经年检的营业执照及最新的章程(提示:在本次调查范围内的企业,无需提供营业执照和章程)		有□ 待提供□ (月 日前提供) 无□ 其他说明:
(三) 物业及无形资产调查(光伏电站资产除外)		
3.1 物业清单		

续表

文件类别	已提供的该类文件名称	有该类文件的请选择"有",暂时无法提供的,请选择"待提供";无该类文件的请选择"无";有其他情况请说明
企业持有的土地使用权、房屋、建筑物等不动产物业清单(该清单内容包括:位置与坐落,土地面积或房屋建筑面积,取得物业时间、产权证号、是否抵押及查封、抵押价值等信息,无论是否已经取得权证。)		有□ 待提供□ (月 日前提供) 无□ 其他说明:
3.2 土地使用权		
(1) 企业持有的土地资产涉及的土地使用证,或其他能够证明企业拥有该土地使用权的相关文件(包括但不限于拍卖成交证明、法院判决书、仲裁裁决书等)及上述情况说明		有□ 待提供□ (月 日前提供) 无□ 其他说明:
(2) 国土管理部门关于建设用地的批准文件(包括同意土地出让或转让的批文)(如适用)		有□ 待提供□ (月 日前提供) 无□ 其他说明:
(3) 土地使用权出让合同或土地使用权转让合同及在国土管理部门的备案文件		有□ 待提供□ (月 日前提供) 无□ 其他说明:
(4) 土地出让金、土地使用权转让费、土地使用费缴纳凭证、契税完税凭证		有□ 待提供□ (月 日前提供) 无□ 其他说明:
(5) 征地费用的支付凭证,包括土地补偿费、安置补助费、地上附着物及青苗补偿费等(如适用)		有□ 待提供□ (月 日前提供) 无□ 其他说明:
3.3 房产		
(1) 企业持有的房屋所有权证,或其他能够证明企业拥有该房屋所有权的相关文件(包括但不限于购房合同、法院判决书、仲裁裁决书、不动产权证等)及情况说明		有□ 待提供□ (月 日前提供) 无□ 其他说明:
(2) 企业与其他单位联合建房的清单、联建合同及相关土地使用权证、房产所有权证;如果尚未取得土地使用权证以及房屋所有权证书,请说明原因,并提供报建和竣工验收文件(如适用)		有□ 待提供□ (月 日前提供) 无□ 其他说明:
(3) 关于企业物业的任何评估报告或调查报告(如适用)		有□ 待提供□ (月 日前提供) 无□ 其他说明:

文件类别	已提供的该类文件名称	有该类文件的请选择"有",暂时无法提供的,请选择"待提供";无该类文件的请选择"无";有其他情况请说明
(4) 企业委托他人代管物业的协议或授权书(如适用)		有□ 待提供□ (月 日前提供) 无□ 其他说明:
(5) 所有政府有关部门对企业物业进行征用、拆迁、冻结、查封等影响或可能影响该物业所有权和使用权的政府文件、行政决定、通知及司法文件等(如适用)		有□ 待提供□ (月 日前提供) 无□ 其他说明:
(6) 对企业所拥有的房地产的占有、使用、处置有所影响的任何条款、契约、协议、政府文件、行政决定、通知和司法文件等(如适用)		有□ 待提供□ (月 日前提供) 无□ 其他说明:
(7) 企业物业用于出租的,请提供租赁合同及租赁登记文件。(如适用)		有□ 待提供□ (月 日前提供) 无□ 其他说明:
3.4 租赁物业(如适用)		
(1) 企业作为合同之一方签署的且正在履行的土地使用权、房屋租赁合同		有□ 待提供□ (月 日前提供) 无□ 其他说明:
(2) 上述租赁土地使用权、房屋所有权的产权证明文件,及租赁登记文件,如出租方不是房地产权利人,请提交委托租赁协议或房地产权利人的授权文件/同意转租文件		有□ 待提供□ (月 日前提供) 无□ 其他说明:
(3) 请提供对企业所承租的房地产的占有、使用、处置有所影响的任何条款、契约、协议、政府文件、行政决定、通知和司法文件等		有□ 待提供□ (月 日前提供) 无□ 其他说明:
3.5 在建工程		
(1) 在建工程的清单,清单内容包括建设单位、地址、承建单位、建筑面积、计划投资金额(万元)、已投资金额(万元)、目前进展状况、项目相关批文等		有□ 待提供□ (月 日前提供) 无□ 其他说明:
(2) 企业拥有的在建项目的全部建筑许可性文件,包括但不限于土地使用权证、立项批复、环评报告、环评报告批复、环评报告及批复建设用地规划许可证、建设工程规划许可证、建设工程施工许可证、竣工验收文件(包括规划、环保、消防、工程质量验收等)		有□ 待提供□ (月 日前提供) 无□ 其他说明:

续表

文件类别	已提供的该类文件名称	有该类文件的请选择"有"，暂时无法提供的，请选择"待提供"；无该类文件的请选择"无"；其他情况请说明
（3）在建工程相关的合同。包括但不限于建设承包合同、监理合同、勘查及设计合同等		有□　待提供□（　月　日前提供） 无□　其他说明：
3.6 物业担保/权利受限情况		
（1）土地、房屋的权利受限清单，该清单内容应包括：权利限制的方式（如让与担保、未经权利人同意不得处置承诺、优先购买权承诺等）、设置权利限制的权利人、权利限制涉及的债务类型及规模、受限制的房地产的基本信息（坐落、面积、用途等）		有□　待提供□（　月　日前提供） 无□　其他说明：
（2）请提供上述抵押/权利受限的土地、房产相关的抵押担保协议、抵押登记文件、主债务合同、让与担保合同等设置权利限制的合同		有□　待提供□（　月　日前提供） 无□　其他说明：
3.7 商标（如有）		
（1）企业正在使用的注册商标清单及注册商标登记证明（通过受让方式取得的，还需要提供转让协议）		有□　待提供□（　月　日前提供） 无□　其他说明：
（2）正在申请的注册商标的申请文件及受理文件		有□　待提供□（　月　日前提供） 无□　其他说明：
（3）企业许可他人及/或他人许可企业使用或实施注册商标所签订的许可合同及相应的登记、备案文件		有□　待提供□（　月　日前提供） 无□　其他说明：
3.8 专利及专有技术（如有）		
（1）企业持有的专利清单及专利权证明文件（通过受让方式取得的，还需要提供转让协议）		有□　待提供□（　月　日前提供） 无□　其他说明：
（2）正在申请的专利的申请文件及受理文件		有□　待提供□（　月　日前提供） 无□　其他说明：
（3）企业拥有的未申请专利的其他专有技术清单		有□　待提供□（　月　日前提供） 无□　其他说明：

文件类别	已提供的该类文件名称	有该类文件的请选择"有"，暂时无法提供的，请选择"待提供"；无该类文件的请选择"无"；有其他情况请说明
（4）企业许可他人及/或他人许可企业使用或实施企业拥有的专利、专有技术所签订的许可合同及相应的登记、备案文件		有□ 待提供□ （ 月 日前提供） 无□ 其他说明：
3.9 软件著作权、域名及其他（如有）		
（1）企业拥有的软件著作权登记证书和软件产品登记证书		有□ 待提供□ （ 月 日前提供） 无□ 其他说明：
（2）企业许可他人及/或他人许可企业使用或实施计算机软件著作权所签订的许可合同及相应的登记、备案文件		有□ 待提供□ （ 月 日前提供） 无□ 其他说明：
（3）域名登记证书及其他登记或备案文件		有□ 待提供□ （ 月 日前提供） 无□ 其他说明：
（4）关于企业使用的互联网域名的协议、合同或其他文件，其中载明各域名的登记使用人的详情		有□ 待提供□ （ 月 日前提供） 无□ 其他说明：
（5）现有或潜在的有关商标、专利、专有技术、软件著作权、域名权属相关的争议或纠纷的详细情况说明		有□ 待提供□ （ 月 日前提供） 无□ 其他说明：
（6）企业已签订或待签订的其他限制商标、专利、专有技术、软件著作权、域名等资产行使权利的质押等担保行为		有□ 待提供□ （ 月 日前提供） 无□ 其他说明：
（七）其他		有□ 待提供□ （ 月 日前提供） 无□ 其他说明：
（四）其他资产调查		
4.1 主要设备		
（1）主要设备（指账面原值在人民币 500 万元以上的设备，或其他对企业经营影响较大的设备，具体标准由企业酌情判断）清单（包括设备的名称、型号、取得时间、成新度、折旧年限、原价、净值及报废或更新的可能等）		有□ 待提供□ （ 月 日前提供） 无□ 其他说明：
（2）主要设备购买合同及发票、海关报关单（如为进口设备）、产品合格证书		有□ 待提供□ （ 月 日前提供） 无□ 其他说明：

文件类别	已提供的该类文件名称	有该类文件的请选择"有"，暂时无法提供的，请选择"待提供"；无该类文件的请选择"无"；有其他情况请说明
4.2 运输工具		
（1）运输工具清单（包括名称、型号、取得时间、折旧年限、原价、净值、权利人及使用人名称）		有□　待提供□　（　月　日前提供） 无□　其他说明：
（2）运输工具的产权证、行驶证或购买合同及发票、海关报关单（如为进口）		有□　待提供□　（　月　日前提供） 无□　其他说明：
4.3 设备及运输工具的担保		
（1）企业的主要设备或运输工具之上设定的抵质押担保/权利受限清单，该清单内容包括：权利受限类型、权利人名称、所担保的债务金额、债务期限		有□　待提供□　（　月　日前提供） 无□　其他说明：
（2）如设定了抵质押担保，请提供抵押担保协议、抵押登记文件、主债务合同		有□　待提供□　（　月　日前提供） 无□　其他说明：
4.5 重大合同		
（1）重大合同的清单，包括合同对方名称、合同金额、合同有效期、合同履行情况说明等；关联交易清单，包括交易的内容、定价原则、结算方式、实际发生金额等		有□　待提供□　（　月　日前提供） 无□　其他说明：
（2）与当地政府的开发协议（如有）		有□　待提供□　（　月　日前提供） 无□　其他说明：
（3）勘察、设计、施工、监理、总承包、分包、转包等与项目建设相关的合同		有□　待提供□　（　月　日前提供） 无□　其他说明：
（4）电站运营维护合同		
（5）技术引进合同（如有）		有□　待提供□　（　月　日前提供） 无□　其他说明：
（6）资产收购、出售、置换、重组合同或协议		有□　待提供□　（　月　日前提供） 无□　其他说明：
（7）关联交易协议		有□　　　待提供□　（　月　日前提供） 无（　　其他说明：

文件类别	已提供的该类文件名称	有该类文件的请选择"有",暂时无法提供的,请选择"待提供";无该类文件的请选择"无";有其他情况请说明
(五)企业治理		
(1)企业最近三个会计年度及最近一期内,所有股东会、董事会和监事会议案和决议		有□ 待提供□ (月 日前提供) 无□ 其他说明:
(2)企业资产处置、兼并重组与产权管理制度		有□ 待提供□ (月 日前提供) 无□ 其他说明:
(3)企业招标及合同管理制度		有□ 待提供□ (月 日前提供) 无□ 其他说明:
(4)企业技术引进及知识产权管理制度(如有)		有□ 待提供□ (月 日前提供) 无□ 其他说明:
(5)商业秘密以及对其的保护措施、管理制度		有□ 待提供□ (月 日前提供) 无□ 其他说明:
(6)关联交易制度		有□ 待提供□ (月 日前提供) 无□ 其他说明:
(六)财务会计资料		
6.1 财务资料		
(1)企业最近三个会计年度的审计报告		有□ 待提供□ (月 日前提供) 无□ 其他说明:
(2)企业最近一期的财务报表及科目余额表		有□ 待提供□ (月 日前提供) 无□ 其他说明:
6.2 融资情况		
(1)企业正在履行的融资情况清单		有□ 待提供□ (月 日前提供) 无□ 其他说明:
(2)人民币及外汇借款合同(如适用)及相应的担保合同文件 (提示:达到有担保条款的借款合同与相应的担保合同吻合对应。担保合同的情况,可与本清单"0"整合提供)		有□ 待提供□ (月 日前提供) 无□ 其他说明:
(3)外汇借款的外债登记证(如适用)		有□ 待提供□ (月 日前提供) 无□ 其他说明:

文件类别	已提供的该类文件名称	有该类文件的请选择"有"，暂时无法提供的，请选择"待提供"；无该类文件的请选择"无"；有其他情况请说明
（4）融资租赁合同，如是国际融资租赁，还需提供相应的外债登记证（如适用）		有□　待提供□（　月　日前提供） 无□　其他说明：
（5）人民银行征信中心企业信用报告（自主查询版）		有□　待提供□（　月　日前提供） 无□　其他说明：
6.3 担保		
（1）企业是否以企业信誉和/或资产为实际控制人、企业股东、股东的下属企业、关联企业其他第三方企业或个人债务提供担保（包括但不限于保证担保、抵押担保和质押担保等）。如适用，请提供借款合同、协议、有关担保协议和/或其他有关文件，并说明主债务履行情况		有□　待提供□（　月　日前提供） 无□　其他说明：
（2）企业股东或其他方为企业债务提供的担保的，请提供担保协议、主债务合同及其他相关文件		有□　待提供□（　月　日前提供） 无□　其他说明：
（七）税务及财政补贴		
7.1 税务		
（1）企业的税务登记证（含国税、地税）		有□　待提供□（　月　日前提供） 无□　其他说明：
（2）企业目前所执行的税种、税率一览表；企业的进出口业务适用的关税、增值税以及其他税种的税率以及依据；企业纳税情况及代扣代缴情况说明；		有□　待提供□（　月　日前提供） 无□　其他说明：
（3）企业最近三个会计年度及最近一期享受的税收优惠政策，及其支持文件/依据		有□　待提供□（　月　日前提供） 无□　其他说明：
7.2 补助和补贴		
（1）企业最近三个会计年度及最近一期享受的补助及/或补贴清单（内容包括但不限于补助名称、补助数额、补助时间、受补助单位、拨款单位等）		有□　待提供□（　月　日前提供） 无□　其他说明：

文件类别	已提供的该类文件名称	有该类文件的请选择"有",暂时无法提供的,请选择"待提供";无该类文件的请选择"无";有其他情况请说明
(2) 国家或地方政府给予企业的任何一笔补助及/或补贴的协议、批准或其他安排的文件,以及政府机构对企业提供融资的情况说明及相应的融资协议等文件,包括法律、法规、政策对该等融资所作的限制		有□ 待提供□ (月 日前提供) 无□ 其他说明:
(八) 环保、安全生产		
8.1 环境保护		
(1) 废物排放申请和许可、排污许可证、环境保护设施合格证、排污标准合格证、环境监测报告、排污费缴纳凭证 (如有)		有□ 待提供□ (月 日前提供) 无□ 其他说明:
(2) 与公司相关的重大环境污染事故、政府任何检查以及有关的全部文件 (如有)		有□ 待提供□ (月 日前提供) 无□ 其他说明:
(3) 有关环境损害或责任的任何政府通知或警告或法院所发出的报告、命令、禁令、意见、批准、制裁或任何第三者的请求及索偿 (如有)		有□ 待提供□ (月 日前提供) 无□ 其他说明:
(4) 公司碳排放权注册登记文件、绿证信息,以及与碳排放交易的相关协议与登记文件 (如有)		有□ 待提供□ (月 日前提供) 无□ 其他说明:
8.2 生产安全		
(1) 国家、行业、企业所在地对于企业安全生产方面的法律、法规及政策等		有□ 待提供□ (月 日前提供) 无□ 其他说明:
(2) 企业执行的生产标准及生产安全制度等		有□ 待提供□ (月 日前提供) 无□ 其他说明:
(3) 公司保险 (包括但不限于财产险、董事责任险)		有□ 待提供□ (月 日前提供) 无□ 其他说明:
(九) 诉讼、仲裁或行政处罚		
(1) 最近三个会计年度及最近一期,企业、企业的控股企业、持有企业 5% 以上 (含 5%) 的主要股东 (追溯至实际控制人) 是否存在尚未了结的诉讼、仲裁和行政处罚案件。如有,请提供起诉状、上诉状、法院裁判文书、仲裁文书、行政处罚通知书、行政处罚决定书等文件		有□ 待提供□ (月 日前提供) 无□ 其他说明:

续表

文件类别	已提供的该类文件名称	有该类文件的请选择"有",暂时无法提供的,请选择"待提供";无该类文件的请选择"无";有其他情况请说明
(2) 最近三个会计年度及最近一期,企业、企业的控股企业、持有企业 5% 以上(含 5%)的主要股东(追溯至实际控制人)是否存在可预见的诉讼、仲裁和行政处罚案件。如有,请提相关文件		有□　待提供□（　月　日前提供） 无□　其他说明:
(3) 最近三个会计年度及最近一期,企业的董事长、总经理是否存在尚未了结的或可预见的诉讼、仲裁及行政处罚案件。如有,请提供相关文件		有□　待提供□（　月　日前提供） 无□　其他说明:
(十) 人员调查		
10.1 董监高名单及任职资格		
企业董事、监事、高管人员基本信息、简历及其在其他企业兼职的情况(提示:高管人员系指企业总经理、副总经理、财务负责人等人员,具体请与经办律师沟通后确定调查范围)		有□　待提供□（　月　日前提供） 无□　其他说明:
10.2 技术人员名单及调查		
请说明企业的所有技术人员的基本情况、简历		有□　待提供□（　月　日前提供） 无□　其他说明:
10.3 人员变化及其他调查		
请说明企业的董事、监事、高级管理人员及所有技术人员与企业签订的协议(如借款、担保协议、股权激励安排、聘用协议以及为稳定上述人员已采取及拟采取的措施)		有□　待提供□（　月　日前提供） 无□　其他说明:
10.4 劳动用工与社保、公积金		
(1) 与员工签订的劳动合同(如主要条款为标准条款,请提供若干样本)以及现行劳动(合同)管理制度		有□　待提供□（　月　日前提供） 无□　其他说明:
(2) 与所有技术员工签订的劳动合同、保密协议、竞业禁止协议等		有□　待提供□（　月　日前提供） 无□　其他说明:
(3) 员工情况说明,包括员工总数、工种等,并区分技术员工、非技术员工和临时工(农民工)的人数,并提供员工花名册		有□　待提供□（　月　日前提供） 无□　其他说明:

续表

文件类别	已提供的该类文件名称	有该类文件的请选择"有",暂时无法提供的,请选择"待提供";无该类文件的请选择"无";有其他情况请说明
(4) 关于为员工缴纳社会保险说明(包括缴纳社保的种类、费率、缴费人数、单位和个人的缴付比例),并提供社保缴纳的政策文件和依据		有□ 待提供□(月 日前提供) 无□ 其他说明:
(5) 社保登记证、社保缴纳凭证(截至最近一个缴纳时点)		有□ 待提供□(月 日前提供) 无□ 其他说明:
(6) 关于为员工缴纳住房公积金的说明(包括缴纳费率、缴费人数、单位和个人的缴纳比例等),并提公积金供缴的政策文件和依据		有□ 待提供□(月 日前提供) 无□ 其他说明:
(7) 住房公积金缴纳凭证		有□ 待提供□(月 日前提供) 无(其他说明:
与光伏电站建设及运营的合规性手续		
(一) 前期阶段		
申请项目核准或备案(由项目所在地省、市级发展和改革委员会出具,若下放至县级,须出具下放授权等证明文件)		有□ 待提供□(月 日前提供) 无□ 其他说明:
林地使用许可(包括临时占用林地许可)		有□ 待提供□(月 日前提供) 无□ 其他说明:
草地使用许可		有□ 待提供□(月 日前提供) 无□ 其他说明:
环境影响评估报告或表格;环境影响报告书/表批复		有□ 待提供□(月 日前提供) 无□ 其他说明:
用地预审意见(与备案机关级别一致)		有□ 待提供□(月 日前提供) 无□ 其他说明:
选址意见书(适用于划拨用地,如有)		有□ 待提供□(月 日前提供) 无□ 其他说明:
水土保持方案批复(包括水土保持费的缴纳凭证)		有□ 待提供□(月 日前提供) 无□ 其他说明:

续表

文件类别	已提供的该类文件名称	有该类文件的请选择"有",暂时无法提供的,请选择"待提供";无该类文件的请选择"无";有其他情况请说明
矿产压覆调查		有□　待提供□（　　月　　日前提供） 无□　其他说明：
文物保护调查		有□　待提供□（　　月　　日前提供） 无□　其他说明：
影响军事设施评估		有□　待提供□（　　月　　日前提供） 无□　其他说明：
地质灾害危险性评估		有□　待提供□（　　月　　日前提供） 无□　其他说明：
电网接入系统设计		有□　待提供□（　　月　　日前提供） 无□　其他说明：
节能审查（发改环资规〔2017〕1975号文实施后光伏电站不再单独进行节能审查）		有□　待提供□（　　月　　日前提供） 无□　其他说明：
安全生产条件和设施综合分析报告		有□　待提供□（　　月　　日前提供） 无□　其他说明：
职业病危害预评价		有□　待提供□（　　月　　日前提供） 无□　其他说明：
送出线路核准（送出工程核准和项目核准一致,也须取得前期的各支持性文件）		有□　待提供□（　　月　　日前提供） 无□　其他说明：
社会稳定风险评估		有□　待提供□（　　月　　日前提供） 无□　其他说明：
民用机场安全环境保护意见（如有）		有□　待提供□（　　月　　日前提供） 无□　其他说明：
（其他法律手续,根据项目特性添加）		有□　待提供□（　　月　　日前提供） 无□　其他说明：
（二）施工准备阶段		
（1）工程招投标手续（如：中标通知书）		有□　待提供□（　　月　　日前提供） 无□　其他说明：

文件类别	已提供的该类文件名称	有该类文件的请选择"有",暂时无法提供的,请选择"待提供";无该类文件的请选择"无";有其他情况请说明
(2) 建设用地规划许可		有□ 待提供□ (月 日前提供) 无□ 其他说明:
(3) 建筑工程规划许可		有□ 待提供□ (月 日前提供) 无□ 其他说明:
(4) 建筑工程施工许可		有□ 待提供□ (月 日前提供) 无□ 其他说明:
(5) 消防设计审核及备案		有□ 待提供□ (月 日前提供) 无□ 其他说明:
(6) 防雷设计审核及备案		有□ 待提供□ (月 日前提供) 无□ 其他说明:
(7) 取水用水手续(如有)		有□ 待提供□ (月 日前提供) 无□ 其他说明:
(三) 主体工程施工阶段		
(1) 质量监督		有□ 待提供□ (月 日前提供) 无□ 其他说明:
(2) 技术监督		有□ 待提供□ (月 日前提供) 无□ 其他说明:
(3) 水保监测		有□ 待提供□ (月 日前提供) 无□ 其他说明:
(4) 职业病危害因素监测		有□ 待提供□ (月 日前提供) 无□ 其他说明:
(5) 粉尘监测		有□ 待提供□ (月 日前提供) 无□ 其他说明:
(6) 污水监测		有□ 待提供□ (月 日前提供) 无□ 其他说明:
(7) 噪音监测		有□ 待提供□ (月 日前提供) 无□ 其他说明:

文件类别	已提供的该类文件名称	有该类文件的请选择"有",暂时无法提供的,请选择"待提供";无该类文件的请选择"无";有其他情况请说明
(8) 垃圾监测		有□　待提供□ (　月　日前提供) 无□　其他说明:
(9) 光污染监测		有□　待提供□ (　月　日前提供) 无□　其他说明:
(四) 工程启动试运验收阶段		
(1) 质量监督机构验收		有□　待提供□ (　月　日前提供) 无□　其他说明:
(2) 发电预许可		有□　待提供□ (　月　日前提供) 无□　其他说明:
(3) 最新版签订并网调度协议		有□　待提供□ (　月　日前提供) 无□　其他说明:
(4) 电价批复手续		有□　待提供□ (　月　日前提供) 无□　其他说明:
(5) 并网启动验收		有□　待提供□ (　月　日前提供) 无□　其他说明:
(6) 最新版高压供用电合同		有□　待提供□ (　月　日前提供) 无□　其他说明:
(7) 最新版签订购售电合同		有□　待提供□ (　月　日前提供) 无□　其他说明:
(8) 工程启动验收鉴定书		有□　待提供□ (　月　日前提供) 无□　其他说明:
(五) 工程试运和移交生产验收阶段		
(1) 工程试运和移交生产验收		有□　待提供□ (　月　日前提供) 无□　其他说明:
(2) 质量监督投运备案证书		有□　待提供□ (　月　日前提供) 无□　其他说明:
(六) 各专项验收文件		

续表

文件类别	已提供的该类文件名称	有该类文件的请选择"有",暂时无法提供的,请选择"待提供";无该类文件的请选择"无";有其他情况请说明
(1)环保验收		有□ 待提供□ (月 日前提供) 无□ 其他说明:
(2)水保验收		有□ 待提供□ (月 日前提供) 无□ 其他说明:
(3)安全验收		有□ 待提供□ (月 日前提供) 无□ 其他说明:
(4)消防验收		有□ 待提供□ (月 日前提供) 无□ 其他说明:
(5)防雷验收		有□ 待提供□ (月 日前提供) 无□ 其他说明:
(6)计量验收		有□ 待提供□ (月 日前提供) 无□ 其他说明:
(7)档案验收		有□ 待提供□ (月 日前提供) 无□ 其他说明:
(七)工程竣工验收文件		
(1)工程竣工验收手续		有□ 待提供□ (月 日前提供) 无□ 其他说明:
(2)不动产产权手续		有□ 待提供□ (月 日前提供) 无□ 其他说明:
(3)电力业务许可(包括机组页面)		有□ 待提供□ (月 日前提供) 无□ 其他说明:
(八)农光互补验收文件		
农光互补实施方案验收(包括农业种植方式、通过有关部门验收文件)		有□ 待提供□ (月 日前提供) 无□ 其他说明:
(九)土地手续		
(1)综合楼和升压站的规划许可		有(待提供□ (月 日前提供) 无□ 其他说明:

续表

文件类别	已提供的该类文件名称	有该类文件的请选择"有"，暂时无法提供的，请选择"待提供"；无该类文件的请选择"无"；有其他情况请说明
（2）综合楼和升压站的建设用地申请及批复		有□ 待提供□ （ 月 日前提供） 无□ 其他说明：
（3）综合楼和升压站的土地出让/租赁/划拨手续		有□ 待提供□ （ 月 日前提供） 无□ 其他说明：
（4）综合楼和升压站的不动产权证书		有□ 待提供□ （ 月 日前提供） 无□ 其他说明：
（5）光伏场区的未利用地租赁/承包协议（包括备案文件）		有□ 待提供□ （ 月 日前提供） 无□ 其他说明：
（6）光伏场区的林光互补方案备案（如有）		有□ 待提供□ （ 月 日前提供） 无□ 其他说明：
（7）光伏场区的一般农用地租赁协议		有□ 待提供□ （ 月 日前提供） 无□ 其他说明：
（8）光伏场区的复合农业建设方案的备案手续（如有）		有□ 待提供□ （ 月 日前提供） 无□ 其他说明：
（9）光伏场区的农用地转建设用地手续		有□ 待提供□ （ 月 日前提供） 无□ 其他说明：
（10）光伏场区的村民大会的表决意见（包括：表决意见签字页）		有□ 待提供□ （ 月 日前提供） 无□ 其他说明：
（11）光伏场区的其他手续（根据项目特定添加）		有□ 待提供□ （ 月 日前提供） 无□ 其他说明：
（12）道路的规划许可		有□ 待提供□ （ 月 日前提供） 无□ 其他说明：
（13）道路的建设用地申请及批复		有□ 待提供□ （ 月 日前提供） 无□ 其他说明：
（14）道路的土地/划拨手续		有□ 待提供□ （ 月 日前提供） 无□ 其他说明：
（15）道路的不动产权证书		有□ 待提供□ （ 月 日前提供） 无□ 其他说明：

续表

文件类别	已提供的该类文件名称	有该类文件的请选择"有",暂时无法提供的,请选择"待提供";无该类文件的请选择"无";有其他情况请说明
(16)《道路改扩建协议》如有)		有□ 待提供□ (月 日前提供) 无□ 其他说明:
(17)《道路使用协议》(如有)		有□ 待提供□ (月 日前提供) 无□ 其他说明:
(18) 道路的其他方式相关手续		有□ 待提供□ (月 日前提供) 无□ 其他说明:
(19) 送出线路的征地补偿协议(适用"以补代征")		有□ 待提供□ (月 日前提供) 无□ 其他说明:
(20) 送出线路的规划许可		有□ 待提供□ (月 日前提供) 无□ 其他说明:
(21) 送出线路的建设用地申请及批复		有□ 待提供□ (月 日前提供) 无□ 其他说明:
(22) 送出线路的土地出让/划拨手续		有□ 待提供□ (月 日前提供) 无□ 其他说明:
(23) 送出线路的不动产权证书		有□ 待提供□ (月 日前提供) 无□ 其他说明:
(十)电价补贴	有□ 待提供□ (月 日前提供) 无□ 其他说明:	
(1) 电费结算单		有□ 待提供□ (月 日前提供) 无□ 其他说明:
(2) 补贴目录/清单、新能源云平台申报截图(包括基本信息、指标信息、核准备案信息、接入系统信息、并网信息、电价信息、申报承诺书、审核详情页面)		有□ 待提供□ (月 日前提供) 无□ 其他说明:

三、访谈目标公司相关负责人

笔者在进入项目现场前,会依据目标公司反馈的资料初步核查。为确保资料提供得准确及完整,笔者在进入项目现场后将进一步收集资料及核对资料原件。对于笔者通过资料所了解的情况,无论笔者认为是否完整、清晰,均需与项目负责人当面或线上沟通确认，并形成书面访谈笔录。

在访谈之前，笔者需要对公司的访谈对象进行梳理，一般来说，规模较小目标公司的尽调工作通常会归口于同一人，但规模较大的公司内部有明确的职责分工，如整体负责人（总经理、执行董事等）、开发人员[1]、财务人员、法务人员，项目组会分别对上述主体进行访谈。在这过程中，须注意访谈内容的针对性与个性化设计。例如，对于开发人员而言，主要侧重于项目基本情况如备案、项目用地、前期批复与验收手续取得情况等，而对于财务人员，主要侧重于目标公司基本的财务情况，如融资担保、重大合同履行、诉讼费用、各类税费缴纳、财政补贴获取情况等。

由于开发人员和财务人员的访谈内容与光伏发电项目本身最为贴切，故笔者提供了上述两类主体的访谈笔录模版，供大家参考。

（一）开发人员

×××公司访谈笔录（开发）

德恒渝（2022）××号

时间：×年×月×日

访谈对象：××

访谈人员：××

记录人员：××

您好，我们是北京德恒（重庆）律师事务所的律师，已经获得了拟收购方××公司和××公司（目标公司）股东的授权及认可，负责本次××项目的法律尽职调查工作。请介绍下您在公司担任的职务和主管的事项，或是否具有公司授权代表公司对接本次尽调事宜？

答：

1. 目标项目是否已经取得合法有效的备案？是否取得建设规模指标？

答：

2. 实际装机容量与备案装机容量是否相符？目标项目为复合型还是单一型项目？

答：

3. 目标项目的光伏列阵的用地性质？是否存在占用非未利用地的情形（包括但不限

---

[1]　开发人员是指负责光伏发电项目开发前期选址、布局、投资环境考察，对所负责项目备案前及备案后的各环节进行组织、协调、管理及合同执行，完成前期各项政府手续工作。

于占用林地、草地、耕地、基本农田等的情况，若占用是否取得相应的征占手续，是否缴纳相关费用)？

答：

4. 目标项目光伏列阵用地的取得方式？

答：

5. 场内除了支架用地硬化外，是否还存在其他占地硬化的情况（包括但不限于汇流箱、逆变器、排水沟用地)？硬化处是否办理建设用地手续？

答：

6. 目标项目开工前手续是否全部取得，包括但不限于环评批复（备案)、水保批复、未压覆矿证明、未压覆军事设施证明、防洪方案批复、地灾报告备案、社会稳定评估报告备案？

答：

7. 目标项目是否取得《建设用地规划许可证》《建设工程规划许可证》《建筑施工许可证》《不动产权证》文件？若未取得，是什么原因？办理是否存在实质法律障碍？

答：

8. 目标项目的消防验收、环保验收、水保验收、防雷验收等专项验收是否完成？若未完成，是否存在实质法律障碍？

答：

9. 目标项目的 EPC 方是否是通过公开招标确定？

答：

10. 目标项目的 EPC 合同履行情况？是否完成结算、决算？各方是否存在违约的情况，是否存在潜在的诉讼纠纷？

答：

11. 除 EPC 合同外，目标公司对外签订的与项目建设相关的合同还有哪些？履行情况如何？

答：

12. 目标项目是否完成竣工验收及备案？

答：

13. 目标项目的外送线路建设是否取得项目核准，是否办理建设施工、建设用地手续，是否完成竣工验收及备案？外送线路建设施工合同履行情况？

答：

14. 目标项目的入场道路是新建还是共用的原农村道路？新建的话有无进行硬化？

答：

15. 目标项目是否在生态保护红线、永久耕地范围内？

答：

16. 目标项目的并网时间？目标项目的上网电价？电费结算情况？是否已经进入国补目录？（若已进入国补目录，国补结算情况？截止基准日，未取得的国补金额）

答：

17. 目标项目的弃光率？月平均上网电量？实际发电小时数？

答：

18. 请问是否存在其他影响本次股权收购的事宜？

答：无

请阅读上述内容，确认无误后签字

被访谈人员签字：

年　　月　　日

（二）财务人员

×××公司访谈笔录（财务）

德恒渝（2022）××号

时间：××年×月×日

访谈对象：

访谈人员：

记录人员：

您好，我们是北京德恒（重庆）律师事务所的律师，已经获得了拟收购方××公司和××公司股东的授权及认可，负责本次××项目的法律尽职调查工作。请介绍下您在公司担任的职务和主管的事项，或是否具有公司授权代表公司对接本次尽调事宜？

答：

一、关于目标公司

1. 请介绍下目标公司的股权结构、股东情况及历史沿革变更情况。

答：

2. 目标公司的股权是否有质押、被冻结情况，如有请适当说明相关事项及质押登记情况，包括质权人情况、质押担保范围等？

答：

3. 目标公司的主要资产情况？资产是否存在抵质押等权利限制？

答：

4. 除上述外，目标公司的主要债权债务情况？主要债权人、债务人？

答：

5. 上述合同是否存在逾期付款情况？有无承担违约责任风险？

答：

6. 上述合同有无因此导致诉讼？（包括但不限于金融机构借款、关联方往来、EPC方垫资）

答：

7. 目标公司的业务除了发电，是否还存在其他经营事项？是否已经取得对应的资质许可？

答：

8. 目标公司是否有劳动、劳务用工？若有，请说明人数，是否按照法律规定缴纳五险一金？是否存在劳动纠纷？

答：

9. 目标公司目前缴纳的税种及税率？是否存在税费违法违规行为？享受的税收优惠政策？是否需要缴纳耕地占用税、城镇土地使用税？

答：

10. 目标公司是否有诉讼案件（包括已经履行完毕的)？有无行政处罚？

答：

11. ××公司就××合同纠纷诉目标公司，最终××撤回起诉，原因是？目标公司是否缴付了相关款项？能否提供缴纳凭证？（如有诉讼案件）

答：

12. ××就××争议起诉目标公司，最终判决目标公司支付××元，是否已经缴纳完毕？可否提供缴纳凭证？（如有劳动争议案件）

答：

13. 目标公司是否存在对外担保？

答：

14. 目标公司是否有绿证、碳排放权登记信息？持有人是？是否发生过变更、清缴和注销？

答：

二、关于目标项目

1. 项目土地租赁费用支付情况？包括建设用地租赁/出让费用的支付情况。

答：

2. 目标项目占用林地、草地的情况，占林、占草费用支付情况？

答：

3. 目标项目的水土保持费是否已经缴纳完毕？可否提供缴纳凭证？是否存在退役区域，若存在，是否完成水土保持恢复？

答：

4. 目标项目的EPC合同履行情况？是否完成结算、决算？各方是否存在违约的情况，是否存在潜在的诉讼纠纷？

答：

5. 目标项目的并网时间？目标项目的上网电价？电费结算情况？国补结算情况？截止基准日，未取得的国补金额是多少？

答：

6. 请问是否存在其他影响本次股权收购的事宜？

答：

请阅读上述内容，确认无误后签字

被访谈人员签字：

年　　月　　日

四、现场实地踏勘

完成前述工作后，目标公司的轮廓基本浮现，但"百闻不如一见"，笔者要对它的真貌一探究竟，因此后续还需要现场实地踏勘。笔者通常会将电站实地踏勘安排在完成项目访谈工作之后，行政主管部门走访之前，目的是形成"电站概念"，在对电站有具象的概念后，才能在走访行政部门时问到"点"上，达到集中高效的效果。具体而言，电站实地踏勘主要核查以下事项：

（1）电站的空间位置，是否临近村庄、机场、湖泊、河流、矿山等；

（2）电站的结构布局，升压站与光伏场区、送出工程的大概方位、升压站内构建筑物情况、集电线路（送出工程）塔基情况等；

（3）电站土地现状，地块上是否有自然生长的林木、牧草，是否有冲沟、垮塌，是否为工矿区，是否有打井，复合电站〔1〕是否有农业种植等；

（4）光伏方阵建设情况，借用技术尽调机构测量复合电站光伏支架高度、

---

〔1〕　复合电站指农光互补复合型光伏发电项目。

间距等数据检验是否满足当地复合项目建设标准的成果；

（5）电站土地利用情况，是否有闲置土地，闲置土地情况，临时用地是否完成复垦。

此外，现场踏勘除了核实电站的"真实性"，还可以与电站上的工作人员聊聊天，了解电站建设、运营情况。而站长是在岗年限最长的工作人员，对电站的情况最为了解，因此笔者会访谈电站的站长，并形成书面访谈笔录，如下：

××电站访谈笔录（站长）

德恒渝（2022）××号

时间：2022 年×月×日

地点：

访谈对象：

访谈人员：

记录人员：

您好，我们是北京德恒（重庆）律师事务所的律师，已经获得了拟收购方××公司和××公司股东的授权及认可，负责本次××项目的法律尽职调查工作。请介绍下您在公司担任的职务和主管的事项，或是否具有公司授权代表公司对接本次尽调事宜？

答：

1. 请介绍下目标的实际装机容量？

答：

2. 项目的全容量并网时间？

答：

3. 光伏区的用地性质？怎么取得的？

答：

4. 光伏区的农业种植情况？是否和农业种植公司签订了合同？合同期限？（适用于农光互补复合型项目）

答：

5. 当地农业农村局有要求光伏场区建大棚吗？是否存在行政处罚？（适用于农光互补复合型项目）

答：

7. 我们看到光伏场区内有未建成的房屋，具体情况是？

答：

---

8. 光伏厂区有坟地吗？是否有过纠纷？

答：

9. 项目的运维人员是哪个公司的？和哪个公司建立的劳动合同关系？五险一金是按标准缴的吗？

答：

10. 环保、消防安全出现过问题吗？

答：

11. 有无大面积闲置的租地？

答：

12. 外送线路的土地性质？

答：

13. 进场道路是村级道路吗？

答：

14. 电站的发电量？有无弃光、消纳和外送？

答：

15. 升压站综合楼实际用地面积？

答：

请阅读上述内容，确认无误后签字

被访谈人员签字：

年　　月　　日

实务中，虽然有极少数中介机构受限于客户的付费，不会进行现场踏勘，甚至有客户也明确提出中介机构无须进行现场踏勘。但笔者认为，对目标项目的现场踏勘是必须的，并非"多此一举"。发表意见的人在没有亲眼看到"实物"的情况下，所有对"实物"的描述和分析都停留于书面或者理论层面，这样的结论只是信息转述，并不利于发现事实和真相。

五、走访行政主管部门

鉴于大部分资料都源于目标公司，不能排除信息虚假的可能性，因此仍需到行政主管部门核查信息的真实性和权威性。结合光伏发电项目的特性，笔者通常会重点走访项目备案、土地、环保、林草、水利、税务、工商等行政主管部门，若项目备案为农光互补这样的复合项目，我们还需走访农牧主管部门了解农业种植要求等内容。简言之，走访部门的范围须根据尽调项目特质而定，走访核查内容也可从前述网络核查、资料核查、访谈负责人、现场踏勘环节中总结提炼。

那么走访工作是否就是到行政主管部门简单地询问？为达到走访目的与效果，笔者通常会组织项目组成员进行内部培训，根据实操经验，走访方法可概括为"三步走"，即做好入场前准备工作、获取现场有效信息、整理好工作底稿。

（一）做好入场前准备工作

在走访之前，笔者会和目标公司负责人联系，获取介绍信、营业执照复印件、法人身份证明及复印件等走访时所需书面材料。下面附上介绍信和法定代表人身份证明模版，供大家参考：

介绍信（模版）

_____：

兹介绍我公司_____等（　）名同志前来贵处，就公司的登记情况，资产权属情况，就_____项目的备案、用地、税收、行政处罚情况进行信息查询、档案复制等工作。

望予接洽为荷！

×× 公司（盖章）

年　　月　　日

有效期　　天

法定代表人身份证明（模版）

兹有_____同志，系××公司的法定代表人，特此证明！

×× 公司（盖章）

年　　月　　日

大部分人都认为走访行政部门时直接拿着目标公司的介绍信和身份证件即可，但实践中往往不会这么顺利，笔者举了以下两个例子：

首先，笔者走访的通常是目标公司注册所在地的行政部门，但也有特殊情形。以工商行政部门为例，若目标公司为中外合资企业，则应当向目标公司注册所在地上一级工商部门调档。因此，在走访之前，应当通过各种渠道查询落实行政主管部门层级，避免空跑一趟。

其次，在走访土地、环保、林草主管部门核实土地合规信息前，需要提前联系目标公司获取目标项目的坐标点。但实践中，有的国土部门要求提供80坐标系，有的却要求提供2000坐标系，因此，我们在与目标公司沟通时除了获取坐标点，还得确认坐标系是"80"还是"2000"。否则，国土部门将坐标点与系统内部卫星图比对时可能也会存在一定偏差，导致无法获得期待的结果。

因此，走访政府部门之前，我们要未雨绸缪，通过各种渠道或与目标公司充分沟通，扎实准备工作，以备不时之需。

（二）获取现场有效信息

首先，许多目标公司并不支持甚至反对走访当地政府，他们认为走访当地会给电站运营稳定性带来不确定因素，特别是电站用地属于村集体的情形，一旦目标公司准备转让的信息"走漏风声"，村民因为担心自己的租地收入无法保障，有可能会"闹"一场，徒增工作烦恼。若目标公司坚持拒绝笔者的调查，笔者通常会采取两种方式：一是以投资者名义与当地商务局沟通，商务局可协助沟通各个行政部门；二是转换身份，例如：不以收购方的名义出现，而是以目标公司母公司工作人员，或者以目标公司工作人员的名义出现。在目标公司配合的情况下，也可以完成走访。诚然，最为适宜的还是后者，笔者会尽量取得目标公司同意，这也有利于为后续合作奠定良好基调，不得已的情况下，才会考虑前者。

其次，为了顺利获取有效信息，措辞要得当、语气要和缓。以国土部门为例，笔者会这样开场道："您好！我是××公司上级公司的工作人员（介绍身份），××公司在本地有一家光伏电站，名为××（介绍项目名称），这是介绍信（提供介绍信），目前我们公司在对项下所有的光伏发电项目逐一进行核查，核实电站用地是否存在不合规的情况，我们会根据您们反映的情况进行整改（说明缘由）。"当然，部分目标公司并不介意笔者以第三方中介机构的身份核查，但无论是哪种方式，在与行政部门工作人员交流时，注意措辞与语气，力求获得支持，切忌争论和引起冲突。

最后，各行政部门职责不一，我们需要准确把握核查要点：

第一，项目备案部门。发展和改革委员会是光伏发电项目备案归口部门，首先，我们需要重点核实项目的备案层级、项目类型。由于光伏发电项目指标与备案级别必须是市级以上发改部门，但部分项目仅有县级以上备案文件，基于此，我们需要核查备案权限是否下放。其次，全国各地对农光互补复合型项目的认定标准不一，对于现有资料难以呈现的，我们需重点核查项目建设及农业种植的要求。

第二，土地主管部门，国土局与规划局合并为国土资源局后，就只需去一个归口部门。首先，我们需要到国土空间用途管制、国土空间规划、自然资源开发利用等科室核实光伏阵列区土地性质，是否占农用地、建设用地、未利用地。若单一型光伏发电项目光伏阵列区占用农用地，我们需核查是否转为建设用地，若还没有取得建设用地，是否有建设用地指标。是否占用林地、草地、耕地等特殊土地，是否取得相应的征占手续，是否缴纳土地使用税和耕地占用税、植被恢复费、林木青苗补偿等费用。我们还需重点核查项目是否在生态保护红线范围内、占用永久基本农田、符合城乡总体用地规划。其次，到不动产档案管理处核查综合楼升压站的不动产权手续是否完备、面积是否一致。最后，到执法监察处核查是否存在行政处罚及执行情况。

第三，环保主管部门。核查内容包括：环保方案批复和验收情况，日常环保检查情况（包括废弃光伏板存放和升压站废机油渗漏），项目是否在生态保护红线范围内、占用生态保护区、为生态敏感区，是否存在行政处罚及执行情况。

第四，林草主管部门。核查内容包括：占林、草及类型，若占林、草是否办理征占手续，目标公司是否缴纳相应费用，是否需要办理伐木许可，是否涉及生态保护红线，是否存在行政处罚及执行情况。

实践中，国土部门与林草部门对于占林或占草认定标准可能还不一致，林业部门有林业资源管理图，国土部门有国土资源调查图，两张图的林草地数据存在差异。笔者遇到过一个内蒙古光伏发电项目，国土局认定项目占草，林草局认定项目占林地，最终经双方确定为草地。因此不同行政部门对目标项目占地类型认定不一致时，需要重点跟进相关部门，与行政工作人员持续保持沟通，把握最新审批状态与政策，合理评估项目用地风险。

第五，农牧主管部门。对于复合型光伏发电项目而言，若占用农用地，没有改变地表形态的，无需转为建设用地。其中，关于农光互补项目的争议最大，实践中各地关于农光互补复合型项目的认定标准政策不一，以农光互补为例，我们需要到农牧主管部门了解目标公司的农业种植方案是否通过审批，农牧主管部门是否会定期到项目核查农业种植情况，若农业种植不合格，是否会存在相应后果等。

第六，水利主管部门。现场电站踏勘后，我们对于电站地貌有了大致了解，如我们会知道项目是否抽水打井、地势是否处于低洼、是否有冲刷痕迹，因此在该环节，我们就需确认：目标项目是否需要办理取水许可证、是否需要缴纳水资源费、是否处在汛洪区、是否需要办理洪水影响评价文件。

第七，税务主管部门。税费对最终交易评估价值影响较大，因此核查重点在于：目标公司是否存在欠税情况，是否应当缴纳城镇土地使用税、房产税、耕地占用税，当地税费缴纳标准，是否存在行政处罚及执行情况。

第八，工商行政部门。为核实目标公司历史沿革、股权变更等信息，笔者需要至工商行政部门查询、复制全套目标公司的工商档案，包括但不限于基本页、股东会决议、历届公司章程等信息，切勿"漏查漏印"。

对于尚不清晰、复杂的问题，也可以尝试获取行政部门工作人员的联系方式，便于后续持续沟通。较为偏远的地区为大力引资发展当地新能源项目，其行政部门的配合度也更高，但部分地区的政府部门并不乐于"待见"，以税务部门为例，部分地区表明只有目标公司法定代表人才能查询、复制公司税收信息，这种情况下，我们协商不成也只能与客户说明情况，并通过网络核查等方式予以补强。必要时，建议客户与目标公司协商，由目标公司获取相关信息。

（三）整理好工作底稿

由于走访政府部门与其他尽调环节不同，大部分情况下，一旦离场，我们可能无法补充现场工作底稿，行政部门不配合，可能会导致工作底稿缺失等情况发生，因此基于该特殊性，理好工作底稿极其重要。

最顺利的就是拿着目标公司出具的介绍信到行政主管部门可以问到信息，对于重点事项，还能取得行政部门的情况说明书。但实践中行政部门可能不会出具签字或加盖印章的书面材料，因此在获得行政部门同意的前提下，可以通过录音、拍照、摄像等方式记录走访的全流程，作为工作底稿。

（四）撰写法律尽职调查报告

法律尽职调查报告是尽调工作的最终成果呈现，因此笔者在梳理整合上述信息后，需要全面系统地向客户披露项目及公司的基本情况与法律风险，因此法律尽调报告首先要做到内容准确完整、全面细致；其次，重点突出、详略得当；最后，在报告"达标"的情况下还需要不断打磨到"极致"。下面是笔者项目组常用的法律尽调报告提纲模版，可供大家参考使用。

第一部分 主要法律问题一览表（详见附件）

第二部分 报告正文

第一章 目标公司

一、目标公司的基本情况和历史沿革

（一）目标公司基本情况

（二）目标股权及出资情况

（三）目标公司的设立及变更情况

（四）分支机构/子公司

二、目标公司的治理结构

三、目标公司的经营与业务

（一）主营业务

（二）业务资质

四、目标公司的主要资产

（一）生产经营设备

（二）不动产权

（三）知识产权

（四）股权投资

五、目标公司的重大债权债务（非经营性）

（一）重大债权

（二）重大债务

六、目标公司的重大合同（经营性）

七、目标公司的人事劳资

（一）人事用工

（二）劳资纠纷情况、意外事故、职工伤亡事故

八、目标公司的税收

（一）税种与税率

（二）税收优惠情况

（三）依法纳税情况

（四）城镇土地使用税及耕地占用税

九、目标公司的诉讼、仲裁、行政处罚

（一）诉讼

（二）失信被执行人信息情况

（三）行政处罚

第二章　目标项目

一、目标项目基本情况

二、目标项目的备案及建设规模指标

三、目标项目用地

（一）选址意见和用地预审

（二）目标项目用地取得情况

（三）林地、草地占用审查

（四）生态保护红线、永久耕地审查

（五）开工前其他支持性文件

四、目标项目的建设

（一）建设相关手续

（二）项目工程建设招投标

五、目标项目的专项验收

（一）环保验收

（二）安全验收

（三）消防验收

（四）防雷验收

（五）工程竣工验收

六、送出线路工程

七、目标项目的并网

（一）并网验收

（二）电网接入和并网手续

八、上网电价及可再生能源补贴

附件：主要法律风险一览表

（注：以下为示例模版，并不包含光伏发电项目所有法律风险，仅供大家参考）

序号	主要问题	对股权收购及后续运营可能产生的影响	律师建议	报告相关内容
1	截至本报告基准日，目标公司存在未结清融资租赁债务，目标公司及其股东为该笔债务提供如下担保： （1）××将其所持有的目标公司100%股权全部质押给××； （2）目标项目的电费收益权、发电设施设备已被质押、抵押给××。	未获得质押权人同意或解除股权质押，目标股权无法进行工商变更登记。	本次股权收购前，收购方应确认是否继续履行该融资租赁合同，同时要求转让方解除股权质押登记。 若继续履行，则应与出租方确认继续履约条件；若不再履行，则应要求转让方、目标公司在股权转让前清偿所有款项，解除相应担保措施，完成抵质押注销登记。	详见：第一章目标公司；一、目标公司的基本情况和历史沿革；五、目标公司的重大债权债务
2	根据目标公司提供的财务资料，截止××年××月××日，目标公司的债务金额为××元，主要系对××的借款。根据双方借款协议，还款期限已于××年××月××日届满，目标公司应按照借款总额每日万分之五支付滞纳金。	根据协议承担滞纳金；本次股权交易时需进行清偿。	本次股权收购前，目标公司与股东方应就借款金额和利息进行确认，并将该笔借款的偿还计划在本次交易中进行确认。	详见：第一章目标公司；五、目标公司的重大债权债务
3	截止基准日，《××项目EPC总承包合同》约定的付款期限届满，目标公司欠付××工程款××万元。另，EPC合同未履行招投标程序，存在被认定无效的可能，若被认定为无效，则违约责任条款不再适用。	目标公司逾期付款，根据合同约定和法律规定，存在承担逾期付款、违约责任的风险和潜在诉讼的风险。	在本次股权收购协议签订前，要求转让方与××确认最终欠付款项金额和逾期付款利息损失金额，同时基于财务尽调、审计结果，合理评估目标股权价值。	详见：第一章目标公司；六、目标公司的重大合同

续表

序号	主要问题	对股权收购及后续运营可能产生的影响	律师建议	报告相关内容
4	截至基准日，目标公司的《运维合同》即将到期，且目标公司未按照合同约定支付运维费用。	逾期支付运维费用，存在承担违约责任的风险。	建议在本次股权收购前，首先，确认是否与原运维单位保持合作关系，若不再合作，应提前与转让方确认目标公司新运维合同的签订事宜，避免本次股权收购完成后无法顺利完成运维交接；其次，目标公司应与运维单位签订补充协议，明确是否承担违约责任以及违约责任的金额，避免收购完成后收购方承担超出审计范围外负债。	详见：第一章目标公司；六、目标公司的重大合同
5	（1）目标项目实际装机容量××（具体以技术尽调为准）与《电力业务许可证》载明的机组容量及备案载明的装机容量××不一致；（2）目标公司现法定代表人与《电力业务许可证》不一致。	（1）存在行政处罚的风险；（2）存在可再生能源补贴被核减的风险。	股权收购协议中，应由转让方承诺，前述超装问题导致目标公司遭受行政处罚、可再生能源补贴核减的，由转让方负责处理并承担相应损失。	详见：第一章目标公司；三、目标公司的经营与业务；八、上网电价及可再生能源补贴
6	目标公司的股权在电站项目尚未全容量并网之前发生变更而未经备案机关同意。	存在被认定为"倒卖路条"的法律风险	在交易文件中作出特别约定，如因目标公司历史上的股权结构变动而被认定为"倒卖路条"，导致目标公司遭受任何损害的，交易对方须承担由此给贵公司及目标公司造成的全部损失。	详见：第二章目标项目；二、目标项目的备案及建设规模指标

序号	主要问题	对股权收购及后续运营可能产生的影响	律师建议	报告相关内容
7	目标公司合规性手续欠缺情况如下： （1）未提供××前期手续； （2）未提供××验收或备案文件； （3）未办理《建设工程施工许可证》及房屋不动产权证。	存在受到行政处罚的风险	在本次交易前，由目标公司就上述事宜沟通相关主管部门，完成各项手续的办理。在交易文件中明确目标公司因前述事宜遭受损失的，均由转让方承担赔偿责任。	详见：第二章目标项目；目标项目用地；目标项目的建设
8	目标公司与××公司签订的危险废物委托处置合同，实际未执行，目标公司未支付费用，双方未解除合同。	存在支付义务和承担违约责任的风险	在本次收购前，要求目标公司与××签订解除协议，明确目标公司无支付义务，也无须承担违约责任。并要求目标公司尽快完成危废储存库房的修建，与有危废处理资质的第三方机构签署危废处理协议，按规定完成危废处理网上申报；建议在股权交易协议中明确约定，凡因未按规定完成前述事项造成的目标公司受到行政处罚或遭受其他损失的，均由转让方承担相关损失。	详见：第二章目标项目；三、目标项目用地
9	送出线路系多方共同投资，由××牵头建设，各方均享有产权。截止本报告出具日，目标公司未能提供送出线路的核准文件，建设用地手续，建设手续（建设用地规划、建设工程规划、施工许可证）等以及各项验收文件。	送出线路建设的合法性将影响目标公司对送出线路的持续使用	要求目标公司在股权转让协议中承诺目标公司运营期内可持续正常使用送出线路，若因送出线路建设的合法合规性问题导致目标公司无法正常使用的，则转让方应承担赔偿责任。	详见：第二章目标项目；六、送出线路工程

序号	主要问题	对股权收购及后续运营可能产生的影响	律师建议	报告相关内容
10	目标公司为实现大用户双边交易，签订了多份《居间合同》或《能源市场开发技术服务合作协议》。	提示关注	建议根据居间服务对大用户双边交易的必要性，确认该类合同的处理方式；另，提示关注大用户双边合同的稳定性对本次收购评估价值的影响。	详见：第一章目标公司；六、目标公司的重大合同
综合评价		本所律师认为： 目标公司依法设立，截止本报告基准日，合法存续，不存在依据法律法规及公司章程规定应当清算、解散的情形，作为本次收购的目标对象，其主体资格无重大法律障碍。 目标项目真实存在，已取得合法有效的备案，已纳入年度实施方案，目标项目于××年××月被纳入国补清单。 截止本报告基准日，目标公司存在如下问题： （1）目标股权已被质押，在未解除质押情形下，转让方对目标股权的处置权受限； （2）目标项目发电设施设备、电费收益权已被抵质押； （3）目标项目可能未完成法定建设手续的办理，主要包括《建筑工程施工许可证》《不动产权证》、竣工验收备案等。 （4）目标项目使用的送出线路系多家企业出资共建，截止本报告出具日，目标公司未向我们提供送出线路的项目核准及其他开工前及建设手续，若线路工程存在合法性问题，将影响项目的持续运营。		
结论		针对本次股权收购，本所律师认为： 就法律风险而言，请收购方重点评估，是否能够通过商业交易条件有效化解或者转移目标项目及送出线路合规手续欠缺而可能发生的后续经营风险。 就商业条件而言，请收购方关注，全生命周期合理利用小时数、目标公司现有债务等问题，对收购目标公司净资产及目标公司收购价格的影响。 本所律师建议：相关风险可在交易过程中，要求转让方提前消除或在交易条款中设置风险防范措施，如：分期、分阶段付款，要求转让方承担兜底赔偿责任等。		

第二节　现场法律尽职调查要求：尽职调查，尽职免责

尽职调查的底线是"尽职"。"尽职"方能"免责"。笔者将"尽职"总结为四点：应到必到、应查必查、应问必问、应取必取。

一、应到必到

"应到必到"是指：要求经办律师必须到达项目现场。

为了严谨规范律师的到场，笔者所在律所要求律师留下在现场的标准工作照片（示范见下图），图片要求：显示律师（律师入镜）、项目现场、项目经纬度、到达的时间等。

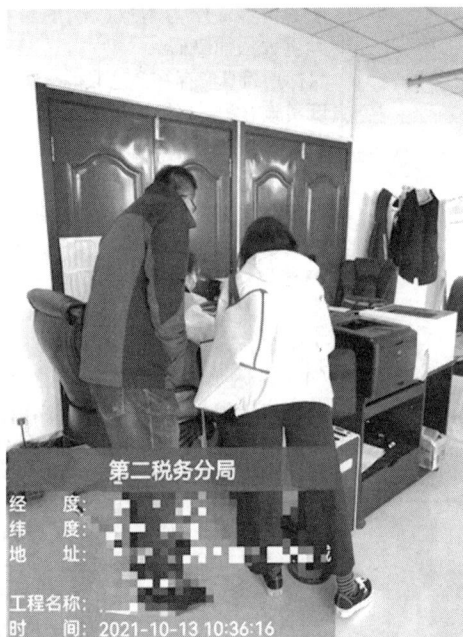

值得关注的是，光伏发电项目的"现场"，远比其他项目的"现场"更加复杂。通常情况下，对光伏发电项目尽调的现场，可能涉及三到四个城市。第一，项目所在地，也就是项目电站所在地，通常在较偏远之地。例如：某次笔者尽调的：新疆奇台县"项目，飞机落地乌鲁木齐市后，又经过了两天

的车程才到达项目电站。尽管偏远，根据工作要求，律师仍然必须到达。除了核实电站是否真实存在、是否正常运行以外，电站项目上还可能会有一些项目的基础资料原件可以核查，例如：并网协议、运维合同、人员劳动合同等。

第二，项目所在地的行政管理机关所在地。律师到这里需要走访各个职能部门，核对资料和信息。光伏发电项目的管理机关通常是当地的县级政府所在地。

第三，项目所在地的省会城市。对部分资料的核查，还需要到省会进行。

第四，项目公司管理机构所在地。律师需要在这里核查项目公司设立的基础资料、重大合同、与法律事项相关的财务资料和信息，并且对公司管理人员进行访谈。

第五，如果尽调对象的光伏发电项目公司属于某个大型集团企业，则项目公司的财务资料可能集中在集团公司所在地。律师核查重要债权债务信息，还得去集团总部所在地。

这种情况下，律师为了完成一个光伏电站的尽调，就需要走访四到五个城市。律师因此花费的时间成本、人力成本、差旅成本就必然无法减少。这也是律师收费报价时不得不考虑的实际成本。也有客户提出律师不到现场减少成本进而减少律师的收费。笔者就遇到了这样一个真实的故事。

【故事一】客户说律师不用到现场调查怎么办？

某次，在某个光伏尽调项目的接触阶段，客户经办人小高对笔者的专业和业绩非常认可。但提出说，笔者的报价远高于其他的某些律所，他担心作为选聘工作的负责人，他后续不好解释为什么选择了一个较高价格的供应商，担心审计揪着不放。杨律师问了问大致的报价区间，真担心某些报价可能连差旅成本都不够。小高提出疑问说，律师一定要去现场吗？律师不是只需要根据目标公司所提供的资料进行审查，就可以出具尽调报告了？此前很多律所就是这样提供报告的。杨律师唯有苦笑。后来，转念一想，和小高继续沟通说，我们此前的报价，是基于派出两个以上的律师到达现场，完成核查后，按照约定时间提供报告的工作报价。因为律师收费的高低，是和律师工作量的大小、工作的难度广度深度、工作结果的呈现形式、责任的承担、工作成本的高低等因素相挂钩的。如果不到现场，仅凭目标公司或者收购对方提供的资料作出意见，项目和资料的真实性无法核实，现场情况无法感知，纸上谈兵的后果，对律师和客户而言都有很大的风险。小高表示，我们的业务人员已经到过了现场，进行了技术核查和现场查勘，律师仅需要对目标公司提供的资料做法律把关即可。

杨律师思忖后，觉得满足客户的需求才是首要目标。因此，提出可以满足客户提出的要求，降低工作投入，相应地降低收费。需要做的事情是，在报价函和合同中要明确规定工作方式不需要到现场，仅通过客户提供的资料作出书面审查后的尽职调查报告即可。

杨律师为什么要求留下"委托的事项就是书面审查"的合同记录，因为这是有过教训的。曾经就有一次尽职调查的服务，委托方经办人确认律师无需到现场，看书面材料即可提供报告，进而在该条件下商定了尽调的律师费用。但经办人后来离职，再后来，客户内部还发生了机构改革，内部经手这个项目的部门和人员都发生了变化。新接手的机构和经办人，对律师提供报告未到现场提出怀疑。对律师提出的当初客户就是提出不到现场的说法并不认账，后续不得不重新到现场完成了尽调工作。成本超支尚且不说，客户和律所给彼此都留下了很差的合作体验感。

杨律师给小高讲了这个故事，也征询了小高的意见。小高考虑再三，在和部门负责人沟通后，最终放弃了"低价+合同中写明律师不到现场"的做法。后续，尽管这个项目如预料之中未中标，但对律师而言，建立应有的自我保护，与获取项目同样重要。

二、应查必查

所谓应查必查，涉及三个不同程度的把握：其一，清单记载的，必须查；其二，对顺着清单调查过程中有疑问的，即使目标公司不配合，也要顺着往下查；其三，发现超出清单范围之外的问题，必须查。

如第一节所述，笔者所在律所拥有详尽的尽职调查清单，并进行了相应的培训。要求现场工作律师必须按图索骥，逐一打卡。

在尽调过程中，不能为打卡而打卡。如果发现清单中所列举的结果性文件存在，但获得该结果性文件的辅助资料缺失且有疑问的，仍然要求进一步向下挖掘。例如：笔者曾经在某个偏远地区，对某个水电项目进行尽调。对目标公司重大资产进行核查时，目标公司提供了房屋产权证及土地使用权证。为了了解目标公司是否缴纳了全部的土地出让金而未因此形成负债，律师要求目标公司提供土地出让合同以及缴纳土地出让金的财务资料。奇怪的是，目标公司迟迟没有提供。尽调律师和审计机构及时同步了上述信息，共同向目标公司提出要求。经过反复核查后发现，目标公司取得的产权证书，并未完成相应的法定手续。目标公司是通过特殊渠道得到的政府发出的产权证明，并非依据常规渠道获取。据说是当地政府走的特殊通道给与的超常规的工作支持。如果政府内部审计巡视，或者政府换届，当初支持目标公司的领导班子调整后，新接手的管理人员是否认同此前管理者做出的行为，是否会否定目标公司土地使用权的合法性，是值得担忧的问题。对于这种情况，律师应充分进行风险披露。如果仅仅凭证书就放弃了进一步的核查，后续发生土地使用权无效情况的话，很可能就会追究律师的责任。

还有一种情况是，清单中并没有记载的问题，律师在尽调过程中发现了。例如：笔者在对内蒙古某光伏发电项目进行尽调过程中发现，目标公司曾经在2013年通过增资扩股的方式引进了一个持股30%的股东。尽管目标公司提供了章程文本及工商档案，但尽调律师仍然凭借敏锐的直觉，坚持要求目标公司进一步提供双方的增资扩股协议。果然，在增资协议中发现，双方明确约定，持股仅30%的股东，享有目标公司所有的绿色特征收益，包括目标公司可能获得的绿证收益、碳交易权益等所有利益。这种情况，在此前的尽调清单中并没有记录。尽调律师及时更新了尽调清单、访谈笔录，将相应的信息反馈给所有的尽调小组律师，及时提升了我们的专业水平丰富了我们的尽调工具包。这种"应查必查"的执业素养，支持我们不断发现一个又一个的新问题，帮助委托人最大化接近真相，保护了委托人的利益。

对于这个问题，律师们可能会问，既然有尽调清单，清单上每一个项目都会有其对应的、标志性的成果性文件，我们是否获得该成果性文件即可。如果每一个成果性文件背后的所有文件都要打开来看，全部审查，这样的尽职调查工作可能就没有边界，深度就完全无法掌握了。例如：明明已经取得了土地使用权证书，是否还要去查土地合同，是否经历了招投标，是否逾期开发等这些问题？如果真需要，那尽调的边界在哪？对于这类问题我们也反复讨论过。原则上来讲，对于没有疑问的项目，笔者将以成果性文件的获取作为尽调资料收集和调查的工作节点。对于特别重要的项目，例如：光伏发电项目所涉及的土地使用权问题，会关注多一些，会往下再问一问，一旦发现蛛丝马迹，就突破成果性文件进一步查证。

三、应问必问

依据访谈清单，逐一对目标公司的高管（尤其是法人、总经理、财务负责人员、业务营销负责人员、电站站长等）进行询问和访谈，对项目主管机关的工作人员进行访谈，将访谈情况形成书面记录，由被访谈对象签字确认，这是尽调律师工作的应尽职责。除此之外，还建议在现场工作中，和其他非管理人员聊聊天，有时候会有一些意想不到的收获。

【故事二】抽烟换来的最新"商业机密"

有一次，笔者对一个偏远地方的水电项目进行尽调。到项目现场前，已经在山里走了两三天。到达项目现场后，吃住都在目标公司的附近。工作过程的繁杂和枯燥不言而喻。团队的钱律师一个最大的消遣就是抽烟。工作会议室禁烟。钱律师不得不走到大门口去抽烟。钱律师为人大方，经常在自己抽烟的时候，顺手就给门口的保安递一只。一来二去，他就和门口的保安熟悉了起来。某天在抽烟时，钱律师随口问了句："我第一天来时给我们登记核酸记录的老王好几天都没有看到了，他离职了吗？"小保安说："他升官了，他现在去当办公室一个什么主管了呢！"钱律师开玩笑说："老王都去办公室了，你也努力下啊。"小保安很不屑地说："他那是靠卖身换的！"钱律师很好奇。小保安说："听说公司欠了钱，老板担心被限高，就想找个人冒个股东的名。老王无所谓啊，所以，现在公司的老板都换成老王了！"说者无心，听者有意。钱律师快速和律师团队进行商议，发现目标公司真的刚把原来的股东换成了老王。因为工商变更还需要时间，之前的档案中并未体现这次变更。目标公司股东以为尽调队伍走了这个事情才会办完，也没有说，结果这么快就被钱律师发现了。小小的几支烟就帮客户找出了一个隐藏的风险。

四、应取必取

尽职调查，属于非诉讼业务。但律所内部评审和客户对尽调报告进行评审的对抗性，不亚于一场庭审。尽调律师在汇报尽调结果时，和诉讼律师在庭审中"发表观点、举示证据、进行质证、陈述意见和建议"的工作内容基本相同。

因此，律师们被要求在尽职调查工作中，时刻植入庭审的诉讼思维。

首先是证据思维，即：任何尽调结论，都需要找到证据支撑。证据，根据《民事诉讼法》第63条有八种，分别是：当事人陈述、书证、物证、视听资料、证人证言、电子数据、鉴定意见、勘验笔录。尽职调查中，最常涉及的是当事人陈述、书证。当事人陈述就是通常说的"人证"——各种人员的访谈。书证就是尽调清单上所涉及的相关资料。

其次是取证的程序意识。就"当事人陈述"而言，除了根据访谈清单进行询问外，还需要关注被访谈对象的身份，其是否具有授权，有何种范围的授权，其所陈述的内容需要经过被访谈者的签字确认等。就"书证"而言，需要关注律师取得的资料是否为原件，如果不是原件，了解下原件存于何处，所取得的复印件是否与原件核对一致。所取得的复印件是否经过目标公司盖章确认或者经过目标公司经办人员确认。

当然，对于尽职调查资料的获取，必须有目标公司的配合和支持，否则律师无法开展工作。对此，需要委托方在入场前和目标公司做好沟通甚至做好前期准备工作（具体内容可查阅本书的第四章第二节）。如果目标公司不积极配合，或者未能有效配合，导致律师无法获得期待的资料，律师要以备忘录形式书面通报给客户。一方面促使客户进一步沟通、推动目标公司予以配合，完成律师要求的资料收集和调取；另一方面也可留下律师工作进度和发现问题的书面材料——留痕的证据，可帮助律师就尽职免责的问询予以免责。

第三节　知易行难，如何应对现场尽职调查中可能遇到的意外情况

正如上一节所说，当律师抱着尽调清单和访谈笔录模板，兴冲冲地扑到现场后，完全可能碰到一些意料之外的情况，包括：交通不便、气候恶劣、找不到人、无法获得有效的信息和无法取得材料。

一、交通

如前所述，项目现场可能分散在很多地方，而光伏发电项目的电站，通常都在天高地远之处。笔者经历过的最远的单程交通时间，是一周，也就是说，一周都没有抵达项目。2021年，田律师出差西藏墨脱，走318国道，路遇泥石流，万幸人员安全，但道路冲毁，进退两难，田律师不得不在中途住了一周，直到道路修通才继续前行到达墨脱开展工作。

二、气候（泛指天气）

对我们来讲，航空延误完全不是事儿。核酸检测的三天两检早已应对娴熟，尽调律师们的鼻腔和口腔都已"久经沙场"。极端情况，不得不又说到西藏。某次，钱律师出差西藏，尽管早已提前一周喝红景天，准备了高原反应药，但在现场，一再小心翼翼的情况下，还是感冒后中招了高反。去时生龙活虎，回来时简直惨不忍睹。

施工记录
天　　气：多云 0℃ 西风6级 湿度13%
经　　度：92.0009618
纬　　度：31.5880591
地　　址：那曲市色尼区那曲镇
工程名称：那曲光伏电站
时　　间：2021-11-25 17:05:22

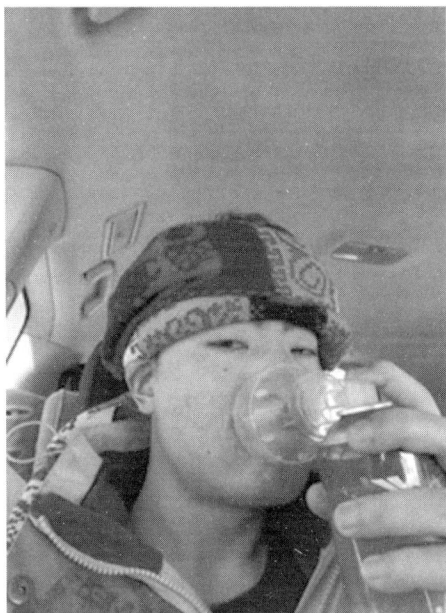

三、找不到人

尽调中，客户在前期往往非常急（前期指律师提供尽调报告初稿前，后期指尽调报告初稿提供后，工作内容有：客户审定尽调报告、推进谈判和向中介机构付款），催入场急，催报告急。有时候，客户甚至希望律师在现场去等着项目具备入场条件，等着客户和转让方、目标公司沟通好就直接开工。但是，如果客户前期与转让方未做好沟通，律师到了现场也无法开展工作，只有窝工。为了防止这种情况发生，为了推动项目进展的效率和效果，我们专门为客户提供了在入场前所需准备工作的书面通报和工作指引，要求客户在完成指引清单所列举的工作之后，再有序组织各个中介机构入场。对此详见本书的第四章第二节。

即便如此，也可能出现尽调律师到达现场后，找不到人的情况。通常情况下，目标公司会都安排不同工作板块的人进行对接，但相关行政管理机关和机构的人员就不一定好找。有时候是当地政府机关中管理目标项目相关信息的工作人员不在，有的是工作人员在，但需要征得同意的领导不在。极端情况是，这个机关根本找不到对口的工作人员。某次，我们去攀枝花尽调，正值夏天，当地所有政府机关的工作人员都外出防范山火去了，机关里就没人。这种情况，对心急火燎赶进度的中介机构会带来很大的负面影响。一来，采集不到有效的信息，获取不到有用的资料，无法推进工作。二来，律师在现场等着开工，进退维谷。如果不等，时间成本、差旅成本已经发生，律师无功而返，会产生浪费。客户也会觉得律师未尽责。如果等，不知道要等多久，还要浪费多少时间和费用。在目前的市场环境下，客户通常会将包括差旅费在内的所有费用打包到律师费中，律师跑一趟和十趟的律师费不变，律师在现场待三天和十天的律师费不变。一旦窝工，直接损失的是律师。因此，律师非常不愿意面对这样的局面。

最近几年的尽调中，这样的情况相比之前在好转。到了现场通常可以进行一部分工作，也会有部分人员无法如期顺利的找到。应对这种情况，我们常会有几种做法：第一，提前请客户与目标公司工作人员进行对接，让目标公司的高管及核心人员在约定时间集中在项目现场，与中介机构配合开展工作。同时，请目标公司的高管去落实政府部门负责人员的工作时间，形成预约，便于律师到场开展访谈工作。通常情况下，目标公司都愿意配合买方。第二，如果到达现场之后在一定的时间内找不到政府的核心工作人员，也可以先对其他工作人员进行初步访谈，掌握初步信息，留下核心工作人员的单位、姓名、联系方式等信息，或者在后期做电话访谈，或者补充走访，或者请目标公司高管或其他专业团队，例如：审计评估或者技术尽调的伙伴请被访谈对象签署访谈笔录后邮寄给我们。或者，留下访谈笔录，请被访谈对象签字后直接邮寄我们或者通过目标公司邮寄给我们。

虽然我们在前期作了自认为周密的安排，但偶尔仍会遇到一些小插曲，如下面这个故事。

【故事三】一份藏语书写的协议

人生处处是风景，一酌一饮、一茶一饭皆是生活，法律尽职调查也是在和人打交道。

西藏的夜晚是寒冷的，二三月份尤是如此；如果此时，恰好又是处在海拔 5000 多米的光伏发电项目场区，那么感受会更为强烈。听过不少人抱怨，城市喧嚣、烟尘、PM2.5 的肆虐让我们无法得见"野旷天低树，江清月近人"的奇景，也无法再见孩提时的漫天繁星。那么恭喜你，这里是一块可见星月的净地，只不过在这里，你除了拥有"手可摘星辰"的野望外，作为一个外地人，你还会拥有头疼、乏力、口干舌燥等高原反应。

马律师就曾到此意趣与不适共存的处所现场尽调，多日以来除了工作外，马律师和电站的运维人员也多有交流，甚至还给他们提供过免费的法律咨询，互相也比较熟络了，所以他们对马律师也多有帮助和照顾，也在一定程度上建立了友谊。

离站后，在走访政府部门和消化资料中，马律师发现这个项目用地来源比较特殊，项目公司不是和村委会建立的租赁关系，租赁合同的出租人是A公司，而项目公司只能提供它和A公司之间的租赁合同，A公司和村委会之间是什么法律关系，项目公司不清楚也无法提供资料。后来经历了些波折，可算是找到一些资料，可是又是藏语版本的，马律师压根儿看不懂。其间关系大略如下：

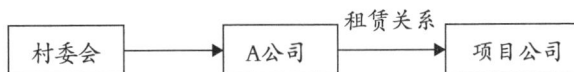

资料：只有藏语版

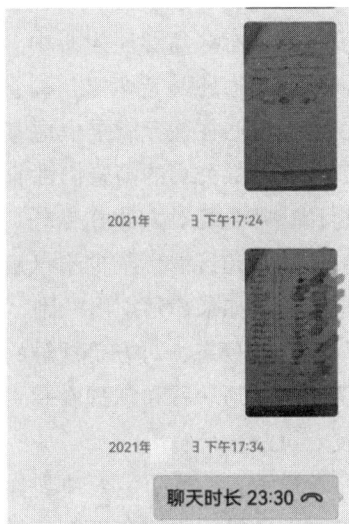

正在焦急之时，马律师想到了在电站上认识的藏族朋友，于是乎马律师通过微信联系了他，请他帮忙翻译文件内容，"这个意思大概是某某人收到用地款×元……"，马律师和他就文件内容交流了近30分钟，他一直非常耐心，有些地方他也不知道该如何翻译，但马律师大略了解了内容，这为后续针对性地开展工作提供了很大支撑。

时过境迁，再回想此事，马律师对电站上的人们还是抱有感激，也越发觉得尽调工作并不是拿着笔对着尽调清单一项一项地打钩那么简单，具体操作中还会存在各种突发状况，不仅需要随机应变，足够敏锐、严谨地去深挖可能的法律风险，还有环境、工作强度等给身心带来的考验。所谓知易行难，莫过于此。

四、无法获得有效的信息

(一) 目标公司方面

现场访谈，律师会面对不同的主体，包括：受让方（客户）、出让方（目标公司的股东）、目标公司、目标公司所在地相关政府机构的职能部门、与目标公司合作的相关机构（如银行）等。所有的机构都是某一个或者几个具体的人在和律师对接开展工作。尽调律师之所以能够到项目现场开展工作，源于"客户对尽调律师的委托""交易对方对客户的自愿配合"以及"交易对方协调相关的自愿配合"。如果访谈对象不配合，尽职调查的律师，没有任何的调查权力去强行推进。因此，调动对方配合完成现场尽调及访谈等工作，需要律师具有较高的沟通能力。

笔者在尽调中发现，目标公司的高管人员在面对尽调机构（不仅仅是律师，还有审计机构、评估机构等中介机构人员）的时候，内心都充满了焦虑。作为被出售企业的高管，未来具有巨大的不确定性。老东家是否会另行给他们安排出路尚未可知，新东家未来是否会"一朝天子一朝臣"地换血让他们立即或者在目标公司平稳过渡之后下岗，他们内心完全无法确认，极度没有安全感。有些高管还担心中介机构会发现问题，无论收购是否成功，不管是面对新东家还是老东家，高管们都会有巨大麻烦。因此，当他们面对尽调团队时，内心往往充满了焦虑甚至恐惧。尽调律师就算仅仅是按部就班地开展工作，目标公司的高管们都非常谨慎和警惕。面对这样心理状态的访谈对象，尽调律师要和对方建立信任。以行动、表情和语言安抚对方内心的情绪，让对方认可和接纳，至少不抵触和反对。在这样的情况下，律师才有开展工作的基础。如果律师摆出一副"就是要查明真相，就是要发现和找出你存在的问题"的姿态，对方是抵触的，是拒绝的。为了应对这样的工作局面，笔者会要求律师学习和掌握在尽调中沟通的技巧，包括：破冰、聆听、发问、重复、沉默。

破冰：一群陌生人冲到你家里，就你家里的陈年旧事刨根问底，估计换谁都有危机感，都会抵触。尽调律师如何与被尽调对象展开话题呢？笔者给出三个有效的建议：其一，提前了解目标公司的情况，已经掌握的基本信息尽量不要问或者不要重复问。所提出的问题，应当是被询问者认为有一定的回答价值的问题。其二，善用一句话，"×××，你们也挺不容易的"，向对方表示尊重、认可和接纳，是打开话题的重要条件。这方面的技能和技巧，建议读者可以通过其他沟通技巧方面的书籍进一步扩充。其三，告诉对方，对于你们认为存在的问题，我们是一个很好的反映的渠道，对于对方后续工作的开展，能够有所帮助。通常情况下，被询问方明白事情的趋势和方向，当我们给予对方较好的引导时，对方也愿意选择顺势而为、配合或者至少是形式上配合我们的询问和调查。

聆听：是指律师要安静，尽量少说话，不要试图引导对方的思路和表达。

发问：尽量不要问封闭性问题，例如：是否、对错、有无，尽量问开放性问题，例如：这个问题你会怎么看？我想听听你的建议和意见？不知道能不能给我们一些意见和建议等。

重复：对于想要获得的重要信息，可以通过重复、复述对方表述的内容的方式，让对方予以确认。

沉默：在对方提供的信息存在较大可疑性的时候，可以安静地看着对方不说话，对方往往会反复唠叨之前的内容，或者，也会说出真实的、新的想法。

所有的技巧都来源于之前的准备。无论是访谈、谈判，甚至庭审，不做精心的准备，试图以技巧和技能临场发挥的，都是"耍流氓"。

（二）政府机关方面

走访政府机关的时候，有的目标公司认为，有投资人和尽调律师到现场，是对项目的认可，是对项目的加持，因此相对开放，不介意律师以真实身份出现。有的目标公司担心有负面影响，会要求尽调律师以目标公司的员工、目标公司股东的委托律师等名义出现。这种是较为常见的现象。极端情况下，也有目标公司明确拒绝尽调律师走访政府机关。

最近几年我国积极推进营商环境优化的建设工作，现在政府机关面对尽调律师的态度和配合的程度，比以前有了很大的进步。此前在开展尽调工作时，政府机关工作人员面对尽调如临大敌，层层请示。2002年笔者有一个尽调项目，为了调取一个工商档案，在黄河边的一个县城里住了一周，就是因为要得到多个层级人员，从经办人到主办科员到科长到局长的签字，为此反复与相关层级的领导做沟通，花费了整整一周的时间。现在要求将营商环境改善作为各地政府考核的重要因素，无论是作为目标公司律师的身份进行访谈，还是以新的投资人的身份进行访谈，政府机关的态度都比较友好，也热情欢迎新的投资人去当地投资。基本都可以得到一定的信息。

政府机关的信息收集，可能有四种情况：一是获得充足有效的信息；二是获得部分信息；三是无法获得信息；四是获得相互矛盾的信息。第一种情况是笔者最喜闻乐见的。第二三种情况，是笔者可以预见，也可以通过其他方式和渠道进行弥补的。最让尽调律师头疼的，是第四种情况。

有时候，笔者从政府机关不同工作人员处所问询到的信息并不相同。对此，我们掌握的原则是，每个人不同的理解，我们尽量去收集，也有意识去挖掘和分析不同人员提出不同意见的原因所在。但，更重要的是，询问不同人员对于同一个事实作出不同理解所依托的不同依据。例如：事实依据、法律法规依据、当地政策性文件，该机关内部掌握的一些不公示的红头文件，甚至是该机关内部掌握的、不成文的规矩等。要对照相应的规则去核对他们所提供的信息，哪些是基于事实得出的结论，哪些是基于规定得出的结论，哪些是基于其个人经验和个人工作方法所得出的结论。有时候，还可以在现场，组织客户、目标公司人员以及政府工作人员一起进行探讨，以针对某个特定问题得出一个较为统一的答案。这种情况下出现争议的问题往往并非仅仅局限在法律范畴，通常会和财务、技术、税务等相关专业领域交叉，笔者通常也会要求各个不同专业机构的人员进行共同研究研讨，得出各方均认可的结论。笔者得出并呈现给客户的意见，通常会在综合前述内容的基础上，以事实和规则为基础，而并非直接转述政府机关工作人员的意见。

对于上述过程，如涉及非常重要的问题，笔者通常会记入工作备忘录，纳入工作底稿，书面反映给客户，最终掌握的原则可参考诉讼中的"孤证不立"的原则，对于有争议的信息，不能仅以部分人员的个人理解为作出结论的依据。

五、无法取得材料

通常情况下，向目标公司收集资料（以下简称"收资"）相对容易，目标公司通常都会予以配合。当然，提供资料的速度、完整程度和有效性，每个项目的情况都不一样。这和目标公司真实的配合程度、业务能力、管理能力相关。

向政府机关访谈收资就相对比较困难。通常政府机关工作人员会比较敏感一些，只口头介绍信息，往往不同意尽调律师复印、复制、拍照。例如，笔者在查询某个企业是否已经提出了国补申请，该申请经过了哪些环节，是否存在实质性障碍等问题的时候，政府机关工作人员往往会介绍信息，甚至允许笔者看工作电脑上的页面，但页面既不允许打印，也不允许现场拍照。对此情况，笔者通常的做法是，首先，及时对该情况做工作备忘录记录并呈现给客户。送达方式以工作邮箱为佳，便于留下工作记录，微信等方式次之。其次，在适当的情况下，使用手机进行录音，以间接证实当时的经过情况，证实尽调律师到达现场进行了调查。尽管笔录和录音都不符合诉讼证据的标准，但作为工作记录还是有其合理性。上述记录笔者均整理成为文字，进入工作备忘录给客户通报，并纳入工作底稿，首要完成尽职的义务。至于最终的判断，可在汇总各方面的信息后，综合判断。

第四节　风险无处不在，谨慎怀疑永远是尽调的基本出发点

历史没有绝对的真相。当下时空一旦过去，就不可能被百分百还原，即使现代高科技技术有照片、视频等素材，也仅能反映某个时间点（段）的部分客观事件（这还是在不怀疑照片、视频真实性的情况下），并不能反映全部事件，更不能直接反映当事人当时的主观目的，所以想要探寻历史的真相，借助此前留下的素材进行推断，是唯一的办法。而此前的素材，也只能作为推断真相中稍显有力的证据而已。

收购项目中法律尽职调查亦是如此。其本质也是对标的公司的历史做还原，再结合法律专业知识，进行分析判断，发现风险，避免"事后惊奇"。所以，"谨慎怀疑的态度""证据闭环的意识""工作底稿的留存"是尽职调查的基本出发点，只有这样，才能更高度地还原标的公司的历史真相，法律分析才能具有更扎实的事实基础，这也是尽职调查的内涵所在。尽职调查的英文为"due diligence"，直译为"应有的注意"，在商业上被引申为"审慎调查"，这是一种非常有趣且严谨的叫法。在实际操作中"尽职"是一种程序概念，而非结果概念。从本质上来说，尽职调查是为了控制风险，而没有办法做到完全规避风险，这种称呼与审计的"合理保证"有着异曲同工之妙，这也是为什么不叫"完美调查"或"全面调查"的原因。

上述的介绍很重要，也很抽象，下面可以通过两个小故事体会一下。

【故事四】惊魂！忽闻自己尽调的企业因为重大环境事件涉刑

企业涉刑，惊雷起

"叮铃铃，叮铃铃……"刺耳的电话铃声响起，如同催命一般，连续一个月没有周末休息的陆律师，此时好不容易趁着圣诞节（同时是周末），抽出点时间陪伴自己两个可爱的孩子，随着电话铃声的不断催促，陆律师无奈地拿起电话，看到是××公司业务部张主任打来的电话，按下了接听键还没来得及打招呼，对面就传来了张主任焦急的声音"陆律师，大事不好了，我们刚刚收到了检察院发的《认罪认罚具结书》，要我们盖章，说是涉及污染环境罪，该怎么办？"

陆律师听得一头雾水，但也明白对面张主任现在着急的心情，温和地说道："张主任，不着急，慢慢说。你们公司不是上市公司子公司吗？之前也没听说过任何涉刑的信息啊，怎么突然就收到了检察院的《认罪认罚具结书》呢，公安之前有介入侦查吗？"

张主任说道："不是，不是我们公司，是我们公司去年收购的一个污水处理厂项目公司，在河南省，当时也是您和您团队的律师一起参与的尽职调查，在今天之前我们从未收到过任何信息，检察院这个《认罪认罚具结书》也是刚收到的，我们也不知道怎么回事啊。您能否到公司来一趟，我们当面详细聊一下。"

陆律师听后，心里一紧，原来是自己参与法律尽职调查的一个污水处理厂项目，现在标的公司竟然涉嫌刑事犯罪，也不知犯罪行为是发生在尽调前还是尽调后？若发生在尽调前，自己是否在尽调过程中尽到了应注意的义务？这些问题第一时间浮现在陆律师的心头，为了搞清楚到底怎么回事，陆律师先找到了该项目的尽调工作底稿，仔细回顾了一下项目尽调的过程，然后开车前往张主任所在公司。

来到公司后，张主任将陆律师带进了会议室，会议室还有公司综合部门和业务部门的其他几个人，大家见面后也省下了往日的寒暄，直奔主题。张主任说道："陆律师，请您过来是想商量下具体怎么办，我们是国有上市企业子公司，现在收购的企业涉刑，而且正值年底，要面临集团的考核，如果是因为我们的过错导致了国有资产损失，将直接影响我们企业的考核。"

陆律师点头道："现在问题既然来了，那么只有面对，将影响降到最小，损失降到最低。张主任，公司是什么时候完成的收购？标的公司的公章、营业执照等是什么时候移交的？现在涉及的刑事案子处于什么阶段，具体是什么案情，您了解不？"

"我知道的也不多，股权变更，以及公章、营业执照的移交均已完成，时间大概是在 2021 年 7 月份，具体案情我也不知道，是突然收到检察院的《认罪认罚具结书》，罪名是污染环境罪，建议量刑是处罚金 33 万元，让我们加盖标的公司公章，据说案件已经法院开庭，还没有判决。"张主任答道。

"有点奇怪啊，既然是刑事案件，那么按照程序会先由公安机关侦查，再由检察院审查公诉，最后才到法院审理，这个过程标的公司肯定会收到公安、检察院、法院送达的司法文书啊，而且按照您说的法院都已经开完庭了，那么谁代表标的公司去开的庭啊？为什么之前一点信息都没有呢？"陆律师疑惑道。

张主任听了也很疑惑："是啊，我们收购的基准日是 2020 年 9 月 30 日，2020 年 10 月份开展的尽职调查，2020 年 12 月、2021 年 1 月、2021 年 2 月分别签署了股权转让协议及补充协议，2021 年 6 月办理的股权变更，2021 年 7 月交割的标的公司公章等，协议约定的管理权交割是以取得当地政府部门同意的函件为准，但至今还未取得，之前也无司法机关联系我们，这个事情非常突然。"

陆律师思考了下说："现在信息也有限，而且奇怪的地方也很多，现在我们需要落实的有四件事情：一是搞清楚事情是什么；二是了解为什么之前没有信息；三是回顾下尽调过程中有无做到应注意的义务；四是下一步怎么办。而且，这件事情尽快先跟上级单位通下气，不要隐瞒，及时汇报，等上面问题落实清楚再详细汇报。张主任，您看还有其他补充没？"

"没有补充，按陆律师说的办。"此时，张主任有了解决问题的方向后也平静了下来。

"行，那张主任我们就分头行动，您这边可以向检察院、法院去了解下案情，如果可以，复印或拍照下案件材料，同时，您向标的公司的法定代表人以及转让方也了解下情况，多方印证下。有信息随时沟通，我这边也召集之前参与尽调的律师一起回顾下尽调情况，再研究下股权转让协议，为下一步做准备。我们分头行动。"陆律师安排道。

张主任答道："行，我这就联系各方人员。"

就这样，收购企业涉刑的信息如同一道惊雷在收购方和律师内部响起，各方人员开始各司其职，共同寻找真相。

追本溯源，真相现

周末过后的第一个工作日，陆律师再次来到客户单位见到了张主任，双方将各自了解的信息汇总后，基本还原了事情的来龙去脉，具体如下：

2020年6月，即将迎来每年一度的汛期，由于当地污水处理管网设计和建设不是很规范，汛期大量雨水将增大污水处理厂的处理难度，为了避免污水处理厂排放不达标，标的公司法定代表人楚某指使运营主管史某将COD、氨氮、总磷、总氮四个因子在线监测仪器采样管插到盛有上清液的矿泉水瓶中，企图逃避环保监管。但事与愿违，就在2020年6月28日（端午节后第一天），楚某从外地赶往公司的路上，突然接到电话，获悉当地环保局突击检查发现了出水在线有挂瓶的现象，并进行现场拍照取证。楚某立即向其上级（转让方）汇报了这个事情，转让方领导的意见是要把事情控制在一定的范围内，可以向当地政府捐款，但不能造成处罚记录。楚某到达标的公司后，立马向当地政府领导汇报了转让方的意思，由于转让方也是一家规模实力比较大的企业，是当地政府招商引资进来的，政府领导考虑到企业的信用尤其是贷款需要，同意了这种处理意见。环保局也于当天离开了标的公司，之后又进行了笔录询问，并下达了拟处罚通知书。之后转让方领导又专门赶到标的公司所在地，与当地政府进行协调，并向环保局提交了听证材料，环保局听证后也一直未对企业作出正式的行政处罚。2020年7月7日，标的公司运营主管史某因涉嫌污染环境罪被当地公安局传唤做了笔录，后经楚某协调进行了取保候审。

后来，转让方领导又一次拜访当地政府领导，达成的主要意见是标的公司向当地政府捐款，然后事情淡化处理，不对标的公司本身作出处罚。在此之后的一段时间，标的公司、楚某、史某也确实未再因此事被行政机关和司法机关找过，楚某也认为事情已经被转让方领导解决了。

2020年10月，收购方尽职调查进场前，楚某接到转让方领导的电话，被告知这个事情已经处理过了，且与当地政府方面已达成一致意见，不会对标的公司作出处罚，因此在收购方尽调时不能有该事情的任何涉及，对于前期的材料，如听证申请等资料一律销毁。

因此，在收购方尽调团队入场期间，律师通过公开渠道未查到处罚记录后，向标的公司法定代表人楚某和高管进行了访谈，询问标的公司是否涉及违法犯罪，楚某及高管坚定回复不涉及，律师进而要求标的公司提供介绍信去当地市政部门、环保部门、工商部门、税务部门、建委部门等政府部门核实标的公司及项目运营情况，楚某表示转让方领导交代，鉴于意向收购方存在多家，而且最终管理权的交割还需要与政府协调，在最终交割前，不便于让政府部门知道标的公司准备转让，所以为了保障交易的顺利进行，拒绝了律师前往政府部门调查。律师在被拒绝后，又向收购方征求了意见，收购方领导在与转让方领导协调后，从推进商业交易的角度，同意不用去政府部门核实。律师最终只能通过让标的公司和法定代表人签署承诺书的方式进行风险兜底，要求标的公司及法定代表人承诺其所提供的资料及信息全面、真实，且无任何虚假和隐瞒。

尽调结束后，经过多轮的谈判磋商，收购方和转让方于 2020 年 12 月底签署了股权转让协议，后又于 2021 年 1 月、2 月就个别特殊问题签署了补充协议。对于标的公司人员的安置，股权转让协议中明确，除了收购方明确要剥离的人员外，其他人员继续留在标的公司，楚某和史某作为高级管理人员并未在剥离范围内，因此股权转让协议签署后，楚某继续担任标的公司法定代表人管理标的公司，史某继续担任运营主管。

就在收购方和转让方签署股权转让协议前当月，即 2020 年 12 月，转让方领导再一次来到标的公司所在地，当时的政府主要领导再次表示，为保护企业，这个事情淡化处理，由公安机关想办法处理。

但 2021 年 4 月，楚某接到公安局回复，称无法销案，要求楚某自首，然后在检察院做不起诉处理。楚某又再次拜访了政府领导与公安领导，通过电话沟通后，各方领导也作出了同样的决定。就这样，楚某到公安部门自首，并于 2021 年 5 月 12 日被公安取保候审。

不得不说，至此，转让方的公关工作还都是比较理想的，如果照此"剧本"走下去，或许还真就没有后续的事情了。可是事与愿违，也许是冥冥之中法律不愿意放过任何一个违法犯罪之人。2021 年 6 月，当地县政府县委书记、县长因重大安全事故被免职，也就是说之前转让方与政府达成的一致处理意见均化为了泡影。新任领导上任后，公安、检察院迅速推进了案件进程，将案件移交了法院，控告标的公司、楚某、史某涉嫌污染环境罪。期间司法机关送达的司法文书均是由楚某作为法定代表人签收，首次开庭，也是楚某以法定代表人身份代表标的公司开庭，自始至终楚某一直联系的还是转让方领导，寄希望于转让方领导继续协调，并未向收购方透露过任何信息，转让方也一直私下协调解决，未向收购方透露信息。直至法院庭审结束后，检察院向各犯罪嫌疑人送达《认罪认罚具结书》，要求加盖标的公司公章，转让方知道事情隐瞒不住了，才向收购方道出了实情。

"完美"合同，风波停

陆律师与张主任梳理了事情的来龙去脉后，张主任问道："陆律师，现在事情是搞清楚了，那我们尽调有没有责任呢？"

"尽职调查，本就是发现风险的程序，不是结果，不能保证完全发现风险，只要尽职，做到'应取必取''应问必问''应查必查''应到必到'即可，即穷尽了方式也无法发现的风险，就不能说尽职调查本身存在错误。这个项目我们尽调前发送了全面的尽调清单，要求提供所有处罚或可能被处罚的资料，也到项目现场进行了实地调查（当时现场也确实不存在挂瓶现象），再次也访谈了法定代表人及高管，最后虽然基于商业交易实际情况被拒绝前往政府部门调查但也通过兜底承诺进行了兜底，所以我们该做的均已做了，尽到了应注意的义务，被尽调方刻意隐瞒，这种情况不能说尽职调查本身有错误。"陆律师介绍了自己对尽职调查的理解。

张主任听后也松了一口气，毕竟他也是业务牵头人，如果尽职调查本身有问题，导致项目收购决策错误，他也可能面临很多麻烦。

"那我们接下来如何做呢，陆律师？"张主任接着问道。

"首先，需要分析下这件事情对公司这边的后续影响及可能承担的外部责任。其次，分析合同，判断在股权转让过程中转让方与受让方之间责任划分，并与转让方谈判。最后，考虑如何向上级单位汇报将影响降到最低。"陆律师分析道：

"关于第一个问题，首先，对于项目公司，从刑事、行政、民事方面分析：刑事责任方面，已经被诉污染环境罪，且犯罪事实已基本确定，所以项目公司被判污染环境罪属于大概率事件，量刑方面，按照《认罪认罚具结书》量刑概率非常大，即处罚金三十余万元；行政责任方面，根据《环境保护法》第59条、《环境保护行政执法与刑事司法衔接工作办法》第16条、《行政处罚法》第35条，对尚未作出生效判决的刑事案件，环保部门可对项目公司作出暂扣或者吊销许可证、责令停产停业等行政处罚，若处行政罚款，可与刑事罚金进行折抵；民事责任方面，既然项目公司存在污染环境的事实，根据

《环境保护法》第 58 条、最高人民法院《关于审理环境民事公益诉讼案件适用法律若干问题的解释》第 1 条，项目公司还可能面临被提起公益诉讼，要求承担赔偿责任，责任范围包括治理环境费用及诉讼成本，若存在第三人因此受到损失的，还可能赔偿第三人损失。除此之外，项目公司上述处罚，对于其享受的税收优惠、政府红利政策、后续招投标以及融资等正常经营及融资活动会产生一定障碍。

其次，对于收购方及收购方管理人员，对外是否存在股东责任或管理责任，对内是否存在国企违规经营投资责任？根据《刑法》《关于办理环境污染刑事案件适用法律若干问题的解释》《环境保护法》《行政主管部门移送适用行政拘留环境违法案件暂行办法》《全国法院审理金融犯罪案件工作座谈会纪要》《生产安全事故报告和调查处理条例》《安全生产法》《水污染防治法》等规定，收购方作为股东不会因为项目公司犯罪行为承担责任，收购方管理人员也不属于直接负责的主管人员和其他直接责任人员的认定范围，也不会承担管理责任。另外，根据《关于建立国有企业违规经营投资责任追究制度的意见》《中央企业违规经营投资责任追究实施办法（试行）》的规定，虽然作为上级管理单位人员，可能因对所属子企业发生重大违规违纪违法问题承担责任，但须有三个前提：一是违反规定；二是未履行或未正确履行职责；三是致使国有资产损失或其他严重不良后果。本案中项目公司污染环境行为发生时，收购方管理人员还未开始收购，更无法律法规规定或协议约定收购方对项目公司具有管理职责，因此也无从谈起收购方管理人员未履行或未正确履行职责，故收购方管理人员显然不符合上述被追责的全部条件。

最后，对于收购方所属上市公司的影响。根据《证券法》《上市公司信息披露管理办法》，本次诉讼属于应当披露事项，可能对上市公司股价造成一定影响。

对于第二个问题，即上述责任能否向转让方追究？首先，明确几个时间点：一是犯罪行为发生时间是 2020 年 6 月；二是收购基准日是 2020 年 9 月 30 日；三是我们收购方尽调时间是 2020 年 10 月上旬；四是协议签署日为 2020 年 12 月；五是股权变更时间为 2021 年 6 月；六是管理权交割时间点还未到。其次，犯罪行为是发生在收购基准日前，收购基准日至交割完成日（股权和管理权交割均完成之日）期间属于过渡期间，即本次事件到目前为止，仍处于过渡期间。最后，按照股权转让协议，我们设置了转让方陈述与保证条款、过渡期间管理义务条款、违约责任条款、回购机制等，根据相应条款约定，转让方隐瞒基准日前违法犯罪行为，违反了陈述与保证约定，过渡期间未告知收购方属于未尽到约定的管理义务，由此造成的全部损失均应由转让方承担，且收购方有权选择解除该项目公司的收购，要求转让方回购该项目。

对于第三个问题，建议先根据上述分析与转让方先行谈判，取得转让方对于该事件的态度，落实最终收购方和项目公司承担的最低责任，再与上级单位详细汇报。"

经过陆律师的上述分析后，张主任信心倍增，立马约了转让方人员，陆律师协助张主任与转让方进行了谈判磋商，经过三轮讲事实、摆道理、找合同依据的谈判后，转让方全部认可上述分析，并愿意承担全部经济责任，最后据此向上级单位进行了汇报，此事得到了圆满解决。

【故事五】悬浮在空中的电站

2021年冬天，团队钱律师正在海拔4700米的西藏某光伏电站翻阅资料，原本头痛不已的他却因一个趣事打起了精神：项目升压站用地已经取得了选址意见书、建设用地规划许可证、建设工程规划许可证、建筑工程施工许可证，但钱律师翻遍资料也未发现任何关于建设用地的信息。

目标项目是租赁集体草地建设的农光互补项目，项目公司原本位于贵州省，但公司却表示资料都在电站上，钱律师一行只得通过飞机、火车、小汽车的混搭赶路，冒着寒风赶到电站，赶到电站后却发现只有无尽的头痛和名为"资料室"的"资料堆"。

这件趣事颠覆了钱律师的认知，料想建设用地使用权的取得应该是规划和施工的前置条件，到底是在资料堆中有所遗漏还是项目公司在刻意隐瞒？

钱律师开始从其他地方寻找线索，通过查阅项目光伏列阵区的租赁合同，钱律师发现租赁土地四至界限包含了整个光伏发电项目，而非仅仅只有光伏列阵区，也就是说升压站用地范围应该是包含在了租赁土地当中。钱律师当即对站长展开了访谈，但站长表示其仅仅负责运维，其他事宜一概不知。钱律师只好调转目标，通过电话与项目公司的负责人进行沟通，而公司表示项目用地完全合规，不存在问题，对建设用地使用权证书的事也一直打马虎眼，说应该就在资料室里面。

对于项目公司的这种敷衍行为，钱律师察觉到了蹊跷，于是将希望放到了当地国土局、住建委等政府部门身上。然而令人意想不到的事情发生了，无论通过何种渠道，当地国土、住建部门都不愿接受询问，钱律师的建设用地使用权证寻找之路遇到了僵局。

此时，钱律师一行已在当地滞留四天，无尽的头痛早已让律师们归心似箭，项目负责人毕律师也说如果没办法找到线索，就先撤回再和公司的人员沟通一下。

但正所谓车到山前必有路，柳暗花明又一村，陷入僵局的钱律师发现了新的突破点。原来钱律师在资料收集中发现了目标项目"植被恢复费"的缴费凭证，以此为线索，钱律师向收款单位林业和草原局进行了走访。经过走访得知，目标项目属于当地重大招商引资项目，在缴纳了植被恢复费的情况下，当地主管部门均默认其"边建边批"，实际上项目用地还未开始办理征地流程，更不用说建设用地使用权证书了！

最后，钱律师再次与项目公司进行访谈了解，此时公司负责人已知晓律师们了解了情况，不得不"据实陈述"。原来，项目土地征地工作一直开展缓慢，经过公司"协调"，当地政府部门同意其边建边批，并提前为其核发了建设用地规划许可证、建设工程规划许可证、建筑工程施工许可证等证书。

光伏发电项目建设用地的取得环环相扣，从租赁土地开展前期工作，到土地征收后的建设用地使用权证取得，最后才能开始项目建设，若缺乏前置条件，其后所取得的手续无论如何规范，亦只能是空中楼阁，终是没有根基，美丽的外表下却隐藏着轰然坍塌的风险！

故事总结：

收购的尽职调查，旨在发现风险，但由于诸多的限制，不可能做到发现全部的风险，因此，尽职调查只要做到"应有的注意"，就属于合格的尽职调查。而对于整个收购项目而言，仅做到合格的尽职调查还是远远不够的，决策是否收购一个项目，除了需要考虑已发现的风险如何应对、是否能够接受外，还需要考虑暂时未发现但未来可能发生的风险如何应对，这也是尽职调查后需要与转让方谈判磋商的主要内容，最终通过合同条款锁定已有及或有风险的应对，形成"完美"合同。收购项目可大致分为两个阶段，即尽职调查阶段和谈判签署阶段，尽职调查阶段属于"进攻"，通过各种手段主动发现项目的风险，谈判签署阶段属于"防守"，通过合同机制的建设防范可能发生的风险。只在尽职调查阶段聘请律师，律师的作用只是发现风险后，在谈判中应对，对于未发现的或有风险如何防范，将不再有律师参与，相当于武器、弹药都准备好了，真正上战场的时候却无专业人士指挥应用，一通乱打，进攻有余而防守不足，若要做到"攻守兼备"还得需要专业律师全流程参与，这样才能最大限度发挥律师价值，降低收购风险。

第三章
对尽职调查报告的质量管控

概　述

现场工作圆满完成后，律师将马不停蹄地开始起草报告。有人说："天下文章一大抄，尽调报告概莫能外，无非就是一个将信息输入到模板的过程。"对此，显然是没有实践经验的外行，是对于尽调报告从起草到完稿到审定到定稿整个过程的曲解。本章，笔者将从律所对尽调报告的内部审核和客户对尽调报告的外部评审两个环节，向读者介绍下尽调报告如何新鲜出炉、反复回锅、凉了热、热了凉，最终或欣喜定稿、或艰难定稿、或草草定稿、或放弃定稿等艰苦曲折的工作过程。

第一节　律所对尽调报告的内部质量把控

质量是企业之本，是生存之道！对律所而言，法律尽调报告即是服务的成果，报告的质量也即法律服务的质量，是关系律所品牌美誉度的重要基石，所以对于尽调报告的质量把控，是律所内部不可或缺的环节，也是对客户负责的重要前提。

那么质量到底是什么呢？在法律尽调报告中又是如何体现的？具体又如何把控呢？接下来跟大家介绍一下笔者团队对于尽调报告质量的理解及把控。

一、对质量管理的理解

许多大师都对质量下过定义，其中罗马尼亚质量管理专家约瑟夫·莫西·朱兰的定义最为通俗："质量是产品的适用性，即在使用时能够满足用户需要的程度。"国际标准化组织（ISO）也对质量下过定义："质量是反映实体能满足明确和隐含需求的能力之和。"

从上述定义中能够看出，质量最核心的内容就是满足客户需求，让客户满意。客户满意度可以说是衡量质量的一把标尺，那么什么是客户满意度呢？客户满意度是客户的期望值与感受值之比，期望值大于体验值，客户肯定不满意，至少体验值等于期望值，客户才会满意。如果体验值超过期望值，客户甚至会喜出望外。因此，对客户的需求分析应该从两个方面着手：一是识别客户的期望值，二是了解客户的体验值。

客户的期望值实际上就是客户的需求，它包含了明确的需求和隐含的需求。下图将这两类需求形象地比作一座浮动的冰山。能够直观感知到的客户的明确需求，如同冰山浮出水面的部分，只占客户全部需求的一部分。例如：尽职调查法律服务中需要提供尽职调查报告，这类需求比较容易识别和分析。

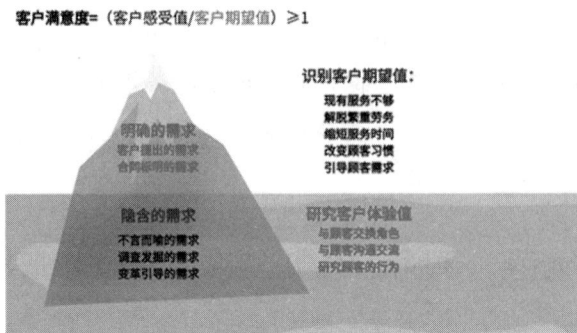

大部分的客户需求是隐含的需求，就像冰山沉在水底的部分。而客户的隐含需求才是律师在质量把控过程中需要识别的主要对象。一般来说，客户隐含需求包括三种情况：

第一，客户认为不言而喻的基本需求。这部分需求虽然很少明文写入合同，但是其重要性甚至超过客户的明确需求。例如：尽职调查服务中虽然最后都要提供尽职调查报告，可并没有写明要进入现场、访谈被调查企业高管人员等，这并不意味着客户不需要律师进入现场、访谈被调查企业高管。进场调查、访谈高管的需求已经隐含在"提供报告"的意思中了，只不过客户认为这是理所当然的，无须明文规定，这类隐含需求虽然无须识别，但是很容易被忽视。

第二，需要深入挖掘的客户潜在需求。这类需求是现实存在，但是客户自己表达不出来，需要通过调查研究去识别发现。例如：法律尽职调查服务中，一份高质量的尽调报告，除了要把尽调的问题如实披露外，还需要围绕客户的商业目标以及内部评审要求，对风险程度作出评估分析，提示该风险对客户商业目标的影响究竟是颠覆性还是一般性或是提示性，以切实能够成为客户决策的依据。

第三，通过变革引发的客户的新需求。这类需求原先并不存在，是由于技术革新或者制度变更改变了人们的习惯。例如：光伏尽调过程中，由于近几年正处于第三次全国国土调查阶段，即拟收购的项目公司原先占地性质将可能发生变化，所以客户在尽职调查过程中，会希望律师对第三次土地调查的情况进行进一步了解，对比现有用地情况的变化进行风险分析。

仅仅了解客户的期望值并不意味着能够获得他们的满意度，还需要研究他们的体验值。掌握客户的期望值只不过说明你知道了客户的口味偏好，但最终提供的产品成果是否能够满足他们的偏好，还需要通过研究客户的体验值来验证。了解客户的体验值有三种方法：

第一，与客户交换角色，即换位思考。自己当一回客户，替客户做下盘算，就不难理解客户的感受了。这是了解客户体验值最简单也是最有效的方法。

第二，与客户交流沟通。让客户自我表述自己的感受。例如：通过客户座谈会、散发客户调查问卷、随机取样访谈等方式，搜集客户感受的信息，然后分析获得客户的体验值。

第三，研究客户的行为。这是近代兴起的行为主义研究方法。例如：现在的手机很多程序的大数据算法，通过研究手机用户的浏览习惯、消费习惯，甚至生活中的交流信息等行为习惯，推算用户的喜恶偏好，进而按照用户的喜恶偏好向用户推送各种信息、视频等，让人不知不觉地就陷入其中。大部分消费者不善于表达自己的感受，或者不好意思表达感受，如果你去问客户中的人员是否满意服务质量，也许只会得到"挺好""还行"之类出于礼貌的含糊回答，与其这样与客户无效沟通，还不如多直接研究客户的习惯，比如内部评审中各部门间的哪种问题最多，领导决策时对于风险的态度等。行为往往比语言更有力。

客户是上帝，任何一个组织在上帝面前都是有局限性的，谁也不可能包揽全部上帝的全部需求。面对不同客户的不同需求，或者同一客户内部不同领导的不同需求时，现实的选择是：要么满足全部上帝的部分需求，要么满足部分上帝的全部需求。问题在于选择不同上帝的不同满足点。一列火车不可能对所有的客户招手即停，寻找客户的满足点意味着选择合适的车站，车站选得好就可以最大限度地满足客户的需求。[1]

二、对尽调报告质量把控的原则

上面介绍了笔者对质量管理的理解，根据这些理解，笔者明确了在对尽调报告质量把控中须要牢记的六大原则，具体如下：

1. 客户导向

如上文介绍，客户满意度是衡量质量的一把尺子。因此，质量把控中的客户导向，就是以客户为中心，不仅要了解客户明确需求，而且还要了解客户潜在需求，不但要尽力满足客户的需求，还要争取超越客户的期望。

2. 合伙人挂帅

合伙人挂帅体现了质量把控在整个项目中的战略定位，甚至可以说项目的质量在很大程度上取决于合伙人的重视程度。只有合伙人亲自挂帅，才能决定项目的质量方针，保障质量计划能够落实，充分动员全员参与，调配资源，持续改进。

3. 全员参与

质量问题不是审查律师或合伙人的职责，而是项目组人人有责。团队的每个成员都要以主人翁的心态认识自己工作的使命，加强内部沟通，识别容易出现质量风险的职责边界，将质量意识落实到每个人头上，刻在每个人心里，形成一种自觉行为。

4. 过程管理

质量管控不仅仅是对尽调报告结果的检验，还应当对形成尽调报告的过程进行监控，这种过程管理主要体现在两个方面：

第一，在时间坐标上，将整个尽调项目视为多个工作任务衔接的流程，如进场前沟通、现场收资访谈、政府部门调查等。通过对工作流程的具体分析，识别和精简那些无效益的工作环节，如周五进场将导致周末窝工、客户关于律师须与会计师步调一致的要求等，理顺分工的接口，形成目标合力，

---

[1] 房西苑、周蓉翌：《项目管理融会贯通》，机械工业出版社2010年版。

减少扯皮内耗。在流程链条上建立相互监督机制，让每个工作环节的下游工序都变成上游工序的客户，依次对上游进行质量监督。

第二，在空间坐标上，将整个尽调项目视为一个各类资源的集成活动，如各中介机构的成果借鉴和组合，法律尽调报告如何利用财务尽调成果及技术尽调成果，并在此基础上进一步作出法律分析。通过对相互依存的组合要素的分析，识别并优化各类要素功能指标，在其衔接的接口处严格把关，加强沟通，分享信息和技术资源，确保最终报告的质量。例如，律师发现财务尽调中的数据与法律口径了解得不一致或对用于法律分析的财务信息不足时，向财务中介机构提出需求，互相沟通讨论各信息要素的用途和作用，进一步分头行动完善各自信息。

5. 证据思维

尽调报告提交给客户，成为客户决策是否收购的参考依据，所以报告中任何信息的披露以及分析意见的形成，都不能凭主观的概念和假设，而必须以事实和法律为依据，且事实要有充分的证据材料支撑，能够形成一条完整的证据链。对于没有充分证据，但又是对项目有重大影响的信息，应该在报告中予以明确说明和提醒，仅供客户参考。

6. 持续改进

"极致高效、彼此成就"是笔者团队价值观中的一句话，即凡事要追求"极致"与"高效"，在尽调报告质量把控方面尤是如此，追求质量精益求精是笔者最大限度满足客户需求，最终实现与客户"彼此成就"的目标。不断识别改进机会，虚心接受客户提出的需求与批评，不断提高自身质量标准，优化报告结构与内容，从而实现质量的螺旋上升。

三、对尽调报告质量把控的要点内容（"九九归一"法）

在上述质量把控的原则下，笔者内部在具体审核尽调报告时，由合伙人作为评审组，采用"九九归一"法对尽调报告质量内容进行把控，即从如下"九"大方面进行审核把控，要求项目主办律师答辩解释，最终齐力形成"一"份完美报告。

（一）定位要准确

1. 你是谁？

这个问题乍一看，让人感觉很可笑，谁还能不知道自己是谁吗，此问是否多此一举呢？其实不然。在收购项目中存在着多个利益主体，有客户（客户里还有业务部门、法律部门、财务部门、决策层）、审计机构、评估机构、技术中介机构、被尽调的标的公司、转让方、律师事务所（项目组内部还有助理、协办律师、主办律师、合伙人律师）。这些主体各有各的职责，各有各的定位，但彼此之间的工作内容又存在着千丝万缕的联系，尤其笔者作为法律中介机构，需要为客户识别各类法律风险，而法律本身又是整个社会行为规范的总称，大部分类别的社会行为都能纳入法律规范的范畴，如同一片汪洋大海，江河、湖泊、小溪流水，什么都可以往里装。项目中法律尽调既与审计、评估涉及的财务方面问题有关，又与技术中介机构涉及的工程和设备是否符合标准等问题相关，还与客户决策收购的程序问题相关。

律师处于如此复杂的主体关系中，首先就要时刻记住自己的定位和工作边界，即在草拟尽调报告时要清楚自己是谁。所谓"屁股决定脑袋"，首先要把"屁股"坐对、坐稳，"脑袋"才能清晰不混乱，做出的成果才不会偏差。具体还需要分以下三个层面理解：

（1）区别于"断者"的定位

项目决策可归结为两个部分：一是"谋"，二是"断"。谋者陈之利弊，断者权衡利弊。收购项目中，审计机构、评估机构、律师事务所、技术中介机构即为"谋者"，各自在各自专业领域提供解决问题的专业建议，提交给客户中有权拍板决断的领导供其参考，领导在综合各板块信息和建议的前提下，综合考虑项目目标，以及整体利益和风险作出最终的决策。

笔者在草拟法律尽调报告时，虽然也要对发现的法律问题作分析，并提出建议，但需要注意该建议发表的前提仅是基于法律口径了解的信息，且作出的分析仅是从法律角度作出的分析，相对于整个项目来说，笔者掌握的信息、对该行业了解的专业程度以及对项目目标的理解，均与客户有决断权的领导掌握的信息专业知识、对目标理解的精准度存在很大的不对称，所以在尽调报告时，避免代替客户作决策，尤其是商业决策。

所以，律师仅是收购项目中的"谋者"，而且仅是众多"谋者"中的"法律方面的谋者"，要区别于其他"谋者"和"断者"。

（2）区别于其他"谋者"的定位

上面提到我们作为"谋者"的一员，要区别于其他"谋者"的定位。由于众多"谋者"中，法律与财务的联系最为紧密，因此这里就只介绍下笔者如何区分与财务机构的定位。

公司的资产情况、负债情况既属于财务机构的工作范围，又属于法律中介机构工作的范围，那么笔者作为律师在出具尽调报告时，就需要区别于财务机构的作用。财务机构更多的是定量的问题，而且这个定量囿于财务账面及财务行为，不能全面反映标的公司未来可能面临的风险。而这个恰恰就是律师在尽调报告中的财务部分需要补充的，律所在财务方面起到的作用更多的是定性问题，进而披露定性问题可能导致量的变化结果。例如：某光伏发电项目标的公司与股东之间存在往来款，财务机构对此会依据账面及凭证情况披露标的公司欠付股东的往来款，但律师会进一步调查往来款的基本法律关系、有无合同约定，分析标的公司是否还存在违约情形，若存在违约，需要承担的违约责任大概有哪些，对收购价格和风险的影响是什么。具体工作过程中，可以将财务数据及财务报告作为法律尽调的线索，以此做更进一步的挖掘。

（3）坚定保护好自己的定位

前面"谋""断"之论，更多的是介绍如何发挥自己的作用，给客户带来价值。但律师事务所作为专业的法律机构，除了思考如何给客户带来价值外，还需要注重对自身的保护，"不能自己挖坑把自己给埋了"。

为何我国的《律师法》明确规定，律师事务所只能设立为合伙制或个人制，而不能设立为公司制企业？个人理解其中一个重要原因就是，律师作为专业法律人士，在法律方面发表的意见或建议具有很高的信赖度，投资者或其他委托当事人会基于对专业意见的信赖，作出相应决策，所以律师必须尽职尽责，为其天然的可信赖度负责，公司制的有限责任明显不利于实现这一目标。

既然律所对自己提交的成果可能承担无限连带责任，那律师在草拟报告时就要更加谨言慎行，做到"事实有证据""结论有依据""建议有条件"，才能更好地保护自己不陷入纠纷，同时，也是保障客户决策时能够有更清晰的边界条件。

2. 你的报告是写给谁看的？

作为整天埋头写报告的你，是否思考过你所写的报告到底是在写给谁呢？是写给自己，完成手头写作即可？还是写给安排你工作的主办律师或合伙人律师？还是写给客户的法律部门？或是写给客户的投资部门？抑或是写给客户有权拍板的决策层领导？

显然，尽调报告是最终写给客户有权拍板的决策层领导看的。由于领导未参加现场尽调，未过目工作底稿，不具备法律专业知识，但最终还要依据我们的尽调报告作决策，所以，我们在草拟报告时，要时常把自己已知的信息"清零"，纯粹站在这样的阅读者背景下回看审视：是否把信息介绍清楚、法律分析是否充分、结论建议是否明确等。

总之，要让一个不知道任何项目信息的第三人能够看懂报告，且具备决策的基础。

3. 你的报告是用来干什么的？

尽调报告的做出，并非自我欣赏，也非提交给客户束之高阁，是要与财务报告（包括财务尽调和评估）、技术尽调报告、业务（也有称行业或市场）尽调报告共同作为客户判断商业目标是否能够实现的支撑依据。所以，法律尽调报告披露信息、发布意见和建议时均要围绕对客户商业目标的影响这一核心。

（二）结构要全面

1. 背景介绍

该部分是尽调报告出具的背景，明确的信息主要包括：报告的出具对象、委托关系、委托人的收购目标及收购方式、被尽调的对象、出具报告的原则依据。

2. 简称与定义

为避免报告正文的重复、冗长，便于读者阅读，以及明晰部分重要词语或词组的内涵及外延，避免理解的歧义与偏差，笔者在尽调报告开始前通过表格方式列举了正文部分会用到的"简称与定义"，如目标公司、项目、标的股权、收购方、转让方、资料提供方等。

3. 尽调工作及内容

本部分主要介绍笔者接受委托后，开展尽调工作的情况，包括线上的尽调和线下的尽调，以及报告的主要内容结构介绍，便于报告阅读者能够了解律师尽调的工作开展情况以及报告的主要结构。

4. 律师声明与假设

前文关于定位明确提到，律师作为专业人士提供的专业成果需要明确出具成果的前提基础和边界条件等，既是保护自身免陷入纠纷，也是提醒客户注意决策的边界，具体在尽调报告中主要通过"律师声明与假设"来体现。声明与假设的主要内容包括：资料的完整性及准确性、各种形式资料的真实性、报告的时效性、引用其他专业机构出具专业报告的意见声明、报告用途的提示。

5. 报告摘要

根据笔者的实践经验，一般光伏收购项目的尽调报告基本都是 60 页以上，3 万字起步，信息量比较庞杂，为了方便阅读者能够快速获取尽调项目的重要信息，我们在尽调报告正文之前设置了专门的"报告摘要"部分，将整个项目的重点信息及风险进行汇总披露，如果阅读者想继续深入了解具体某个重点信息及风险的详细背景情况及分析意见，可再对应报告正文进行深入阅读。

6. 报告正文部分

光伏收购项目中，收购的标的一般是光伏发电项目公司，但实际收购的核心目标是光伏发电项目本身，两者的侧重点有所区别，为了更有逻辑层次、平衡报告结构、便于报告阅读者快速抓取收购核心目标，笔者在报告正文部分一般分为了项目公司部分和目标项目部分。项目公司部分更多的是股东出资、股权权利状态、资产及负债情况、重大合同情况、诉讼及行政处罚情况等，而目标项目部分更多的是侧重项目的前期手续情况、项目建设期手续情况、项目验收情况、项目用地情况、项目电价及补贴情况、项目电量消纳情况、项目运维情况等。

（三）信息要完整

1. 客户已明确关心的信息必须有所回应

客户在委托律师事务所进场尽调前，基本上已经对该项目做了基本的摸底调查，对于项目的信息已有一个初步的了解，甚至有些客户都已经跟转让方就项目转让事宜达成了初步的协议，聘请律师事务所等专业机构进场尽职调查，主要是：其一，印证客户自身之前了解信息的真实性；其二，针对之前了解不深入的信息进行补充；其三，对于项目信息进行专业分析判断后提供意见或建议；其四，履行内部收购程序。

也就是说，笔者在进场前与客户相比，对项目的了解程度，存在着很大的信息不对称，所以尽调过程中时常保持与客户的沟通非常有必要，不能认为尽调只是对标的公司、转让方和政府部门进行尽调，也应该将客户作为获取尽调信息的渠道之一，不能最后让客户成为尽调的"灯下黑"。按照前文笔者对于质量管理的理解，客户需求分为明确需求和隐含需求，其在尽调前或过程中已经了解并关注的信息其实就是客户的明确需求，也是其对尽调报告内容的一种期待，所以，笔者对于此类信息是必须要在报告中有所回应。

2. 资料提供方披露的信息不能有遗漏

尽调过程中资料提供方提供资料和信息往往存在着"三多"的特征：多人、多渠道、多形式。所谓"多人"，指尽调过程中资料提供者一般涉及多个人，包括标的公司法定代表人、财务人员、项目开发人员、法律人员、运维人员等；所谓"多渠道"，指提供信息的渠道多样化，包括微信、邮件、电话、面对面访谈等；所谓"多形式"，指资料形式包括纸质材料、扫描件、电子文档、图片等。

上述"三多"的特征，势必造成信息的分散。而保障尽调报告的分析和结论准确要建立在对全面信息分析的基础上，所以，在汇总分析、草拟报告时，一定不能遗漏资料提供方已经披露的信息，否则将可能导致结论错误、建议错误，甚至导致客户决策错误。

3. 明显具有但又缺少的信息要挖掘

虽然在"律师声明与假设"部分已经明确报告出具的前提是假设资料提供方已经提供了全面、完整的资料，且往往还会让标的公司就此单独出具一份书面承诺，但是，这并不能代表就已经尽到了"应注意的义务"。对于一些根据已提供的资料能够发现明显该资料背后还有其他资料，例如，资料提供方提供的项目公司收到的 EPC 总承包方来函，函件中开头明确写明"贵司于某年某月某日发送的《××函件》已收悉"。显然该函件背后还隐藏着项目公司发送给 EPC 总承包方的函件，但资料提供方又未提供，这就是典型的明显具有但又缺少的信息。对于此类信息，应该主动询问，要求被调对象补充提供，如果未能提供，需要被调对象出具说明。

（四）逻辑要严谨

1. 分类要穷尽且不交叉

"穷尽且不交叉"来自麦肯锡分析法 MECE 原则（Mutually Exclusive Collectively Exhaustive），意思是"相互独立，完全穷尽"。

当表达或者草拟书面报告时，往往需要对复杂问题或资料进行分门别类，让表达出的内容更有逻辑、更成体系，给倾听者或阅读者脑中提前建立逻辑框架，保障信息接收者接收的是一整块完整信息，而非信息碎片或信息拼接。MECE 原则就是解决这一问题的工具方法。该方法一般分四个步骤完成：

第一，确定范围。即明确当下要讨论或表达的问题到底是什么，以及想要实现的目的，传递的主要信息是什么。这个范围决定了问题的边界，使完成"穷尽"成为一种可能。

第二，寻找逻辑切入点。即选择分类原则，或者选择什么作为分类出来事项的共同属性。例如：在草拟尽调报告时，往往会在项目公司历史沿革部分介绍工商变更情况，这里"项目公司工商变更情况"就是要表达的问题，所有变更事项即是问题的边界，那么如何分类介绍呢？可以选择按照变更类别进行分类，如股东变更、注册资本金变更、经营范围变更等；也可以选择按照变更的时间顺序进行分类，如某年某月某日变更了股东、经营范围、注册地址，某年某月某日变更了注册资本金等。这个时候需要结合实际情况，你最初要表达的主要目的及最终表达的效果反复思考，比如仍以尽调报告中的项目公司工商变更情况举例，如果工商变更频繁且涉及变更内容较多，一次公司化改制变更的同时变更了注册资金、股东、经营范围、企业类型等内容，这时若选择按照变更类别进行划分，则会把同一时间所做的诸多事项进行割离，不宜体现一个事件的全貌，所以从表达效果来说，此种情况下按照时间划分会更好，能够清晰反映公司化改制事件的全貌。

第三，考虑是否可以用 MECE 原则继续细分。比如尽调报告中的诉讼情况部分，如果按照在诉和诉讼完结来分，的确满足了"穷尽且不交叉"，但仅仅这么分对判断诉讼情况对收购的影响又有多大帮助呢？所以，不管什么时候，都要时刻记住以终为始，即最终写报告的目的是什么。从对收购风险分析角度来看，还需要对在诉情况，按照案由、诉讼阶段、涉案金额、当事人身份等要素进一步细分，才有可能得出客户想要的东西。

第四，确认有没有遗漏或重复。在对问题或资料分类完后，还需要重新检视一遍，看看有没有明显的遗漏或重复。可以通过画图的方式比较是否有重叠项。当然，实践中可能会分出来一些类别后，仍然有几项不属于前面分出的几类，但这几项还比较重要，这时可以试着加一个类别——其他。

2. 有事实，有分析，有结论，有建议

尽调报告中针对具体问题阐述时，需要按照"事实描述—法律分析—结论意见—律师建议"的结构进行，这样才能对一个问题说透，让阅读者"解渴"，即上述结构中下一个部分就是解决阅读者在阅读上一个部分时心里期待所看到的问题答案，避免发生"靴子不落地"，让阅读者心理一直处于"痒"的状态。

所谓"事实描述"，即在现场尽调结束后，针对收集资料和信息进行分析后，选择笔者认为对收购项目可能有影响的问题，对于该问题的事实情况介绍。事实描述的要素包括"五个W，一个H"：什么时间（when）、什么地点（where）、什么人（who）、因为什么（why）、发生了什么事（what）、最后结果如何（how）。

所谓"法律分析"，即针对事实情况，需要从法律角度，分析法律对于此类事实的规定如何？

所谓"结论意见"，即按照法律逻辑上著名的"三段论推理"，结合"事实描述"的"大前提"和"法律分析"的"小前提"，推出的"结论意见"。例如："事实描述"为项目公司向银行借款，且逾期未还，借款合同中约定了逾期利息；"法律分析"为根据《民法典》第676条规定："借款人未按照约定的期限返还借款的，应当按照约定或者国家有关规定支付逾期利息。"那么"结论意见"就是项目公司需要按照合同约定向银行支付逾期利息，将降低项目公司净资产价值。

所谓"律师建议"，即让"靴子落地"的步骤，既然前述分析了事实对收购的影响，那么针对该影响，收购方如何应对，律师需要有所回应，如上述逾期还款的例子，律师可建议客户选择如下任意一种方式：（1）与转让方协商，项目公司立即按合同约定还款，消除承担违约责任的或有风险；（2）在确定收购价格中，考虑违约责任的承担，相应降低收购价格；（3）交易协议中约定转让前违约责任的承担方式。具体如何选择属于客户交易的商业条件，由客户最终决策选择。

3. 避免凭空出现和逻辑跳跃

所谓"凭空出现"，指做法律分析时，得出结论C需要时，用到了信息A和信息B，但在"事实描述"部分却只介绍了信息A，没有介绍信息B。这种会让阅读者在读到结论时看到凭空冒出的信息B产生疑问。举个例子，还是前面介绍的项目公司逾期还银行贷款的例子，比如，"事实部分"只介绍了项目公司向银行借款事宜，但没介绍还款情况以及合同针对逾期利息约定情况，没有体现已经逾期以及逾期责任的信息，而在"法律分析"和"结论意见"

中却依据了逾期还款的信息，得出项目公司需要支付逾期利息的结论。这种情况下，阅读者会产生疑问，项目公司逾期了吗？什么时候开始逾期的呢？责任究竟有多大呢？

所谓"逻辑跳跃"，指法律分析若要得出结论 C，推理的逻辑是"A—B—C"，即通过 A 推出 B，再通过 B 推出 C，但在分析时确直接从 A 得出了 C。例如："事实描述"部分介绍了光伏发电项目中 EPC 总包合同，属于应招标未招标情形，但最终工程已验收合格并交付使用，而"法律分析"部分只分析了总包合同因违反法律强制规定而无效，在"结论意见"中却直接得出因工程已验收合格并交付使用，所以项目公司应该按照合同约定支付工程价款。上述推理过程实际隐含了一个逻辑是："根据法律规定，建设工程合同无效但建设工程验收合格的，一方当事人请求参照实际履行的合同关于工程价款的约定折价补偿承包人的，人民法院应予支持。"如果阅读者不懂该隐含逻辑，在阅读时将会产生疑问：既然合同都无效了，为什么最终项目公司还需要按照合同约定支付工程价款呢？

4. 前后文不能有矛盾

在完成尽调报告草稿后，需要报告书写者回头检视一遍，对应前后文关于同一事项是否存在表述矛盾之处。例如：在某个项目尽调报告中，介绍项目公司金融机构借款时，这样写道："根据目标公司提交的《资产负债表》（2021 年 9 月 30 日），目标公司的长期借款为 105 700 000.00 元，一年内到期的非流动负债为 17 959 692.36 元，合计 123 659 692.36 元。根据目标公司提交的《企业信用报告》（NO. 20211×××××），目标公司中长期借款余额为 12 340 万元，截至本信用报告出具时（2021 年 10 月 11 日），目标公司处于正常还款状态。"显然，上述描述中，如果按照《资产负债表》数据，目标公司长期借款+一年内到期的非流动负债之和是大于《企业信用报告》中的中长期借款余额的，存在矛盾。后经向目标公司财务人员及会计师事务所核实，矛盾原因在于目标公司一年内到期的非流动负债部分计算了贷款利息，而《企业信用报告》仅计算了未还贷款的本金之和。

（五）方法要得当

1. 建议要明确、合理、可操作

在针对识别的风险提供应对建议时，需要明确且可操作。

所谓"建议明确"，是指有具体的建议方向或操作方式。如在尽调未发现处罚记录时"建议收购方关注或有风险"就属于建议不明确;"鉴于核查手段有限,本次股权交易过程中,贵公司可要求转让方承诺不存在未披露之未决诉讼、行政处罚事项。若完成收购后基于前述原因造成的贵公司、目标公司损失,均由转让方承担",即属于建议明确。

所谓"合理、可操作",是指提供的建议要符合商业逻辑,具备可操作性。例如:在某个光伏发电项目中,项目公司在未取得建设用地规划许可即建设了综合楼,后被国土部门查处并作出了"限期拆除"的行政处罚决定,笔者所在律所一个刚入职的律师助理在草拟尽调报告草稿时写的建议为"建议要求转让方拆除违法建筑",让人啼笑皆非,这样的建议显然是不符合商业逻辑的,转让方也显然不可能接受,甚至可以想象如果收购方拿着这样的律师建议跟转让方谈判,转让方都会被气笑,不直接赶收购方谈判代表出门就是算比较客气的了。

2. 风险既要有识别也要有评估

如前文介绍,法律尽调的主要作用就是"发现风险",即识别项目中的风险,但在尽调报告中仅仅将识别的法律风险进行披露和提示,对于客户决策还是不够的。因为,在项目决策时,趋利避害是人类的天性,但利害需要通过沟通和比较来鉴别,只有量化的风险才易于比较,人们通过比较作出选择。所以,在尽调报告中不仅需要做到风险识别,还需要对识别的风险进行评估量化,只有量化的评估才易于沟通、比较、选择。

秉承此原则,笔者在尽调报告中会对项目风险进行分级,主要分为高风险、中风险、低风险、微风险。

高风险,指对于项目成立与否或收购成功与否产生颠覆性影响的风险,应在股权转让前解决或需要设置为交易的前提条件。如项目并未取得备案、转让方对标的股权并无处置权等。

中风险,指存在一定合法合规性问题,可能影响项目正常持续运营或增加潜在负债的风险。如EPC总包合同未招标、耕地占用税和土地使用税未申报或未足额申报、使用集体土地的进场道路未与村集体签署使用协议等。

低风险,指不会对项目公司及项目运营产生重大影响,但可能对交易价格、程序和交易条件产生一定影响的风险。如项目公司与股东之间借款未签署书面合同、工程验收结算后逾期支付等。

微风险,指对交易本身无影响,但需要提示客户关注,收购后需要完善的风险。如当年企业年度公示报告还未公示、董事变更未办理备案登记等。

3. 小标题即结论

此为众多标题写法中的一种，即"结论式标题"。从字面上不难理解，该种方法即将事件结论作为标题，是对于事件或观点的总结，为标题下的正文盖棺定论，奠定下述正文的观点和表达核心，让阅读者看到标题即明白事件结果及书写者所要传递的重要信息，然后读者可以根据需要选择是否阅读正文了解该问题的详细情况。

笔者举例说明该方法在尽调报告中的具体应用，例如：关于标的公司股东出资情况，如果标题是"股东出资情况"，阅读者只能通过阅读完接下来的事实描述才能知道书写者要表达的具体信息，但如果标题改为"股东未实缴出资"，则会快速向读者传递接下来正文部分所要传递的核心信息。类似标题还有"标的股权被质押""项目电费收益权被质押""项目未取得××批复""租赁集体土地未经村集体决策""购售电合同过期未续签"等。

（六）语言要精准

1. 杜绝模棱两可的形容词

"严谨"是律师应有的态度，在尽调报告中对风险描述时也应该要观点明确，杜绝模棱两可的形容词。如"收购方可能面临巨大的风险"此类表述中"巨大的"就属于模棱两可的形容词，因为在无事先定义何为"巨大的"前提下，风险是否巨大纯属个人主观判断，而每个人对于风险的接受程度不同，判断结果也就不同。此处，应该是明确收购方可能面临的究竟是什么风险，如"项目公司因存在未取得规划许可即建设综合楼，按照《城乡规划法》等相关规定，项目公司后续可能面临被监管部门作出行政罚款、限制拆除、没收违法建筑中的一种或多种行政处罚的风险"。

2. 每句话出现都要有目的，避免啰嗦无重点

麦肯锡有个著名的"电梯法则"，即用极具吸引力的方式简明扼要地阐述自己的观点，也被称为电梯游说。其来源于麦肯锡公司一次沉痛的教训：该公司曾经为一家重要的大客户做咨询。咨询结束的时候，麦肯锡的项目负责人在电梯间里遇见了对方的董事长，该董事长问麦肯锡的项目负责人："你能不能说一下结果呢？"由于该项目负责人没有准备，而且即使有准备，也无法在电梯从 30 层到 1 层的 30 秒内把结果说清楚。最终，麦肯锡失去了这一重要客户。

在写尽调报告时，亦是如此，每句话的出现都要有其目的，都是要能够被使用的，避免啰唆无重点，不能为了多写而写，也不能为了过于保护自身，所有的信息都披露，对于那些对于项目本身无任何影响，写出来也用不到的信息即不用啰唆。例如：光伏发电项目中转让方除了拟转让的目标项目外，还有其他光伏发电项目未转让，构成未来的同业竞争。当然，转让方同业竞争的问题在很多其他类型的收购项目中确实比较重要，涉及了收购方收购后市场占有及市场竞争的问题，但是在项目已经完成并网、确定电价、进入补贴目录的光伏发电项目中，根本不存在抢占市场客户的情形，所以转让方同业竞争的问题对收购方并无任何影响，就可以不写。

（七）风格要统一

1. 与之前服务的成果要统一

若之前已经为某客户提供了类似服务的成果资料，那么在之后项目中提供服务成果时，需要综合考虑与之前服务成果的风格统一，因为客户已经对我们的服务风格和成果结构风格有所熟悉和了解，甚至客户内部已经习惯按照我们之前的成果资料结构相对应地建立内部评审体系，这时候我们突然对之前的服务成果进行较大调整，则可能会打乱客户节奏，给客户留下"我们内部管理混乱"的不好印象。

当然，也并非一定要与之前的成果保持完全一致，前面介绍笔者所在律师内部对质量把控的六大原则时，最后一个原则就是"持续改进"，即我们也会根据不同项目、不同客户的反馈，吸纳比较好的建议，不断调整和优化服务成果，保证服务质量的螺旋上升。但此调整肯定不会是大幅度调整，只是细节的优化，如果确实需要大调整，笔者会与客户就此做提前沟通和解释，争取客户的理解，毕竟双方目标一致，都是更优的服务。

2. 一个项目多个报告要统一

服务过程中，我们经常遇见客户批量收购的情况，即一个收购项目中涉及多家项目公司、多个具体光伏发电项目，为保障客户项目进度，笔者团队内部会分成多个项目组同时行动，甚至必要时会发挥德恒一体化优势，联合德恒其他分所的新能源项目团队共同完成该项目。这样多头并进的方式，若事先不统一，事后不统稿，可能会造成不同项目组律师对于尽调的范围、方法、观点、建议以及最终的写作习惯等有不同的理解，最终提交的成果资料及工作底稿也会五花八门，报告结构、形式、问题深度、观点建议不尽相同，让客户内部决策时，针对不同项目的同一问题，无法统一解决思路。对此，我们在组建项目组进场之前，都会进行内部培训沟通，统一尽调方法、工作底稿形式、各类文件模版，以及对于不同问题的分析意见和建议，最终向客户提供报告前，再由专人对所有报告进行统稿，保障同一项目中的不同报告相互统一，形成合力。

（八）形式要美观

尽调报告定稿前，我们的中台人员还会针对报告形式的美观进行把关和调整，包括：错别字、重复词等修改，字体、标题级别规范、行间距、段落间隔、首行空格等格式问题统一，插入表格颜色标注的美化，页眉页脚的设置，最终报告装订的形式等。

具体标准和原则可见本书第四章第一节中关于文书格式的部分内容。

（九）底稿要扎实

工作底稿对于律师尽职调查项目的重要性不言而喻。这点在证券业务中尤其明显，《律师事务所证券法律业务执业规则（试行）》第39条第2款规定："工作底稿是判断律师是否勤勉尽责的重要证据。中国证监会及其派出机构可根据监管工作需要调阅、检查工作底稿。"近些年证券业务市场中，律师事务所因为工作底稿的问题被证券监管部门行政处罚，甚至被投资者要求赔偿的案例也层出不穷，例如"五洋债案""山西天能科技股份有限公司案""丹东欣泰电气股份有限公司案"等。

虽然，在非证券业务中，没有对律师工作底稿做强制要求，也没有监管部门检查，甚至很少有客户需要提供工作底稿，但我们却不能因此放松警惕，毕竟工作底稿是律师对有关事实、法律问题作出认定和判断、发表法律意见的重要依据。所以，我们在对尽调报告质量把控方面，仍然参照着证券业务对律师工作底稿的要求对工作底稿进行把关，要求各项目组律师按照报告结构建立工作底稿文件夹，对文件夹进行分类、分层，与报告中各板块及具体问题一一对应，做到凡是报告中提到的事实均有相应底稿做支撑，以便后续备查。

四、对尽调报告质量把控的流程

如前所述，对尽调报告质量把控不但重视对结果的把控，而且也注重对过程质量的把控，对过程质量把控可以归纳为如下流程：

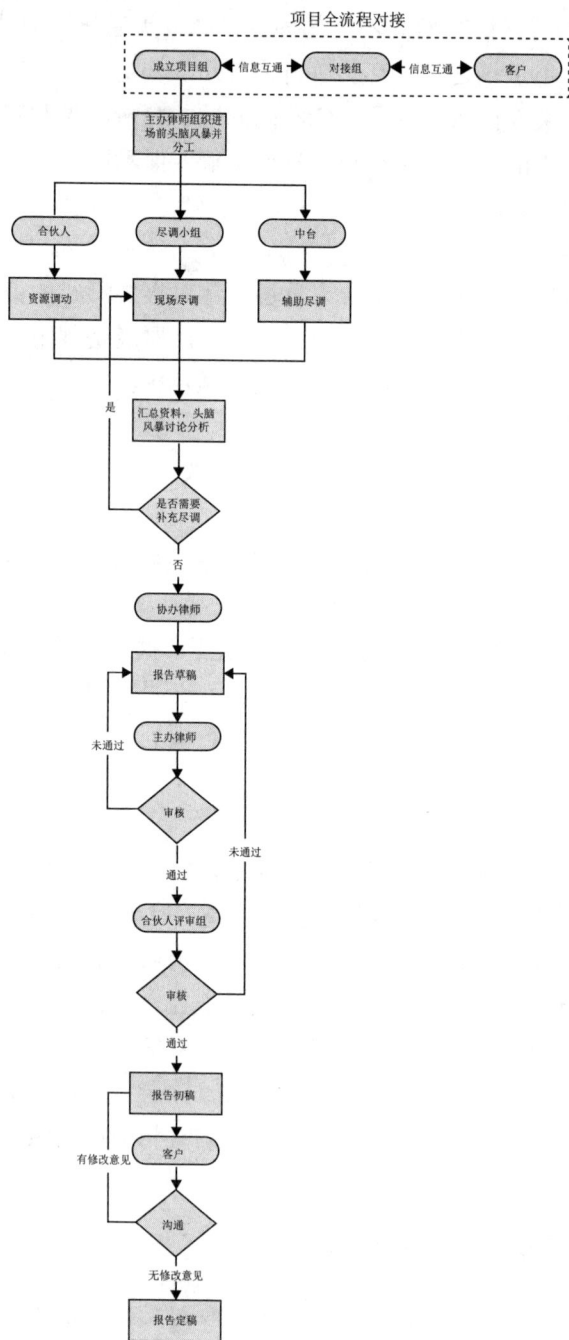

项目全流程对接

```
[成立项目组] ←信息互通→ [对接组] ←信息互通→ [客户]

           ↓
主办律师组织进
场前头脑风暴并
分工
   ┌───────────┼───────────┐
[合伙人]    [尽调小组]    [中台]
   ↓           ↓           ↓
[资源调动]  [现场尽调]  [辅助尽调]
   │           │           │
   │         (是)
   └──────→ 汇总资料，头脑
            风暴讨论分析
                ↓
          ◇是否需要
           补充尽调◇
                ↓(否)
           [协办律师]
                ↓
           [报告草稿] ←(未通过)
                ↓
           [主办律师]
                ↓
             ◇审核◇ ←(未通过)
                ↓(通过)
          [合伙人评审组]
                ↓
             ◇审核◇
                ↓(通过)
           [报告初稿] ←(有修改意见)
                ↓
             [客户]
                ↓
             ◇沟通◇
                ↓(无修改意见)
           [报告定稿]
```

（一）对接组全流程保持与客户沟通

一方面，从项目投标开始，由合伙人、主办律师组成对接组，负责分析、了解和发掘客户需求，同时将客户需求传达至项目组以便落实，在尽调过程中，客户也会基于商业谈判和项目了解的不断深入而更新需求，对接组需要将新的需求和指令第一时间传达至项目组。

另一方面，对接组作为项目组的指挥中心在向项目组发出需求指令的同时，也在持续接受项目组的反馈，根据项目组反馈的实际情况向客户进行汇报，不断更新事实基础，以变化后的事实再次分析、了解和发掘客户需求。

因此，对接组看似简单的消息传达，却随着尽调过程的持续深入表现出不同功能性，从入场前的需求分析、指令传达，到入场后的信息更新、需求发掘，在尽调过程中协助客户把握重点和方向，也为项目组提供良好的信息条件。

（二）成立项目组明确分工

确认项目委托后，笔者团队将形成执行项目尽调的项目组。具体而言，项目组可以分为合伙人协调组、尽调小组和中台辅助组。其中合伙人负责必要时与客户领导对接和尽调资源调动，如人力资源调动、项目所在地德恒分所资源协调、政府主管部门协调等。尽调小组则负责现场尽调工作。中台辅助组负责前期信息检索、人员差旅预定、防疫政策查询、行程安排等辅助事项。

（三）主办律师组织进场前头脑风暴

项目进场前，由中台辅助组对目标公司前期信息进行网络检索，以便项目组律师熟悉目标公司基本信息。项目组以前期网络检索信息、反馈资料、客户沟通信息为基础，将由项目组主办律师组织进行入场前头脑风暴会议，由项目组成员对尽调的重点问题和尽调方法进行初步分析，同时再次明确项目组分工。

（四）各小组分头行动，汇总分析

对接组、项目组针对项目开展尽调后，对接组在接收和反馈信息的过程中分析和把握尽调方向和重点，项目组则根据对接组的信息和头脑风暴形成的尽调方案开展尽调工作。具体包含资料收集与消化、公司人员访谈、项目现场踏勘和政府部门走访。尽调工作完成后，对接组、项目组会再次开展头脑风暴会议，对尽调报告框架进行搭建的同时对重要问题进行分析，确定是否有补充尽调的需要。若需补充尽调，则由项目组带着新的问题和任务继续开展现场尽调。

（五）形成报告草稿

尽调报告框架形成后，由项目组协办律师对尽调资料、现场踏勘、人员访谈、政府部门走访情况按既定报告形式拟写尽调报告初稿，包含目标公司基本情况和目标项目情况两个部分。同时，由对接组沟通客户对报告形式的具体需求，如北京华电要求将合规手续列为清单作为附件附于报告正文之后。

（六）主办律师审核

尽调报告草稿形成以后，由项目组主办律师对尽调报告进行审核，审核的内容主要包含报告的框架是否齐备、问题分析是否符合实际、调查重点是否予以关注等。此阶段是对尽调报告的第一次打磨，除前述重点问题外，还包含了尽调报告的第一次校对、第一次讨论。如主办律师对尽调报告内容提出异议，协办律师无法以尽调资料作出解释，则报告草稿将会发回协办律师重新调整，直至主办律师审核通过。

（七）合伙人评审答辩

主办律师审核通过尽调报告草稿以后，由合伙人组织对尽调组所形成的尽调报告草稿进行评审，由主办律师和协办律师对报告草稿进行答辩。合伙人评审会关注三个方面问题：一是尽调项目中模板性重点问题，如光伏发电项目的指标、补贴、用地、建设等；二是尽调项目中客户关注的问题回应，如生态红线的核实、环保措施的执行等；三是尽调报告草稿中具体问题的答疑，如不缴纳耕地占用税的事实依据和理由等。

若项目组未能通过合伙人评审，则需再次补充尽调并打磨尽调报告初稿，直至合伙人评审通过。

（八）形成报告初稿

经过协办律师拟写报告草稿、主办律师审核、合伙人评审答辩，且针对审核、答辩后的具体问题再次完善后，此时形成了尽调报告的初稿。初稿形成后，由协办律师进行交叉互检校对、中台辅助核稿校对后形成尽调报告初稿。

（九）与客户沟通讨论

尽调报告初稿形成后，由对接组负责人即合伙人向客户提交初稿并进行沟通，由客户对初稿进行审阅后提出问题和意见，并针对客户所提出的问题进行阐释和回复，若客户提出的问题确未充分调查或客户提出新的合理需求，需要再次补充尽调，则需要完成后再次修改报告。与客户沟通无异议后，对接组、项目组需协助客户完成报告评审，并就评审问题进行专业解答，保障项目推进。

（十）报告定稿

当尽调报告初稿经客户反馈修改和评审修改后，应就稿件定稿与客户进行沟通，在客户认可报告内容或虽对内容有异议但已作出合理解答后，再次组织校对稿件。完成校对后由中台辅助组按律所流程完成报告定稿，并向客户提交。

第二节　如何接受客户对律师法律尽职调查报告的评审

"物有本末，事有终始，知所先后，则近道矣。"这是《礼记·大学》里的一句话。意思是，世上万物都有根本和枝节，世间万事都有开始和结束，明白它们的先后次序，就接近事物的发展规律了。该句话同样适用于律师法律尽职调查服务。一次好的法律尽职调查服务，是要让客户满意，甚至超出客户的期待。需要律师时刻认清法律尽职调查服务中的"本"和"末"，即哪些事项属于律师的"本"职工作，必须做到且做好，哪些事项属于律师的"末"节工作，仅需点到为止，切忌发散；还需要律师明白"始"和"终"，即什么时候开始，如何开始，以及什么条件下才算"终"，而且是"善终"。法律尽职调查服务中，检验上述律师工作是否到位，决定最后能否"善终"的标志，就是律师做出的法律尽职调查报告能否顺利通过客户的评审。所以，如何接受客户的评审，将是律师提供法律尽职调查服务的整个过程都需要关注的重点。

委托律师进行尽职调查的客户，从其是否熟悉收购项目的角度，可以分为两种类型。第一类客户是收购经验不够多，自身法务水平不够强的企业。第二类客户则反之。两种不同类型的客户，关注的重点不一样，对律师提出的需求不一样。为满足不同类型客户的需求，律师的工作方式、广度和深度不一样，提供结论的方法也不同。因此，笔者在起草尽调报告之前，已经习惯了先分析客户，根据不同客户的不同需求，在起草、审议、评审尽调报告的时候，侧重点也会有所不同。

光伏发电项目的委托人，大部分属于央企的二级子公司或者地方国企，属于第二类客户。这类企业，都有企业内部完善的内控制度，针对项目收购、并购和尽调，通常还会有企业总部发出的明确的工作指引（如下图）。

集团有限公司法律事务部文件

法务〔2021〕4号

关于投资并购新能源项目法律尽调风险提示（一）

【前言】

近期，为实现新能源业务跨越式发展，集团公司相关单位在开发建设新能源项目的同时，也大力开展投资并购。投资并购新能源项目对于短期内快速增加新能源装机规模具有积极意义，但在参与、审核集团公司相关单位收购新能源项目中，以及参考其他企业收购新能源项目的案例，我们发现在新能源项目本身和项目公司层面普遍存在程度不等的法律风险，将可能导致支付额外成本、牵连拖入纠纷、不能实现预期收益，甚至项目被拆除、

附录3　　　　　　　　　内部资料

风光电项目股权并购
法律尽职调查报告
编　制　提　纲

目 录

前 言

正 文

附录2

风光电项目法律尽职调查初步文件清单
填写说明

- 本文件清单为对目标公司进行法律尽职调查而设。每一项目公司均需按本《初步文件清单》所列要求独立准备全套文件，回复时，请在清单中注明公司名称、项目名称。
- 请就本文件清单所列事项提供所有有关文件。
- 如有关要求不适用，请在有关栏目里注明"不适用"，并请具体说明理由；如果公司涉及的文件丢失或暂时无法提供的，请提供说明；如果公司涉及的文件无法一次性提供，须补充提供的，请写明"待提供"，并说明预计提供时间。
- 本清单包含部分需要公司填写的表格，请务必根据真实情况妥善填写；如果表格所对应的内容不适用或者不存在表格所需要的信息的，请务必在相关问题之后回复无不适用或无此等资料，若未对该问题进行明确回复且未填写表格的，视为该问题不适用或无资料或无该等情形。
- 若公司有任何具有独立法人地位的下属机构，该下属机构应视为另一个"公司"并另行按本文件清单所列事项提供答复及所有有关文件。
- 公司提供的信息资料应为真实、全面、有效的信息，所提供信息应覆盖公司成立之日至文件提供之日。
- 除本清单明确要求提供原件的文件外，本清单要求提供的所有文件均为原件的复印件（为时间考虑，建议应先提供扫描件，后续寄送加盖公章的复印件或原件）。
- 为了推进尽职调查的进程，请公司尽量按照清单顺序编排文件，公司提供的所有复印件应加盖公司公章，并注明与原件一致。
- 法律尽职调查是一个持续的过程，如果公司提供的文件根据实际情况发生了新的变化，比如对已提供的答复或书面文件做出说明、补充、修改的，也请务必及时、完整地向本所律师提供说明或提供新的文件；本次尽职调查完成后，本所律师可能会根据清单答复意见及资料提供情况发出补充尽职调查清单以进行补充法律尽职调查。
- 审阅初步清单后，我们将视情况需要，不时提出进一步文件清单，请公司及附属企业（如有）予以积极配合。
- 联系人信息：

姓名	联系人地址	邮箱	手机

文件名称	资料提供情况	情况说明	备注
1　公司基本情况			
A.　公司现状和持有证照			
1.1 公司历史沿革情况的简要说明和公司证照:			
(1) 最新版本的营业执照			
(2) 是否三证合一或五证合一,如无,请提供:组织机构代码证、税务登记证、社会保险登记证、统计登记证			
(3) 最新版本的贷款卡			
(4) 开户许可证			
(5) **最新版本的《企业信用信息报告》(银行查询版)**			
(6) 最新版本的外债登记表(如有)			
(7) 其他各类现行有效执照			
1.2 公司治理文件			
(1) 公司最新章程			
(2) 现任法定代表人身份证明			
(3) 公司最近和最完整的公司内部组织架构及职能描述			
(4) 公司最高决策机构组成情况的说明(董事长、副董事长、董事会成员、监事会成员、总经理、副总经理及其他高级管理人员、财务总监的配备及基本情况),并请提供其简历(包括年龄、国籍、性别、学历、工作履历)及其个人的人民银行征信报告			
(5) 请提供公司其他内部治理的制度,包括但不限于投资决策制度、经营决策制度、关联交易及对外担保决策制度等重要制度;建设项目开发管理制度、安全生产管理办法、应急预案、资产管理办法、预算管理办法、职工薪酬管理制度、财务报销管理制度等			
B.　历史沿革			
1.3 公司所在地主管市场监督管理部门打印并加盖市场监督管理部门公章的《公司注册资料查询单》(原件),该查询单应包括以下内容:公司名称;注册号;注册地址;法定代表人;董事会成员名单;监事会成员名单;注册资本;公司类型;经营范围;成立日期;经营期限;自成立以来历年的工商检查情况;课有的		综合	

自身对项目有深入研究的企业,会对我们提交的尽职调查报告进行较为严格的审查。大部分客户都会组织多轮审查。客户还可能根据其内部的授权,将部分重大、复杂的项目,提交到企业集团总部审核。法律尽调报告通过评审,已经成了客户付款的一个必备前期条件。为这类客户提供尽职调查服务的要求相当之高,基本可以比肩就证券类项目所提供的法律服务水准。如何完成项目评审,获得客户最终认可从而同意律所出具盖章版的法律尽职调查报告完成结款,成了完成本类服务项目的重要节点标志。在这个工作环节中,中央企业已形成的评审机制比较具有代表性,下面笔者以参与中央企业项目的评审经历为基础,分享参与客户组织项目评审的工作经验。

参与项目评审,首先应了解项目的评审方式,然后根据评审方式进行评审准备和参与评审。

一、客户组织评审法律尽职调查报告的主要方式

客户组织评审的方式主要分为两种:一种为委托其他律师评审;另一种

为公司法务部门牵头组织公司各个职能部门联合评审。当然也有客户同时采用上述两种评审方式。

（一）委托其他律师评审

目前，很多企业都建立了自己的专家库，其中就包含了法律专家、评估专家、审计专家、技术专家等。部分企业还按照行业对专家进行了细分，例如：笔者就加入了某央企集团公司的新能源行业专家律师库。如果是对我们的尽调报告进行评审，客户会在专家库中选择其他律所的律师（以下简称"评审律师"）进行评审。相应地，笔者也会作为评审律师，参加评审其他律所出具的尽调报告。

评审律师对笔者提交的尽调报告进行第一轮审查时，审查方式通常是书面审查。组织方式通常是客户负责传递尽调报告给评审律师，再将评审律师的反馈意见传递给尽调律师。评审律师在审查其他律所出具的尽调报告时，基本会聚焦在法律角度。同为律师，执业理念基本一致，对尽职调查报告撰写的思路和方法大致相同，通常聚焦在尽调报告中所涉及的法律事实、法律规则等问题上。评审律师也是企业的外聘人员，并不掌握企业针对项目的非法律问题的安排，也就不会针对尽调报告中非法律专业的问题提出意见。但评审律师通常会在报告的深度上提出要求。评审律师针对我们出具的尽调报告提供第一轮审查意见后，客户会将意见反馈给我们，要我们有针对性地提供回复意见。之后，就可能组织现场或线上评审会进行第二轮评审，由我们对评审律师提出的意见进行答复。评审律师通常会要求我们解释作出尽调结论的事实依据和法律根据。偶尔会出现评审律师与报告起草律师对法律法规或者政策性文件理解不一致的情况。在这种情况下，我们一般会在与评审律师讨论、沟通、达成一致意见后，适当调整我们的尽职调查报告。

整体来看，评审律师审查时关注的要点与我们内部审核关注的要点基本一致，均是针对实质的法律风险是否核查清晰，法律意见是否完整、准确进行审查。评审律师关注的法律问题较为集中，对尽调报告中法律问题的深度分析要求较高。

（二）组织公司各个职能部门联合评审

法律尽职调查报告的内部评审，通常是由负责法务工作的部门召集和组织。对于单一且项目情况较为简单清晰的项目（例如，已经获得核准但尚未开展建设的项目），有时候就由负责法务的部门直接完成评审。但对于项目数量多且情况复杂的项目，法务部会组织各个职能部门，例如，财务、人资、技术、投资部门的人员参与联合评审。对于特别重大的项目，在经过客户自身的评审后，还可能提请客户的上级单位（通常是央企总部的集团公司）组织评审或者由集团公司主动提出召集评审。在集团公司进行评审的组织工作，由集团公司的法务部门负责。

联合评审中，具体的评审方式不限，有书面评审、现场评审和线上评审等多种方式。因为参与评审的非法律专业的部门较多，所以提出的评审意见较为宽泛，往往会突破法律的范围，如财务部门会关注法律风险提示的潜在负债发生的概率有多大，债务金额是否可以锁定；业务部门会关注实践操作与法律法规不一致时，实际被处罚的风险有多大，有无变通处理办法；投资部门会关注重大合同的合理性，希望究其根源，例如：工程结算金额是否与行业标准相符。各个部门提出的评审意见与其部门职责范围相关，这也不可避免地导致评审部门对法律尽调报告提出的问题可能远远超出法律的工作范围。如果评审律师的评审是"深度"的高要求，那么，参与各个职能部门的联合评审，就是对尽调律师在"广度"上提出了更高的要求。

对比来看，联合评审比评审律师的评审更为复杂，往往耗时更长。笔者作为尽调报告的起草律师参与评审，所面临的挑战更大，综合能力的要求更高。笔者不仅要对法律问题充分剖析，做到有事实依据、有法律规定、有司法裁判案例，还需要同时阐述这些问题对财务、业务的影响。甚至很多时候，不仅要谈"合法性"问题，还需要从"合理性"上给客户以有信服力的说明。

二、尽调报告的起草律师如何参与评审

不论是评审律师评审还是客户自己组织的联合评审，我们在评审前都会进行充分的准备。项目的复杂程度决定了评审的复杂程度。原则上，单个项目评审相对容易，批量项目的尽调报告评审的难度系数就会以几何级的倍数增加。因为，除了数量多、组织难度高等工作因素外，多个项目同时进行时，客户各个职能部门除了对单个项目本身关注以外，还对各个项目之间横向和纵向的对比分析感兴趣，就会多出很多超出尽调报告本身所涉及的问题。

例如：2021年笔者代表某集团公司的二级公司对某上市公司持有的15个光伏发电项目开展尽调。尽调报告提交后，笔者接受客户自己组织的评审及

联合评审，就飞去了北京五次。之后，客户上级集团公司又分别组织了三次现场联合评审（集团公司的项目太多了，无法集中在一次完成对该15个项目的评审，事实上，15个项目评审所花费的时间，确实需要好几天，一次性完成评审客户安排不过来），有一次评审会议在北京就进行了整整两天。评审会上，无论是客户还是客户的上级单位，所涉及的问题往往千奇百怪，各个参会的评审人员都会逐一提问。尽调律师"双拳敌四手""舌战群雄"，逐一通关，直至评审结束。评审活动，往往比一场庭审更加艰难。因为，庭审的参与各方，都是紧密围绕着法庭组织的争议焦点进行。而项目评审中所涉及的问题太宽泛，各个职能部门的工作人员容易在自身工作范围内发散和延伸，同时，很多问题一旦展开讨论，就会涉及很多企业内部管理、文化价值观、战略部署等方面的容易展开却不容易收拢的问题，笔者在经常参与评审后，也不得不练就一身敢于冒着枪林弹雨，找准时机将热烈讨论的各方拉回到尽调报告评审本身的控场能力，否则，一个报告的背后，就可能引发一场企业改革改制，尽调律师耗不起啊。这个拉回来的过程，还得和风细雨不着痕迹。毕竟，评审过程的反馈，对尽调律师的工作推进非常重要，哪个评委都惹不起。一场评审下来，客户对于尽调律师的工作评价，对尽调报告的质量评价，基本就已经有了结论。如果在评审中发挥不佳，让评审者不满意，尽调律师不仅本次项目的工作成果提交不出去，难以完结项目完成收款，还会严重影响尽调律师后续工作的开发、延伸和拓展。因此，笔者会非常重视评审活动，尤其重视评审前的准备工作。

（一）评审前准备

首先，参与评审的律师需要充分了解项目情况，不论是整体情况还是尽调工作中的细节信息，例如：就某一具体事项核查，律师走访的具体部门、访谈的具体工作人员等都需要事先核查了解。尽调工作可能此前是由律师团队分工完成的，参与评审的汇报律师需要提前进行信息汇总。根据汇总的情况，汇报律师对于在尽职调查报告中提出的法律风险，均需要进行专项核查。围绕着客户最可能提出的"是什么、为什么、怎么办"三个问题进行准备。风险存在不是律师的问题，而风险点该发现而未发现，问题该披露而未披露，才是律师工作的大忌。律师对于客户关注的风险点未披露或者披露了却无法进行有效的情况介绍，会导致客户对律师工作产生怀疑甚至否定，直接的表现就是尽调报告无法通过评审。

其次，就项目关键信息进行汇总整理。例如：批量项目的评审中，笔者有项目关键信息汇总（详见本书第二章第一节相关内容，主要法律风险一览表），以方便迅速找到项目信息，避免造成评审人员认为律师对项目情况掌握不足的误解。批量项目的关键信息组织，通常要从两个维度准备。一是从单个项目的角度，例如，A 电站、B 电站、C 电站等不同电站的具体情况。二是从不同项目中提取的相同事项，例如，不同电站中分别存在的股权质押、融租租赁、EPC 建设等问题。客户很关注不同项目中相同事项的横向对比，发现差异。

再次，提前和客户，尤其是客户的投资部门沟通意见。如前所述，投资部门在这个时候也很纠结，一方面，投资部门很希望项目成功通过评审，希望项目不被否决；因此，就很希望某些可大可小的问题，尽量不要涉及或者不要过多纠缠。另一方面，投资部门也担心某些问题如果不提前提出来讨论，后期产生纠纷，又会导致被追责。投资部门在尽调报告上评审会之前，通常也会就重大、重要事项先行与相关参与评审的职能部门初步交换意见。笔者也会主动和投资部门沟通其与其他职能部门的交换意见，对职能部门关注和反馈的信息进行初步了解，对可能有争论和争议的问题，形成较为统一的态度，避免风险提示不到位，导致评审组对尽调工作的有效性产生怀疑，或者避免风险被过于放大，导致项目无法顺利得以通过。

最后，就客户已经关注或者提出的问题，就我们自身关注且和其他中介机构相关的问题，提前与其他中介机构进行沟通，掌握各个中介机构对客户重点关心问题的核心意见，对可能出现交叉的问题，先行沟通各自的看法，避免不同中介机构的态度出现重大差异，导致客户紧张不安。对于法律口径可能提出的，应当由其他中介机构答复的问题，也先行征求其他中介机构的意见，避免出现其他中介机构认为法律口径在推诿和甩锅，进而，希望其他中介机构也以同样的工作方法和法律口径相配合。

（二）参与评审时的注意事项

1. 自信的心态

在评审时，虽然评审组成员处于考官的强势位置，似乎更主动，但事实上，评审组对于项目信息其实并不了解，所得到的信息来源于尽职调查报告、投资部门的介绍以及以前的项目经验。评审人员对自己在现场提出的问题，并不知道有没有答案，有什么样的答案。在这种背景下，尽调律师更有主动性。如果尽调律师前期工作细致，针对评审的准备充足，可以对评审现场主导和引导。尽调律师越自信，越有利于评审的顺利通过。自信，既包括对知道的情况进行清晰的汇报，也包括对于不知道的情况有所准备，可以清晰介绍出做了什么，什么原因导致无法查询到有效信息等，这样也足以证明律师的工作尽责到位。

当律师被问到某个尚不知道的问题的时候，我们通常不愿意在这个问题上反复纠缠。因为，"不知道某个问题"背后的原因很多，而评审组通常不会考虑原因是什么，不会考虑这个问题是否在法律的专业范围之内，是否在律师服务的范围之内、是否在约定工作费用覆盖的范围之内等。他们只是觉得问到了这个问题，希望得到确定的答案。某次，我们有被问到，针对某个技术规则，从法律上如何看待的问题（技术规则，本属于技术专业范围内的工作）。面对这种情况，我们唯有客观的解释和介绍情况，要求由相关专业板块，或者相关工作板块的负责人配合解释。

2. 明晰合理范围

通常评审会议后，评审小组都会提供一个"进一步核查"的工作要求，在合理的范围内，笔者会尽量接受并在评审会后提交书面的复核意见。所谓合理范围是指合理的时间范围、合理的专业范围和合理的工作范围。

合理的时间范围是指，尽调工作是有基准日的，对基准日之前的问题进行补充尽调，目标公司通常不排斥也应当配合，律师进一步核查也是应有之义。但评审组有时候会提出将基准日之后的问题进一步查明，这种调查需要经过目标公司的配合才能完成，而对于基准日之后事项的补充调查，目标公司经办人员通常不再愿意配合。同时，对基准日后事项的调查，如果收购尚未完成，则随着时间的推移，可能永无止境。这就超出了律师本次尽调的时间范围。这种情况下，尽管已经超出了正常的合同范围，但客户通常也会拒绝增加价格。律师在合理控制成本可以完成的情况下，出于对甲方地位的尊重，通常也会予以适当的配合，但也需要将工作的模式向客户介绍清楚，甚至在下次合同约定时进一步作出明确的约定。

合理的专业范围是指，属于法律专业知识范围内的工作。通常情况下，尽调项目现场会有审计机构、评估机构，有时候客户也会聘请专门的税务咨询机构。某次评审会议上，评审小组要求尽调律师对税务机构提供的税务咨询意见先表法律意见并且写入法律尽职调查报告，理由是，任何事情都需要经过法律的确认。这显然不属于合理的专业范围。毕竟税务咨询是一个单独的专业范围。在该次尽职调查过程中，税务咨询本是一个单独的工作板块，税务咨询服务机构与客户有单独的咨询合同，收取了咨询服务费用，就应该对其工作结果发表意见并负责。尽调律师的工作专业并不涵盖对其他中介机构成果的确认，从专业分工上看，也无法确认。因此，尽管客户评审组现场给予尽调律师压力，笔者还是温和而坚定地回绝了这个要求。

合理的工作范围是指，在尽调工作中应当做到的工作内容。有时候笔者也遇到评审人员提出超出合理工作范围的评审意见，例如，某西藏项目评审中，财务部要求笔者对目标公司存续期内所有负债进行逐一核查，对每一笔负债是否存在虚假可能发表明确法律意见。首先，审计机构的基础工作即是对目标公司各项资产及负债进行逐项核查审计，并根据核查审计结果提出审计调整意见；其次，对于目标公司已经披露的负债，评估机构在评估定价时也会考虑，负债越多，净资产价值越少，即该部分负债实际已通过收购价格加以体现，出现"事后惊奇"的风险较小，反而没有披露的那些或有负债，才是需要关注的重点；最后，法律尽调通常会选择从目标公司前十大或者二十大债务入手核查（根据目标公司的资产及经营情况确定），法律尽调也会针对审计机构提出要求协助核查的重大债务进行复核及会诊。但通常难以做到对目标公司的每一笔债务进行真实性核查并进行法律分析。类似此类问题，在面对"进一步"核查的工作要求时，笔者会在评审会中明确提出，避免因此造成后期无法完成评审。

此外，有时候评审人员会超出尽调报告本身提出关心的意见，例如，有评审人员提出，请尽调律师核查项目无法纳入国家补贴清单的法律风险并提出风险防范措施。其实，目标公司是否纳入国家补贴清单，是一个基础事实，并非法律风险。尽调律师调查核实这一事实问题，就已经完成了对这一事项的尽调职责。目标公司无法获得补贴，导致目标公司的收益下降，影响的是目标公司的价值，进而影响收购方的收购目标。这是客户对于项目价值的判断，不属于尽调律师发表意见的范围。

3. 合理引导

针对超出法律尽调范围的审查意见，笔者通常先会明确提出不属于尽调律师发表意见的范围，同时也尽量指引客户从何种渠道可以获得正确的回复意见。针对评审人员提出的评审意见，在评审会结束后，笔者都会再进行一次书面的回复，留下书面文件进行工作成果的确认。

根据前述注意事项，针对项目尽调报告的评审，其难度远远大于法庭的庭审。尽调律师不仅要举示证据材料及法律法规、发表观点、说服听众（法庭活动中说服法官、评审活动中说服评审组），还要面临评审组漫无边际的，通常会超出法律轨迹、融入商业想法的问题和要求。评审中，对尽调律师的要求，不仅是熟悉和了解项目本身，还要求尽调律师投资项目经验丰富，应对评审经验丰富，综合驾驭能力强，甚至还要求尽调律师有足够的情商智商，应对评审会议上的各种问题。

在评审过程中，笔者遇到了很多有趣的故事。

【故事六】已经审结的案件，是否应当在尽调报告中披露并分析？

某日，某集团公司组织了对法律尽调报告的评审会。评审组由客户上级单位的法律部、财务部、资产部的六名工作人员组成。评审组现场提出一个问题：

评审组初步了解到，目标公司曾经在两年前被诉一个建设工程合同纠纷，涉案金额4000万元，尽调报告中却没有提及这个案件，希望律师进行说明。律师答复说，这个案件因对方撤诉已经结案，所以未在尽调报告中呈现。评审组提出了进一步核查的要求，认为：尽管案件因撤诉而结案，但该撤诉是双方就实质性的权利义务和解而撤诉，还是原告仅是程序上的撤诉，后期是否可能还起诉？如果是和解撤诉，是否还有支付义务？以及，现在目标公司对该案是何种意见，后续是否还可能承担法律责任？同时向客户负责人询问，在应付账款和债务清单中，是否包含了该案可能形成的债务？并要求审计机构也同步关注并解释、答复上述问题。

上述问题本身并没有错，只是这些问题之所以提出是由于评审成员不了解目标公司和目标项目，不明白为什么法律尽调报告并无此信息的描述。实际上，在尽调过程中，根据目标公司提供的债务清单等资料，目标公司已经清偿该4000万元的负债。我们认为如果目标公司不再负债，作为此前经营过程中曾经出现但已经清偿的债务，就不用继续保留在法律尽职调查报告中。当然，现场评审时，笔者还是耐心地向评审组介绍了实际情况，并回复会继续和客户项目经理、财务人员，会同审计机构对该笔债务的处理情况做更深一步的核查，从更多的维度确认该笔负债是否已清偿。评审组也认同了这一说法。

从这个故事中可以看出，客户自身法务机构的能力很强，他们关注的问题往往会超出尽职调查报告，超出截至基准目的事实范围，更多是想全面掌握目标公司的所有问题。

【故事七】请问律师，目标公司这个案件为什么会发生呢？

在某次评审会上，评审组提出：目标公司曾经有一个涉案金额 16 万元的，因工资追索而引发的劳动争议纠纷。尽管该案已经以目标公司付款为条件与原告和解，但令评审组好奇的是，目标公司作为一个大型企业，为什么会有工资纠纷？是什么情况？高管还是基层员工？还有无其他类似情况发生（尽管可能没有爆发诉讼），这背后可以反映出目标公司的什么信息？是点上的问题，还是面上的问题？

对于这个问题，显然已经超出本次法律尽职调查报告的工作范围。笔者会明确告诉评审组上述观点，当然，笔者也会就客户提出的问题予以关注，在有机会的情况下，和客户的项目经理一起探讨这一问题。

此外，笔者发现，就同一个事实，客户和律师的关注点可能并不相同。例如：在某个光伏发电项目尽调过程中，笔者发现目标公司此前曾有股权转让行为，笔者根据工作经验，对股权转让是否变更登记，本次拟出让股权的股东是否具备合法主体资格，该次转让是否可能涉及"倒卖路条"等问题进行了分析。而评审中，客户提出了一个新的问题：这个目标公司当时为什么要做股权转让？卖方为什么要卖，买方为什么要买？可见，客户在评审时，并非和律师只讲法律问题，而是希望律师作为客户商业判断中的一份子，共同研究、判断客户准备启动的收购计划。这对于律师的综合素质的要求更高。当然，尽调律师也可以都以"不属于法律尽调范围"为由，不参与客户关心问题的讨论，但客户对于律师的期待就可能无法实现。如何把握其中的分寸，掌握和客户互动中的火候，既不能让客户对律师失望，认为律师的作用仅限于一些客户自身基本知悉的领域，又不能让客户过于依赖律师，不自觉间，将部分非法律尽调中的工作责任也移交给律师承担（当然首先需要看客户有无对此支付相应的工作报酬），这不仅是技能要求，更是艺术要求了。

4. 修炼综合能力

不得不说，应对集团评审和应对客户本身的评审，完全是两种不同的工作体验。客户自己的评审，更多还是集中在项目本身。而集团评审，通常会冒出很多之前客户和律师都没有想到的问题，可谓脑洞大开。对律师既是挑战也是学习。例如：某次，笔者在北京某央企集团总部经历了一整天五个项目的评审后，评审组组长，也是该集团公司的总法律顾问走过来，拍了拍笔者的肩膀说："你们德恒的工作做得还是不错的。我每年要评审 600 余份尽调报告，你们的工作扎不扎实，我看一看就知道了。"总法在评审我们的报告时，笔者都非常慎重，时刻打起十二分的精神。首先，总法工作很细致。笔者的尽调报告全部打印出来放在桌上。每一份报告都经过了彩色荧光笔批注，他对于每个报告中需要提出问题的地方，为了防止遗漏，还用折页或者加贴便利贴的方式进行标记。其次，总法提出的问题，显然是经过了深思熟虑，每个问题都不是泛泛而问。最后，总法提出的问题，很多都超出了就法律规定、法律关系进行讨论的范围，实质上，总法提出的，大部分是这个项目是否值得收购、收购后有什么问题需要处理、需要如何处理可以成本最小等"商业价值判断+法律风险评估"的综合性判断问题。总法会后也说，其实法律规定他们也懂，也熟悉，但对于项目不熟悉，他们也希望通过和尽调律师的碰撞，挖掘到他们需要了解和掌握的信息，便于公司作出最佳的商业判断。可见，就法律谈法律的律师，已经不符合客户的需求了。

5. 尽量平衡

一个有趣的情况是，客户在自己评审和上报集团评审时的态度有时会有差异。客户自己评审时，通常恨不得挖地三尺，让律师把目标公司都摸清楚。集团评审时，针对同样的事项，如果某些存有一定的争议，但又不会伤筋动骨，客户可能反而会希望律师在汇报时尽量淡化甚至尽量不提。对此，律师也需要有效地平衡自身的风险和客户的诉求。这种平衡的能力，要求律师对于项目有全面的掌控以及对于风险有坚定的判断。

6. 知己知彼

为这类集团公司的客户提供法律服务，要关注这类企业的内部文化和工作理念。这类企业内部，遵照并执行上级公司的文件、文本和意见的理念很强。尽调律师尽量先了解和掌握其内部要求，顺应其内部要求，避免出现返工。例如：某客户的上级企业下发了尽调清单及尽调报告模板。对于这种模板，客户的决定是直接沿用。客户不接受自己聘请的律师对该模板的形式和体例作改变，避免上级公司对客户提交的尽调报告不认可。当客户发现笔者提供的尽调报告初稿和上级单位的模板结构不一致时，客户非常坚持要求律师必须按照上级单位的模板调整报告。尽管笔者认为，针对光伏发电项目，在尽调报告中，从结构上将"项目公司"和"光伏发电项目"区分为两个不同的板块更加科学，尽管这种认识，在之后和客户的上级单位法务部门沟通和交流中，也得到了充分的认可，但在当时，客户对于笔者没有按照上级单位的模板结构起草报告，提出了很大的意见。之后笔者意识到，客户作为二级或者二级以下层级的单位，都不会贸然进行未经上级单位认可和检验的创新。律师要遵循这类企业的内部文化。这些都是在承办大量项目、众多的服务案例中总结出来的经验。

（三）对尽调报告接受评审活动中的感悟

项目评审作为一种检验律师工作成果的方式，既给了压力也给了动力，不论是评审律师的评审，还是客户自行组织的联合评审，都对律师的尽职调查报告提出了更高的要求。同时，以外部评价检验律师工作成果的方式，也让律师们在工作中谨慎小心，保持谦卑，在工作复盘中发现工作存在的不足，进行自我提升。相对于证券类法律服务而言，光伏发电项目收购专项法律服务本属于非标准类法律服务，但自2020年起，因为新能源行业的快速发展，光伏电站投资并购交易量增大，该类法律服务也逐渐趋于标准化，其标准化的体现之一即在于对法律尽职调查报告、交易文本评审标准的日趋统一。

对于光伏发电项目法律服务而言，因为收购方高度集中在"五大六小"的发电集团或者地方能源企业，各个企业的项目评审也会进一步推动此类项目的标准化。标准化的形成，既是对律师在此类项目中的服务效率和质量提出了更高要求，也逐步形成了一定的专业壁垒，较少承办这个类型业务的律师，参与这种类型的业务机会就越少（完全靠低价杀入的情况例外）。如何快速对这个行业理解和了解，掌握技能和方法，搭上新能源这班车，对律师而言，是当务之急。这也是笔者撰写本书，向律师同行们介绍我们的经验和教训的原因之一。

无论针对哪种客户，拿出客户满意的、针对目标公司的尽调报告，并且答复好客户所能想到的相关问题，就是一个获得优秀评价的尽调项目。显然，尽调项目对律师的考验已经日益提高。律师们得加油啊。

当然，龙生九子，命各不同。笔者团队所作出的尽调报告，也面临过很多不同的结局。无论报告是否做得像朵花，都仅是整个项目进程中的一小部分。根据项目推进的情况，尽调报告也可能面临不同的结局。在有的情况下，收购项目高歌猛进，尽调报告被催得赶紧定稿，笔者一边拼命赶进度，一边胆战心惊控风险。在有的情况下，收购项目跌跌撞撞，时而高潮迭起，时而音信杳无。笔者在高潮时加班加点，在低谷时枯坐苦候无期。在有的情况下，收购项目戛然而止，笔者的尽调报告不能及时提交，甚至"胎死腹中"。紧密跟进客户的项目进展，随时了解项目风向，是律师的另一个专业技能。

　　此外，从本节介绍的情况可以看出，部分客户（如集团公司、上市公司及其下属单位的客户），对于投资并购的经验和整体能力已经很强了。同时，这类企业内部层级较多，内部行政化的要求较多，企业内部文化不同。为这类客户提供尽调法律服务，对律师的综合能力要求越来越高。律师为这类客户花费的成本也会越来越高，仅凭低价进入这类客户的服务范围，显然不是一个明智之举。这个问题，笔者会在本书的其他章节中提及。

第四章

法律尽职调查项目中的经验、教训和感悟

概　述

在大量的实践经验中，笔者经历过尽调项目中的酸甜苦辣咸涩，有了大量的经验和教训。如何练好内功加入中台板块，如何主动带领客户推进工作，如何与其他中介机构互动配合优质高效完成尽调，这些内容都融入本章，逐一给读者展现和分享。

第一节　前方打仗，中台支援——中台给项目组带来的支持

一、关于中台的概念

前文提到，确认项目委托后，律师会组成执行项目尽调的项目组，项目组分为对接组、尽调小组和中台辅助组。在这一部分，笔者将以项目组的光伏发电项目尽调工作为例，来谈谈中台辅助组（以下简称"中台组"）是如何支持项目组工作的。

中台的概念一般指的是作为平台型组织的一部分，是在前台作战单元和后台资源部门之间的组织模块。笔者想以游戏《王者荣耀》举一个例子，在这个游戏里，有一个叫"大乔"的角色，她的技能是既能够快速传送集结队友在前线打团，也可以迅速回到后方拯救残血队友。对于尽调小组前方冲锋的承办律师而言，中台组的首要工作是为承办律师服务，将承办律师在办案过程中涉及的重复性、流程化的工作接手过来，让承办律师专注于法律专业工作，精准"打怪"。同时，中台组也对接律所后台，将应当处理的后勤对接

工作链接完善，并妥善进行处理。中台组的成员（以下简称"中台人员"）并不是仅仅接受临时性的工作安排，也并不是仅仅把自己当成一个单纯的行政后勤人员，而是在项目全过程中，将自己视为项目组的一份子，充分地融入整个项目的工作，并与每个项目组成员进行深度配合。中台人员在多次参与项目组工作后，尽管不是律师，但每个人已经对项目的大致情况与项目的每一个关键节点都十分熟悉了，相比较后台辅助工作，中台辅助工作能够更加符合项目组的需求。

二、以光伏发电项目尽调工作为例，介绍中台组对整个项目组的支持

（一）项目开始之前的准备工作

1. 中台组对项目研发工作的支持

（1）项目立项初期，中台组配合收集资料

在数据信息爆炸的互联网世界，存在着大规模可供挖掘的有用信息。律师在提供法律服务的过程中，时常需要进行信息更新，尤其在特有领域里，需要把相关的问题研究透彻。在项目组 2017 年刚接触光伏行业法律服务的时候，项目组律师所需要了解的首先是行业背景，其次是相关法律法规政策，最后是技术层面的操作方法。因此，中台组在研发阶段会根据律师的需求，通过各种官方的网站收集行业研究报告、上市公司行业公报、光伏发电项目尽调操作技术资料、有关光伏发电项目的政策法规、地方性红头文件等（具体的参考网站与软件参见下图），并将这些资料整理后发送至律师处，然后协调律师的时间，组织项目组律师召开研讨会议进行学习。

除了内部展开学习研究以外，中台组还会关注行业资讯，如有相关行业协会针对这个行业开展讲座、论坛，中台组会及时把通知发送至项目组，让项目组负责人确认，是否组织律师前往学习。

能源行业资讯网站：

1. 中国能源网：https://www.china5e.com/news/

2. 中国电力新闻网：http://www.cpnn.com.cn/default.htm

3. 中国电力网：http://www.chinapower.com.cn/

4. 中国产业发展研究网：http://www.chinaidr.com/tradenews/energy

5. 慧聪新能源网：http://www.newenergy.hc360.com/

6. 国家能源局：http://www.nea.gov.cn/

7. 中国煤炭资源网：http://www.sxcoal.com/

8. 国际能源网：http://in-en.com/

9. 中国能源网：http://www.cnenergynews.cn/（推荐）

10. 能源财经网：http://www.inewenergy.com/

检索平台										
	Alpha	威科先行	北大法宝	无讼案例	裁判文书网	中国执行信息公开网	全国企业信用信息公示系统	天眼查	巨潮网	动产融资统一登记公示系统	信用中国
主要功能	查询案例					查询执行信息	查询企业情况				
特点	检索方式包含案例、法规检索，可生成检索报告、列表，实现批量下载、关联法规与案例、结果可视化等功能	检索方式包含案例、法规检索，可生成检索报告、列表，实现批量下载、关联法规与案例等功能	检索方式包含案例、法规检索，实现关联法规与案例等功能	检索方式包含案例、法规检索，可生成检索报告、列表，实现批量下载、关联法规与案例、结果可视化等功能	检索方式包含案例、法规检索，实现批量下载等功能	主要查询企业是否有执行信息与失信情况	可查询公司股权结构、历史沿革、股权质押及股东情况，官方网站，公开信息可信度高	可作为官方查询信息的补充，同时可以导出企业信息报告	可查询上市公司基本信息，同行业上市公司招股说明书中"发行人所处行业的基本情况"以及同行业上市公司反馈回复意见	查询企业动产融资登记情况	可查询企业的信用报告，是否有惩戒记录以及相关资质等

在熟悉了光伏发电行业之后，当项目组合伙人收到有关新项目信息并且安排新项目预立案后，会第一时间把项目简况发送给中台组，中台人员会第一时间开始辅助项目组律师对具体项目进行研究，协助进行针对性的资料搜集。具体可参考本书第二章第一节，对项目展开网调的主要工作。

怎样以最快速的途径获取信息？如何找到最有利于自己的工具？如果这个工作让律师自己去做，需要耗费大量的试验时间。中台组在跟随项目组对光伏发电项目研发的过程中，一直在尝试运用不同的工具方法提供技术支持。从搜索引擎网站升级到逐步对与光伏发电项目相关的资源网站进行整合。从最初单个信息的拼凑录入，到之后掌握批量获得信息的技能，其实这是一个不断过滤、筛选、呈现的工作，以此来发现律师承办过程中最需要的信息。中台组在研发阶段所扮演的角色，就如同哆啦A梦的百宝袋，它汲取了大量的信息，已做好了分类梳理，能够及时提供给项目组需要的信息。再接下去，项目组就可以集合这些信息，聚集在一起培训和共享，进而更加深入到这个行业中去。

（2）中台组组织项目组定期进行研发

中台组在配合项目组多次进行项目立项后的资料搜集后，已对项目组主要的业务有了深入的了解，所以中台组能够在日常工作中定期组织并推动项目组进行研发工作。

项目组每两周会组织一次项目组碰头会，中台人员也会一起参加。会议上项目组会根据近期跟进客户的情况，会提出对客户新项目涉及的行业领域进一步研究，或者会提出对将要去接洽的客户进行更多的了解，这些都属于要去研发的内容。

对于计划接洽或者挖掘业务的客户，中台组会根据项目组的需求制定工作计划。例如：项目组想跟进A集团企业客户，中台组就会将定期检索该客户的信息纳入自己的工作任务中，从各个维度去检索该客户，定期不断更新这个客户的信息，如新闻、官网通告等，打卡完成项目组布置的任务。

对于德恒整个系统，项目组也想找到和我们在同行业一样有类似经验的优秀律师，出于这个目的，中台组通过检索OA系统，协助项目组联系在新能源投资并购法律服务领域优秀的律师团队，与其进行交流、学习与合作。在2022年举办的德恒重庆、西咸、宁夏三地办公室交流活动中，项目组就提前联系了律师团队并进行了交流，并对今后的合作也展开了讨论。

2. 中台组对项目投标工作的支持

由于我们服务的对象大部分属于大型国企、央企以及民营集团企业，此种类型的企业，在采购法律服务的时候，基于企业内部的合规要求，通常都需要经过公开招标或者邀请招标的方式来确定法律服务机构。应对招标看似只是制作一个投标文件，但其中涉及许多繁琐的事务。项目组在这方面因为有中台组，得到了极大的支持，下面笔者就以投标流程来介绍中台组带来的帮助。

中台组在招标信息的获取方面，会日常形成定时查询项目组所关注的企业官网，看看近期官网有无新的项目战略计划，或者更直观地在企业官网的招采栏目上关注近期有无和项目组契合的项目招标采购等通知公告。除了企业官网，中台组还对全国以及重庆地方性的公开招标采购网站进行了关注，如有与项目组相关的项目，中台组会第一时间立项，同时把一份几十页的招采文件整理成重点内容表格，及时通报给项目组，需要项目组关注的重点内容通常包括：

（1）资质条件，关注律所有无条件去参与投标；

（2）限价，主要看限价是否合理，在整体限价较低的情况下，是否还要继续参与投标应答；

（3）评价方式，主要关注是否是最低价中标法，如果是最低价中标法，原则上项目组会选择放弃。若是综合评价法，则要把每一个评价项罗列出来，将商务和技术内容提前进行打分。对于报价，主要关注是最低价为优还是离平均价最接近为优，对后续报价讨论先奠定基础；

（4）分析项目情况，以光伏发电项目尽调为例，对于项目中的招标主体、目标主体，中台组会先行进行检索形成一份报告给项目组负责人，让项目组负责人提前了解项目涉及主体的情况，同时也会通过这些主体的网络信息、案件信息等途径，尝试去了解之前招标主体可能合作过的律所和律师，以此来预估可能参与竞争的对手；对于项目开展的地点，由于近年疫情的原因，中台组也会同步进行对疫情政策的关注、交通成本的关注以及是否需要和当地的德恒办公室进行合作等。

（5）是否需要项目组律师提供与项目相关的定制化方案，是否需要现场讲标，如需要，中台组会要求项目组负责人安排一个主办律师，进一步安排方案的撰写和讲标的准备，中台组也会联络主办律师，提前告知任务完成的截止时间，并制作精美的讲标PPT。

（6）根据第（2）至（4）项的信息，组织项目组对报价进行讨论。

除了以上提到的重点内容，标书中一般还需要律所、律师的材料，包括证照文件，无违规证明，还需要找相似案例，复印各类法律服务合同证明材料等，这些工作中台组都会一一做好准备，需要和律所后台沟通的，中台人员也会妥善做好沟通。除此之外，标书内容要确保专业，形式要确保美观，标书的装订、密封也需要按照招标文件的要求进行处理，这部分工作大多是较为繁琐重复的事务性活动，中台组都可以承担下来并做到精细、全面。

（7）投标现场协助。在开标现场，中台人员一般会作为授权代表之一前往现场递交投标文件，保证投标文件在截止时间之前送达。如果需要项目组主办律师讲标或者答疑的，主办律师会与中台人员一同前往，由中台人员提前告知到主办律师注意事项。如果项目开标有唱标环节，中台人员在现场会对参与的律所以及报价进行记录。

（8）大数据收集。在投标结束后，由于中台组在投标前期，已对招标主体信息进行了登记，对项目所涉主体进行了检索，在公开报价环节，中台组也记录下了各个竞争对手的价格信息，于是项目组能够在后续类似项目进行报价的时候，掌握相关的分析和参考依据；中台组对提交的投标文件定稿也会进行妥善保存，对于类似投标文件中的项目组业绩、人员简历，中台组又形成了一个资料库，如有新项目的投标文件需要此类文件，中台组可以直接使用，方便高效。

（二）项目开始启动后，中台组对项目组的支持

1. 中台组在项目尽调初期阶段的主要工作

（1）为需要出差外地的承办律师提供差旅后勤服务

由于中台组在项目的招标阶段或者与客户的洽谈阶段，就会收到项目的初步简介资料。对于项目企业和项目所在地的信息，中台组也已经掌握。接着中台组会提前了解项目承办律师的初步行程计划，例如是否需要去项目企业，如果前往项目企业之后是否需要直接去项目所在地等。在了解承办律师的行程计划后，中台组会检索地图制定一个最优的交通攻略，供律师查阅确认。在随后的准备工作中，中台组在接到律师具体出发时间的信息后，可立即根据攻略预订对应的机票、车票等，如果承办律师需要租车，中台组会提供到达机场或者车站后的租车预订信息。

2021年，中台组通过预订行程的App发现，项目组律师，已经打卡了56个城市，所涉距离能够绕地球六圈。在这样一个差旅大数据的支持下，中台组核算出了一个整体的差旅成本，为项目组提供项目差旅成本参考。目前，中台组已形成了项目组成员前往中国东北、华北、华中、西南、东南、西北地区等地的差旅预算信息。依据每个出差的人员每天可能花费的差旅成本，项目组可以在后续的项目报价中，快速地核算出项目所需的差旅成本，为项目整体的报价提供了参考依据。

2021 年团队差旅预算表

项目区域	城市	团队差旅报价（每人每天）单位：人民币 元
东北地区	哈尔滨及周边地区	2000
	长春及周边地区	2000
	沈阳及周边地区	2000
华北地区	北京及周边地区	1700
	天津及周边地区	1600
	石家庄及周边地区	1900
	太原及周边地区	1900
	呼和浩特及周边地区	2100
华中地区	郑州及周边地区	1900
	武汉及周边地区	1900
	长沙及周边地区	1900
西南地区	重庆周边区县	1000
	成都及周边地区	1000
	贵阳及周边地区	1300
	昆明及周边地区	1900
	拉萨及周边地区	2600
东南地区	南京及周边地区	1900
	上海及周边地区	2000
	杭州及周边地区	1900
	福州及周边地区	1900
	南昌及周边地区	1900
	合肥及周边地区	1900
	广州及周边地区	2000
	南宁及周边地区	2000

项目区域	城市	团队差旅报价（每人每天）单位：人民币 元
西北地区	乌鲁木齐及周边地区	2400
	宁夏及周边地区	2000
	兰州及周边地区	2100

（2）为需要出差外地的承办律师提供疫情防控提示服务

特别需要提到的一点是，在疫情管控状态下两年多的时间里，为了避免承办律师出差时遇到管控措施，中台组也会提前帮承办律师做功课去提前关注一些问题，大致会用到这些方法：

①先利用查询疫情风险地区的官方公众号查询出差的地点是否属于中高风险地区，再利用订票软件查询出入当地机场、车站、机关单位及其他公共场所的相关政策，最后再拨打当地防疫部门进一步落实防疫政策，入住酒店、走访机关注意事项等；

②如果需要租车开车前往某地的，需要留意是否会经过中高风险地区，如果经过，行程码带星，在当地需要遵守什么样的防疫规定；

③核酸检测机构的信息，如哪些离住宿地、项目地较近，哪些24小时都可以检测，哪些是"咽拭子"检测机构。

在疫情期间中台组通过这些细节性的动作，尽可能让尽调小组的承办律师对疫情防控措施了然于胸，使得他们的应对措施更加充分，甚至将疫情管控下可能遇到麻烦事的概率和多次进行核酸检测的不适感降到最低。

（3）组织项目组进行入场前培训

基于中台组会因为项目的批量开展而加入高校实习生来参与尽调阶段的辅助工作，再加上项目组的尽调小组也会因为团队人员的扩充以及项目的需求增加新的律师助理。那么针对这些新入组的成员，中台组会在入场前及时组织项目组派出讲师，尽快确定培训时间，以类似的项目为例进行尽调阶段的培训，此类培训主要讲方法论，具体内容是在整个尽调的流程中，去认识可能会接触到的文件，如何梳理这些文件，如何根据这些文件的信息，按照尽调报告的要求，把可以填充的内容先行填充进去。如果涉及现场收集资料的，如何与客户对接人进行沟通，需要注意什么问题等。在经过系统设计的培训后，可以将项目组的规定动作交代至新人处，让项目的辅助工作更加专业化和标准化。

2. 中台组在项目尽调中期阶段的主要工作

（1）搭建尽调信息中枢平台

在尽调组承办律师入场之时，中台组也会随之与入场的承办律师呼应开展工作。在进场之前，中台组已充分利用工具，就所涉项目的文件输入与储存，建立了共享的端口，对前线律师收集的资料，中台组会分类上传到办公系统云端中，共享给负责此次项目的所有成员。通过尝试了前期各种协作工具，笔者的项目组选择了 Alpha 系统来开展工作，在 Alpha 系统中，中台组建立好具体的项目之后，项目组成员可以进入到项目页面，进行项目的文件导入、共享、文件协作、计时等工作。

首先，中台组在入场前已经组织项目组进行了培训，对于光伏发电项目尽调常用的文件分类以及常用文件涉及的内容，中台组成员也同步熟悉，于是中台组可以提前在云端项目文档里，分类建好文件夹，将对应的上传文件进行分类核查。同时，中台组还建立了上传链接端口，将端口开放给客户的主要对接人员，方便尽调工作所需资料第一时间的更新。其次，对于尽调目标公司所涉及的资料，例如，客户企业与目标企业的基本信息、历史沿革、目标企业提供的材料，承办律师走访有关部门取得的材料等，中台人员会对这些重点信息进行提取，组织安排初步填入尽调模板中。在这个环节，中台组主要的工作是做"信息填空题"，节省了承办律师的时间，帮助律师聚焦法律分析的工作。最后，在承办律师入场收资、走访部门、访谈人员的过程中，中台人员会随时联络提醒承办律师，与承办律师确认是否有重要的工作底稿资料，提前导入项目文件夹中，保障底稿的完整性，进而也为之后项目的归档提前做好准备。

（2）对客户进行随访，随时将信息带给项目组

对于提供法律这一"无形"服务，承办律师囿于专注在项目涉及的专业本身，再加上尽调阶段一直在项目上奔波，遇到问题需要与客户沟通时一般都采取微信或电话沟通，讨论的问题也都会集中于咨询法律问题本身。客户如果对服务的方式有建议或意见，一般不方便直接提出，而律师如果自己向客户询问能否对法律服务工作提出建议时，客户对接的人员一般也难以开口。我们的律师在服务过程中，即使可能产生的是小问题，但是一旦重复出现，

客户的小情绪也会逐渐堆积，就如一杯专门盛坏情绪的水杯，一点一滴小情绪积攒到满溢，到那个时候我们再来处理问题将会更加棘手。因此，客户的随访其实也是一种防微杜渐，给盛坏情绪的水杯插入一根引流的管子，一旦有水开始注入，能够及时地将它排出去。综合以上原因，中台组的负责人会在尽调工作中期阶段，随时对客户进行回访，了解客户对承办律师的工作是否满意，是否有承办律师没有注意到的问题。如果客户有不满和抱怨，出现需要去及时处理的问题，中台组可以通报给承办律师，促使承办律师优化一些工作方法和沟通方式。如果没有负面的问题产生，也会让客户感受到项目组对于他们的重视。

以下是在客户回访时遇到的两个小故事：

【故事八】回访体现服务的差异化

2021年，重庆当地某知名企业S公司选聘律师事务所提供光伏发电项目的投资并购法律服务，S公司将项目分为两批，通过邀请竞争性谈判最终确定了我所与另外一个和我所在同一梯队的品牌大所共同为S公司提供法律服务。

同为品牌大所，所做的都是类似的项目，提供的也是类似的服务，所以项目组这一次面对的是一次强强PK，中台组在项目进行至尽调中期阶段时，多次安排人员前去回访，主要是收集S公司与本次项目相关的工作人员对律师提供的工作质量、态度与方式是否有建议或意见，有无律师需要改进的地方。最终，S公司的反馈是，在同等的价格、同样的工作内容下，我们的项目组律师响应、沟通和专业能力表现得更加优秀。中台组将这个信息带回到项目组，项目负责人在例行的碰头会上，也提及了这个信息，在一定程度上激励了项目组。虽然说专业水平是提供高质量法律服务的重要因素，但表现出来的一份责任与热情也同样重要，这也是服务的差异化所在。

【故事九】中台组协调专人对接

2021年初，我们的项目组初次接触到X公司，由于我们与X公司的兄弟单位一直有着良好的合作关系，同样我们也得到了X公司领导的认可。

当时的X公司突然接到了一大批光伏发电项目收购任务，由于项目的急迫性，X公司业务部门的项目人员各自根据在此前联系中取得的项目组律师联系方式，就此展开了咨询，希望律师能第一时间解决他们的问题。这个过程中出现了如下问题：

第一，由于上述项目尚未形成合同关系，律所内部并无项目立项，未经过合伙人主抓，对于每个律师而言，对这种咨询的处理方式并未得到指示和统一。有的律师考虑到此前的合作和后续可能的合作，会更加深入。有的律师不知道是什么工作情况，会有所保留；其二，不同人员可能有不同律师的联系方式，反复交叉咨询的情况频繁发生，让律师和客户都非常困扰；第三，面对新的业务，客户正确提出问题的能力尚未具备，资深律师可能会发现客户所提问题本身就存在问题，善于挖掘并引导客户问出正确的问题，得到正确的答案。而相对年轻的律师可能会"就事论事"，在答复问题时，可能被客户的问题带偏了方向。客户的感觉是，同样的问题，怎么不同律师给出了不同的意见，会引起客户的不满。

在一次对 X 公司的随访中，X 公司领导就反映了以上的问题，希望我们及时改进。

面对这个局面，中台组协助承办律师进行了如下优化：

第一步，先将目前咨询所涉的项目做一个汇总，了解清楚 X 公司目前到底有哪些项目需要提供法律咨询；

第二步，改善沟通渠道，即确定每个项目由一个承办律师来总体主办，接收前期咨询需求，再根据具体情况进行分解，但信息的归口和出口都由这名主办律师负责；

第三步，优化我们的通讯录，提供给业务人员更准确的咨询渠道。

在取得随访的反馈后，由于项目组及时进行了调整，我们再次取得了 X 公司的信任，优化了项目组的工作方式，使项目组的工作节奏得以调整，后续项目组也再次拿下了 X 公司的多项业务。

3. 中台组在项目尽调后期阶段的主要工作

（1）尽调报告形式部分的把控

本书第三章已阐述了如何把控尽调报告的质量，中台组还要兼顾尽调报告的形式，如何让尽调报告格式专业、统一、美观，主要内容如下：

①对尽调报告的格式把控

在我们出具的每一份尽调报告当中，中台组会提前将项目组已经确认的尽调报告通用格式植入进尽调报告模板，并时常进行提醒不得随意修改格式，在每次接到律师发送的尽调报告定稿之后，申请律所盖章之前，中台组还会再检查一遍格式，报告的具体格式要求如下：

目录：标题一级标题，字体黑体，三号，加粗；正文宋体、小四、1.5 倍行距。

释义：标题一级标题，字体黑体，三号，加粗；正文宋体、小四、1.5 倍行距。

从释义内容后插入页码。

正文：一级标题，字体黑体，三号，加粗；

二级标题，宋体、小四、加粗，以"第一章、第二章"表示，居中；

三级标题，宋体、小四、加粗，以"一、""二、"表示，首行缩进 2 字符；

四级标题，宋体、小四、不加粗，以"（一）""（二）"表示，首行缩进 2 字符；

五级标题，宋体、小四、不加粗，以"1.""2."表示。首行缩进 2 字符。

正文：宋体、小四、1.5 倍行距。

表格：宋体、五号、左对齐、段前段后 0、行间距 1.5 倍、无首行缩进、标题加粗、正文不加粗、标题加灰色底纹、上框线为双横线。

②尽调报告的装订

在盖章版本的尽调报告装订前，中台组先行对报告进行扫描，形成一份电子版保存到云端，如果客户对电子版有需求，中台组会根据客户要求，通过邮件进行发送或者刻成光盘交至客户处。

一般对于尽调报告的正式定稿，项目组选择与广告公司合作，每一次由中台组对接将报告定稿胶装成书册。对于尽调报告配套的附件，比如备忘录、法律意见书，篇幅页数较少的，中台组会在律所采取胶壳热溶胶的方式进行装订，保持美观性。

如果客户后期归档需要我们提供活页装订的文件，中台组一般采取打孔活页装订的方式，这样既可以满足美观度，又可以方便客户装取。

（2）跟进尽调阶段收尾工作，配合开票收款

由于光伏发电项目较多，中台组针对项目组的项目制作了项目台账，在递交了尽调报告定稿后，中台组会跟进客户的验收情况，如确认了该阶段工作任务已完成，我们会及时与客户沟通开具对应的发票送去，并做好交接手续，将交接确认单和票据电子档上传至项目文档中，在确认客户付款后及时

对项目台账中的收款情况进行标注，以便管理项目的回款事宜。尤其有些客户的回款需要经过一段时间的质保期或者客户因为一些原因需要延后一段时间付款的，中台组也会在台账中进行标注，并使用办公软件进行定期的提醒，以免产生遗漏、延迟收款的情况。

（3）夯实事后客户回访

中台组在尽调阶段后期，递交了定稿的尽调报告后，会再一次进行客户回访工作，了解客户对我们的项目组律师在整个尽调阶段的整体服务质量的反馈，听取建议，我们还会带上律协和律所关于律师满意度的考查表格，递交给客户进行填报，而客户对律师的满意度，也是律所和团队考核律师的一部分，以这种方式来推动律师法律服务质量的提升。

与此同时，上一个项目的回访也是下一个项目的营销。回访过程中，我们能及时了解客户后续的项目布局，提前了解后续项目的法律需求。即使客户没有明确的法律需求，我们也能抓紧机会询问客户在法律相关方面有无难点痛点，有无想解决的问题。需求就是机会。我们可以思考如何帮助客户，帮助客户，这也是支持自己。

（三）项目结束后，中台组对项目组的支持

1. 配合项目组进行知识管理

在光伏发电项目投资并购法律需求不断涌现之后，同行业竞争也逐步激烈起来，这对我们的项目组服务也不断提出新的要求。沉淀的经验是律师最为宝贵的财富，在项目组完成尽调工作后，中台组会组织定期的投资并购专项工作碰头会，项目组会对部分已完成的项目进行复盘，中台组根据项目出现的新情况新问题，项目组的讨论情况，更新整理项目涉及的所有文件，包括但不限于尽调清单、协议模板、需要前往调查的部门名单与示例资料、尽调报告模板等。这套文件既可以再次运用到下一次项目入场前的新人培训中，又可以为项目组制作产品提供产品配套文件的示例。

2. 丰富项目组的业绩

每个项目完结后，中台组会形成项目组有关光伏发电项目法律服务的业绩清单，同时配套中标通知书、合同首尾页作为附件证明。这套业绩资料可用于项目组的产品推广、参与投标、参与新客户拓展。

3. 继续丰富行业资讯，推动项目组学习

在项目结束后，中台组又会继续推动研发工作，主要是继续收集丰富关于光伏甚至其他新能源行业的资讯，每两周中台组会整理一篇资讯类收集的文章，发给项目组负责人，项目负责人过目后，会布置给项目组的律师对某个专题进行研究，进一步形成文章。中台组以这种形式，不断地推动项目组学习和进步。

4. 项目数据统计

在项目尽调阶段工作完结后，中台组还有一项统计数据的工作。主要是对项目尽调的收费、项目组成员的工作小时、产生的差旅成本进行统计。每个律师根据职责不同，都有属于自身的一个工作小时费率成本，根据以上这些数据，中台组来计算每个项目的利润率，这对于提醒项目组进行项目成本控制以及针对不同项目特点的后续报价能够提供有力的参考。

三、中台组的价值

从前述中台组的各项工作总结，中台组的价值主要有两点：

（一）让尽调工作的准备更充分，工作流程更标准化，提升客户服务的完整度

对项目组的项目而言，通过协助项目组进行研发工作，辅助项目组投标以及拓展客户，促进项目组尽量多地获取信息，尽量多地获取项目；通过运用工具和技术，承担重复性、流程化的工作，并快速地完成，从而推动律师更快地完成每一项工作任务；在律师提供法律服务工作，加入客户回访、知识管理、营销辅助等工作的同时，提升项目法律服务质量；在项目的整个过程中，通过承担繁琐重复的事务性工作，为律师节省了处理这些工作的时间，通过数据的统计展示项目成本和利润率，提醒合伙人关注控制项目成本，提高项目的利润率。

（二）让项目组律师更专注于专业工作

对项目组的律师而言，中台组分担了容易使律师"抓狂和烦躁"的事务性工作，在某些事项上给律师"松绑"，让项目组的律师集中精力去解决核心问题。

希望我们项目组的中台辅助组所带来的价值和帮助，能够提供给其他律师团队一些参考，共同研讨如何在中台服务上更加极致。

第二节　主动向前迈一步，工作前置支持
客户优质高效完成尽调工作

　　笔者认为律师和医生的工作性质比较近似。都是受托于人、成人之事，都是以自己的专业技能为委托人解决专困难。客户作为委托方，律师作为受托方，似乎应该是律师听从客户的安排，在客户的要求下完成特定的工作。但有别于其他的委托事务，律师具有较强的自身的专业性以及工作的独立性。笔者一直秉承"律师不是单纯的乙方，客户也不是绝对的甲方"这一工作理念和原则，多年来服务了上百家的客户，完成了数百起新能源项目尽调。这个过程中，除了律师应当承担的专业工作以外，笔者发现，为客户提供优质高效的法律服务，远远不能仅限于专业熟悉和技能精湛。服务过程中与客户互动和协作的感觉和节奏也非常重要。笔者曾经遇到这样的困惑：客户不熟悉光伏发电项目怎么办？客户"指挥棒"指错了如何引导？客户的行政管理工作要求与我们工作的独立性之间出现矛盾如何处理等。这些问题虽不是法律专业问题，而是工作中的沟通问题，但却会较大程度上影响律师和客户的工作配合，相互认可和最终结果的满意。我们逐步意识到，律师的专业，不仅仅体现在对法律工作本身的精通，也体现在和客户的有效配合，体现在律师如何更有效地推动完成整个项目。如果这些问题处理不善，不仅会影响我们和客户之间合作的紧密性，也会影响整个尽调工作的方向和进度。为了消除因为双方理解不同导致的工作摩擦，除按时、保质完成本职法律尽调工作外，还要主动地向前迈一步，提前去沟通、培训客户如何优质、高效的完成尽调工作目标，以此作为我们提供法律尽调本身之外的增值服务。

　　本节，笔者将从尽调入场前、尽调过程中两个时间维度来向读者分享如何提前沟通、培训和辅导客户，一起高效完成尽调工作的经验总结。

一、项目入场前，律师主动与客户沟通及交流，甚至主动提供项目知识、操作流程和工作方法的培训

　　律师除了提供法律服务，也负有向社会普法讲法、宣传法治的社会职责。尽职调查项目中，除了法律知识本身的培训外，我们着力主动创造机会在入场前，针对尽调工作的计划和安排、组织和协调等内容，向客户提供培训。

目的是让客户知道律师对于尽调项目的工作理解、方法和理念，以便客户对律师工作提前了解，提前沟通和共商工作方案。

（一）给客户进行初步培训

培训的目的有两点：一是让客户了解光伏发电项目的尽职调查是什么；二是让客户了解光伏发电项目尽职调查工作怎么做，尤其是工作步骤、计划安排，以及工作的重点。

我们遇到过第一次接触光伏发电项目的客户，涉足全新产业，上至领导下至经办人员，都没有实操经验，客户内部存在巨大压力，内心缺乏足够的自信，不知道如何做好这个项目，如何与各个中介机构互动，如何与内部各个职能部门互动，存在焦虑情绪。焦虑之下，难以做好整个项目的统筹管理工作。如果不能有效引导，客户经办人员受焦虑情绪影响，难以制定有效的工作计划并相应推进。此时，律师如有主动沟通和交流的态度，将尽调及收购项目的整体流程、工作安排、重点要点为客户提供培训，对客户无疑是雪中送炭。对于我们提出的上述培训建议，客户都作出了积极的回应，非常热情地响应了我们的建议。

由此可见，项目入场前的培训工作确有其必要性。特别是对于批量性的收购项目，除了知识要点以外，针对工作方法、步骤安排和要点提示的提前沟通，有助于让后续工作事半功倍。即使是单一项目的尽调，即使是针对已经有一定尽调经验的客户，即使无需单独进行培训，但入场前必要的沟通工作、向客户提供建议和要求、向客户提供我们预先制定的工作建议书等模板性文件的工序，也不可省去。

培训的内容主要有四个方面：

1. 知识要点

内容一般包括收购流程，尽调范围，尽调重点、要点、难点，尽调目标，尽调报告出具的框架和轮廓等问题。对光伏发电项目本身，对律师所能作出的成果是什么样子了解得越清楚，客户才能够更加合理地去设定目标和制定计划，在后续的尽调工作中有重点、有方向，集中精力攻克重点问题，提升工作效率，获得最佳工作成果。在这样的培训中，笔者侧重介绍光伏发电项目的尽调要点，各项目的法律风险侧重点。在此，笔者简要罗列培训内容概况如下：

框架协议　　　　确定基准日　　　　协议谈判　　　　　交割　　　　　交易结束

・保证金　　　　尽调入场时　　・算账方式　　　　・交割条件明确　　回购
・保密协议　　　　　　　　　　・资产负债的具体　・交割的调价机制　整合再出发
　　　　　　　　　　　　　　　　内容和边界
　　　　　　　　　　　　　　　・支付条件
　　　　　　　　　　　　　　　・对赌机制

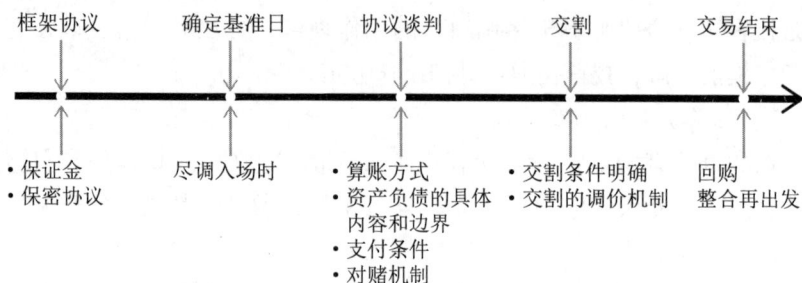

收购基本流程

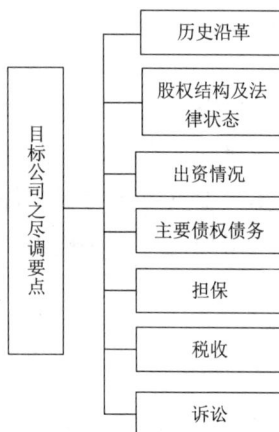

```
                        ┌─────────────┐
                        │  历史沿革    │
                        ├─────────────┤
                        │ 股权结构及法 │
                  ┌──── │  律状态      │
                  │     ├─────────────┤
                  │     │  出资情况    │
        目标      │     ├─────────────┤
        公司      │     │ 主要债权债务 │
        之尽 ─────┤     ├─────────────┤
        调要      │     │  担保        │
        点        │     ├─────────────┤
                  │     │  税收        │
                  └──── ├─────────────┤
                        │  诉讼        │
                        └─────────────┘
```

目标公司尽调要点

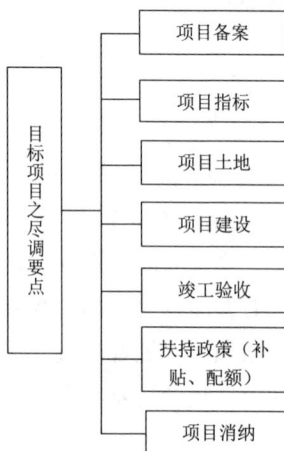

```
                        ┌─────────────┐
                        │  项目备案    │
                        ├─────────────┤
                        │  项目指标    │
                  ┌──── ├─────────────┤
                  │     │  项目土地    │
        目标      │     ├─────────────┤
        项目      │     │  项目建设    │
        之尽 ─────┤     ├─────────────┤
        调要      │     │  竣工验收    │
        点        │     ├─────────────┤
                  │     │ 扶持政策（补 │
                  │     │ 贴、配额）   │
                  └──── ├─────────────┤
                        │  项目消纳    │
                        └─────────────┘
```

目标项目尽调要点

2. 光伏发电项目尽调主要流程

内容包括尽调入场前的准备工作、现场尽调中的工作顺序建议、中介机构的参与和相互配合、各个中介机构最终提供成果的使用等。了解主要流程，就如同看懂了一本书的大纲一样，快速、明确地让客户明白收购的要点和待完成的工作。特别是对于那些第一次接触光伏收购项目的客户来讲，通过对他们进行收购流程的培训，会让他们很快地掌握收购项目的工作方向，避免因为自身经验不足带来的慌乱。

3. 律师的工作模式，以及与其他中介机构的分工合作

如果客户不能清晰地了解和掌握律师的工作内容和工作边界，客户就无法向律师提出有效的工作要求，也难以做出有效的工作配合。因为对如何使用好律师不了解，曾经出现过客户要求过高，或者要求超出了正常工作界限，或者无法予以相应配合等情况。有时候客户甚至不知道究竟哪些工作应当由律师完成，哪些工作不是。很容易错误理解为"所有问题都需要法律确认——所有问题都需要法律意见——所有问题都是律师的问题"。

例如：笔者曾就遇到过一个项目，客户要求律师去核实选址意见书的位置与目标项目实际位置是否一致，理由是，这涉及法律的责任问题。笔者反复告知客户，尽管位置错误可能导致法律责任和法律后果，但认定位置是否一致是技术问题，需要查询、对比、核实坐标点等专业勘测工作能力，建议客户聘请第三方专业勘测机构去核实。尽管客户最终接受了这个建议，但因为客户之前已经建立了这属于律师工作职责和范围的想法，就此问题和客户的沟通，也花费了很多时间和精力。

因此，如果能够提前和客户建立工作范围和边界的共识，会更高效地推进项目进展。为减少工作理解上的差异，增加统一的认识理解，律师就需要主动向客户传递上述信息。需要客户负责完成的工作内容，律师也要提出明确的要求。基于以往项目的经验，在入场前，笔者会主动告知、引导客户知晓律师工作的原则、范围、工作步骤、明确律师什么能做，什么不能做，以及项目中不同中介机构如何与律师的工作相配合等。目标是让客户了解、熟悉各个中介机构的工作情况，能够更优质高效地推动尽调项目。俗话说："画沙为界"，明确各个部分的工作内容和职责，更有利于项目推进。当然，如果律师对此没有足够的专业判断，对于该做什么、不该做什么无法清晰呈现给各方且得到认可，就难以有效引导各方统筹协作。

4. 律师与客户的配合方式

笔者曾在项目中遇到客户说没有感受到"甲方待遇"，把律师当作秘书，要求为其撰写内部汇报材料等非法律工作的要求。在入场尽调启动前，引导客户明确双方的定位，明确各自工作核心的工序必不可少。需引导客户明确，客户是尽调项目的发起者、统筹者、决策者。律师是专业的第三方。律师的工作不应当受到任何第三方的干预，须独立判断、独立工作，公正、客观揭示项目法律风险并提出合法可行的法律建议。引导的方式可以在培训、启动会中以正式方式提出，也可通过私下与客户沟通聊天交流等非正式方式提出。其目的在于，让客户对律师工作独立性原则有了解并尽可能形成印象，在后续尽调工作推进中，减少双方的情绪冲突，各自独立负责自身的工作板块，高效配合，共同推进尽调进度。

（二）给客户提供指引文件模板

培训工作完成后，客户基本会对光伏发电项目的尽调要点、流程、工作模式等内容有了大致的了解。为了保证客户不会听了就忘，且支持客户具体执行到位，笔者在培训结束后，还会向客户提供尽调及收购工作的指引文件模板，推动客户将相关工作落地实操。笔者将提供团队多年精心制作的工作指引文件供各位读者参考。主要分为两个类别：一是律师发给客户准备填写的材料模板；二是律师提供给客户，请客户发给目标公司或者转让方填写的材料模板。

1. 提供给客户的文件

（1）尽职调查工作范围说明

笔者以书面化的尽调工作范围指引，向客户明确律师工作范围及核查重点。此处应说明，《尽职调查工作范围说明》仅为参考性的文件，律师应视客户具体委托工作阶段范围而做适当的增减。具体模板如下：

北京德恒（重庆）律师事务所

关于尽职调查项目服务范围的说明

××公司（以下简称"公司"）【此处的公司系指客户单位】：

首先，感谢公司的支持与信任，使我们双方有机会在××项目上开展合作。

其次，为便于双方明确工作边界，便于公司对律师尽职调查工作范围有明确的了解，让律师发挥最大的作用和价值，我们根据长期、大量的尽职调查项目工作经验，特向公司介绍下我们的工作阶段、服务范围和服务内容。

尽职调查阶段具体的法律服务工作内容如下：

（一）尽职调查的主要内容：

尽职调查阶段，我们将主要围绕：目标公司的基本情况、目标公司的核心业务、目标公司的主要资产、目标项目合法合规性等开展工作。具体内容有：

围绕目标公司的基本情况【根据不同行业，侧重会有所不同】，包括但不限于：公司主体资格，历史沿革，股东出资情况，股权结构，股东和实际控制人，公司治理结构（董事、监事及高级管理人员的基本情况、任职资格及诚信情况），组织架构、主营业务情况、同业竞争与关联交易，核心技术人员持股及股权激励情况，劳动用工、劳动保护及劳动保险，税务及财政补贴，环境保护，客户安全生产与内部控制制度，诉讼、仲裁及行政处罚，重大财产租赁，重要财产保险等。

围绕目标公司的主要资产及负债，配合财务审计提供补充意见，调查的范围包括但不限于：土地房产（自有、租赁、产权权属、使用情况等），固定资产（重点关注主营业务相关资产），在建工程，无形资产（知识产权、商业秘密、非专利技术等），重大资产变化、重大资产重组，对外投资、对外担保，对外融资、股东借款等。

围绕目标公司的主要核心业务：核心业务范围及基本情况（商业模式），核心业务合规情况，核心业务相关重大合同，核心业务相关的对外项目合作，核心业务对应的核心资产等。

围绕目标项目合法合规性，包括但不限于：目标项目前期文件取得情况、合法合规建设情况、运营情况、电价取得情况等。

（二）尽职调查的主要工作步骤：

为完成尽职调查工作，我们将按照如下步骤推进工作：

与公司工作组建立对接机制。

向公司了解、掌握本次收购的核心目的和目标。

针对本次收购的特殊情况，制作首轮尽职调查清单，协助公司进行入场前的准备工作，向公司提供入场前工作指引。

入场收资。目标公司高管访谈，现场走访，政府部门调查及访谈。

梳理分析信息资料，视情况进行补充尽职调查。发出补充尽职调查清单，入场补充尽调（如需）。

形成尽职调查要点提示稿（表）。

就尽职调查发现的要点问题与公司讨论沟通。如有必要，可在公司安排下与目标公司沟通。

起草尽职调查报告初稿，与公司就报告初稿进行沟通交流。

出具正式法律尽职调查报告。

以上内容，供参考。

顺祝商祺！

北京德恒（重庆）律师事务所

××年××月××日

（2）至客户的工作指引建议书

向客户提供书面工作指引建议书的目的，一方面在于，推动客户拿到指引后，主动厘清其自身的尽调目的，并向目标企业做好尽调工作协调，以便尽调工作效开展。另一方面在于，帮助律师以指引为抓手，了解客户尽调目的和尽调前的准备情况。内容如下：

关于介绍尽职调查项目相关信息的说明

××公司（以下简称"公司"）【此处的公司系指客户单位】：

首先，感谢公司的支持与信任，使我们双方有机会在××项目上开展合作。

为优质高效完成目标公司的尽职调查工作，请贵公司确认如下信息：

1. 请确认目标公司的准确全称，提供此前已初步掌握的目标公司的基本资料。

2. 请介绍本次尽调的目标（股权收购还是资产收购？收购多少股权比例？为什么要收购这家企业，是为了资产？资质？业务？体量？利润？其他？）。

3. 请介绍在本次尽调中重点关注的问题（关注什么？防范什么？要什么？不要什么？）。

4. 请介绍与目标公司沟通的程度（如：已沟通、已签框架协议等），目标公司的配合程度如何；基础资料准备程度如何，是否已经进行了收集整理并可以提供扫描件？现场人员是否到位且配合？

5. 请介绍本次尽调工作的总体时间计划安排。其他中介机构的入场计划安排。

6. 请介绍在总体计划中，针对法律尽调板块的时间计划安排。

7. 请介绍尽调工作总负责人、业务负责人、其他中介（审计、评估）机构的项目负责人姓名及联系方式，请提供通讯录或者建群。

8. 请提供目标公司的联络人（总负责人、业务、财务、法务）的姓名、职务及联系方式。请确认目标公司的管理人员和公司资料、项目资料存放地点，并据此与目标公司商议入场时间计划。

9. 请介绍能否直接与目标公司对接，还是通过客户统一协调对接。

10. 在入场前，请提前向目标公司发送尽调清单，请目标公司准备相应资料扫描件，并请在律师入场三天前，将扫描件发送至律师处。请目标公司在现场准备资料原件备查。

11. 请目标公司协调安排当地的相关政府部门（如：市场监督、税务、环保、业务主管部门等）的工作人员、时间安排，便于律师现场走访。走访方式可根据公司自身、目标公司、律师共同认可的方式进行；提供现场走访所需资料，包括：介绍信原件、法定代表人身份证明原件、目标公司营业执照正本或者副本复印件、法定代表人身份证复印件等，用于提交相关政府部门或机构走访。

12. 请目标公司协调其高管人员、主要财务技术人员接受访谈。

13. 请目标公司盖章确认陈述与担保。

以上内容，供参考。请贵公司将上述信息进行整理。我们将在获取上述信息后，根据贵公司的安排开展下步工作。

顺祝商祺！

北京德恒（重庆）律师事务所

××年××月××日

（3）尽调项目通讯录

尽调项目中，除了律师队伍外，还会涉及客户（收购方）、转让方、目标公司、审计、评估、技术、税务等中介机构。尽调工作中，各方随时需要保持沟通。目前建立统一的沟通群是常用方法，笔者还会向客户提供《尽调项目通讯录》模板，要求统一负责联系人，便于团队成员的相互对接，形成高效的沟通机制。具体模板如下：

尽调项目通讯录

【客户名称】通讯录				
序号	姓名	职位	电话	工作负责范围

【目标公司/转让方名称】通讯录				
序号	姓名	职位	电话	工作负责范围

中介机构通讯录			
法律服务-【名称】			
序号	姓名	职位	电话

评估-【名称】			
序号	姓名	职位	电话
审计-【名称】			
序号	姓名	职位	电话
技术-【名称】			
序号	姓名	职位	电话

（4）中介协调会会议纪要

尽调项目的综合性较强，各方需要经常性、不定期地召开项目沟通会议。形成会议记录，这非常重要。会议纪要能沟通各方工作进展、明确工作分工安排，让客户通过会议记录掌握尽调现状。为使各方工作能较为清晰地呈现，笔者制作了会议纪要模板，供客户或律师快速记录，具体模板如下：

【目标公司全称】【项目名称】项目
【　】年第【　】次中介协调会会议纪要

时间		目标公司	
会议地点		记录人	
参会人员			
会议主题			

根据【目标公司】及相关中介机构事先共同确定的议题，本次会议主要围绕【　】及下一阶段具体工作安排展开，具体内容如下：

一、【事项一】

二、【事项二】

…………

三、下阶段工作安排

根据会议的讨论结果，现就【　】项目下一阶段各方的主要工作事项和责任单位做出相应安排，具体安排如下：

序号	主要事项	责任单位	截止时间

【　】项目组

××年××月××日

2. 由客户发目标公司的文件

（1）给目标公司的工作建议指引

向目标公司发送的工作指引，主要是要求目标公司在律师正式入场尽调前，将尽调资料、访谈清单、走访工作等核心工作提前有序安排，以便提高入场后的工作效率。具体模板如下：

目标公司的工作建议指引

1. 请提供目标公司的联络人（总负责人、业务、财务、法务）的姓名、职务及联系方式；

2. 请落实目标公司与中介机构的对接方式，是否直接沟通对接；

3. 请目标公司根据尽调清单准备相应资料扫描件，并提供给尽调方或尽调方律师。请目标公司确定项目资料存放地点，是否归集，在目标公司现场准备资料原件备查；

4. 请目标公司协调安排当地的相关政府部门（如市场监督、税务、环保、业务主管部门等）的工作人员、时间安排，便于律师现场走访。走访方式可根据客户、目标公司、律师共同认可的方式进行；

5. 请目标公司协调其高管人员、主要财务技术人员接受访谈。

6. 请目标公司盖章确认陈述与担保。

北京德恒（重庆）律师事务所
××年××月××日

（2）陈述与保证

目标公司完整、毫无隐藏地披露目标公司全部事宜本为其披露义务，但在具体的项目中，披露不完整，甚至恶意隐瞒都是常有之事。为防止目标公司披露不完整所可能发生的法律风险，在目标公司或转让方披露不充分的情况下，让客户有向转让方追责的法律依据，促使目标公司签署《陈述与保证》是客户有力的兜底性保障措施。因此，在尽调入场前，律师即应当向客户提供《陈述与保证》模板，要求客户沟通目标公司盖章签署。签署的时间应在尽调工作开始前，避免尽调完成后目标公司不签署，导致尽调工作出现缺口。具体《陈述与保证》模板如下：

陈述与保证

本公司特此对如下事项作出本陈述与担保：

第一，针对本次尽调工作相关的所有的信息，均主动、真实、全面、无遗漏地向尽调方披露。

第二，针对本次尽调工作相关的所有的资料，均主动、真实、全面、无遗漏地向尽调方披露。向尽调方提供的所有资料均有原件，提供的复印件与原件相符。没有原件的材料，均主动、真实、全面、无遗漏地向尽调方披露。所有文件中的签字和印章均是真实有效的。

第三，财务信息和数据均已真实、全面披露。所有财务信息均已入账，无账外账，无账外资产。如有账外账、账外资产及负债，均主动、真实、全面、无遗漏地向尽调方披露。

第四，公司的股权均无抵押、质押、留置、查封等权利限制性措施，如有，均主动、真实、全面、无遗漏地向尽调方披露。

第五，公司的资产均无抵押、质押、留置、查封等权利限制性措施，如有，均主动、真实、全面、无遗漏地向尽调方披露。

第六，公司所有资产及负债均主动、真实、全面、无遗漏地向尽调方披露。

第七，公司的经营状况均主动、真实、全面、无遗漏地向尽调方披露。公司所有合作关系，合作合同，关联交易均主动、真实、全面、无遗漏地向尽调方披露。

第八，接受访谈的人员均系公司授权代表，有权代表公司作出陈述和意见，所地出的陈述均是真实、准确、完整的。

如承诺方违反本陈述与保证，尽调方将有权撤销与本次尽调相关的任何承诺，解除双方之间的合作关系，无论是否达成收购协议或者完成交割。有权追究本公司提供虚假信息的法律责任。

目标公司（盖章）

××年××月××日

（三）给客户提出具体工作要求的同时，也支持客户推进项目

在对客户进行培训，给客户提供工作指引模板后，律师也要从务实推进项目的角度，敢于给客户，给自己的甲方提出工作要求，要求客户按照我们提供的模板，完善信息和推动工作。当然，项目上的情况纷繁复杂，往往也会出现一些，连客户也搞不定的事情，这个时候，作为项目中的一员，有经验的律师还可能倒过来支持客户解决一些本该由客户解决的问题。

【故事十】律师现场协调，帮助客户解决问题

笔者曾参与 13 个环保项目的尽调工作。现场尽调小组分为四个组，三个外调小组分别走访河南、四川和重庆各区县等地，余下一个小组由赵律师负责带队，去目标公司总部坐镇协调和沟通。项目尽调工作开始的第一天，赵律师参与了项目启动会，本次尽调中介机构包括了法律、审计、财务、技术四方团队。在本次尽调项目前期，客户及目标公司均未安排统一对接人员进行对接。刚工作前几天，各尽调团队，通过各自驻派人员同时向目标公司不同部门人员进行对接，每个机构都向目标公司提出要求和索要资料，有些资料是重复要求提供的，有些资料是各机构单独所需。大约三天时间下来，几乎只有技术尽调中介机构拿到了相对全面的资料，而法律、审计、财务中介，都没拿到基础资料，而因客户时间紧张，现场尽调团队已经入场三天，尽调前对任何情况不知，只能现场边尽调边了解情况，纯属"盲人摸象"。嗣后，客户甚至认为目标公司不配合，差点导致项目被迫中止。而通过召开第二次全员协调会才发现，出现资料不全的原因是客户对接人过多，目标公司的资料完全准备不过来，法律中介要求 A 资料，马上审计就要 B 资料，资料完全无法按时准备，甚至出现遗漏。基于此状，赵律师见机行事，立马建议客户准备内部会议，安排一名客户的对接人员，要求目标公司也安排一名专业对接人员，只由两方对接人员进行对接，统一资料"进出口"。客户端，各中介机构统一在每日下班前，将当日所需的资料、待核实的问题统一交由该对接人员，由其进行初筛、汇总，再统一交给目标公司对接人员。

在归口确定对接人员后，收资速度明显提升，尽调工作明显加快了速度，尽调方对所有工作资料底稿均有效存留，各中介机构信息全面对称，各方问题均能互通，目标公司也避免了重复工作。最后项目的收资及沟通工作非常顺畅，各中介机构按时保质地完成了尽调工作。

二、如何在项目现场支持客户优质高效完成尽调工作

前期提供培训及模板，是我们在入场前对客户的支持。项目进入现场尽调后，由于现场时间紧、人员多、情况复杂，我们仍然需要紧紧围绕高效完成尽调工作这一根本目标，协助客户开展工作。除了做好自己本职的法律尽职调查外，还要根据现场需要提供相应的配合工作，支持其他中介机构和客

户解决他们所面临的问题。

（一）做好法律尽职调查的分内工作

（1）在入场前期，我们会主动给客户报送我们在现场的工作时间计划，同时邀请客户指派现场经理（泛指客户指派到现场的所有成员）到现场和我们一起开展工作，眼见为实。无论客户是否安排现场经理到场，我们都会制定详细的工作计划，计划内容包括：预计在现场多少时间，每一天大致的工作内容、工作地点、工作目标和需要得到的支持和配合。

（2）如果客户委派现场经理到项目现场，我们还将给予项目经理充分的支持：首先，我们会注意在工作开展前，与现场经理先行沟通，讨论我们的工作计划。一来，通过介绍我们的工作准备情况，让现场经理对现场情况心里有底，不至于因为觉得缺乏掌控力而产生焦虑。这种焦虑将严重干扰各方之间的信任和顺畅合作。二来，也明确给客户信心和工作职责的承诺。其次，尽调过程中，如果现场经理参与其中有不同的意见和想法，我们双方可以随时商议和沟通。尽量将问题先行讨论，避免出现各自持有不同观点且无法统一，干扰项目推进的情况。

我们通过以上方式达到了主动分担现场经理工作压力的效果，既尊重了现场经理的积极态度和主导身份，又与现场经理建立了信任，获得了较大的工作支持。我们的经验是，我们越是自信，温和而坚定，越容易引导对方接纳我们的观点。我们越是信心不足，不敢担当，现场工作越难以有效有序进行。

（3）无论客户是否派人到场，在现场尽调中发现的任何问题，我们会随时与客户进行沟通，一方面是要求客户提供相应的支持和协助，随时发现问题，随时解决问题，毕竟我们的尽调便利度来源于客户与转让方的协商，客户出面解决问题，远比律师有力量。另一方面也是对可能存在的问题"提前报备"，及时提醒问题，这也是律师的主要工作职责之一。为引起重视和资料存档备查，针对现场调查发现的重大情况，我们都会写入现场工作备忘录或工作日报，书面留痕。

（二）除了本职工作外，为完成尽调目标，可适度参与其他版块的协调
工作

尽调项目现场，除了收购方标配的项目经理、财务经理、技术经理外，通常还会有收购方外聘的律师、审计、评估、技术、税务等中介机构。相应地，转让方或目标公司就会对应匹配相同的人员。目标公司坐拥主场之利，

其工作人员均在现场，参与尽调工作的人员数量通常会更多。笔者曾经不止一次遇到过，同一项目现场参与尽调（尽调方和配合尽调方）的人员人数过百的宏大场面。

这样的现场，各方既可以说是在合作（即投资与被投资关系），也可以说是在博弈和对抗（猫鼠游戏）。各个专业板块对接完成后，就开始了"捉对厮杀"，对抗的气势热烈又紧张，小型的擦枪走火场面并不鲜见。与目标公司/转让方法务、业务人员的讨论时，彼此克制一点的，争论点到为止；火药味重一点的，直接开怼。应对这种局面，是律师们的工作常态，毕竟律师的工作主要就是博弈、辩论、对抗。除了法律板块外，其他板块也存在同样的问题。每个板块的参与者都是专业人员，专业自信加专业自恋是惯常现象。有时候争论激烈了没有控制住功力外放，很容易互怼上。互怼的结果往往造成项目停滞。

因此，首先，我们自己得尽力避免这种情况。其次，如果现场发生这种突发情况，我们还可能利用律师对于商业交易谈判的经验和专业知识，协助客户应对、沟通、统筹，推进项目顺利完成。

【故事十一】偶尔的摩擦总需要斡旋

某次，笔者受托为客户尽调某个光伏发电项目。项目入场后，审计机构不认可目标公司此前的记账方法，且认为会计凭证部分缺失，无法依据现有资料出具审计报告。除非目标公司财务人员重新调整账册并补充会计凭证，否则无法出具审计报告。目标公司财务人员提供的解释说明并未得到审计机构的认可。双方在现场辩论财务知识，据理力争，各不相让。一边是收购方，携势而来，一边是被收购方，总觉得在被挑刺。一番博弈后，双方心态失衡，各自捍卫的对象，已经从事情本身，上升到了专业技术、职业尊严。财务经理觉得自己受到严重挑战，不仅不调账，而且对此后审计、评估、税务机构的其他需要配合的工作从婉拒发展到了直接拒绝（告病回家了）。财务经理一走，下面的财务人员更无所适从，也全部停止了工作配合。审计都不能完成，项目收购哪里还进行得下去？现场一下子就冷了下来。工作无法推进，现场经理完全抓瞎，不知道该怎么办。

此时，笔者不在风暴中心，还可以与各方对话，主动临时充当了协调者的角色。笔者请现场经理邀请转让方一起进行了沟通，说明完成审计工作是收购的必备前提条件，既然转让方想要完成交易，那肯定得做好内部思想工作。又请现场经理召集客户聘请的审计机构、评估机构一起商议，在不违反审计原则的情况下，商议能否找出合理的方式，促使目标公司财务人员予以配合，并完成审计工作。律师也明确提醒各位中介机构负责人，项目完成，才是各家中介机构完成项目，收取尾款的工作节点。同时，现场的人工成本、差旅住宿成本每天都在发生，都是中介机构自己在承担，多拖一天就多一天的损失。大家都是专业人士，放下情绪都能找出解决的办法。双方各自沟通取得成效后，再由客户和转让方共同召集目标公司财务经理、客户、审计机构、评估机构，站在各自的角度协调分析，各自给对方台阶下，各自帮对方想办法。在各方均"冷静"下来，且各自的存在感都得到尊重和认可的情况下，目标公司的财务经理也顺利"康复回岗"和审计机构达成了共识，找到了一定的共同思路，现场工作又开始运转起来。现场工作都是倒计时推进，哪里耽搁得起啊。我们救场如救火，好歹尽调工作按原计划继续推进了。

从这个故事可以看出，项目现场上的任何一方，都可能遇到各种无法预见的突然状况。我们作为律师，除了完成我们本职的法律尽职调查工作以外，我们也在现场曾经发挥过，也将继续发挥着主动协助客户解决各种现场问题，确保高效完成尽调工作的积极作用。

（三）尽力支持客户为完成本次尽调工作所需要的其他配合工作

项目现场工作繁琐复杂，工作节奏快。律师通常要面对各种预料之外的突发情况。其中，让现场律师处理得最艰难的问题是尽调现场中律师的工作想法和客户（无论客户是否有现场经理）的工作想法不一致。容易出现的理解差异主要有：

1. 客户和律师对于律师工作定位的理解不一致

客户认为，尽调工作是客户的项目，客户需要对项目现场工作进行全面的统筹和管理。除了最终提供尽职调查报告外，在尽调工作中，律师就是客户的工作小组成员之一，应当纳入客户管理的范围。律师通常会觉得自己是独立执业，以完成尽调报告工作为目的。律师应当按照自己的判断开展尽调工作，不应当受制于客户的非专业类的管理和要求。这一点差异是引发下列问题的根源。

2. 客户和律师对于律师在现场工作内容的理解不一致

客户要求律师根据客户内部要求，根据客户提供的模板，完成工作报表、工作汇报、情况通报、资料和信息采集意见等。律师认为该部分工作属于公司行政秘书类工作，本不该由律师承担。事实上，客户经办人员受上级工作要求的压力，对日常工作要求的重视程度，远超过对尽调结果的重视程度。

律师这边，通常会面对客户对尽调报告初稿提出的极高的时间要求。律师在项目现场的工作时间非常紧张。律师在和时间赛跑的同时，往往分身乏术去完成不以交付尽调成果为目标的其他工作。客户除尽调报告工作之外的配合类要求，常会让律师陷入两难的尴尬境地。

3. 客户和律师对于律师入场或撤场时间的理解不一致

根据我们的工作方法，我们通常会要求目标公司在入场前尽可能提供资料。我们根据资料准备的情况和与目标公司沟通的情况，再安排入场时间。如果目标公司前期不能提供有效的资料，即使入场，现场的准备工作势必迟缓，导致律师"窝工"，无法有效开展工作。但是，客户有时候为了内部的工作要求，安排各个中介机构"统一入场、统一撤场"。根据我们的经验，法律尽调机构较财务尽调机构延迟数日入场是较为合理的时间安排。但客户会明确要求律师按照客户设定的节奏开展工作。

入场后，我们如果认为掌握了目标公司现场应当掌握的信息和资料后，就可能会撤场。我们将返回律所后台准备尽调报告的起草。有的企业会要求各个机构和客户的时间相同，"一起入场、一起撤场"。有的客户会要求律师在尽调项目现场时间尽可能地久，认为，时间越久，尽调越好。其实，尽调效果和目标公司的配合程度、目标公司自身的管理水平有较强关联。如果目标公司配合程度高，及时提供资料、积极配合走访和访谈，我们可在有效的时间内高效完成现场调查；若目标公司配合程度不高，甚至是完全不配合，我们取不到尽调必要的资料，即使一直待在项目上，现场尽调工作也无法有效开展。

4. 客户和律师对于现场工作的律师人数的理解不一致

某次在项目现场，客户现场经理对律师提出批评，认为律师的队伍配置不足。当时审计机构在现场约20人，律师在现场7人。客户认为，律师的人数都不够，工作肯定做不好。其实，收购项目中，各个中介机构的安排并不相同。通常审计评估机构是入场最快（最容易有工作面）、前期入场人数最多的，一旦提供报告，后期基本没有工作。而律师的工作节奏是，入场通常较审计机构晚一点，入场人数通常比审计、评估少一点，但律师工作的持续时间最长，统筹工作的深度最深，范围最广。在项目后期，磋商、谈判、签约、交割，甚至投后管理阶段，律师会始终参与，此时，各个中介机构基本就仅剩下律师在参与了。有的客户因为并不熟悉尽调的安排情况，可能会因此和律师产生不同的意见。

5. 客户和律师就律师工作时间安排的理解不一致

客户作为国企，通常有内部工作要求，这些要求和律师的工作安排，可能并不一致。曾经有客户要求律师按照客户内部管理要求，每天早晚参加例会。有客户提出要求律师和客户内部人员一样，每天提交工作汇报。在这个方面处理不好，客户很可能对律师提出意见。我们就有过一次深刻的教训。

【故事十二】一次狼狈的被投诉

10 月 13 日，正在 Z 项目上全力推进工作的杨律师接到了总所邓律师的电话，说杨律师正在服务的 Z 项目，被客户投诉。客户是某集团公司的总部，要求律所总部派相关领导到客户单位进行会商，就 Z 项目进展情况提出怀疑，明确表达了对律师项目组工作的不满，算是一个正式的投诉。邓律师立即向杨律师询问项目进展情况，发生了什么问题？邓律师在电话中提了一句，客户提及了服务态度的问题，你好好回想一下。

正在项目一线推进项目尽调工作的杨律师听闻此事，非常警惕。项目 10 月 6 日入场（还在国庆长假期间），开展了还不到一周的时间。这个项目是对目标公司尽调。目标公司下面有 12 个项目公司，项目分布在西藏、云南、贵州、内蒙古、河北。客户要求 15 天之内提交尽调报告。杨律师及时组织了近 30 名律师入场，以满足客户要求。杨律师以此前已经成熟使用的项目文件模板，对律师们进行了三次项目入场前培训。确保每个项目律师对项目的总体情况清楚掌握。但因为目标公司的项目分布在 5 个省，各个省对光伏项目均有各自的地方政策。因为地域跨度大，加之项目建设存在时间差异，在这几天的尽调中，律师们已经发现该项目远比其他项目复杂和艰难。项目推进本身就很艰难，忽然又面临一个客户投诉，杨律师顿时觉得一阵头疼。

杨律师对项目进行了回顾。

10 月 6 日，因为进度要求很高，在客户单位人员因疫情影响未能到场的情况下，法律、审计、评估机构根据客户的要求均直接进到了项目现场。因此，律师未能在入场前和客户进行入场前的面谈沟通，缺少了双方沟通思路、方法的机会。杨律师为有效推进项目进展，主动组织审计、评估机构负责人一起，做了项目前的沟通和会商。由于时间特别赶，各个中介机构都感觉心急火燎。一门心思都扑到了项目上。10月9号客户指派财务和法务人员各一名到达现场。法务马小姐是一个刚从美国毕业归来的法律硕士，对项目很有兴趣，在现场一边翻看着《股权收购指南》，一边和大家讨论着工作。马小姐和律师团队并未发生重大争议。投诉由何而来？杨律师回想了下，双方的冲突点，应该来自法务要求律师团队每天16点前对当天的工作提供书面日报。律师们，一早奔赴各个尽调地点，16点前，要么在现场访谈，要么在走访项目，要么奔波在路上，正是一天中工作最忙碌的时候，也几乎都不在办公室。例如：西藏地区因为时差问题，15点才上班，16点正是工作最有效开展的时候。律师们在16点，停下手上的工作来做日报，会严重影响项目的推进。鉴于律师团队本就有现场尽调期间每日撰写工作备忘录的内部要求，并不排斥日报。但是，16点前的这个时点要求，对律师们而言，完成就较为困难。杨律师认为，律师的工作有明确的工作节点，不能如期完成的后果对律师非常不利。行政化色彩浓烈的日报，事实上并未推动项目进展，反而阻碍项目进展。因此，在提交每日日报时，难免出现延迟。马小姐认为，律师连每天的准时日报都做不出来，足见律师队伍的工作能力差，工作态度差，对工作结果表达了怀疑。估计是马小姐以此作为证明上报客户领导层，引发了客户对律师团队的不信任。

想到这里，杨律师和邓律师进行了沟通后，觉得首先稳定客户的信心更为重要。为此，北京总部和项目组立刻组织了6个核心律师，到客户的北京集团总部按约进行了工作交流。

现场交流会上，如前期所料，客户单位派出了从副总到办公室主任，到三个业务部门负责人以及法务马小姐的工作对接团队。办公室主任率先发难，说你们律师的工作让我们很不相信你们的专业水平。具体说到，日报都不能完成，让客户很担心律师的工作能力。具体安排马小姐介绍情况时，主要提出日报不及时、部分律师的工作电话沟通显得不专业、工作态度让客户没有"找到甲方的感觉"。刚开始气氛有点剑拔弩张。但马小姐提出"找到甲方的感觉"的说法后，客户反而有点觉得发力过猛。客户老总又兜回来，说大家都是合作伙伴，不存在甲方和乙方，我们就是对项目进展情况做一个了解，因为大家彼此的压力都很大，希望能够如期完成。从现场反馈的部分信息，希望双方高层都重视，因此做个交流会。如此一来，会议进入了较为正常的节奏。邓律师作为总部的牵头项目负责人，杨律师作为项目具体负责人，逐一将项目的情况做了大致梳理和介绍。一来律师们在尽调工作中的功夫确实很扎实，二来律所对于如何应对客户的本次质询也很慎重，从人员组织、工作汇报等方面都有精心准备。客户对杨律师接下来汇报的情况，也很满意。其实工作是否做得扎实，客户一听就知道。客户表达了对律师工作的理解，提出日报对他们的工作也是压力，每个岗位都可能面临考核，希望律师支持和配合。杨律师也对于此前日报有延迟的事情提出致歉和提出了新的解决方案，并顺势提出，既然每天16点之前是个节点，那么，16点前，只能先将当天已经掌握并收集到的信息简要纳入日报。16点后掌握并收集的信息纳入第二天的日报。客户也表示了认可。

其实，杨律师解决这个问题的方法，并不是要求项目上的律师们撰写日报，而是寻找到了项目组的中台队伍支持。如前文所述，项目组中，本就有中台伙伴的存在。律师们奔波在外，来不及写日报，怎么办？中台伙伴上！中台伙伴每天15点开始，逐一向各个项目的律师询问项目日报的内容。项目律师们通过微信群、电话等方式，将信息提供给中台，由中台伙伴统一组织汇总后，发给客户。有效完成这一任务。

经过这一回合的磨合，客户反而对律师的工作有了直观的认识，之前的认知来源于法务的单线汇报，经过这一轮交锋，大家工作的对接面反而打开了，彼此的沟通更为紧密和融洽。事后我们得知，客户在同一时间段，更换了已经入场的评估机构。在项目时间如此紧张的情况下，客户临阵换将，更换已经入场的中介机构，无异于壮士断腕。如果没有建立良好的合作，对双方无疑都是损失。

经过这个事件，我们复盘了如下内容：

第一，我们更加清晰地认识到了工作备忘录的作用和价值，更加明确了要利用工作日报、工作备忘录等书面汇报材料锁定沟通结果，提升客户满意度的工作方法。与客户口头沟通，直接、快捷。与客户书面沟通，更加体现律师的专业化，也留下工作成果。两种方式宜合理搭配使用。

第二，现场工作情况可能与计划不符，可能面对很多计划之外的变化，每天通报情况，是律师内部沟通，以及律师和客户沟通的必备工作。如果在书面通报中列明当日各版块工作进度、已发现的问题、不清楚待进一步核实的问题、下一步的工作安排以及需要客户协调解决的事宜，能够有效将重要问题凸显，促使各方共同推进解决。

笔者总结了常用的文稿内容附后，供读者参考。

1. 工作日报

关于××项目

现场走访工作日报

（××年××月××日）

现场工作人员（请按实际到场人员填写）：

工作内容及进展：

发现问题 & 建议：

待进一步核实问题：

下一步工作计划：

需委托方协助事宜：

×××项目组

××年××月××日

2. 备忘录

××工作情况备忘录

时间：

地点：

主题：

现场工作律师：

工作内容：

已确认事项：

待确认事项：

下一步工作计划：

×××项目组

××年××月××日

三、一些感悟

经过在项目上的锤炼，与客户的磨合，经历过这些酸涩苦辣的过程，笔者团队已经逐步建立了按时、保质完成尽调工作，以及提升客户满意度，支持帮助客户解决客户面对的困难和压力的工作理念。在这一精神指引下，即使还有涉及的其他问题，例如，披露深度要求、尽调模板使用要求不一致等，我们都有了解决问题的目标和方向。

首先，我们是合作的"一方"，也是合作的"乙方"。客户作为甲方，是对律师尽职调查工作质量优劣的评价者。提升服务，提升客户的感受度和满意度，本就是律师提供法律服务中一个必不可少，甚至是超过法律技能本身的一个工作目标。我们将最初以为的"能做好项目就好"，转化到"令客户满意才好"。这个过程，不仅仅体现在了口头上，文字上，也已经融入了我们工作的方方面面。

其次，我们也认识到，为客户服好务，其实是为客户的具体经办人员好服务。客户的经办人员和我们，就是一起工作的伙伴，是一起战斗的战友。全力以赴地支持战友所面临的问题，哪怕是工作日报、时间安排、人员安排等小细节，也是合作伙伴的应尽义务。当然，对于不科学不合理的差异点，我们也要主动和客户沟通不同意见。对于客户所面临的、可能并非和法律、尽调报告直接相关的其他问题，也在力所能及的范围内给予尽力的支持，追求实现各方的合作共赢。

第三节　尽职调查工作中，律师主动推进与审计（财务尽调）、评估等中介机构的工作衔接与配合

尽调项目现场，除了律师事务所以外，还有审计机构（有的企业在收购时，可能并不要求会所在尽调时进行审计，而是进行"财务尽调"。审计和财务尽调之间存在一定的差异。因审计的叫法使用更多，我们在此以"审计"统称）、评估机构、税务咨询机构、技术咨询机构等多个中介机构在现场同时或者先后开展工作。每个机构都有自己的职责范围。笔者建议律师主动推进和其他中介机构的合作。

一、推动与其他中介机构合作的必要性

如果现场的机构能够有效地配合，信息互通，成果借用，会形成事半功倍的效果。反之，如果各个机构之间缺乏通气，工序开展缺乏组织，重点问题关注不一致，则可能会造成目标公司抵触，客户获得信息支离破碎、缺乏统一和协调，甚至相互矛盾的局面。如果各个中介机构在前期未形成一个有效的配合，一旦项目出现问题，很容易出现不同机构相互推诿、相互甩锅的情况，现场情况就非常被动和难堪。各个机构都灰头土脸不说，更严重的是阻碍了客户的尽调、谈判、收购工作的顺利推进。在项目出现重大极端事件的情况下，不排除客户会向负有责任的中介机构提出索赔。

律师的工作，包含了后期深入参与谈判、对收购协议及其附件审查及把关等事项。当然具备了对各个中介机构工作进行兜底梳理，逻辑复检的工作任务（即使律师并不愿意，但也不得不实质性承担了这个工作）。例如：笔者曾经遇到过客户单位负责人在后期谈判中，但凡发现有阻碍收购顺利进行的问题，就责怪律师没有在协议上体现，或者责怪律师在起草协议前没有把问题查清楚。但是，组成协议内容的很多元素，来自财务、业务、技术，甚至公司战略等不同工作板块，并非律师一方可以确定。当然，律师在形成协议之时，不可避免需要去适度了解各个板块的工作情况并且有效组织进协议。因此，律师为了自身工作的有效开展，避免后续工作的局限，也应当积极在前期推进和其他中介机构的合作。

二、推动与其他中介机构合作的工作方法

基于工作中的经验和教训，笔者总结了如下办法：

（1）主动推动作为委托方的客户去组织、安排各个中介机构充分有序开展工作。经过大量项目的锤炼，笔者总结出客户需要提前掌握的工作建议指引，并在入场前书面提供给客户（详见本书第四章第二节，提供给客户的意见和要求）。通常情况下，各个中介机构的工作面呈现得并不相同。审计机构的特点是来得快去得快，一旦入场，审计机构会快速安排较多人员到项目现场，集中办公。一旦现场结束，审计机构的人员也撤离得快，之后几乎很少有人员参与项目。而律师的工作是持续且长久，入场时人数相对均衡，会持续、长期地跟随项目，直到项目完成收购、协议签署甚至交割完毕。工作节

奏安排上，笔者会建议客户安排审计机构提前 3 天至 5 天入场，待审计机构基本掌握公司财务的大致情况后，律师入场。此时，审计机构已经可以提供部分财务信息给律所作为法律尽调的线索，例如，目标公司上一年度的审计报告等。同时，在重要的工作节点，客户可组织各方召开联席会议，做信息的沟通、工作的协调和技术的交底。

（2）如果客户的尽调经验不足，在现场达不到上述要求，或者客户基于某些特殊原因，未能有效形成组织，律师要敢于作为主导方主动提前与各个中介机构进行沟通，协助有效支持和推动项目尽调有序进行，且律师从自身工作完成的目标出发，也不得不开展上述工作。

【故事十三】组建工作群，发现违规用地线索

2021 年笔者在内蒙古开展尽调，律所、审计机构、评估机构同日到场。因为疫情防控影响，客户要三日后才能到达项目现场。在客户未到的情况下，笔者在入场第一天，即主动邀请审计、评估机构的负责人一起召开了一个工作碰头会议，就各自初步掌握的目标公司的情况做了基础的介绍，分别从审计、评估、法律角度提出认为需要关注目标公司的部分情况、各个机构所关心和关注的问题。随即，对三家机构的现场尽调人员建立工作联系和沟通群。任何一个机构的任何一个人员，如有觉得可能涉及其他机构的问题和信息都丢到工作信息通报群里。

目标项目是租赁的国有农用地建设而成，现场收资阶段已经拿到项目建设用地使用权证、光伏区租赁土地使用权证。升压站部分虽然尚未取得不动产权证书，但建设用地规划许可证、建设工程规划许可证、建筑工程施工许可证等一应俱全。目标公司也在访谈时候说项目建设板块没有重大问题，只是升压站不动产权证正在办理中，还没有取得最终的不动产权证书，只是一个时间问题。我们都还在感叹"总算遇到个不费脑的项目"。

当我们来到项目现场开始勘察工作时，从厂区、升压站的现场勘察到现场项目人员访谈，并未发现任何值得关注的情况。

正当我们结束现场工作，告别站长坐上回程汽车的时候，钱律师在与三家尽调机构的工作群中看到一条消息："这边有一笔 380 余万元的罚款没有找到凭证，能否请财务提供一下。"钱律师的职业敏感性瞬间被激发，罚款凭证？我们在前期网络核查、现场收资阶段都没有发现目标公司存在任何行政处罚信息，何来罚款一说？于是钱律师立即联系财务尽调小伙伴"套消息"，

在一杯奶茶的帮助下，钱律师取得了目标公司有一笔国土局行政处罚罚款支出的信息。

发现线索后，钱律师立即驱车赶往当地国土局核实信息，经过核实发现，目标项目因违规用地曾被国土局行政处罚，但是如何违规用地、行政处罚罚款是否缴纳等信息，当地国土局却表示我们无权了解，目标公司对接人对此支支吾吾不愿配合。此事好似陷入了僵局。

钱律师将情况汇报至团队后，我们进行了一个简短的头脑风暴会议，大家倾向于是光伏发电项目中常见的光伏列阵区超出指定位置导致的违规占地，但也有律师指出：若超出用地范围用地，国土局的行政处罚肯定是拆除设备，绝不仅仅是罚款这么简单。最终，大家决定让钱律师返回现场再探究竟。

钱律师回到项目现场开始寻找蛛丝马迹，但现场光伏列阵区井然有序，环绕在升压站四周，并无任何拆迁痕迹，临近居民和当地村委会亦表示并无占用临近土地建设的情况。正在大家一筹莫展之际，钱律师看着环绕在升压站四周的光伏板突然想到，好像升压站建设用地使用权证的附图显示建设用地位于整块土地的角落，怎么会四周被光伏板环绕？

于是钱律师立即在现场对升压站位置与建设用地使用权证的四至界限进行比对，豁然开朗了，升压站位置与建设用地地块位置有明显差异，原来是升压站"建歪了"。

了解信息后，我们首先与项目的技术尽调机构沟通我们发现的信息。经过技术尽调团队确认，确实是升压站"建歪了"。经过技术力量加入后，钱律师更加有底气了，随即与目标公司负责人进行了沟通。对方见事已至此只得"如实交代"，向我们提供了行政处罚决定书。原来当初施工因材料运送受阻，只得将升压站建设在了租赁的农用地上，而并未建设在批准的建设用地之上，国土局发现后下达了违规用地的行政处罚，目标公司一直协调变更建设用地位置，但却无任何下文。于是目标公司对外口径成了"已取得前期手续，只是不动产权证尚在办理中"。

光伏发电项目用地是法律尽调的重中之重，但对用地的调查不能仅仅局限于书面文件之上，需要文件、现场、走访内容相互匹配，确保万无一失。更需要各个中介机构相互配合补位，才能形成有效成果。毕竟每个专业都各有所长，也各有所短，发现问题的"敏感度"也不同。而现场尽职调查，往往是细节决定成败！可见，主动推动中介机构的相互配合，是彼此支持和补位的重要方法。在尽调项目中值得推广。

（3）不但要以出具尽调报告为着眼点，而且要以起草收购协议为着眼点，主动从其他中介机构的工作成果中抓取后续需要使用的信息，并且以终为始提前研判。

除了组织信息的及时互通，彼此的专业支持以外，有经验的律师会在现场尽职调查时就为后续的收购工作有效筹备了，所谓"以终为始、结果倒推"。

如果尽调完成，客户确定收购且与转让方能够达成收购的一致意见，那么对《收购协议》的起草、谈判和审定，是律师当然的职责所在。而协议中通常会包含财务处理、资金计划安排、技术调整、战略布局、后续管理等要素。协议也通常将《审计报告》和《评估报告》作为协议附件使用。在谈判协议时，客户和转让方也会时不时将《审计报告》和《评估报告》拿出来反复讨论和斟酌。这个时候，审计机构和评估机构的专业人士不一定在场，但律师往往在场。如果律师不能掌握《审计报告》和《评估报告》的主要内容和报告逻辑，就很难在具体谈判中有效参与，将《审计报告》和《评估报告》中需要的内容和精神融入协议，对于《审计报告》和《评估报告》未覆盖的内容就难以有效弥补，从而导致收购条件上的错漏。如果出现这样的情况，法律和审计、评估工作之间就出现了瑕疵，但作为有经验的律师就不应该出现上述错误。

【故事十四】审计报告确认的负债数额，律师怎么看？

笔者团队在河北某市进行项目尽调。刚入场的时候，杨律师主动找到负责审计和评估的项目负责人讨论，介绍律师的工作想法。首先，根据以往的经验，我们准备在收购协议中确定的交易标的物范围是"目标公司和项目公司已纳入《审计报告》《评估报告》并经双方确认的资产及负债"，询问审计机构和评估机构有无异议。获得肯定意见后，继续询问审计机构在最终的审计报告中，以何种形式和何种内容确认债务清单和每笔债务的数额，清单所能反映到的内容和方式。同时询问评估机构在评估公司价值时，如何使用审计机构提供的债务清单，如何确定目标公司的每笔债务。根据此前的教训，我们尤其关注，审计机构和评估机构是否会关注到每一笔债务，针对单笔债务，审计和评估是否会及于债务本金、滞纳金、逾期付款利息、实现债权的费用等要素。

为各方形成有效的共识，我们请审计机构随即找出一笔大额债务进行了讨论。审计机构提供了一个未决诉讼计提的债务。该笔债务的形成，是目标公司被追索建设工程款。目标公司认可欠款。审计机构审定该笔债务对外应付款480万元，评估机构据此将负债480万元纳入了评估范围。我们找出合同及诉讼材料对应核查，目标公司可能承担的责任范围，除了本金外，还可能涉及：合同约定的日万分之四的逾期付款利息，以及实现债权的费用，包括对方的律师费、诉讼费、评估费、执行费、保全费、保险费、差旅费等。我们发现，评估机构如果仅仅以审计报告作为基础进行评估，就可能在评估价格中遗漏逾期利息、实现债权的费用等可能实际发生的负债，可能导致收购方未发现该部分负债，并未将该部分负债交由出让方承担，进而导致损失。对此，审计机构和评估机构提出，因为该费用尚未发生，根据财务核算的规则，审计和评估难以确认可能发生的逾期利息和负债等损失，也难以将该部分金额作为损失计入审计和评估报告中。

就此问题，我们召集中介机构和客户一起进行了研讨。在法律专业判断目标公司继续承担逾期付款利息和其他费用是大概率事件的情况下（债权人放弃该部分权利的情况除外），如果未将后续可能发生的逾期付款利息和其他费用明确纳入《审计报告》，《评估报告》又以《审计报告》为基础作出价值认定的情况下，就可能出现客户在收购完成目标公司的时候，针对这个480万元的负债已经纳入了审计和评估范围，但480万元所附带发生的逾期付款利息和其他费用却未纳入作价范围。如果后续目标公司因此承担的责任超出了480万元的范围，就超出部分的承担，客户可能就没有向转让方索赔的基础，难以保护客户的利益。经过反复讨论后，三方中介机构确定了审计和评估结果暂不变，由律师在后续的收购谈判时，将这个部分作为未来的或有债务，设置解决办法并形成合同条款。如果在收购完成后，目标公司基于该笔债务承担了超过480万元外的赔偿责任，该超出的部分，应当由转让方承担。

对这一问题的发现、研讨和解决，客户给予了高度的认可。如果，律师对于审计、评估机构的工作思路和方法不熟悉、不关注，而仅仅做自己法律范围内的尽调，根本无法发现客户可能就该笔债务承担的责任实际上超过了480万元的情况，就可能造成客户实际的经济损失。如果发生问题，究竟是哪一方的责任，估计也是一个各方各执一词的事情。如果客户追责，完全可能出现各个机构相互甩锅的情况。如果项目律师执业经验丰富、责任心到位，可以提前发现问题并且形成各方共赢的解决方案。因此，综合统筹分析尽调中其他中介机构的工作成果及掌握每个机构的工作思路、方法和逻辑，将可能出现的在各方工作板块缝隙间的风险提前识别并且弥补，是律师工作的价值之一。

（4）除了将其他中介机构的信息"为我所用"外，也主动关注其他中介机构的工作成果，利用我们自身掌握的项目经验，帮助他们发现一些可能被忽略的问题。

【故事十五】共有的升压站

客户拟收购某集团公司下属的几家光伏发电项目公司的股权。其中有两个项目公司的电站地理位置相邻，集团公司决定该两个电站共建共享共用一个升压站。两个公司签署了升压站共建协议，明确约定产权共同共有，一个公司负责提供建设资金，另一家公司负责提供设备款。升压站建设费用总计3000万元。不知道什么原因，两家公司在财务处理的时候，都将升压站全额3000万元入账。刚开始的时候，审计机构是不同人员在分别负责两个项目公司的审计，并没有注意到这一问题，在两家项目公司审计中均认可了升压站的资产价值。笔者在项目现场碰头会议上提出，认为两家公司的升压站存在共有情况，产权约定和分割不明，提请审计和评估关注这一问题。经过律师的提示，审计评估机构也关注到了这一问题，重新评估纠正了重复计算资产价值的问题，帮助客户挽回了可能的损失。

有时，律师在不经意间，也可以利用自身对于项目的经验，帮助其他专业板块发现一些意想不到的问题。

【故事十六】文件只有数字，到手才是MONEY

笔者在帮助客户收购西藏某电站的时候，偶然发现评估机构将当地的电价按照1.2元/度进行评估。这个评估的依据，是当地的红头文件。毕律师刚好完成了另一个西藏新能源电站的尽调项目。在那个项目上，笔者了解到，在西藏当地，事实上企业只能拿到0.9元/度的电价。政策差异和上下扯皮导致企业收不到文件上所写的1.2元/度的电价。评估机构此前按照文件所规定的1.2元/度的电费收益进行的评估。尽管没有错，但这个差额部分属于有数字没MONEY，势必导致评估价格虚高，造成客户的损失。律师立即将这个情况和审计、评估机构以及客户进行了沟通，经过进一步的反复核实，目标公司也确认了律师所介绍的情况真实存在，客户请评估机构及时调整了评估报告，仅此一项，就为客户防止了近 4000 万元的可能的损失。

从上述故事可以看出，各个中介机构都有自己的专业关注点和工作职责范围。这些工作范围之间如果出现缺漏，则可能造成对目标公司的情况掌握不完整，出现疏漏。如果能够有效地组织和相互配合良好，不仅可以彼此成果借用，效率提升，而且可以相互发表意见，在一定程度上相互检验和复核，效果更佳。律师作为收购协议的起草和审核者，从工作范围上就决定了律师应当将此前尽调中发现的、属于其他中介机构工作范围内的事情进行关注，至少应当关注《审计报告》《评估报告》中与目标公司的价值、定价依据或有债务相关的问题，掌握和客户责权利紧密相关的要点和逻辑，对目标公司进行全面思维统筹，才能在充分维护客户利益的同时，贡献律师的价值。

第四节　对法律尽职调查工作的感悟

写本书的时候，笔者团队内部有很大的争议，有律师认为，现在尽调工作已经很难做了，这本书如此详尽地讲尽调的内容，会不会扯下法律尽调工作的最后一条底裤？会不会对这个业务自掘坟墓？

其实，这个话题说与不说，这本书出与不出，这个问题都在。尽调律师，除了工作本身的压力之外，还面临着比完成工作更大的压力，那就是：尽调业务的压力，业务机会越来越少、竞争越来越强、价格越来越低、要求越来越高。套用最近几年时髦的一个词，叫"内卷"越来越激烈。

从社会发展规律看，互联网技术的不断迭代升级，知识共享的广度和深度越来越高，法律从业人员的数量和质量不断攀升，企业法务的专业水平与外聘律师的专业水平不断接近，律师提供尽职调查法律服务面临前述压力，本是社会发展的必然。本书从产品迭代、同行竞争和市场挤压等方面进行分析。

一、产品迭代的压力

前段时间，在网络上看到一句话："你所拥有的'知识'是否正在变成'常识'？"这表明社会的不断进步、升级、迭代，也在不断地倒逼着每个人、每个行业。很多职业、工种已经或者正在消失。很多产品已经或者正在被取代。尽职调查，如果企业自己可以圆满完成，不用对外委托律师操作，这个产品就会失去市场，就会丧失存在的前提。毫无疑问，客户自身的法务水平也在逐年稳步地提升。律师对尽调服务产品升级的速度，是否可以超越客户法务知识技能提升的速度？是否能够提供出不断刷新客户需求认知的新产品？或者不断赋予原有产品新的价值？这对整个律师行业都是挑战。试问，律师行业提供的产品有升级和迭代吗？2022 年做的尽调，和三年前做的尽调相比，有进步吗？进步在哪里？产品有更新吗？更新在哪里？在产品满足需求的广度、深度、效果、效率上，有何种提升？尽调产品迭代的速度，能否跑得过社会对这个产品需求提升的速度？

二、同行竞争的压力

尽调律师可谓面临"内忧外患"。一方面市场要求倒逼自我提升的压力巨大，不得不修炼内功。另一方面，不断增加的竞争者汹涌而入，彼此都完全没有相互试探、过过招的机会，就直接进入了"肉搏战"。

截至 2020 年末，现有执业律师 52.2 万人。根据 2022 年 1 月 24 日司法部发布的《全国公共法律服务体系建设规划（2021—2025 年）》，到 2025 年拟规划实现律师达到 75 万名，大致测算，至 2025 年全国预计将有 94 万名执业律师。同时，考虑到法学应届毕业生人数逐年增加，通过法考的人数不断递增，除了已经上岗的律师外，还会有 156 万具备律师资格条件，但尚未正式进入律师行业这个赛道的"预备役"队伍。

进入行业的新参者，在没有特殊优势、专业资历的情况下，最容易获得业务的机会就是杀价。当下获得业务，即使价格低，也可以先存活。如果当下没有订单，当下就可能死亡。加之，很多个体执业的律师，没有所谓成本概念。某些提成制作业的律师团队，因为没有固定成本的概念，有一单分一单，也没有经营成本的压力。在接单之时，基本认为"订单＝利润"。在此思维模式下，往往是没有最低价，只有更低价。

笔者有时候也会换位思考，站在市场的角度看律师行业，也有很多困惑。律师的服务长期以来无法标准化，难以标准化定价，见客下单，见人报价，长期被市场所诟病。市场对于律师行业的产品和报价也是充满疑惑。相同的律所，在不同的尽调上，报价可能相差十倍以上。即使是同一个律师，在不同尽调项目上的报价，也往往有很大的差别。律师不能挂牌报价服务吗？不能标准化地阳光执业吗？例如：有客户经办人抱怨过，某次某个项目的招标，客户给出了 10 万元的限价，报价高的律所大致报价在 7 万元至 8 万元，基本按照限价的 7 折至 8 折报价。报价低的律所大致报价在 3 万元至 5 万，基本按照限价的 3 折至 5 折报价。后来，客户单位领导批评这个经办人员，没有掌握好市场的大致水平，导致限价高了。让客户经办人很窝火。第二次面对类似项目的时候，他直接将招标限价确定为 5 万元，结果呢？报价高的 4 万元左右，报价低的 2 万元左右！他又一次被领导批评了。他更加觉得郁闷。这是怪市场看不懂律师，还是怪律师行业看不懂自己？

正是在这样的背景下，客户久战沙场后，早已学会惯常且娴熟运用"最低价中标"的采购方式，造成了律师同行人人诟病却大行其道的低价竞争局面。这又是尽调律师面临的第三个，也是最大的一个压力——客户压制。

三、客户挤压的压力

（一）低价的挤压

市场上，稀缺的永远是需求。客户，永远处在"甲方"的地位。新能源项目从 2019 年起，几乎所有尽调项目的采购单位都是国有企业。国企通常选择最低价中标的招标采购方式。对客户而言，最低价中标的方法不仅简单易操作，而且杜绝了被审计询问的风险。而最低价招标的方式，显然逼迫律师行业不得不陷入"囚徒效应"的困境。谁不接单，谁死。谁接了单，对方死。这样的选择模式，当然滋养了不断低价、不断压价的拿单局面。

（二）非正常工作范围的责任挤压

按理说，价格本身需要和工作范围挂钩。脱离了工作范围讨论价格都是"耍流氓"，无论是律师，还是客户。无论是什么价格中标，尽调律师接了工作，就应当在尽调工作范围内尽职尽责做好，这是一个基本的职业道德。工作过程中的艰苦和辛劳，本是律师工作的应尽义务。但是，在进入工作后，律师们会发现，最困扰的，往往是正常工作范围以外的责任的挤压。

如本书之前所述，律师的工作范围，从内容维度上看，包括：前期沟通、培训，现场调查，报告起草沟通，报告评审定稿等方面。从时间维度上看，是对基准日之前的目标公司的基本情况的尽调。上述工作范围，均是按照一个常规标准，按照通常的惯例进行的工作时间、工作量、人员安排的预估和预算。律师将按照这个惯例的预判进行工作安排和报价。但是，尽职调查项目的如期推进，显然需要多个方面、多种要素的协同配合，如果发生意外事件，预计的时间和成本就会发生变化。这就带来了两个问题：这种变化因何而发生？这种变化所发生的风险成本，由谁承担？

变化的原因很多，不过，来源于客户单位、转让方或者目标公司的情况居多，而来源于中介机构的情况很少。项目圆满结束是中介机构工作完成的标志，其出发点就是尽快、保质、保量完成项目。而目标公司因为面临被出售的情况，明显抗拒者有，阳奉阴违者有，高高挂起者有，可能延缓甚至阻碍尽调项目推进。客户和转让方之间，毕竟双方还在"耍朋友"，远没到"结婚"阶段，貌似有点"猫鼠游戏"的感觉，一个全力以赴地查，一个不同程度地躲。一个试图挖地三尺，压低价格，一个试图云遮雾绕，待价而沽。

在这个过程中，律师作为中介机构，非常关注项目推进的进程。合伙人律师除了关注项目完成获得业绩外，还必须进行项目的成本控制。目前支付尽职调查的律师费，均是一口价包干，不仅包含了律师的工作费用、税费，还包含了交通、差旅、食宿等费用。一旦尽调项目的变化超出预期，发生延期或者返工，律师的直接成本就可能会无法预判地放大，而律师对此几乎没有掌控力，更担心的是项目就此持续停滞，久拖不决。

回归现实讨论，过程中的变数，通常会有以下几种情况：

1. 工作进行到一定程度后，客户调整尽调基准日

众所周知，一家公司的资产及负债，就如江河流淌，每天都在发生变化。正如哲学家所说的"人不可能两次踏入同一条河流"。因此，对目标公司尽职调查，务必以准确的基准日作为调查、审计、评估目标公司的时间点。

正如笔者在第四章第二节所述，律师在入场前，要求客户务必确认正确的基准日，这个时点一旦确定，法律、审计、评估等开展工作，都将以这个时点为基础。笔者也遇到过客户调整基准日的情况，有的是双方谈判没有完成导致时间拖延，有的是因为一方的审批流程没走完导致拖延，有的是客户认为外部环境发生重大变化，暂停交易，后又再次启动导致时间拖延，基于上述情况，客户都可能会决定调整基准日。

基准日一旦发生变化，会给各个中介机构的工作，带来颠覆性的变化。所有调查需要重新进行，报告需要重新出具。可以说，对中介机构而言，一个项目就做成了两个。对律师而言，增加的工作量包括：现场重新去调查，法律法规和政策可能发生重大变化（尤其是针对新能源这种新型行业而言）。

例如，2021 年，笔者接手一个尽调项目。尽调基准日原定是 2021 年 3 月

31 日。我们已经在 2021 年 5 月完成了现场尽调，并于 2021 年 7 月提交了尽调报告，并于 2021 年 8 月、9 月、10 月分别经历了客户自身的评审和客户上级单位集团公司组织的评审。客户早已进入了和转让方的收购谈判阶段。但因为客户内部对尽调报告确认有个不成文的规定，只能在两种情况下确认尽调报告，即确定终止收购后，或者是收购成功时。理由是，如果在尚未确定是否收购的情况下确认了尽调报告，后续有问题时，找律师复查、讨论、发表书面意见就不那么方便了。因此，这个客户在已经无法提出有效的修订意见的情况下，迟迟拖延为三家中介机构的尽调报告定稿。后来，因为审计评估报告的一年期限超期，客户不得不通知各方调整基准日。客户单位对接人说，直接改个日期不就好了？但三家中介机构却不敢接这个话。一年多过去了，目标公司的情况、国家的政策法规都发生了翻天覆地的变化。这种变化，必须通过全面的重新尽调才能核实。因此，基准日调整，所有的尽调工作都得重做。而客户单位对接人却认为，还是原来的目标公司啊，还是原来那些资产。觉得中介机构提出的重新收费的要求不合理。实质上，因为基准日的调整，中介机构的工作，早已超出了在招标之时议定的工作范围。

2. 尽调对象发生变化

这样的情况相对较少。例如：在某收购项目中，笔者在进入客户确定的目标公司调查后发现，客户拟收购的资产，实际上在目标公司的关联公司名下。转让方此前并未将资产和负债、人、财物等进行剥离，客户此前也未详细了解，在对错误的目标公司尽调现场基本接近尾声时，在项目沟通会议上，经过客户和各方中介机构通气才发现这个问题。此时客户提出将尽调对象，由原来的目标公司调整为原目标公司、目标公司关联公司及转让方三个公司。

相反情况也有。例如，某次客户委托笔者对某公司的三个项目公司进行尽调，三个公司分别在江苏和江西。根据客户和转让方前期的沟通，笔者先行去了江西现场。初步尽调后，笔者发现，客户想要收购的目标项目在江苏公司，不在江西公司。客户后续又组织了入场江苏公司展开尽调。但客户就提出说，不需要江西公司的尽调报告了，放弃对这个公司的尽调工作，相应地，既然律师并未提供江西公司的尽调报告，客户也不应当支付针对江西公司的尽调费用。

3. 应对的思路和办法

其实，项目发生变化，本是常态。之所以这个问题值得关注，主要是在出现类似情况后，客户往往拒绝增加费用，甚至要求减少费用。从中介机构的角度看，项目变化，顺藤摸瓜，把该查的查清楚，本是应尽的责任。但如果因此增加了时间成本、差旅成本、人工成本，按理也应该调增项目收费。关于这个问题，笔者有三个意见需要提醒律师们，甚至客户们注意：

（1）尽量在合同中约定清楚工作范围，包括：预估的工作时间、确定的尽调对象、项目发生变更的费用调整机制等。

（2）注意有些客户在招标文件中说明的工作范围过于笼统。例如：某次项目招标文件中写明的是，律师的报价为包干价，包括了尽调、谈判、交割等所有工作环节。价格评分的标准是最低价最高分，价格评比的分值比重达60%。我们在询问和沟通中提出，尽调完成后不收购的情况很多，如果律师的报价中考虑了谈判、交割等工作内容，工作内容多了，工作成本就高，报价就高，因为工作范围不确定会导致律师较难进行有效投标的情况，对客户单位和律师都不利。律师面临两难情况：报价不考虑谈判、交割等工作内容，后期如果客户确定收购，会导致律师的收费兜不住成本，严重影响工作效果。报价包含了谈判、交割等工作内容，后期如果客户放弃收购，会导致客户认为付费过高，反过来也会要求律师降价（在某个项目中，笔者就面临了这种情况。客户认为，既然报价中包含了尽调、谈判、收购、交割的内容，在尽调后放弃收购的情况下，律师费用就应当相应降低）。笔者建议客户先对尽职调查阶段进行招标采购。客户的答复是简单明了的，我们就是要律师来评估这个工作的可行度，律师来承担这个判断的风险。收购的条件能否达成，估计客户的领导也确定不了？把这个风险转嫁给律师承担，笔者只能直接放弃投标了。

（3）客户最初宣称有 N 个项目需要尽调，在要求律师提供报价时，要求进行折扣报价。但后来在具体实施过程中，可能最终委托给律师的项目，仅是 1/N。针对这个 1/N 的项目，客户坚持要求律师按照折扣后的价格支付费用。律师实际上仅完成 1 个项目尽调，却提供了 N 个项目的价格折扣。这种情况下，律师通常也只能接受。毕竟向客户叫板的后果可能是丢失一个客户。后来，笔者在类似项目报价的时候，通常会明确约定，如果项目数量是在 1 个至 A 个之间，我们的报价是 XX 元/个，项目数量是（A+1）个至 B 个之间，我们的报价是 YY 元/个。毕竟和客户也是一个商业合作的博弈过程，在确定明确的合作前，也需要按照商业的法则来面对和应对。

就上述问题，站在企业角度，可能有人会说，律师既然吃了这碗饭，就应当预见、评估和承受上述风险，如果担心成本兜不住，自己报价报高点，包含了这种可能发生的或有事项，不就可以解决了吗？如果担心价格高了中不了标，自己报价低一点，不要算得太精明，不也可以解决吗？如果你担心这担心那，不是还有更低价的律师在等着提供服务吗？

当然，将"企业—律师"放在商业利益对立的角度，将律师费理解为成本控制，甚至理解为企业的一次商务谈判成果，以"你多赚了我就亏了，你少了我就赚了"的角度理解上述问题，上述说法也有其合理性。企业将项目未来不可预知的风险丢给律师去兜底承担后，企业对于自身的工作要求和工作效果就很容易存在不同程度的放松。这些工作包括但不限于：前端沟通协调转让方及目标公司；组织各种中介机构有序开展工作；对每个中介机构的工作成果进行交叉复核检查；对每个项目进行复盘；对不同中介机构的优劣进行评定；对长期稳定合作的中介机构进行确定及反复协同争取进一步增强工作效果和提高工作效率，等等。企业工作人员因为有律师对责任背书，就会自然而然放松对自己的要求。前期没对接好，没关系，让律师在现场等等呗，反正律师就是做这个的；现场没有组织好，没关系，大不了让律师再去现场，再出报告，重新尽调；基准日没有掌握好，没关系，大不了让中介机构改个基准日嘛，反正把报告中的基准日修改下就是几秒钟的事情；质量和工作量出现了偏差，没关系，反正有问题也是中介机构背书；要求增加费用？那怎么行，我们是有内控制度的，预算是有控制的，要再走招投标太麻烦，领导也不会签字，还要面对审计"为什么还要增加费用"的询问，我们就是做个工作而已，不想沾惹这么多的麻烦为律师争取利益。在这样的说法下，项目的效果和各方的合作都会出现障碍。客观讲，过于苛刻的合作条件，任何合作相对方在遇到一定极限后，都会采取显性或者隐性的自我保护机制。因此，对企业的决策而言，就应该正确地权衡利弊得失，正确地看待自己的利益和价值。

当然，从最佳效应分析，如果企业委托律师，不仅仅是通过律师完成这个项目，而且可以通过和律师的磨合，有效建立企业自己的尽调、收购、兼并重组的工作队伍并且可以持续发挥积极作用和价值，甚至可以取代律师完成部分初级和基础的尽调工作，那对于律师行业提供的这个法律服务产品，可能才是真正的灾难。或许，祸福相依，低价的压制，客户自动放弃这个部分的功能建设及完善，反而使这个产品还有市场存在的基础。对这个因果循环，本书也无法深入论证了。

四、破局之道

在刚才提及的巨大压力下，尽调这个法律产品的发展在哪里？在这种极度内卷的情况下，律师能做什么？我们学习并准备践行做个"自管花开的商业模式"。就是说，客户挤压、市场竞争，我管不了，但提升我自己，做好我自己，这我可管得了。我就做我管得了的事情。

首先是提升自己的产品质量。质量＝专业＋服务。如何做好法律行业的服务，这是个更远一点的话题。律所能否从服务上增加竞争力，笔者相信是可以的，就像海底捞，服务也可以成为一把撕开市场的尖刀。在本书的第四章第二节，笔者也从实际的教训中总结了关于律师同样要做好服务这一问题。笔者认为，专业＝解决问题的能力。如何做好专业？我们想到两个办法：一是在原有战场上不断"极致"；二是开拓新的战场。

首先，在原有战场上不断"极致"。极致是指最高程度。本书，就是笔者在尽职调查工作中不断追求极致的一个充分证明。欢迎您阅读本书，在阅读中与笔者一起探究极致。

这种极致包含两个方面：其一，将法律专业技能的本身做到极致；其二，融会贯通在尽调中所涉相关专业。笔者在工作中积累经验、不断学习，现在可以了解和掌握审计、评估的基本工作思路和方法，并且有效地从法律角度组织各个专业机构推进完成尽调工作。利用网状思维，将项目管理、审计、评估的工作都想到并且串联起来，提供的工作成果，不是各个专业板块碎片化的成果，而是综合各个板块的整体性的成果，这就是极致的一种体现。

其次，开拓新的战场。有人会说，法律的尽职调查，始终都是那些事情，如何开拓新的战场？笔者的理解是，不断进入新领域，就是开拓新战场。新领域诸如新能源、数字货币等。在原有行业中追求极致之外，还要结合新的行业。商业上有所谓"红海、蓝海"一说。在"红海"中追求极致，提升效率和效益，建立品牌是"万军之中取敌之首级"的破局办法，却不得不陷入苦战厮杀。在传统行业中不断追求极致，总有其尽头，市场容量总有限。而发现并快速在"蓝海"中建立模式，是另一个更快捷、更有效的做法。新战场的开辟，少竞争、易凸显、高效能。笔者从2017年发现并接触新能源，在

2018年至2019年积极酝酿储备，逐步参与，在2020年至2021年爆发效能，尽管地处重庆，重庆并非新能源的风口城市，我们却结合总所的优势和力量，从新能源投资并购项目上获得了不错的业绩，也算是充分沾了'新'的光。我们的推介词之一就是"追求极致，从"新""开始"。占据了一定的头部位置，对于我们后续在这个领域中发挥先发优势起到了积极作用。

无论是"红海"还是"蓝海"，笔者总结了三个词：复合、深入和精准。如果律师坐拥法律专业之利器，再兼具财务知识、投融资知识和客户所在行业的业务知识，充分进入到这个行业，成为"行业律师"，可谓"复合+深入+精准"。如果律师对行业的选择，按照"一米宽，一千米深"的选择标准，不断深耕、积累经验、建立知识管理、提升效率和效果，可做到"极致"。

一个仅仅知道法律知识的律师提供的尽职调查，和一个不仅拥有法律知识、财务知识、投融资知识，还掌握某个特定行业的行业知识的律师所提供的尽职调查，显然不是一个产品。就像王熙凤眼中的茄子和刘姥姥眼中的茄子，显然就不是一个茄子。

【故事十七】王熙凤和刘姥姥的茄子

《红楼梦》原文摘选如下：

刘姥姥细嚼了半日，笑道："虽有一点茄子香，只是还不像是茄子。告诉我是个什么法子弄的，我也弄着吃去。"

凤姐儿笑道："这也不难。你把才下来的茄子把皮签了，只要净肉，切成碎钉子，用鸡油炸了，再用鸡脯子肉并香菌，新笋，蘑菇，五香腐干，各色干果子，俱切成丁子，用鸡汤煨干，将香油一收，外加糟油一拌，盛在瓷罐子里封严，要吃时拿出来，用炒的鸡瓜一拌就是。"

刘姥姥听了，摇头吐舌说道："我的佛祖！倒得十来只鸡来配他，怪道这个味儿！"

显然，凤姐儿吃到的茄子和刘姥姥日常吃到的茄子有天壤之别，那也是由银子的多寡决定的。要想吃到哪个级别的茄子，就得匹配相应的银子。

进入新的领域，还是会受到商业规律的影响，一旦有律师进入了某个新的领域并且获利，其他的律师就会蜂拥进入这个行业。鉴于法律服务并无知识产权，天下文本一大抄，上文提及的"高利润—低利润—无利润—亏本做营收占市场"的规律，又将循环往复。率先进入新领域的律师，势必更多地享受到从"红海跳跃到蓝海"的先发优势的红利。优秀的律师会进一步寻找和挖掘出下一个蓝海，并且持续保持先进性。遵循"人无我有，人有我优，人优我廉，人廉我走"的经济循环规律，在自身发展的同时，也带动整个行业的向上发展。

当然，笔者希望企业端可以做出的一些变革，并非仅仅为了给律师带来利益，而是期待律师们可以和企业一起共同进步，创造出整个社会的增量价值。

上述感悟，仅是笔者的一家之言。期待与优秀者携手努力，期待着行业的突破与变局！

写作花絮之一

在提纲和前言确定后，写作小组的律师们开始分头推进写作工作。刚开始了半个月，写作小组内部出现了迷茫并引发争论，最大的两个问题是：我们为什么要写这本书？这本书的目标读者是谁？

尽管在确定提纲和前言之前，上述两个问题已经反复讨论，但是，当大家沉迷于具体的码字工作无法自拔一段时间后，又再次发现需要重新思考这两个问题。

有律师认为，本书现有的内容规划中，除了第一部分是光伏发电项目法律尽职调查知识要点这一普世的、任何人都喜闻乐见的内容外，其他部分，例如：律师如何开展内部培训和产品研发，如何现场尽调，如何内部成稿及评审，如何处理和客户及中介机构的工作协调等，都是律师内部的工作内容。这些问题的呈现，有什么价值？读者有兴趣吗？谁会对此有兴趣？这些问题的提出，充分符合律师在尽职调查工作中"质疑一切"的思维模式。

有律师认为，如果我们希望写这本书的目的是吸引客户，是市场推广，是告诉客户我们非常专业，客户仅需要律所提供优秀的尽调报告、优质的尽调工作底稿即可。至于律师做什么和怎么做，客户无需关心。打个比方，客户到了餐厅，仅有兴趣关注餐厅是否按时、保质提供可口的餐食即可，客户不会关心餐厅有多少后厨，如何培训，如何开会之类的问题。即使客户单位的法务人员、业务人员有兴趣进一步研究，充其量再看看第一部分光伏尽调法律知识要点即可。那么，针对其他几个部分，我们辛辛苦苦地总结提炼、反复讨论，写成文章的意义和价值在哪里？

进而，有律师提出，如果我们把自己内部多年沉淀、反复试错、不断总结的知识管理成果，甚至连内部沟通过程、研讨情况，都毫无保留地呈现出来，一方面，这不会引起客户的关注和兴趣，给我们带来市场推广和客户认可的效应，另一方面，我们会"不遗余力"地培养出一大波竞争对手。当同行拿着我们研发的压箱底的操作秘籍，和我们在市场上过招时，完全可能出现"我们有的，别人有；别人有的，我们没有"的尴尬局面。很可能导致我们现有的，在投资并购领域中积累多年的优势荡然无存。是否我们是在"自嗨+自掘坟墓"？

在一次写作进展通报会上，就上述问题，律师们陷入了困境，形成了争议，甚至一度进行了激烈的争论。

为什么要写这本书？写给谁看？为什么？

其实，写书这个过程，和我们日常处理各种法律事务，尤其是写尽职调查报告时的情况基本相似。最初反复思考的，认为非常成熟可以下笔的各种报告，在写作过程中，仍然会在陷入具体文字工作后的一段时间内，感觉迷失方向。这是非常正常的现象。这说明，写作者在写作过程中，不仅是为完成工作而码字，更是在码字过程中同步进行着深度的思考和思想穿透。在大量的素材需要去处理的时候，精力必然被分散在不同的细碎的点上。埋头拉车久了，确实需要抬头望望天。再次思考我们为什么出发。这并非倒退，反而是在经历一定工作沉淀后的，在螺旋上升过程中遇到的看上去相似，但实则层次更高阶段的问题。看似原地打转，实质上已经进行了本质的提升。

就本次争论的问题，尽管写作小组在此前，已经反复讨论，自认为作品有亮点，与其他类似书籍有区别，但仍然需要再次审视我们的想法。

第一，写本书，本就是对我们自己的一种锤炼，是对我们多年工作的沉淀、对内容和方法的总结。这种工作提炼和总结的价值，不局限在光伏发电项目，不局限在尽职调查工作板块。可以说，这种总结和提炼的内容，可以贯穿到我们所能提供的所有的法律服务中。我们借此机会，强迫自己以"光伏发电项目+尽职调查"为蓝本，让自己的技能得以进一步锤炼和升华，是目的之一。

第二，对于市场推广和客户认可而言，人无我有、人有我优、人优我升华，本就是一种自信的宣告。客户作为甲方，会愿意选择更专业、更敬业、更主动的律师。本书，通过介绍我们的工作内容和方法，可以展现律师服务的工作状况。相信客户在阅读本书后，在选择律师时可以多一些参考要素。

第三，对社会而言，法律服务是社会化分工中的一个分支，同样肩负着推动社会经济发展的使命。投资并购过程中的法律服务，依附于客户的商业规划设计。支持推动客户实现商业目的，律师方能呈现价值。商场如战场，在这场战役中，律师是其中一个作战部分。律师需要充分融入整个商业作战计划中。负责融入，负责推动，对最终的成果负责，这是律师对客户、社会的使命。本书充分展现了律师的工作内容，是主动将律师工作的底牌告诉自己身边的协作伙伴，告诉社会，律师的工作是什么、为什么、怎么做。律师将自己充分地展现后，更能获得客户（如，客户的法务、业务、财务部门）和相关协作方（如，技术尽调单位、审计评估单位、税务咨询单位等）的信任、认同及合作。有了信任，各方才更能紧密融合，律师才有更好的发挥空间。大家同舟共济，分工协助，相互配合。彼此交底越清楚，合作越融合，效果越好。良好的工作效果，会带来投资项目的成功，让资金安全着陆于项目，让项目插上资本的翅膀，使全社会的价值倍增。

第四，对于律师行业而言。

首先说说价值。推动行业的发展和提升，每个律师都责无旁贷。能够把我们的做法分享出来，供行业参考，无论是"抛砖引玉"带来的正面反馈，还是因此招致的各种评论，对我们，都是进步的阶梯，对行业，都是一份贡献。我们作为行业中的一份子，借此机会告诉社会，律师们能做什么，在做什么，是怎么做的，在这个过程中的酸甜苦辣。社会对于律师的认可和接纳度会更高。

其次说说竞争。尽管现在是一个很容易模仿的时代，用"复制加粘贴"就可以很容易得到和别人一样的文字、图像甚至代码。简单地复制，势必缺乏深层次的理解，而理解才能激发成长和创造。要做好一个细分工作，不仅要知其然，还要知其所以然。复制和照搬，只能复制表面，而难以复制深层的本质。例如，我们可以介绍说，这个地方有一个 30 厘米深的坑，那么，大家都可以这样说。但是，唯有我们才知道，自己是在何种情况下掉入这个坑里的，又是如何费力地从这个 30 厘米深的坑里一点一点地爬上来的，如何反思、警惕和防止再现这个过程，才是最精华的部分。这个过程，是我们不畏惧"复制+粘贴"的底气所在。

第五，对于年轻的法律人而言，我们还负有推动法律知识和精神传承的责任。高尔基说，书籍是人类进步的阶梯。其实，更准确的说法是，书籍中记录的内容，内容上所反映的前人的经验和教训，感悟和体会，试错和创新，才是人类进步的阶梯。我们真实记录，大胆写作，留下整个工作过程的记载，也是为了给继续进入法律领域的法律人一个参考、借鉴、评点、获益的机会。相比现有的培训教材而言，本书更像"讲个故事"，有点像英文书中惯例的开场白"A long time ago……"

当然，在资讯如此发达的今天，手握秘籍早已不是难事，反而是消化秘籍，掌握技能，练好基本功，不断演练，熟能生巧，巧能生精才是王道。

如果，我们站在这样的角度来看这本书的角度和价值，是不是会有不一样的感悟呢？

同时，实际一点讲，完成本书也是一个异常艰难的项目。任何项目都需要经历"完成、完善、完美"三部曲。完成是第一步，完善永远在路上，完美则是遥望星空的无涯目标。成事，第一步是"成"，成稿、成书，方能完成。因此，为了"成"，囿于能力有限，审时度势，我们不得不在反复碰撞、讨论、循环后，放弃"拿到一个完美成果"的大目标，冲着"完成本书"的小目标，出发！

是以小记。

2022 年 3 月 15 日

写作花絮之二

从 2021 年底开始筹备本书。2022 年 1 月开始整理提纲，3 月开始动笔，5 月初完成初稿，5 月 20 日，在"520"商业节日的当晚，完成了审核稿。进而利用周末时间仔细打磨，5 月 22 日形成了可以提交出版社的文稿。

📁 0520 第九版

📁 0516 第八版

📁 0421 第四版

📁 0509 第七版

📁 0428 第六版

📁 0424 第五版

📁 0418 第三版

📁 0416 第二版

📁 0522 第十版

📁 草稿

文件名	修改日期	大小
📄 为光伏项目为例，解析法律尽职调查的…指引，实操方法，经验和教训0303.xmind	2022年3月10日 09:23	245 KB
📄 新能源（光伏、风电）项目开拓.xmind	2022年3月9日 11:46	196 KB
📄 新能源（光伏、风电）项目开拓.pdf	2022年3月9日 11:33	165 KB
📄 为光伏项目为例，解析法律尽职调查的工作指引，经验和教训-220302.xmind	2022年3月2日 11:52	107 KB
📄 为光伏项目，解析法律尽职调查中的工…、实操办法、经验及教训-220301.xmind	2022年3月1日 09:20	252 KB
📄 220127yr光伏出书-目录.docx	2022年2月16日 22:11	14 KB
📄 220118以新能源（光伏）项目，尽数股权收购风流.xmind	2022年1月18日 11:37	184 KB
📄 220215光伏出书提纲.xmind	2022年1月15日 14:41	209 KB
📄 210915yr光伏收购项目出书提纲（cwy-v2）.xmind	2022年1月11日 20:21	275 KB

这个过程，于我们而言，就是一场急行。

撰稿小组从头脑风暴开始，初步形成了共识后分头动笔。写作到一定阶段后开始争论，争论后再头脑风暴，再分工再动笔。撰稿律师们按照不同的章节分工来推进书写。本书主编不断向每个律师了解工作进度，询问写作中有无问题。力求方向一致、思想一致、行文目标一致、行文风格一致。主编每周定时向每个伙伴要当下完成的稿件并进行查阅（无论写作到什么程度），为了推进进度，为了及时了解稿件的方向是否偏离，了解各个部分的书稿之间有无交叉或者遗漏，按照麦肯锡"穷尽不交叉"的 MECE 原则来组织全书。我们像强迫症重度患者一样，反复磨砺着书稿，力求给读者呈现一个质量优秀、融合自洽的书稿。

在成稿之前大家反复争论，在成稿之后反复校对。我们也邀请了非撰稿律师作为读者和书稿纠察，为我们的初稿提供了仔细的检查工作，是本书得以完成的重要支持。

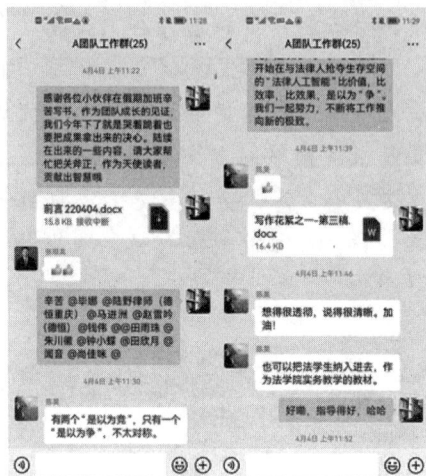

身为主编，核稿到现在，已经看得两眼昏花，感觉早已目不识丁，在书稿完成后，又临时抓来了两个支持者：一个是退休多年的语文老师——老父亲，一个是文档中的"语音朗读"，两个支持者共同帮助我们完成了再一次对文字的校对和审核。

尽管如此，本书仍然可能存在众多我们未发现的错误，必然存在我们未掌握或者尚未融会贯通的问题，必然存在众多可供大家一起探讨的问题。非

常感谢大家的阅读，非常感谢大家给我们提出宝贵的意见、支持和帮助我们成长。"予人玫瑰，手有余香"，我们会将得到的帮助，提炼升华后，反馈给所有身为读者的你们。再次感谢！

2022 年 5 月 22 日